夢的解析

THE INTERPRETATION OF DREAMS

SIGMUND FREUD
西格蒙德・佛洛伊德 ———— 著
孫名之 ———— 譯
巫毓荃 ———— 審訂

目錄

I

VI

VII

譯者序
對佛洛伊德《夢的解析》的幾點認識

孫名之

《夢的解析》是西格蒙德．佛洛伊德的早期重要著作之一，也是他自稱最喜歡的兩本著作之一（另一本為《性學三論》）。佛洛伊德從一八九七年秋開始動筆，於一八九九年十月上旬完成全稿，一九〇〇年出版。這部偉大的著作出版後命運不佳，第一版發行僅六百本，多年才售完，而且很少有人評述。直到十年之後，佛洛伊德訪美歸來，《夢的解析》一書的價值才突然為世人所重視，不斷再版，到一九二九年共印行八版，並翻譯成多國文字。中譯本已有一九七二年的台灣版和一九八七年的遼寧人民出版社出版。

本書的範圍很廣，除涉及精神神經症的材料外，還包含了對文學、藝術、神話、教育等方面有啟示價值的新觀點。他關於無意識的學說照亮了人類的精神生活深處，揭示了人的心理奧祕，他在一九三二年為英文（第三）版作序時寫道：「本書以其對於心理學的新貢獻在其出版之時（一九〇〇）曾使全世界為之震驚，其內容至今仍保持未變，根據我目前的判斷，此書包含了所有我最有價值的發現。這種洞察，有時候一生也只出現一次。」由此可見佛洛伊德對自己《夢的解析》一書評價之高了。

首先，《夢的解析》一書中有著豐富的夢例作為構建夢理論的材料，其中包括佛洛伊德在自我分析中詳細記下的夢和他親身治療的許多精神神經症患者的夢。他認為自己的夢內容來自日常生活現實以及記起的早年經驗，比病人的夢更有價值。這一過程是符合唯物主義的實踐論觀點的。

其次，佛洛伊德的精神分析法是一種特殊的詮釋學方法。詮釋學方法不同於一般自然科學所用的實證論方法，也不同於對純粹意識的本質審察的現象學方法。它的研究對象似乎介乎自然科學和藝術之間，類似於美學研究。它研究人類精神活動的文化產物，如神話、民俗、宗教、文學、藝術，以至歷史、法律等領域，對人所創造的、表達一定意義的語言和象徵符號進行創造性重建，並從獲得的個別意義推論而及於整體。佛洛伊德治療精神神經症以及釋夢所用的方法顯然屬於詮釋學的範疇。

佛洛伊德精神分析的治療和釋夢的詮釋學方法還有一個特點，即推論、詮釋和論證緊密連繫而不可分離。在《夢的解析》一書中可以明顯看出，他在釋夢時，總是根據自己提出的假說，舉出典型夢例進行多層次的分析和解釋，如果分析的結果為夢者所接受，也就意味著得到了證實，而對於病人來說，由於挖出了病因，症狀也可趨於消失。佛洛伊德雖不排斥實驗，但他告誡對實驗不要評論過高，因為精神分析的對象是人的精神活動和心理過程，而精神所依賴的可靠觀察資料是不能用實驗來證實的。對於精神官能症患者而言，可靠的證明是療效而不是實驗。他對那些懷疑他的釋夢方法的人說：「假設你們做一次夢的分析或熟讀一個釋夢的好例，將會深信我的解釋的完善了。」[1]至於佛洛伊德的這種釋夢方法是不是一種科學方法，弗洛姆的回答是值得深思的。他說：「如果我們把科學方法建立在最理想地脫離了主觀偏見，以及對潛在理性信仰之上，如對事實的細緻觀察，形成假說，透過發現新資料來修正假說等等，那麼我們就會發現，佛洛伊德確是一個科學家。」然而他又寫道：「但也無可否認，他常常給人以某種極端理性主義者的形象——幾乎把理論建築在虛無之上，並且歪曲了真理。他常常用瑣碎的證據來進行理論的建構，而那些瑣碎的證據往往導致簡直可以說是荒謬的結論。」[2] 弗洛姆的這番評論是如此地自相矛盾，也許正是反映了佛洛伊德的思想方法以至世界觀上存在的固有矛盾。在精神分析以及可運用詮釋學方法的所有領域內，在解釋者對被解釋對象的詮釋過程中，解釋者本人的思想方法和世界觀對於能否得出科學的結論是一個極為重要的問題。

因此第三，我們要考察一下佛洛伊德在《夢的解析》一書中所表現的思想觀點。

佛洛伊德早年研究的是自然科學-生理解剖學，後轉習生理病理學和醫學。他的治學態度客觀而嚴謹。他深受布呂克的物理主義、赫爾姆霍茨的生理學、能量學守恆定律以及達爾文演化論的影響，認為「心理學是有關中樞神經系統的研究，心能就是由大腦細胞所提供的物理能」。[3] 他早期曾試圖用以一種神經生理學為基礎的能量，來解釋變態人和常態人共同具有的心理過程，這在一九五〇年才被發現而早在一八九五年便已寫就的佛洛伊德的〈科學心理學設計〉（編註：即〈科學心理學計畫〉）書稿中明顯可見。他於一八九五年四月寫信給弗利斯，以滿意的心情

1 佛洛伊德，《精神分析引論新編》，高覺敷譯，北京商務印書館，一九八七，正文頁七。
2 弗洛姆，《佛洛伊德思想的貢獻與侷限》，申荷永譯，湖南人民出版社，一九八六，頁一九～二一。
3 波林，《實驗心理學史》，高覺敷譯，北京商務印書館，一九八一，頁八一六。

提到這本書稿，他說：「一切事情都好像配合無間……神經元的三個系統、量的自由和約束、原發過程和續發過程、神經系統的主要和諧和傾向、注意和防禦的兩個生物學原則、質的指徵、現實和思想、精神性欲狀態、潛仰的決定作用，以及最後，作為知覺功能的意識的決定因素——這一切功能配合無間而且將繼續配合下去。」但後來他在十一月八日的信又自稱無力解決精神能量問題，以後便將此稿擱置且一度曾想將它焚毀。

佛洛伊德此後著作中有關精神分析的基本概念在此書稿中幾乎都已提及，由此可見這一過遲才被發現的著作之重要性。在此書稿第一部分的第二十、二十一節中專門討論了夢的表現及其機制的問題，《夢的解析》一書的一些基本觀點顯然由此發展而來。

特別要注意的是，佛洛伊德在〈設計〉一文中企圖用以解釋精神現象的能量究竟是物理的還是精神的這一關鍵問題，他終其一生未能獲得解決，這是值得深入探討的。

有些人把佛洛伊德的精神分析理論斥之為生物學化的主觀唯心主義，這未免有失籠統。不少學者根據他先後發表的著作探討分析了他的世界觀的演變。有人認為佛洛伊德的思想是從早期的機械唯物主義滑向主觀唯心主義，[4]也有人認為他是機械唯物主義和唯心論「一身而二任焉」[5]，波林在分析他早期心理學思想時指出：「因為布呂克曾將他們（指佛洛伊德和布洛伊爾）訓練成堅定的物理主義者，他們便輕而易舉地從頭腦滑向心靈，而不引起當時正使二元論者大傷腦筋的任何問題。」[6]弗洛姆指出，如果想要從佛洛伊德的階級根源入手解釋其最主要的概念和理論，那就要寫一本傳著。[7]

綜上所述，可見佛洛伊德最初是一個唯物主義者（儘管是機械唯物主義），企圖從生理、物理基礎去解釋人的精神活動，這個企圖在他的〈設計〉一文中失敗了，但保留下許多有價值的思想。在《夢的解析》一書的許多地方，特別是最後一章設想的一整套有關夢的系統理論，包含了許多唯物主義思想元素，是值得人們深入探討的。

第四，某些蘇聯心理學家根據巴夫洛夫高級神經活動學說來反駁佛洛伊德的夢理論時指出：「在佛洛伊德的概念中，根本沒有談到作為夢的產生基礎的任何一種腦的生理活動，也沒有提到言語。」[8]因而斥之為「在本質上是一種心理主義，即反生理主義」。[9]

佛洛伊德是一位自然科學家，具有深厚的生理解剖學和神經病理學等方面的知識基礎。他曾企圖根據生理學的物理主義精神建立一門科學心理，以解釋人的變態和正常心理過程。[10]但他不相信人的心理機能有與之相符合的腦的定位，因此最終企圖用精神動力學來解釋包括人所特有的夢的現象在內的一切心理過程。巴夫洛夫高級神經活動學說根據興奮和抑制原則，以大腦皮層中抑制的擴散令人信服地闡明了睡眠和夢的產生過程，然而它只能闡明夢的生理機制，

4　M．A．波波娃〈佛洛伊德和他的學說〉，《心理學探析》，一九八六，第二、三、四期。
5　佛洛伊德，《精神分析引論》，高覺敷譯，北京商務印書館，一九八七，譯序。
6　《實驗心理學史》，頁八一六～八一七。
7　《佛洛伊德思想的貢獻與侷限》，頁一六。
8　肖洛霍娃，《資本主義國家現代心理學》（上），孫名之譯，頁二〇九、二〇七。
9　同上。
10　參閱佛洛伊德，〈科學心理學設計〉（見車文博主編，《佛洛伊德主義原著選輯》上卷，遼寧人民出版社，一九九八，該文摘要）。

無助於解釋夢的意義和做夢的動機。佛洛伊德認為，一般醫生把夢看成是腦的不能一致休息或腦的某些部分因受不可知刺激的影響而仍在活動，從這種生理觀點來研究夢是徒勞無益的。[11]我們確也可看到，五〇年代初發現睡眠中出現的快速動眼腦電波模式，也只能增加對夢的生理機制的理解，無從解釋夢的意義和動機。

佛洛伊德認為科學只有兩種，即自然科學和心理學（包括純粹的和應用的）。他認為：「精神和心靈和一切不屬於人的存在體一樣都是科學研究的對象。」而精神分析作為心理學的一個分支，它「對於科學的貢獻就在於把研究推廣至心靈的區域」[12]。佛洛伊德把人的心靈包括夢這一精神活動列為科學研究對象，這是無可非議的，但他從物理主義的唯能論出發，由於受科學發展的時代限制，無法論證物理能量如何轉化為精神力量，就只好乞靈於精神能量了。他在《夢的解析》一書中最後曾談到：「我們可以說，某個特殊的精神構成物有一種貫注的能量，時而增加，時而減小，以致所說的精神構成物可以受一種特殊的動元控制，也可以不受它的支配，我們在此地所做的就是再一次以動力學的表達方式代替地形學的表達方式，我們認為的靈活性，不是指精神構成物本身，而是指它的**神經分布**（innervation）。」[13]（重點為本文作者所加）這反映了佛洛伊德在實際應用精神能量時思想上存在的矛盾。

佛洛伊德既已指出精神分析是心理學的一個分支，遂從他特有的精神分析法，主要是透過聯想的詮釋學方法，根據大量夢例的經驗事實，以他訓練有素的敏銳觀察力和嚴密的邏輯推理，利用他在醫療精神神經症過程中已發現的某些概念如潛抑、無意識、宣洩等，建立了他的具有動力學特色的系統化了的夢的理論。弗洛姆曾批判性地寫道：「佛洛伊德釋夢體系的和諧，是如此富有魅力，所以他的一些概念作為可行的假設是十分誘人的。」[14]

因此我們可以設想，佛洛伊德正是或主要是在《夢的解析》一書中體現了波林所說的：「從頭腦滑向心靈」了。

最後談一下《夢的解析》一書與佛洛伊德的人性論。

佛洛伊德在《夢的解析》一書出版三十三年之後，在其《精神分析引論新編》一書中，仍對自己的夢的學說評價甚高。他說：「這個學說在精神分析史內占一特殊地位，標誌著一個轉折點。有了夢的學說，然後精神分析才由心理療法進展為人性深度的心理學。」[15]

佛洛伊德認為夢的本質是（無意識中被潛抑的）欲求的（偽裝的）滿足。他在《夢的解析》中分析了大量夢例，包括兒童夢、荒謬夢、焦慮夢，以及各種典型夢來論證這一基本論點。夢是欲求的滿足這一夢的本質對精神分析具有重大的理論意義。佛洛伊德從釋夢出發，得出了夢的解釋是通向理解心靈的無意識活動的皇家大道這一結論，然後從無意識和本能欲望兩方面開闢了一條理解人的本性的廣闊道路，最後形成了現代西方社會中一種普遍性的哲學思潮。

無意識概念是佛洛伊德精神分析學的基石，也有其發展歷史。其初期概念僅為被潛抑意念

11《精神分析引論新編》，頁四一五。
12《精神分析引論新編》，頁一二七。
13《佛洛伊德主義名著選輯》（上卷），頁一三七。
14《佛洛伊德思想的貢獻與侷限》，頁八三。
15《精神分析引論新編》，頁三。

的潛伏之所；到了《夢的解析》和《日常生活精神病理學》等著作中，無意識被視為能量的儲存所，人的活動的永恆動機，並與童年性欲連繫起來。而在佛洛伊德的後期著作中，無意識已被視為無矛盾、無時間、無邏輯、非理性的原發精神過程，構成了他的人格理論，並被推廣用之於神話、童話、民俗學、文學、藝術、社會學、人類學，以至哲學和宗教的研究之中。這是一個方面。

另一方面，佛洛伊德認為人的欲望實際上是自我本能和性本能的表現。佛洛伊德在分析夢時發現可追溯到兒童性欲；夢中各種象徵大都帶有性的性質。他在釋夢時還發現了伊底帕斯（戀母）情結。他即由此出發，逐漸形成了原欲（libido）的泛性論，心理性欲發展階段論。後期他將本能歸結為生的本能和死的本能，用以解釋人的行為和戰爭，更以伊底帕斯情節論證社會、道德和宗教的起源，以致陷入唯心主義而不能自拔。

佛洛伊德從無意識和性本能演論而成的人性論，強調人自然性的一面，不僅忽視了人的社會性，而且把人性本能與文明社會對立起來，他當然不能理解在以生產關係為基礎的社會關係過程中形成的人的個性了。佛洛伊德的精神分析後期演變成為一種人性哲學，其對人性的理解與《夢的解析》一書內容看來相去甚遠，但可追溯到夢是欲求的滿足這一精神胚胎。當瓊斯問及佛洛伊德什麼是他最喜愛的書時，他指出《夢的解析》和《性學三論》兩書，絕不是偶然。

佛洛伊德不僅是一個科學家，而且是一個思想家，一個資產階級的思想家。《夢的解析》一書中已隱伏著的他對人性的洞察力和信仰，在他後期的思想中明顯地表露出來。他那強調人的無意識本能的悲觀主義人性論不僅反映了他那時代資產階級的社會觀，而且也符合發展中的部分資產階級的需要，所以表現了它的生命力，正如現代人本主義心理學的人性論主張人性有趨於完善的潛能，也因符合部分資產階級的需要而流行一時一樣，都是應當加以批判的。

《夢的解析》一書經歷相當長一段時間，仍為西方學術所推崇。布里爾稱此書對精神科學產生了巨大影響，美國唐斯博士將它列為改變世界歷史面貌的十六部名著之一。近幾年來國內對佛洛伊德本人及其精神分析的述評屢見不鮮，但對《夢的解析》一書的評價尚不多見。美國心理學史專家波林曾以「身後長存的重要性」為評價西方著名心理學家的標準，並認為佛洛伊德的影響最為深遠。如果以此標準衡量包括《夢的解析》在內的西方心理學名著，似乎也是非常恰當的。

無意識之謎——佛洛伊德主義的誕生

湯瑪斯・曼

一九〇〇年，一本書問世了，書前題詞引自維吉爾的《埃涅阿斯紀》：「即使不能震撼上蒼，我也要攪動地獄。」這本書就是《夢的解析》，作者是西格蒙德・佛洛伊德。

書及其選擇的精妙格言都是世紀交替的標誌。十九世紀一直以似乎不會停滯的步伐前進，在科學、工業、醫藥和意識形態方面竭力追趕天上神祇；二十世紀則在追求世俗幸福這一目標的同時看到了未來，並理解到在許多方面，這種追求是行不通的。馬克思製造了苦難；工業化帶來冷漠和汙染；科學不僅產生了奇蹟也培養出死亡集中營的納粹醫生。相較於馬克思，現實主義、懷疑主義和慈悲是佛洛伊德更能久經時間考驗的原因。他告誡一位持理想主義的年輕社會主義者病人：「不要強行使人幸福，他們不需要它。」

就像埃涅阿斯致力於冥界的研究，佛洛伊德精心探索人類的心靈，對二十世紀人類的焦慮和夢魘（包括生活中的夢魘，如大屠殺）進行研究。他發現了一種除非我們勇敢正視，否則無法加以控制的無意識力量。一個世紀或更長的時間以來，無意識問題就已若隱若現地存在。身為傑出的作家和文學鑑賞者，佛洛伊德一直認為偉大的藝術家們早已走在他的前面，他們已經在無意中接觸到無意識，就像萊夫・艾瑞克森或布倫丹觸及美洲海岸一樣；而佛洛伊德就像是哥倫布，證明了無意識確實存在，並揭開其多采多姿又驚駭恐怖的內容。

他喜歡把自己視為一名征服者、探險者，他不在乎是否會發現需要作戰的敵人，他有時也會化敵為友。當他的信徒，如阿德勒、蘭克和榮格，與他觀念分歧時，他把他們打入十八層地獄。只有一位修得正果，亦即永不停止思索的佛洛伊德。

他原先只是從事研究工作的科學家，後來為了賺取足夠的錢與未婚妻瑪莎·貝奈斯結婚，才轉向醫學。因此，愛情和欲望奇妙地推動他步入這個職業領域，而愛情與欲望也正是其偉大研究的主要課題之一。其他課題還包括了仇恨與侵略，因為他發現無意識是極其矛盾的。若不是他非常冷漠和拘謹，他可能會把這種精神分析療法稱之為「愛情療法」。

他是透過傑出的維也納內科醫師約瑟夫·布洛伊爾（他的同事與良師），偶然發現精神分析學。布洛伊爾在治療名叫貝莎·巴本海姆年輕女子的歇斯底里症狀時，發現在催眠狀態下，她如果談及某種精神症狀首次出現的情形，並說出當時感受到的情緒時，這種症狀就會消失。布洛伊爾和佛洛伊德得出的結論是：「歇斯底里症主要是因回憶而引起。」由於擔心這些「強烈性欲的資料」被披露，布洛伊爾在他的病人（一八九五年與佛洛伊德合著的《歇斯底里症研究》中的「安娜·O」）發生幻孕症狀且聲稱懷有他的孩子時，便和她一起私奔了。

儘管佛洛伊德本人謹守道德規範，但他對貝莎和自己的病人傾訴的性行為毫不畏懼。他用手按住病人額頭的方法取代了催眠術，後來又完全改以自由聯想的方法。在自由聯想中，他主要是傾聽，而病人則透過記憶、夢境，隨心所欲地漫遊，創造她自己的「漫談療法」。病人與分析者（傾聽者）之間的關係，在幫助他了解她童年與其父母的基本關係方面也就變得至關重要。佛洛伊德沒有宣稱獲得了奇蹟。如果他曾幫助人們「將歇斯底里症的痛苦轉化為正常人的不幸」，那或許正是藉由病人的自知，和一些人日復一日地關心並耐心傾聽他們的善意所獲得的。他的著名病人「狼人」在其漫長人生的晚年評論道：「如果你挑剔地看待一切，能成立的精神分析則屈指可數。但是它幫助過我。他是天才。」

反覆出現於病人回憶中的一個要素是童年的誘姦，一開始他就相信他們的故事，甚至認為他自己的父親可能與其姊妹犯過此一罪行。後來，在醞釀《夢的解析》時，他經歷了一次徹底、痛苦但又勇敢的自我分析過程，並得出以下重要結論：他的病人大多患有妄想症——兒子渴望母親並忌妒父親；同樣地，女兒在性方面對父親產生幻想。偉大的作家索福克勒斯在《伊底帕斯王》中曾直覺地不止一次率先反映了此一認識。「伊底帕斯情結」（即戀母情結）成為佛洛伊德信念的關鍵。

在具有亂倫意識的八〇和九〇年代，佛洛伊德被指責為因害怕攻擊其同代人，而故意掩飾童年誘姦的事實。實際上，發生在維也納仕紳家庭的誘姦很可能比佛洛伊德所相信的更加頻繁。但抑制認知與他那真理至上的性格完全相悖，佛洛伊德所不知道的是，對中產階級紳士而言，光是想和母親上床的念頭本身，就和實際交媾一樣地噁心。

佛洛伊德的個人經歷對這項學說的發展有很大的影響。其父親雅各是加利西亞猶太羊毛商人，與兩位成年兒子和神祕的第二任妻子麗貝卡遷居到摩拉維亞，這位妻子不久就從紀錄中消失。雅各再娶了十九歲的阿瑪莉亞。西格蒙德生於一八五六年，是他們第一個兒子。他的玩伴是幼小的姪子和姪女（同父異母的兄弟伊曼努爾的子女）。西格蒙德那位迷人、活潑的母親與其未婚繼子菲利普同齡，他可能比像祖父般大、沉悶迂腐的父親更適合分享這母親的床鋪。看來似乎是佛洛伊德從不信奉的上帝，給了他一個最易於愛戀母親的家庭。

佛洛伊德的家庭在他三歲時解體了。同父異母的兄長遷居英國，而家族的其他人則遷至維也納。佛洛伊德在那又生活了七十九年，他總是將摩拉維亞的幼年生活回憶成失去的天堂。與瑪莎．貝奈斯結婚後，他們遷居到現在業已聞名的地址：柏格街十九號（Berggasse 19）。瑪莎平靜地照看著寓所和六個孩子，也讓她的丈夫不用自己動手在牙刷上擠牙膏。年輕時的情欲逐漸退化為「婚姻的不壞結局」，佛洛伊德日益轉而尋求與其最小的女兒安娜之間知性上及情感上的親暱，並與寄寓其家的瑪莎的妹妹敏娜也有知性上的親密關係。

在接觸聰明和感性的女性之後，他與露．安德烈亞斯-莎樂美和瑪麗．波拿巴公主結下了終生友誼。精神分析是第一份天才女性能夠與男性平分秋色的職業。根據佛洛伊德的評價，他的女兒安娜也可以成為一名傑出的分析師，尤其在分析兒童方面。（她從未結婚：也許是「伊底帕斯情結」過於強烈而無法結婚。）

佛洛伊德認為，兒童的欲望受壓抑後會轉變成為神經質症狀，就像無處排泄其毒素的隱性癤子一樣。成人會停滯在各種幼兒階段：乳房期、肛門期或生殖器期。男性幼兒對其母親的強烈欲望一般因害怕閹割而被淡化。本我（無意識、本能）、自我（有意識的心理）和超我（父母的訓誨與禁令）這三種個性要素之間持續不斷地衝突對抗。現代分析師幾乎不相信心靈能夠如此呆板地加以分類，也不相信與之相關的問題一定是性欲方面的。作為那個時代的男人，佛洛伊德直到其行將就木之際，才對「母親」的極端重要性給予足夠的重視。他承認，女人對他來說仍是「一塊黑暗大陸」。

不過，一個人如果不增加知識和同情心，還是不能讀懂佛洛伊德關於女人的論述。部分是由於佛洛伊德十分女性化的性格，以及他深信人人都是雙性的。因此，他有關女人遭受「陽具崇拜」之苦的信念非常值得懷疑，他沒有想到男人也有可能遭受「子宮羨慕」之苦。儘管如此，借用英國著名的分析家漢娜．西格爾的話：「就他給予女性性欲適當地位的意義而言，佛洛伊德是將女人當人看待的第一人，他不認為她們是無性欲的人。」在他的「朵拉」和「伊麗莎白．馮」的女性病例研究中，把她們描述為具有力量和性欲的海達．加布勒或德伯家的苔絲。佛洛伊德是女權運動得以成長的沃土，但並非是為了兩性對抗。

即使他是錯誤的，通常也會有某些可以激發思考和辯駁的直覺性論述。他所經手的病歷史都是優美的虛構小說，用愛蜜莉．狄更生的話來說，是在「傾斜地」敘述真理。他在《詹森的「格拉迪瓦」中的幻覺與夢》(*Der Wahn und die Träume in W.Jensens《Gradiva》*)中，寫下了一個比原作（諾貝爾文學獎得主的作品）優美得多的「故事」。他於一九三〇年贏得「歌德文學獎」。從他所有的作品來看，他是一位藝術家，而他卻誤認為自己是一名純科學家。

他對我們這個世紀的影響無論怎樣評論都不算誇張。他為我們指出了研究人性的方法。儘管他可以被視為是還原趨勢的一部分（達爾文告訴我們人類是動物中的一員，佛洛伊德則揭示出人類的行為是由動物的本能所驅使），但他探討「邪惡力量」的結果擴展了我們對精神生活的感受。佛洛伊德之前，夢是一天中所有事情餘留下的殘渣；今天，許多科學家仍把夢看成不過是「程式」而已。並非所有的夢都像佛洛伊德所認為的那樣，是性欲的；並非所有的欲望都像他相信的那樣，要得到實現。他的解析常常顯得過於複雜。但是，沒有任何聰明的人在閱讀《夢的解析》之後，不會因無意識心理的創造性力量而眩惑。佛洛伊德告訴我們，在睡眠中，我們都是詩人，是與自己有關的、有意義並富於想像力的虛構故事的創造者。當然，人類的精神也不會因我們體會到在單調的日常生活背後，正在發生可與希臘悲劇相媲美的虛構戰鬥，而有所減損。

一次大戰後，佛洛伊德自己的舞台開始變得黯淡。《超越快樂原則》（一九二〇）一書中提出「死神」（死亡欲望）這一詞彙，與「愛神」針鋒相對。佛洛伊德認為，人類具有強制重複的心理，這最終是對生命發生之前的原始狀態的思慕。我們的自我毀滅將變成對他人的侵略。儘管出版於一九三〇年的《文明及其不滿》，在結尾以獨特的形式流露出愛神將戰勝「同樣不朽的對手」這種謹慎的希望，但該書對人類的毀滅表現悲觀的看法。後來希特勒在德國掌權，佛洛伊德又補充道：「但誰能預見是什麼樣的勝利和什麼樣的結果呢？」

在他有生之年所出現的結果，是奧地利被併吞、猶太人遭迫害和被迫從奧地利逃亡。他的晚年在倫敦的漢普斯特德度過，死於一九三九年九月二十三日。「這是最後一場戰爭嗎？」他的醫生問。「至少對我是這樣。」佛洛伊德冷冷地回答。他的四位姊妹死於納粹死亡集中營。

對佛洛伊德的觀念有所啟發的是，法蘭克・蘇洛威韋備受推崇的關於佛洛伊德的研究，書名就叫作《佛洛伊德：心靈的生物學家》（*Freud, Biologist of the Mind*），另一本是黛安娜・休姆・喬治寫的《布萊克與佛洛伊德》。在蘇洛威看來，佛洛伊德是一位宿命論科學家；在喬治看來，佛洛伊德是神祕浪漫主義詩人中的一員。今天的佛洛伊德主義者幾乎不會盲目地接受他的理論，也不會全盤相信地接受。他的觀念曾經被愚蠢地輕視，但在我們這一世紀中，很少有人寫出過這麼多睿智、合理和具革命性的書；沒有人能比他闡述更多的人類狀況。許多人曾企圖將他一筆抹殺，但他卻依然故我，直到本世紀末的今日，還活躍如昔。

導論

瑞奇・羅伯森

佛洛伊德在《夢的解析》問世前的作品

佛洛伊德的作品《夢的解析》首度問世是在一八九九年十一月，不過後來出版商將時間改為一九〇〇年；與今日所見的版本相比，當年的篇幅其實輕薄短小得多。同時代的書評家對此書冷淡而語帶敬意的評論，讓佛洛伊德大失所望，且抱怨自己遭到忽視。[1]對佛洛伊德而言，此書不僅是當時，甚至到後來也一直是他等身著作中的經典之作。佛洛伊德在一九三二年《夢的解析》英譯本第三版的序言中寫道：「根據我目前的判斷，此書包含了所有我最有價值的發現。這種洞察，有時候一生也只出現一次。」（*S.E.*, 4, p. xxiii）[2]

1 有關這本書所受到的對待，可見Frank J. Sulloway, *Freud, Biologist of the Mind: Beyond the Psychoanalytic Legend*, 2nd edn.（Cambridge, Mass., and London, 1992）, 448-453。

2 這個註釋意指出自由詹姆士・史崔奇主編，全二十四冊的《佛洛伊德心理學著作全集標準版》（*The Standard Edition of the*

不過當此書問世時，佛洛伊德其實表現得憂鬱得多。在寫給同事兼密友，也同為猶太人的懷赫姆．弗利斯（一八五八～一九二八）的信中，佛洛伊德將寫作這一本書比擬為聖經中雅各與天使摔跤，這場架讓雅各永遠不良於行：「當我似乎在這場摔跤中快要撐不住的時候，我要天使打消這個念頭，而且他從那時候起也就照著做了。雖然我從那時候起就不良於行，但打完這場架卻也沒有讓我變得更強壯有力。你看我現在：我已經四十四歲了，只是個蒼老、稱不上體面的猶太人……」[3]在這酸苦自貶的背後其實隱藏著一種在專業上得到成功的渴望，而這在一個哈布斯堡王朝裡的中產階級猶太人身上，是可以理解的。佛洛伊德的父親雅各．佛洛伊德是個羊毛商人，母親阿美莉亞．納坦松比先生年輕二十歲，兩人都來自加利西亞（即今日的西烏克蘭，在當時是位於哈布斯堡省的最東北邊）。他們剛開始安居在摩拉維亞的弗萊堡（即今日的普日伯爾），並在此處生下了長子西格蒙德，當時是一八五六年。一八五九年他們遷居至來比錫，一八六〇年再搬到維也納，西格蒙德．佛洛伊德一直在那裡住到一九三八年，為了躲避納粹才離開。

佛洛伊德在維也納大學所受的醫學訓練深深受到十九世紀後期的科學、實證主義的精神所影響。在此之前，所謂自然科學浪漫主義的研究方式，乃是要尋找一個和諧的宇宙秩序，並在其中見到一個蘊藏的或許可稱之為世界魂（world-soul）的表現，但這種思想在當時已經過時了。佛洛伊德自己對自然界的統一性的信仰基礎源於達爾文的理論，達爾文的著作《物種原始》解釋了一個物種何以會改變成另一種，而且使得人與所有其他物種有著連續的關係。佛洛伊德在《自傳研究》（一九二五）中告訴我們：「達爾文的那些理論，在當時受到極大的關注，很奇特地吸引了我，因為它們帶給我們一個希望：似乎我們可能對這世界有突破性的了解。」（*S.E.*, 20, p.

8）佛洛伊德在讀大學的第一年，選了卡爾．克勞斯所開的課，課名為「普通生物學與達爾文理論」。不過，恩斯特．布呂克才是他的導師，這位學者師事偉大的生理學家兼物理學家赫曼．赫姆霍茲，而且也像他一樣試圖完全以物理及化學力來解釋生物體，諸如生命能量（vital energy）這類的隱性力量（occult forces）遭到揚棄。達爾文派的演化論認為，透過衝突而沒有任何有生命目的之運作，恰好符合了這種腳踏實地的需求。佛洛伊德在他早年的神經學事業裡是與赫姆霍茲學派的教義站在同一陣線上的。他一開始發表的是魚類的神經系統，之後逐漸轉移到關注人類的神經系統，探討了古柯鹼的麻醉性質、語言障礙的問題，以及兒童腦性麻痺的問題。因此在精神分析學說尚未為人所知的時代，他只是個出名的神經學者。也因此我們可以理解到，他完全是以物質主義的方式對心理學理論進行初次的闡釋。

這個闡釋就是〈科學心理學計畫〉，是佛洛伊德在一八九五年九月和十月間以極快速度完成的作品，終其一生未曾出版。[4] 然而，其中的假設與方法，在《夢的解析》一書中仍然可見，而且也的確在他後來的精神分析思想裡占有重要地位。簡而言之，佛洛伊德就像赫姆霍茲學派所主張的一樣，認為神經或心智能量可以類比為物理能量。此能量作用於粒子上，粒子即為神

Complete Psychological Works of Sigmund Freud, London, 1953-74）。

3 一九〇〇年五月七日通信，收錄於 *The Complete Letters of Sigmund Freud to Wilhelm Fliess*, 1887-1904, tras. And ed., J. M. Masson (Cambridge, Mass., and London, 1985)。有關此書的進一步引用，在本文中將依照通信日期註明。

4 對此的介紹，可見 Ernst Jone, *Sigmund Freud: Life and Work*, 3 vols. (London, 1953-7), i. 422-31；進一步分析可參考 Richard Wollheim, *Freud* (London, 1971), ch. 2.

經元（neurons）（此為瓦爾德爾一八九一年的假設），能量充滿於神經元內，就像電荷帶電一般。這種能量在一個封閉的系統內循環，偶爾會被所接觸到的障壁所抑制。在這個系統內，欲求（wish）會自動尋找自己的滿足。所謂滿足，即為能量的釋放。同時，此系統遵守一種守恆原則，尋求保持能量的恆定。此系統會透過自我（ego），或稱自體（self）（Ich，在德文中均稱為「我」），接觸到外在世界，此「我」可以想像為一種神經元的組織模式，恆常負載著能量，而且能夠從外在世界接受或抑制刺激。當能量與外在世界沒有連結時，例如在做夢的時候，能量便可自由流動；而當透過自我與外界連結時，能量的流動性便會減弱而受抑制。原發過程（primary process）中自由流動的能量，指的即是在其中欲望（desire）可以不管外界現實；而續發過程（secondary process）中無法任意流動的能量，則是指在其中欲望必須與現實妥協。這兩種區別在《夢的解析》書末會再度出現於我們眼前，而且在佛洛伊德後期著作提及本我（id）與自我（ego）之對比時也會再度出現。另外，能量流動的觀念也會在後期作品中以原欲（libido）在欲望之客體中流動的概念重新出現。同時，佛洛伊德也在〈計畫〉一文中，首度陳述了夢「乃是**欲求的滿足**；也就是說，是一種隨著欲望滿足的經驗而來的種種原發過程」。（*S. E.*, 1, p. 340）[5]

也是在一八九五年，佛洛伊德與他的同事，約瑟夫．布洛伊爾醫師合出了一本書，《歇斯底里症研究》，書中首度提到的互動療法（interactive therapy），即是其後迅速廣為人知的精神分析。布洛伊爾在一八八〇年曾遇到一位年輕的維也納女士，她有著古怪而形形色色的症狀表現：她無法喝水、只能用英語說話、有斜視、有視力障礙，以及輕微癱瘓。在進行催眠後，她將引起這些症狀的事件一一連結起來，例如，她曾目睹一隻狗在玻璃杯外喝水，之後她就出現了無法喝水的症狀。佛洛伊德應用布洛伊爾這種「談話治療法」(talking cure)治療其他的女患者。有一位英國的女教師露西小姐(Miss Lucy R.)患了憂鬱症，如果連續聞到燒焦的布丁，她的症狀就會更加嚴重。[6]佛洛伊德將這個嗅覺的幻想追溯到更早以前的一個場合，當時這位女士正負責做布丁，恰巧有一封她母親寄來的信被孩子們搶走，在爭奪拉扯中，布丁就燒焦了。佛洛伊德並不滿意這個解釋，他進一步探索，最後露西小姐終於承認自己愛上了她的老闆，而且有一次他斥責了她，這令她感到難受。在將這件胸中塊壘吐露之後，她居然就恢復了原有的快活心情與原本的嗅覺。布洛伊爾與佛洛伊德的這些個案研究，使得他們形成一種看法。他們在其合著的《歇斯底里症研究》一書序言中指出：「**歇斯底里症的患者主要痛苦的原因，都是由於對過去的念念不忘。**」(*S.E.*, 2, p.7)那些看來奇奇怪怪的歇斯底里症狀，其實都隱藏著意義：這些症狀是對過去某些經驗的回憶，這些記憶太過痛苦，以致無法在意識層面回想起來。這些是被置換的回憶。佛洛伊德更進一步做了一個隱而未顯的假設：那些經驗全都帶有性意涵；而且，他毫無顧忌地以引導式的問句詢問露西小姐這方面的問題，以驗證自己的假設。

佛洛伊德以此為基礎提出一個理論，認為那些折磨著歇斯底里症患者的深藏記憶，其實是童年受到性虐待的經驗。如同找到尼羅河的起源一般，他將這個發現賦予一個重要的意義。然而，這個信念卻逐漸動搖，他在一八九七年九月二十一日向朋友弗利斯承認，自己再也不相

5 亦可參考佛洛伊德致弗利斯的信，一八九五年三月四日。

6 佛洛伊德描述她是「英格蘭人」，不過因為她的母親住在格拉斯哥，因此有可能是蘇格蘭人。

信自己的這個理論。這個理論並沒有幫助他治好病人；這個理論意味著，兒童性虐待一定普遍得令人無法相信；而且這個理論沒有考慮到病人有一種將外在現實與內在狂想混為一談的傾向（特別是佛洛伊德自己可能也促成了這種混淆）。佛洛伊德並不否認兒童虐待的事件的確常常發生，雖然他可能低估了此種事件發生的頻率。[7]他接受了這個對自己的雄心壯志乃是一大打擊的事實，並且是高高興興地接受——這種歡愉連他自己也感到困惑。

正當佛洛伊德逐漸揚棄此一理論之際，他同時也在一八九六年十月二十三日面對了父親的死亡。哀痛、過度工作，以及憂慮，使人有理由相信他當時有著一種創造性疾患（creative illness）。[8]這是在對自己的觀念朝夕浸淫、念茲在茲之後產生的一種令人痛苦的內在孤立，最後則是出現一種令人振奮的信念，認為自己找到了一個新的偉大的真理。佛洛伊德經由探索自己的過去而從這段疾患中康復。他回想起自己在嬰兒時期被保母所喚起的性興奮，他回憶起自己在兩歲半一次火車旅行時見到母親的裸體，而且他也體認到自己對父親的敵意。「對自己完全坦白，乃是一種很好的磨練。」他在一八九七年十月十五日寫給弗利斯的信上如是說。「一種統一且具普遍性的價值出現在我面前。我發現的是，包括我自己在內，愛著自己母親、嫉妒著自己父親的這種現象，而且如今我認為這乃是在兒童期早期的一種普遍的事件。」他接著表示，此種原始情感的表現，正可以解釋索福克勒斯的《伊底帕斯王》及莎士比亞的《哈姆雷特》。

這就是大家耳熟能詳的所謂「伊底帕斯情結」概念的由來，這種觀念的力量在於將常人的生活也變得具有悲劇色彩。要成為一個男人，也就意謂著要成為另一個人的父親，那麼每一個男人就必須反對、克服自己的父親，而此種成長的代價則是罪惡感。反對上述說法的見解非常顯而易見：這種現象是普遍的嗎？女性又如何？歐洲以外的文化又如何？「伊底帕斯情結」難道不會只是一種自我強化的男性迷思，只是佛洛伊德將個人對英雄的迷思加以普遍化之後的結果？[9]但不管答案如何，此種觀念都幫助了佛洛伊德走出自己的危機——在這段危機中，主要的治療活動就是寫作《夢的解析》這本書。在此書完成之後，佛洛伊德甚至克服了自己以往認為是神經質的旅遊畏懼症。他認為這種症狀使他雖然多次遊歷義大利，卻無法造訪羅馬，但在一九〇一年九月，他終於如願在這個聖城待了十二天。在某種意義下，《夢的解析》一書其實是一本經過偽裝的自傳，描繪了佛洛伊德藉以進行自我分析的種種夢境。然而在探討此種面向之前，且先讓我們檢視這本書的論點與結構。

佛洛伊德的論點

要簡述佛洛伊德的論點，比較方便的方法是時時隨著《夢的解析》一書的結構進行討論。因為，雖然本書是以佛洛伊德特有的、吸引讀者目光的詩意文筆寫就，然而其結構並非完全清

7 見J. M. Masson, *The Assault on Truth: Freud's Suppression of the Seduction Theory*（London, 1984）。書中對於反對佛洛伊德理論的個案大書特書。

8 見Henri F.Ellenberger, *The Discovery of the Unconscious: The History and Evolution of Dynamic Psychiatry*（London, 1970）, 447.（中譯本：《發現無意識：動力精神學的源流》，遠流出版）

9 見Sulloway, *Freud*, 476-480。

晰。正如此書有個引導式的隱喻——如同一趟旅程——一般，在某些方面，書的脈絡跟隨著佛洛伊德自己設計的過程，發展出他自己的理論。因此在理論中的關鍵性觀念，如原發過程與續發過程，只有到了本書接近結尾時才加以解釋。而有些如影隨形的問題，例如焦慮夢在佛洛伊德理論中的地位，不只一次地在書中出現，並且在各個不同的地方出現。佛洛伊德為之提出各種解答，而這些答案彼此並不完全一致。

佛洛伊德明白，他需要回顧先前有關夢的種種研究來說服讀者自己在學術上擁有值得尊敬的地位。他完成了這個煩人的工作，方式是以冗長的篇幅摘要概述那些卷帙浩繁、但只有三兩處真正值得一提的作品。為了符合自己所受的古典教育以及當時環境的文化氛圍，他也引述了古典作家關於夢的言論。他引述亞里斯多德，他覺得亞里斯多德與前人不同，認為夢有一個生理的根源，而非神聖的啟示。盧克萊修和西塞羅抱持的觀點則為人們其實是日有所思，夜有所夢。這些對照的觀點，加上書中引用維吉爾當作結尾，顯示佛洛伊德並非只是單純地寫作一本醫學文獻，而是把夢的問題放入文化傳統的主流之中。

簡要地討論完這些前人著述後，本書的真正內容從第二章開始。佛洛伊德準備以他自己解析夢的方法，來解析一個他描述的夢境。他還對他的這項工作提出另一個系譜：創世紀第四十一章中有關約瑟幫法老王解析一個具象徵的夢的故事，這又可追溯到西元二世紀達爾狄斯的阿特米多魯斯的古代夢書，以及當時時興的種種夢書。時至今日，這些書仍有流傳。一般的信仰認為夢有意義，而這其實比抱持懷疑論的科學家更接近真實。佛洛伊德提出應把這個信念放在科學的堅實基礎之上，為了達成此一目的，他採用了自由聯想法。這個方法已施行在歇斯底里症患者身上。在自由聯想法中，個案可以放鬆自己的注意力，等待想法自動進入自己心中。首先，他陳述了一個與他的職業生涯有關的夢境，即「伊爾瑪打針的夢」，然後報告了自己在那個夢之後的種種聯想，最後萃取出一個導致這個夢的欲望：期望一個錯誤診斷其實是同事的錯，而不是他的。這個夢顯示出個人對日常生活的記憶可以被帶入一個結構，在這個結構中，一個人可以置換成另一個，自己沒有發現的感受諸如嫉妒、罪惡等，可以在此得到表達，種種的想法間，可以用言語的類似性互相連繫，並且在這結構中，可以將邏輯的法則置諸腦後。也許我們會猜想，這個被隱藏的欲望其實帶著小小的專業競爭的味道，而且會猜想，是否這個夢可以比佛洛伊德所講的延伸得更遠。然而，佛洛伊德所提出的這個夢，在這時恰如其分地顯示出，夢就是欲求的滿足。

佛洛伊德完成了此論點之後，要我們暫時歇腳，並且想想下一個目的地。因為即使所有的夢都是欲求的滿足，卻只有極少數的夢是一看便知。當我們口渴時，我們會夢見自己在喝水。孩子們也許會夢見自己吃到平常不許吃的東西，或夢見自己跑出去玩。然而，在大部分的夢境中，夢的顯意與隱意不同，只有揭開掩蓋住它的監督系統及扭曲夢的機轉，才會發現夢的隱意。時常，夢的隱意並不迎合我們的虛榮心。佛洛伊德詳細敘述了一個夢例來說服我們。在夢中，他對一位朋友的虛假情意掩蓋了事實上的惡意，因此我們可以準備接受這樣的論點：在欲求明顯無法滿足時，可以用惡意的動機來解釋。有一位女士對無法舉行晚宴表現出虛假的失望，其實掩蓋的是她的欲求：不要讓敵手變得豐腴而迷人。另一位女士的夢，在顯意上是與佛洛伊德的理論相衝突，則被指稱是有著一個欲求：希望與佛洛伊德的理論相衝突。另一位女士苦於夢見自己的女兒死亡，其實追究起來，她長久以來一直有個欲求：她希望意外懷孕的胎兒死亡。有一位年輕男性做了一個令人不悅的夢，他因受到殺害嬰兒的指控而被捕。這個夢境其實為的是掩蓋另一個更令人不悅的事實：女友可能已經懷孕。而在諸種焦慮夢裡——這些夢對於夢乃欲求之滿足的理論構成一大挑戰——焦慮被解釋成未使用的原欲之轉化（transformation），因此可以視之為對那些無法承認的性欲望的存在進行揭露。

正如這些例子所示，佛洛伊德的理論相當豐富，將即使明顯不符理論的反例都一併納入。也許就某種程度而言太過豐富了些，反而遭致危險。他接著進行更為困難的個案來發展其理論，包括許多自己的夢。將這些夢吸納進自己的理論中，且將理論經由此過程延伸得越來越廣。佛洛伊德面對「大部分的夢都是瑣碎而不足道的」這種反對意見的答覆是：對於前一天的瑣細回憶（Tagesreste，「一天的提示」或「殘留」）乃是被夢用來為其隱意編製密碼的材料。因此，雖然使用的是瑣碎的材料，然而夢本身卻並非瑣碎之物。諸如躺在床上時的身體不適等等身體的刺激，也是依此類推，被夢應用作為本身材料的一部分。夢境並不受我們對時間的觀念所限制。它們可以從我們的童年取得材料，因此在公眾前裸體而感困窘的這種夢，可以解釋為重新回到兒童時期的暴露快感，而困窘的感覺乃是由監督系統所引入。有關我們所愛之人死亡的夢境，則直指我們童年感受最深的矛盾情感：孩子們可能對手足、父母都有強烈的愛恨情緒。佛洛伊德在此插入了一段論證：對雙親之一的愛以及對另一位的惡意，會形成一個普遍的模式，這在索福克勒斯的《伊底帕斯王》以及較隱而未顯的莎士比亞的《哈姆雷特》中均有闡述。讀者也許會感到，佛洛伊德藉著引入這個情感衝突的不祥理論並利用西方文學的名作來加以闡述，似乎冒險逾越了此夢書的疆界；至於對於佛洛伊德持懷疑態度的讀者們，則會認為此理論再也找不到比索福克勒斯和莎士比亞更有力的見證者了。佛洛伊德經由引述這些經典的作品，再次傳達了他的企圖心。他想要表達出，夢在精神生活中占有樞紐地位，因此在人類文明中也是重心所在。

在透過大量的夢來引導讀者，並且提出夢與文學之間的關聯之後，佛洛伊德採取了更為系統化的方式來處理他的論點。他將夢的活動稱為「夢的工作」，討論夢念（dream-thought）被改頭換面進入夢境的四種方式。一個是凝縮：在其中，各個不同的夢元素融合為一。不同的個人，可以一一辨認出來，不同的想法可以用雙關語互相連接，例如佛洛伊德在夢中出現的一個字眼「Autodidasker」裡就找到至少四種合併起來的意念。其次，夢的工作會進行置換，將情緒的強度從夢念的焦點轉移成為夢的邊緣成分，且夢念需要調整以適應夢在表面上呈現出來的典故（representational resources）。例如，夢無法表達諸如「因為……」或「不是……就是……」這樣的邏輯關係。佛洛伊德所做的伊爾瑪打針的夢，其中出現的非邏輯性即為一例。然而，夢會將思考轉變為圖像，而且以此法取勝。夢會使用視覺影像，這在相對而言較為原始的表達方式諸如諺語、笑話，以及歌曲中也可以發現。不過，夢的荒謬性會受到第四種活動所限制，佛洛伊德也猶豫不知是否該將其界定為一種夢的工作：「潤飾作用」。這種潤飾會把夢的豐富性加以審查，以向做夢者保證，因此會出現「這不過是個夢而已」之類的想法，並且填補此夢在結構上的一些空缺，使夢變得更有邏輯，更為前後一致。因此夢的最後形式就完全決定了，這並非依靠機率，其給人的第一印象反而是：難以索解。夢就像一種奇怪的碑文鐫刻，一部分是圖像構成，一部分是口語的符號，這些符號已被扭曲，既模糊難辨又破損不全。

書的最後一章有個很偉大的標題，叫作「夢過程的心理學」，但其實並沒有提出我們所預期的澄清。反而，佛洛伊德警告我們，旅程會再度進入更深的幽暗、不確定以及玄想。顯然，他同時處理了好幾個不同的主題，重述了他的夢理論的幾個假設，並打開了更為神祕的視野，指出他的夢理論在更為廣闊而晦暗不明的心智理論中所占的地位。

這些假設一直在《夢的解析》中運作著，如今被重新提出確認的，就是：所有的心靈活動都是由無意識目的（unconscious purpose）的追逐所決定。這些活動，沒有哪一個是信手拈來漫無章法的。甚至連做夢者詳細重述夢境的方式，其實都是被夢的工作的延伸所形塑：因此我們無須擔憂做夢者對其夢境做出錯誤的敘述。對詮釋夢所需要的材料而言，對夢的敘述正是夢的本身。因此，雖然有些夢境在實際上可能巧妙地規避了我們，但所有的夢在原則上都適用佛洛伊德的方法。

另一個假設名之為「潛抑」，讀者在這裡會見到為了呈現心智內精神能量（psychical energy）的流動方向而出現的奇怪圖表。佛洛伊德為這些觀念賦予了空間的形式。與〈計畫〉一文相同，他仍然認為我們最終有可能如同神經學一般，找出這些觀念在腦中的定位。正常的順序是：能量由知覺系統所激發，通過意識層面達到運動系統，在此處經由動作的產生而釋放出來。（我有一個不太舒服的感覺，知道原來是蚊子在叮我，就舉起手，啪的一聲打死了牠。）但在做夢的過程中，能量用不同的方式流動。由於受到來自意識的監督，以致無法透過行動釋放能量，欲求因此往回流動，沿路上收集了無意識的回憶，最後再度出現，經過夢的工作的轉化（transform），在做夢者的模糊意識（lowered consciousness）中出現。在此圖像中，「無意識」與「前意識」

乃是欲求必須使之滿足的一個媒介或當局（德文為Instanzen，指主管機關）。無意識的態度較為寬容，且會協助欲求暗渡陳倉，以通過前意識的監督系統。結果，精神能量便可以釋放出來，而不打擾夢者的睡眠。

即使我們想要把這些圖像視為佛洛伊德錯置了神經學企圖心的一些殘餘產物，但我們仍然需要了解這些企圖心究竟為何，因為「潛抑」這個觀念能幫助我們了解佛洛伊德如何描述夢念的原始外貌。他對此的敘述乃是將夢中未得到滿足的欲求，他將其比擬為希臘神話中的泰坦巨人。這些巨人被奧林匹斯山的眾神打倒，並埋在山底。然而，即使巨人成了囚徒，當他們移動腳步，山仍會震動。佛洛伊德之後提出兩種思考方式之間的區別：一種是理性的、現實的思考，在清醒時的生活被認為是正常的；以及另一種在歇斯底里症患者身上出現的非理性思考，否認無法接受的事實，在幻想中尋求避難之所。佛洛伊德將後者稱為原發過程。嬰兒有專橫的欲望，也只用這種方式來思考。當人逐漸成熟，會學習適應現實，學習將許多嬰兒時期的欲望潛抑入無意識深處，並且學習將非理性的、聯想的思考，轉為邏輯性的推理。不過佛洛伊德仍舊認為心智乃是一個封閉的系統，因此欲望並未驅除，只是躲藏起來罷了。這些欲望最騷動的情形是在夢裡，原發過程與監督機轉產生衝突。但它們在精神官能症的症狀中也會自我顯現出來，而且正如佛洛伊德在他下一本著作中所論證的，會在笑話、口誤，以及看來平常但實際上意味深長的錯誤中顯現。而在稍後的著作裡，佛洛伊德將個人的童年與人性發展的早期階段拉上關聯，並且在原始人的所謂非理性的思考過程中尋找藝術及宗教的源頭。

與佛洛伊德進行論辯

佛洛伊德視為科學而提出的理論似乎更像是一種想像的產物。這個理論的怪異尺度、曲折離奇，以及從而揭露出人類生活的深沉且不受歡迎的真理，自然引起令人敬畏的不信任。似乎我們深陷於物質的世界，受到過去所束縛，其程度比達爾文當初所見更甚。佛洛伊德在之後將會提出以下這些論點：我們的童年曾擁有的激烈而矛盾的情感會塑造長大以後的經驗，而這些情感本身是被一個遠古以來的人性中固有的結構所形塑。

遠古的熱狂
震撼著我們的血肉
墜入過往
而以狂喜之食將我餵養
父親的憤怒與苦情
將永遠，永遠如影隨形
永不會安分在地底，讓生者繼續，他的生平……[10]

而這個遠古的遺留物，在我們的文學名著，以及我們看似無稽的夢境中，處處現身。佛洛伊德對我們的虛榮提出了譴責。

但無論如何我們應該對其理論提出論辯，藉以表達對佛洛伊德知識上的敬意。我們也應該記得，經過了漫長的一個世紀，勢必會為這種知識上的企圖心蒙上暗影，任何理論都會出現這種情況，而且時間也會揭露該理論潛在的預設。佛洛伊德認為理所當然的事，可能現在被我們認為過時、不可信，或者荒謬，因為我們所處的世界有著完全不同的文化，而且跟隨著不同的知識典範。然而這個不同點本身也有一部分是佛洛伊德的貢獻。

首先，我們也許會猜想，是否理論本身過於強而有力？正如佛洛伊德的推論大機器碾過一般，此理論會對途中所經的所有相反證據張口大嚼，而其風險就是使得理論本身無懈可擊，但卻空泛。因為如果沒有反例，則理論無法驗證，而且無法發展。就像我們剛剛所見，所有的夢都是欲求的滿足，此理論在處理恐懼與懲罰的夢境時，最為棘手。在我們聲稱夢中的焦慮乃是從轉形過的原欲而生時，佛洛伊德最後採取了另一種規避的策略，即聲稱他關注的部分只在於這些焦慮夢闡述了夢的工作，而其事實上應該屬於精神官能症心理學的領域。而懲罰夢表達的則是接受懲罰的欲望，以沉醉於受到禁止的欲求中。不管如何，每一個成功的夢均為欲求的滿足，因為它滿足了繼續睡眠的欲求。佛洛伊德在此有一點做得不錯，他只用了一次這樣的解釋，因為想要繼續睡下去的欲求幾乎不可能是夢念的隱意。至於他對懲罰夢的解釋，顯然只是暫時的，他始終感到不安，一直到後來在《自我與本我》（一九二三）一書中提出超我的觀念為止。

我們再把焦點轉回特定的例子上。佛洛伊德的解析很明顯帶有性別歧視，不只可笑，而

10 見 Edwin Muir, 'The Fathers', in his *Collected Poems* (London, 1984), 139.

且丟自己的臉。關於他的歇斯底里症患者，他假設女性患者在無意識裡充滿了性的意念，而且這些意念會透過非自覺的雙關語顯露出來。有一位「保守的」年輕女性夢見自己上菜市場，買不到肉販的肉，肉販只拿給她奇形怪狀的蔬菜。（頁二四四～二四五）「肉販」使佛洛伊德聯想到一個粗俗的表達法，「把肉販的攤位關上」（to shut the butcher's shop = to button one's fly，即相當於「把褲子拉鍊拉上」）。蔬菜後來搞清楚了是黑蘿蔔（schwartzer Rettich），佛洛伊德就將之詮釋成「Schwartzer, rett' Dich!」（黑鬼，滾你的吧！）。顯然佛洛伊德把性意味與種族的狂想，灌輸給自己的病人。[11]在其著作中的一個註釋曾提到，這位個案曾經指控佛洛伊德有挑逗性的行為。不管在診間裡發生什麼事，氣氛一定是高度緊張的，而且佛洛伊德的詮釋也總是令人感到充滿了性意味。另一位女性患者夢見義大利，（頁二九四）由於她從未到過那裡，所以佛洛伊德的詮釋為「性器官」（Genitalien），因為有一個片語叫作「到義大利去」（gen Italien），合起來就是這個字，但這位女士其實不可能用到這種粗俗的字眼。佛洛伊德有雙重標準，這一點在他看不出自己夢見騎著馬通過兩輛貨運車之間的小通道有任何性意味時，尤其明顯。（頁二九一～二九二）

佛洛伊德的弱點說明了他解析夢的一個顯著特徵：非常依賴文字遊戲。他自由地運用口語表達，例如在夢裡的一個籃子就令他想到一個標準的表達法「einen Korb geben」，在英語中有個片語是「to give someone a basket」，意思是拒絕一個人的求婚。一個有關盒子的夢會令他想到英文單字「box」，進而聯想到德文關於box這個字的不同字眼，及這些不同字眼所帶有的性意涵。佛洛伊德自己有關圖恩伯爵的夢裡有英文、拉丁文，還有西班牙文。他的夢常常出現新發明的、彷如音樂的「滑奏」字眼，諸如「norekdal」、「Autodidasker」等。藉雙關語之助，佛洛伊德的詮釋完全自由，而且常常被認為是天馬行空。這樣的方法也可見於他後來的著作《詼諧及其與無意識的關係》（一九〇五），處理了機智，而非幽默。另一本著作《日常生活精神病理學》（一九〇一），其中處理的是各式各樣的失誤，特別是口誤，即是目前著名的「佛洛伊德式口誤」（Freudian slips）。

佛洛伊德顯然和很多作家一樣，著迷於文字的魔力。不過如果我們考慮到他多語言的教育背景，就不會那麼驚訝了。雖然他同樣身處急於同化的猶太家庭，而且也照章行事地施予猶太教義的教導，但卻仍然給了他紮實的希臘與拉丁古典文學的基礎。當他還是個在學校念書的小男孩，就已經與朋友以西班牙文通信；他翻譯了好幾本約翰．彌爾的英文著作；他的法文底子好得足以讓他日後到巴黎進修。我們必須強調古典語文教育對他的影響。他曾在書中寫到，他的古典語文學習「帶給他生活的奮鬥中無限安慰」（*S.E.*, 13, p. 241）。終其一生，佛洛伊德對古典語言學的熟稔程度總令大家十分驚訝。[12]有一位古典語言學學者曾經對他失誤動作的理論加以批判，在文獻中尋找證據，將這些失誤的例子與文章中的錯誤加以比較。[13]確實，佛洛伊德對夢的解析工作最喜歡用的比喻是解讀密碼，就像一個語言學家試著將一篇隨歲月磨蝕或傳抄錯誤

11「黑鬼」一詞的典故也許是由阿善提村落（Ashanti village）而來。這個西非地區的村落，整個村連同全部的居民都在一八九六年於維也納的普拉特（Prater）地區展覽，吸引了很多遊客。參見Andrew Barker, *Telegrams from the Soul: Peter Altenberg and the Culture of fin-de-siècle Vienna*（Columbia, SC, 1996）, 63-74.

12 見Ernst Jone, *Free Associations: Memories of a Psycho-Analyst* (London, 1959), 35.

13 見Sebastiano Timpanaro, *The Freudian Slip*, tras. Kate Soper (London, 1974).

的碑文加以考證後重現原意。就像夢的解析一樣，在文獻學中，原典可能與目前的文本相差甚遠，例如豪斯曼就曾經從一位德國評論家那兒引述過一個例子：「如果在意義上有所需要的話，我隨時準備寫作《君士坦丁帝國》（*Constantinopolitanus*），而手稿中可以有個單音節o的插入。」[14]

佛洛伊德內心極度的口語特徵使他低估了夢中的視覺影像。佛洛伊德承認自己的夢境不太具有視覺特質：「和別人的夢比起來，我自己的夢通常比較少感官的元素。」（頁五一二）雖然很少有夢像「愛奧那大教堂」（Iona Cathedral）的夢這樣具有類似碑文的特質，不過有關雙關語的夢倒是不少見。[15]然而大部分人主要報告的夢都還是以視覺影像為主。不過，佛洛伊德假設夢都是從一個夢念開始，夢念最好的表達方法就是語言，再將之翻譯成圖像式的夢境。圖像式的夢顯然在智力上較為低等，因為它無法進行邏輯的連結，而分析者可以恢復夢原有的語言面貌。但是，至少在《夢的解析》第一版並沒有關於性象徵的粗魯教條。佛洛伊德的夢理論總令大家錯誤地聯想到這個教條。一直要等到後期的版本，佛洛伊德受到同事斯特克爾的影響，才開始加入了機械式的對等——迴旋梯代表性行為、桌子象徵女人、掉頭髮或掉牙齒象徵閹割，之類的。這種做法滿足了那些頭腦簡單的人，不過也使得佛洛伊德聲名狼藉。佛洛伊德耽溺於這種語言遊戲，雖然他懂得欣賞繪畫，尤其是雕刻，不過他顯然不懂如何做些有視覺影像的夢。在這方面看來，佛洛伊德的夢理論顯然是嚴重偏離且背叛了大多數人的經驗。

佛洛伊德是一個科學的理性主義者，他不相信夢的顯意。然而他對無意義的顯意與極重要的隱意之間所做的區分卻又遭到榮格以及其他人的質疑。為何夢的顯意無法直接有意義地關聯到夢者本身揮之不去的問題與壓力？如果按照研究所顯示的，美國黑人夢見有關失落、傷害，以及暴力的主題，比白人多得多，推測這並非他們所感受到的閹割焦慮比較多，而是因為他們更常暴露於暴力之下。柏拉特在第三帝國期間所收集的那些令人吃驚的夢，顯示出恐怖的氣氛是如何穿透到人們的無意識心靈。[16]許多夢可以不經過佛洛伊德的扭曲解碼，就顯現出意義。

佛洛伊德在指定夢的原發過程時，似乎不相信夢在成形時所伴隨的想像活動。所謂原發過程的思考模式即是拒絕承認現實對自己本身造成障礙，並且會從邏輯退形成影像。佛洛伊德夢理論的缺點與它無法解釋藝術的創造部分相關。他認為這兩種活動都是白日夢的形式，都是奇想。在其中，監督系統是放鬆的，而欲望得以張牙舞爪，現實的束縛暫時被置諸腦後，且嬰兒時期的經驗再度湧現到面前。在他的〈創造性作家與白日夢〉（一九〇八）一文中仍然認為，有創造性的藝術家會藉著軟化自己自我方面的特徵以便耽溺於此種奇想，因此讀者可以分享各種克服障礙的愉悅，並且得到愛情與財富。不過這種謬論其實無法解釋偉大藝術的力量，也無法給我們一種滿足、和諧及振奮的感受，因為這種解釋處理的是痛苦的材料；這個理論一樣無法解釋那些幫助形成我們的經驗，以及讓我們覺得在世上更加自在的簡單故事和圖畫等作品的力

14 見Housman, 'The Application of Thought to Textual Criticism', in his *Selected Prose*, ed. John Carter (Cambridge, 1962), 142。譯註：如果在考證文獻時，遇到疑信相參的文句，考證者會插入或刪除某些部分，甚至是把某個字變形，正如同「Constaninopolitanus」這個字加入一個字母「o」。

15 見Charles Rycroft, *The Innocence of Dreams*, 2nd edn. (London, 1991), 124-125。

16 見Beradt, *The Third Reich of Dreams*, tras. Adriane Gottwald (Chicago, 1968).

量。某些夢至少會有類似想像的創造性，可得回我們精神的均衡，並且幫助我們進一步得到完整性。而這些觀念明顯來自榮格。[17]

佛洛伊德對夢的解釋的另一個缺點是他不重視情緒的力量。對他而言，夢裡的情緒顯示的是監督系統在執行減低夢材料的情感強度方面沒有成功。他與榮格不同，對那些似乎在諸如青春期、中年早期、瀕臨死亡期等人生旅途重要關卡所做的「大夢」並不特別關心。一個著名的例子是一六一九年十一月十日至十一月十一日，哲學家笛卡兒所做的，與他知性上的大突破有關的夢。[18]這種夢在其他文化中可以用一種有意義的方式來解釋。它們可以看作是天神降下的啟示，或使得做夢者正式成為先知或巫師。因此在北美洲的印第安人歐及布威族（Ojibwa）的男孩都會進行「齋戒求夢」，以求能夢見一種動物或者鳥類成為自己的守護神。不過，當文化在殖民壓力之下崩解的時候，這種「文化模式」的夢就會消失，只剩下「個人」的夢。[19]有一個年輕的俄國男性，他是佛洛伊德行醫後期的患者，精神分析史中著名的「狼人」，曾報告過一個特別的童年夢境，夢中有七隻白狼坐在夢者臥室窗外的樹下（*S. E.*, 17, p. 29）。為了某種奇怪的理由，佛洛伊德將此夢追溯回一個純理論的場景，即夢者見到父母當時正在性交。[20]不過這個夢與俄國民間故事十分相似，而且此個案的某些不尋常的特徵都顯示，這是個具有起始性的夢；俄國當時已經過度西化，喪失了通往此夢意義的鎖鑰，而佛洛伊德的分析使我們確信，他從來沒有發現這一點。[21]

從自傳的觀點來看《夢的解析》

雖然佛洛伊德理論的適用性有限，不過仍使他能夠為自己的夢找到意義。這些夢很多都有非常仔細的描述和分析。佛洛伊德其實已經謹慎地抽掉很多進一步的材料以降低這種暴露，然而，這些材料仍逐漸由許多研究者抽絲剝繭，重見天日。由於這些人的努力，我們可以見到《夢的解析》作為一本半偽裝的自傳，可以多麼地詳細。卡爾・修斯克在他對十九世紀末維也納的出色研究中就探討了自傳這個面向。他給了如下的評語：「想像一下聖・奧古斯丁將自傳《懺悔錄》編入《上帝之城》，或者想像一下盧梭把他的自傳《懺悔錄》當作下意識的計畫，整合入《論人類不平等的起源》書中。這就是佛洛伊德在《夢的解析》裡所做的事。」[22]

17 見C. G. Jung, 'On the Nature of Dreams', The Collected Works, ed. Herbert Read, Michael Fordham, and Gerhard Adler, tras. R. F. C. Hull, 2nd edn. (London and Princeton, 1970), viii. 281-297.

18 見Stephen Gaukroger, *Descartes: An Intellectual Biography* (Oxford, 1995), 106-111; Marie-Louise von Franz, 'The Dream of Descartes', in her *Dreams* (London and Boston, 1998), 107-191.

19 見Jackson Steward Lincoln, *The Dream in Primitive Culture* (London, 1935).

20 對佛洛伊德的論證，可參考Roy Porter, *A Social History of Madness: Stories of the Insane* (London, 1987), 223-228，書中有辛辣的摘要論述（尚進一步可參考頁二五一）；有關佛洛伊德的修辭，可見Stanley Fish, 'Withholding the Missing Portion: Psychoanalysis and Rhetoric', in his *Doing What Comes Naturally* (Oxford, 1989), 525-554.

21 見Carlo Ginzburg, 'Freud, the Wolf-Man, and the Werewolves', in his *Myths, Emblems, Clues*, tras. John and Anne C. Tedeschi (London, 1990), 146-155.

22 Schorske, *Fin-de-siècle Vienna: Politics and Culture* (Cambridge, 1981), 183.

有許多自傳的元素當然是從表面就一望可知。我們知道很多關於佛洛伊德是如何對待父親、其他親戚以及同事，我們也得知佛洛伊德的醫學訓練、日常生活、健康情形，還有他在假日與家人的相處。這本書也納入了很多一八九〇年代的維也納生活，從政治到性意識以及俚語；作為一個當時代的紀錄，這本書應該與褚威格的作品《昨日世界》（*The World of Yesterday*）前面幾章，以及最近才出版的史尼茲勒有關一八九〇年代的日記，相互參照閱讀。不過，我們現在主要關注的乃是在佛洛伊德幾個重要的夢中，有哪些是尚未揭露的祕辛。

專業上的企圖心與焦慮感扮演了很重要的角色。我們不要忘記，佛洛伊德在一八九九年出版《夢的解析》的當下，他的人生才剛過一半，而這一半過得艱辛且充滿挫折。他被任命為維也納大學的神經病理學講師，這個任命使得他得以在一八八六年迎娶瑪莎・貝奈斯，在這之前他已經與她訂婚了四年之久。不過這個婚姻也使他為了養家活口而不得不同時開業。雖然他有著豐碩的研究成果，但是他獲得擢升為教授的任命卻遲至一九〇二年才發布，而其中或許有一部分是因為反猶太的風潮。一八九七年，當他被提名但失敗的時候，曾做過一個夢，他夢見一位猶太同事R，和自己的叔叔約瑟夫在一起。這個叔叔已經因偽造銀行文件而被判坐牢十年，佛洛伊德的夢將猶太出身加上犯罪，等同於職業上的缺憾，而且將它們轉移到另一位同事身上。

他希望自己的名字能夠因為有個劃時代的發現而名流青史。一八八四年，他差一點就因為發現古柯鹼在麻醉方面的特性而聲名大噪。佛洛伊德曾對這個主題曾發表過論文，不過最重要的研究是在之後不久迅速地由他的朋友卡爾・科勒所做出。佛洛伊德的悔恨在夢中得到了發洩：他做了一個有關植物學的獨白夢，時間是在一八九八年三月。透過認出夢中的洋薊葉子，他把這個夢連回到童年與妹妹一起因爸爸鼓勵而撕破書本。書本在這裡被指定的意義是乾燥與毀壞，意味著佛洛伊德自己沒有辦法成為一個作家。而他的父親在十六個月前才剛過世，在這裡被視為書本之敵，且因此被暗暗責怪為阻撓佛洛伊德成功的人。不過佛洛伊德為了挽回這種對父親的惡意，回憶起一八八五年他父親曾因青光眼而接受手術，同事科勒負責進行古柯鹼麻醉，他則想像自己處在父親的位子，想像他如何也可以忍受這樣的一個手術。

負責處理佛洛伊德父親青光眼手術的耳鼻喉科醫師正是懷赫姆．弗利斯。他在《夢的解析》一書中以各種隱晦的面貌多次出現。弗利斯於一八八七年秋天造訪維也納並參加佛洛伊德的演講，這是兩人的第一次見面，之後旋即成為密友。佛洛伊德寫給弗利斯的信乃是在他個人以及知識上的傳記方面的無價之寶。佛洛伊德的門徒一定會覺得很困窘，因為在信裡，這個他們心目中的英雄居然曾經短時間相信弗利斯那聽來無稽的理論。例如弗利斯認為，女性的月經週期二十八天與男性的二十三天週期相對應，而這兩種週期性掌管了生命的大部分奧祕；他認為所有的人類本質上都具有兩種性別；而且許多鼻部疾患可以透過將鼻子與生殖器官做生理上的連結而得到解釋。正如蘇洛威所告訴我們的，這些理論既非弗利斯所獨創，也缺乏生理學上的證據。[23]普遍雙性的理論大大影響了佛洛伊德後期性發展的理論，並且與今日對性別理論的爭論十分相關。[24]

23 Sulloway, *Freud*, ch. 5.

24 見Marjorie Garber, *Vice Versa: Bisexuality and the Eroticism of Everyday Life* (London, 1995).

佛洛伊德接受弗利斯的鼻部－陰部理論，這使得他做了那個伊爾瑪打針的夢。一八九五年三月，佛洛伊德治療一位患了歇斯底里症的年輕女士，她名叫艾瑪．艾克斯坦。[25]佛洛伊德假設，她的歇斯底里症具有雙性來源，並認為也許弗利斯可以藉著鼻部手術來治好她。手術後，艾瑪鼻部仍持續出血，一直到兩週後大量出血，差點危及生命，致使佛洛伊德不得不去找另一位醫師，從她的鼻腔中取出長達五十公分的紗布。佛洛伊德對弗利斯差勁的醫術深為失望，但仍然在信中安慰他，說自己不會為此「小小的疏忽」而責怪他（一八九五年三月十三日），並說到艾瑪的流鼻血其實是因為她對醫師的愛慕所致（一八九六年五月四日）。佛洛伊德在夢中再度為自己辯護，因為也有人指控他醫術差勁，而他則不合邏輯地把責任推給自己的同事。不過這個自我辯護由於其他令人更感罪惡的聯想而加倍困難。他回憶起一位密友由於濫用古柯鹼導致死亡。這位朋友就是費歇－馬索（一八四六～一八九一），他是布呂克實驗室的生理學家，佛洛伊德曾經對他十分崇拜。費歇－馬索的右手患有嚴重感染，需要反覆手術。為了停止疼痛，他開始使用嗎啡，而且上了癮。佛洛伊德曾經協助發現古柯鹼在麻醉上的用途，他鼓勵費歇－馬索改用古柯鹼來戒掉嗎啡毒癮，因為當時認為古柯鹼在正常狀況下是不會成癮的。因此，依照佛洛伊德對讀者所做的謹慎分析，這個夢的主題本來只是處理專業上競爭，最後卻發現佛洛伊德烙印深處的罪惡感。此夢也顯示出男性同事之間強烈的，幾乎是同性戀的連結。艾瑪．艾克斯坦因為出血而受到責備，成為佛洛伊德與弗利斯之間情感溝通的管道，而在夢中的伊爾瑪，身旁都是為她檢查、觸診、注射的醫生，她幾乎變成男性群體同性戀的被動受害者。

佛洛伊德的夢不僅表達出自己發現專業生涯由於科學上的挫敗與反猶太之偏見受阻，而感到挫折；這些夢也表達出他身處當時因受到煽惑群眾的國家社會主義威脅而搖搖欲墜的奧匈帝國中的孤立感。身為奧地利猶太人，佛洛伊德強烈認同帝國的中央政府，因為帝國政府對猶太人採漸進的方式逐漸給予公民權，從一七八一年受啟蒙運動洗禮的君主約瑟夫二世的寬容法案開始，最後在一八六七年整合入憲法而進行全面的解放。他們忠於德意志語言及文化，並且常常向北方的德國投予渴慕的眼光，因為在德國，政治上的自由主義似乎擁有更具說服力的發言人。佛洛伊德自己還在維也納大學當學生的時候加入了激進且信仰德國國家社會主義的維也納德國學生讀書會，這個立場使他站在極端自由主義的陣營。自由主義在維也納的全盛時期是從一八六八年開始，當時的皇帝法蘭茲·約瑟夫任命有自由主義傾向的貴族「卡羅斯·奧斯佩格王子」組成內閣，其中有很多中產階級的部長。佛洛伊德在夢裡把這個「布爾喬亞階級的內閣」連結到他的叔叔，因為這個內閣似乎向猶太人保證了他們可以分享政治上的權力。這也可以解釋佛洛伊德夢中的企圖心乃是他青年時期的願望。修斯克等學者從此處得出結論：青年佛洛伊德原本有著政治的企圖心，這個野心後來轉向科學。然而，這方面的證據顯然並不充足。[26]

到了一八九〇年代，佛洛伊德做了《夢的解析》裡分析過的那些夢時，政治方面的前景已更為黯淡。一八七九年之後，自由派的人士失勢。他們提出的自由市場經濟政策導致金融上的

25 對艾克斯坦事件的詳細描述，見Masson, *The Assault on Truth*, 55-72.

26 見Schorske, *Fin-de-siècle Vienna*, 189。他是一位德國社會民主史家，其著作雖然略顯生澀，不過他想要證明：政治活動構成了人類主要的責任，文化活動只是代替物或昇華而已。

醜聞，且無法幫助為數眾多的勞工階級。這些人於是轉而支持社會主義者以及基督社會黨的政策。基督社會黨創建者為卡爾・呂格博士。他當時以反對猶太資本主義的形象起家，而這讓佛洛伊德以及其他人感受到不友善的反猶太訊息。呂格曾經五次當選維也納的市長，最後皇帝終於在一八九七年四月同意他就任。同時，當政的保守派政府也急於安撫帝國內逐漸興起的國家主義運動。一八九七年四月，首相巴德尼伯爵發表了兩個語言政令，要求在波西米亞以及摩拉維亞地區的公務員都需要會說德語和捷克語。德國人對此的回應是該年夏天發生在布拉格、其他波西米亞地區城鎮，以及維也納地區的暴動。他們同時也借用了捷克的國會圍堵戰術：在國會裡，自由黨議員雷榭爾博士發表了長達十三個小時的演說；而且更驚人的是，他的話句句鞭辟入裡。十一月二十八日，約瑟夫皇帝接受了巴德尼的辭呈。佛洛伊德十分關心這些騷動，因為他的家庭是說德語的猶太人，他們從摩拉維亞來到維也納，而摩拉維亞正是那些德國文化面對好戰的捷克國家主義而日漸退卻的地區之一。這就是佛洛伊德在一八九八年八月初所做的「革命的夢」，靈感來自他見到繼不幸的巴德尼首相就任的首相圖恩伯爵——他自己也在一年後被迫辭去職務——出發到皇帝位於伊希爾溫泉（Bad Ischl）（頁二七〇～二七一）的夏宮磋商政務。佛洛伊德藉著回憶起本身早年的德國國家主義以及一八四八年革命，加強了自己在意識上的背叛。而在夢裡所表現出的，則是他哼著莫札特的《費加洛婚禮》歌劇。在劇中，費加洛挑戰阿瑪維瓦伯爵。他提到了左拉的革命小說《萌芽》（*Germinal*），還提到了英格蘭打敗西班牙艦隊，而佛洛伊德對英格蘭頗有認同感，甚至將自己的一個兒子取名為奧立佛，以紀念奧立佛・克倫威爾將軍。不過他在夢中的背叛，乃是一直延伸到身體功能的底層。左拉曾描述一個放屁大賽，而這提供了一個連結：那場把艦隊吹得七零八落的大風。法文字pissenlit（蒲公英，在字面上的解讀為「piss-in-bed」，即「在床上尿尿」）則連結到一個佛洛伊德早年曾有的欲求：幫助一個幾近全盲的老人解尿進玻璃尿壺。也連結到佛洛伊德童年的尿床經驗，以及他的童年欲求：要對父親（眼盲的老人）證明，自己的確在生活上有了成就。佛洛伊德將小便這個元素連結到兒童時期的自大狂，他也聯想到拉伯雷的小說《巨人傳》（*Gargantua*）中的高康大巨人，用小便水淹巴黎城。因此，佛洛伊德在無意識中想像自己是一個巨人，可以動用自己驚人的小便與放屁的偉大力量，來打倒這些偽善的貴族政體。雖然史家們已經為這個夢考證出很多革命的內容，不過也許稱這個夢為佛洛伊德的拉伯雷式的夢，可能更為恰當一些。

有人提出另一種不同的背叛：佛洛伊德的許多夢裡有關於羅馬的主題。雖然佛洛伊德十分偏愛義大利，然而他一直有些壓抑，使他遲遲無法造訪羅馬，直到一九〇一年九月才得償心願。在夢裡，羅馬似乎是個同時令人又愛又恨的對象。佛洛伊德對它的聯想是羅馬的天主教堂，而這個地方相對於他所受的科學啟蒙教育而言，是反啟蒙主義的大本營。佛洛伊德是個德國社會主義者，他無疑對俾斯麥在一八七〇年代對抗教廷政治勢力的運動抱持同情的態度。在此，羅馬同時也代表了一個已死的政治對手。而佛洛伊德回想起自己的父親在年輕時曾經溫順地回應一個基督徒的侮辱，此時羅馬的形象也代表了當時佛洛伊德所在的維也納地區普遍風行的、支持者多為牧師的反猶太風潮。佛洛伊德為了反對這種羅馬，讓自己扮演一位軍事上的刺客。他將自己比擬為迦太基——也算是閃族同胞——名將漢尼拔，他打敗了羅馬軍隊，卻沒能奪下羅馬城。他也自比為拿破崙的陸軍元帥馬賽納，很多人誤以為這位將軍是猶太人，他在英法的半島戰爭中抵抗英國軍隊，但是功敗垂成。

不過，為何佛洛伊德認同的對象，都僅是這些失敗的角色？為何他想到的不是西元四一〇年征服羅馬的哥德族的阿拉里克，或是在一五二七年掠奪羅馬城的軍隊？對佛洛伊德而言，羅馬其實也是一個欲望的對象。他想要有朝一日到達彼處，他並不想使其毀滅。不僅如此，佛洛伊德真正想要的，正是天主教化的羅馬城。因為他由天主教的羅馬城聯想到那位捷克籍的保母，他曾在信中告訴弗利斯，在兒時她常會帶著他上教堂。她曾經引起他的性欲望，而在後來因為偷竊被解僱（一八九七年十月三、四、十五日的通信）。依照維茲的論點，因為失去這位保母而產生的焦慮，也會產生造訪羅馬的禁忌感（taboo），這個禁忌一直到他完成《夢的解析》且克服自己的恐懼之後，才得以消除。[27]而他從那時起的多次造訪，著迷的並非古典時期的羅馬，而是天主教的羅馬，特別是聖彼得鎖鏈堂前，出自米開朗基羅手筆的摩西雕像。他還對此寫了一篇藝術史的文章（*S. E.*, 13, pp. 209-236）。

如果我們接受佛洛伊德理論的術語，則佛洛伊德的無意識在夢裡所形塑的歷史與文化素材，總是植基於早期的家庭關係的模式。他在專業生涯中的朋友與仇敵，對應於他在《夢的解析》一書中後半部所描述的模式：「我的感情生活總是需要一位親密的朋友和一個憎恨的敵人，我總能不斷地為自己創造這兩類的人。」（頁四六二）因此，他的朋友弗利斯以及仇敵科勒，可以對應到自己童年與姪子約翰之間又恨又愛的關係。這位姪子只大他一歲。他對圖恩伯爵的背叛，追根究柢可以追溯到對父親的反抗。而他對羅馬的矛盾情感，則植基於早期對那兩個相衝突的母親形象：一位打破禁忌的保母和一位支配感很強的母親。不過，如果我們採用榮格的夢理論，就會想要轉個方向，說說個別的關係會如何對應到集體無意識中神話的模式。在處理書中「三個命運」(頁二六六～二六八)，這個可稱之為「人生大夢」的夢裡，我們需要同時記住這些詮釋上的可能性。

上述這個夢本身可能並不十分引人注目，但佛洛伊德對這個夢所進行的跳躍式的雙關語聯想，將其引入了一個十分綿密的主題網絡。他辨認出了廚房中的三個女人，就是命運三女神。第一位，看起來似乎在做湯圓，是一個提供營養的母親。佛洛伊德於是回想起自己的母親如何證明我們是土做的：母親搓著雙手，就像搓麵團一般，便搓出了黑黑的汙垢（其實就算我們真的照著做，也不見得搓得出來）。因此麵團也意味著我們終將回歸塵土。佛洛伊德在一九一三年寫了一篇奇怪的神話學論文：〈三個首飾盒的主題〉，文中他把《威尼斯商人》故事中的三個首飾盒，以及《李爾王》的三個女兒連結到「人一生過程中的三種形式的母親——母親本身、依照母親的形象所挑選的心愛之人，以及在生命末了時再度迎接自己的大地之母」(*S. E.*, 12, p. 301)。回到這個夢，我們注意到佛洛伊德的雙關語及引經據典的句子反覆地導入食物的主題（魚、肉、奶）以及土的主題（引述赫爾德以及歌德的土與塵）。其中一處引用莎士比亞的地方錯得有意思：《亨利四世》故事中哈爾王子所講的話：「你欠上帝一條命」，他寫成「你欠大自然一條命」。佛洛伊德用這個來支持他的迷思：他抱持的是人從出生到死亡的自然主義觀。第三個命運女神，亦即所愛的人，依稀可辨，名字叫作貝娜姬。葛林斯坦追溯回金斯萊所寫的小說

27 Virz, *Sigmund Freu' s Christian Unconscious* (New York, 1988), 22.

《希帕提亞》(*Hypatia*, 1853),在書中貝娜姬是一個嬌媚的舞女,是苦行僧費拉蒙的妹妹。[28]因此,在這個可怕的夢裡,這個佛洛伊德理論中無所不在的父親,讓位給使人矛盾的、遠古的母親形象,施予呵護、愛,以及最終的死亡。

佛洛伊德留給世人的引人爭議的遺產

《夢的解析》一問世,似乎就已經決定了佛洛伊德所有作品遭遇到的奇怪命運。直到今日,所有在大學裡研究心理學的人,幾乎從來不會被要求研讀有關佛洛伊德或其門徒的作品。不過研究文學的人也都會發現,課程中都有部分理論的研讀,需要對佛洛伊德以及當代佛洛伊德派的思想家有所認識。對心智的科學研究,可以幾乎完全不談佛洛伊德,然而若要研究文學,或更廣而言之,要研究文化,則不可忽視在《夢的解析》書中所發展的研究方法。

「精神分析無法證明本身的科學地位」,是各式各樣對佛洛伊德及其思想批評的出發點。在這些類似的批評中,我們也許可以區分出兩種版本。其中科學界的版本,以葛蘭邦為代表,認為佛洛伊德的作品以科學方法來檢視,根本不合標準。[29]這類的批評特別指出,分析的場合無法提供客觀而可驗證的臨床資料,因為精神分析的方法依賴的是分析者與被分析者之間情緒的互動,而後者的情緒需要去發掘。此種批評同時也對精神分析到底是不是一種治療存疑,理由是並沒有一個清楚的標準來衡量治療是否成功。另一派反對佛洛伊德的批評則以克魯斯為代表,他曾經一度是一個傑出的佛洛伊德派的文學評論家,但現在他自稱是「痛毆佛洛伊德的人」。這一方認為，佛洛伊德不僅僅是在方法上不科學：他是個招搖撞騙的郎中，恫嚇病人、偽造自己的發現、對自己的追隨者作威作福，而且欺騙自己的妻子。[30]而且他雖然如他自己在《一個幻覺的未來》（一九二七）一書中所堅決表達的，對所有的宗教都恆常懷有敵意，但卻被人嘲笑其企圖建立一個偽宗教。[31]

我們應該如何看待這些批評？問題到底在哪兒？往往，對佛洛伊德的批評只陳述了表面的現象。精神分析並沒有、也無法服從科學的客觀及實驗模式。雖然佛洛伊德立下了規範以儘量減少分析者對被分析者的影響，但分析的過程與實驗室裡的實驗大相逕庭。精神分析師與心理治療師會持續嘗試修訂臨床模式，以便幫助他們了解患者，並且製造了一個豐富而多變的反省體（body of reflection）。然而此種修訂應該視為分析與治療技巧的純熟，而非建立假設以便用實驗加以驗證。許多精神分析師都接受自己的工作「是一種藝術而非科學」這種說法。[32]

在其他方面，指責佛洛伊德的人表現出的是一種奇怪的短視。他們振振有詞地指出佛洛伊

28 Grinstein, *On Sigmund Freud's Dreams* (Detroit, 1968), 179-186.

29 見Adolf Grünbaum, *The Foundations of Psychoanalysis: A Philosophical Critique* (Berkeley, Los Angeles, and London, 1984)，有關回應的部分，可參考David Sachs, 'In Fairness to Freud', in Jerome Neu (ed.), *The Cambridge Companion to Freud* (Cambridge, 1991), 309-338.

30 見Frederick Crews *et al*, *The Memory Wars: Freud's Legacy in Dispute* (New York, 1995)，有關回應的部分，見Jonathan Lear, 'On Killing Freud (Again)', in his *Open Minded: Working out the Logic of the Soul* (Cambridge, Mass, 1998), 16-32. 有關佛洛伊德與嫂嫂的關係，可參考Lisa Appignanesi and John Forrester, *Freud's Women* (London, 1992), 50-53.

31 見Richard Webster, *Why Freud Was Wrong: Sin, Science, and Psychoanalysis* (London, 1995)，書中整理了很多早期的各種批評。

32 Anthony Bateman and Jeremy Holmes, *Introducing Psychoanalysis: Contemporary Theory and Practice* (London, 1995), 243.

德在治療上的大錯誤，以及他無法反駁的有意將病人引導至他想要的方向上。然而他們卻很少提出，這些治療工具應該應用在何種正面的目標。在他們滿腦子都充滿佛洛伊德本人的錯誤時，卻忘了精神分析已經發展成各種思想學派，彼此進行良性的競爭。不僅如此，精神分析理論已經被吸納進我們的常識中，我們用之來接觸別人與探索自己。精神分析幫助我們了解到精神（psyche）乃是深沉的、複雜的、神祕的。因此精神分析並非如其反對者所指稱的，是用諸如百憂解之類的藥物改變心智治療法的另類選擇，也並非提供我們有用知識的、類似「了解彼此」之類的自助手冊，這些手冊都只提供知識而已。精神分析眼中的人群，並非本質上透明的生物，可以加以研究、調整、操弄，而是有靈魂的——佛洛伊德可能不太喜歡這個字眼——生物，具有謎一般的特徵，而且連他們自己都和別人一樣，弄不明白這些謎究竟為何。

精神分析就像很多健康的知識及心靈的運動一樣，雖然總是有所謂正統與基本教義派的威脅，但其實衍生了很多具有創造性的「異端」。其中的一個運動與榮格有關，這一派比佛洛伊德更相信夢的顯意與視覺元素，認為這些可以引導通往個人的精神發展。這個處理方法重新肯定了精神分析的浪漫時期所留給我們的遺產。[33]另一派與不肯隨主流搖旗吶喊的拉岡有關，他們的基礎建立在佛洛伊德認為「無意識過程乃是具有語言特徵」此一觀念上，宣稱「無意識具有語言般的結構」。[34]精神分析反思的第三種運動是強調詮釋的動作，並且認為精神分析與其說是一種科學理論，不如說是一種詮釋學、一種理解的技巧，因此就像傳記學、語言學一樣，是人文學的一個分支。[35]就像所有的經典名著一樣，《夢的解析》已經退回到了過去，然而卻大大滋養了現在。

在夢的研究領域，《夢的解析》預示了後續研究的主要方向：去探詢夢的功能，以及夢的意義。神經生理學者已經發現，我們的睡眠會在熟睡與淺睡之間變換；在熟睡時，呼吸與心跳會變慢，而淺睡時有快速的眼球運動（因此又稱為快速動眼期睡眠，REM-sleep）。這顯示我們在淺睡時所跟隨的是心靈之眼的內在事件。夢會在淺睡時發生，這種快速動眼期大約占去我們四分之一的睡眠時間。如果我們在快速動眼期反覆被叫醒，會感到焦慮、煩躁，有時會沮喪。因此夢有可能除了維持睡眠的生理功能，還有心理的功能，可以幫助我們的心靈去處理、排除生活中瑣碎與產生威脅的材料。做夢者在定義上並不會知道這種功能，就像佛洛伊德的觀點：分析者能夠揭露出夢念的隱意，而做夢者本人卻做不到。不過，至少在某些夢裡，夢不僅有功能，而且在表面內容就有很清楚的意義。我們不需要找到一把萬能鑰匙、一個諸種象徵所組成的系統來解釋這種意義。當夢的意義突然觸動了做夢者之際，就算成功地詮釋了這個夢。夢也可能是一個訊息，從人的一部分傳給另一部分。根據榮格的說法，是為了尋求恢復精神的平衡（psychic balance）。夢這種訊息可能會被個人的創造能力、藝術能力所形塑。有些具有想像力的人可能有特殊的做夢才能，就像唱歌、繪畫，或說故事一樣，是一種本事。

33 見Polly Young-Eisendrath and Terence Dawson (eds.), *The Cambridge Companion to Jung* (Cambridge, 1997). 尤其是Douglas A. Davis, 'Freud, Jung, and Psychoanalysis', 35-51.

34 見David Macey, *Lacan in Contexts* (London and New York, 1988), ch. 5.

35 見Jürgen Habermas, *Knowledge and Human Interests*, tras. J.J. Shapiro (Boston, 1971).

雖然佛洛伊德致力於科學理性主義，然而他所創造的卻是一門心理學，以崔凌的話來說，就是「循著與生俱來的心靈底層而吟詩作賦」。[36]佛洛伊德自己在（產生荒謬的夢顯意之）原發過程的非理性，與（找出夢之隱意的）理性反思之間，做了非常鮮明的區分。不過如果我們不把「非理性」（或者比較禮貌的講法：象徵性的思考）看成理性反思的反論（antithesis），而是一種觀念思考發展的基礎，則情況又如何？[37]果真如此，則對夢的詮釋會很嚴肅地看待夢－象徵（dream-symbolism），並且從中抽取出一個觀念上的記憶，就如同對一首詩的詮釋會接受象徵主義作為一種有效的表達方式，並且會謹慎地從中萃取出觀念上的意涵，而且會小心地不要讓觀念取代了詩本身。因此我們應該強調《夢的解析》一書對於文化研究的重要性。佛洛伊德以及其他早期的精神分析師都是文化素養極高的學者，他們想要將理論應用到文學、藝術以及歷史。歐內斯特．瓊斯寫成了關於《哈姆雷特》的研究，芮克研究史尼茲勒，瑪麗．波拿巴公主研究愛倫．坡，蘭克研究世界文學及神話中有關亂倫主題的表現，而莎樂美本身就從事小說創作。精神分析似乎有潛力作為溝通這「兩種文化」的橋樑。

《夢的解析》，以及更廣泛而言的佛洛伊德學派，對創造性文學所造成的影響，其實比一般所以為的小。佛洛伊德自己就第一個承認，有創造力的作家都是以自己心理學上的直覺，預見了佛洛伊德在學理上的發現。作家並非出於焦慮而依循心理學理論者的指示而行，作家所吸收的，乃是他們那個時代所有的心理學理論，而二十世紀早期提供了很多很多佛洛伊德學派以外的理論。偉大的心理學小說家普魯斯特、穆齊爾、吳爾芙等人，對佛洛伊德都興趣缺缺。[38]意識流的、如夢一般的流動性的敘述體，在佛洛伊德之前就已經存在。最早採用的作家杜賈登（*Les*

Lauriers sont coupe, 1888），其靈感來自華格納的〈連續不斷的旋律〉（continuous melody）。另一方面，卡夫卡在寫就其成名作《審判》時，記錄了所有出現在心中的意念，書中出現如下的句子：「很自然地想到佛洛伊德」，而有可能關於佛洛伊德早期作品的第一手，甚至第二手的資料，幫助他有自信而集中精神地使用影像，特別是在他的恐怖短篇小說〈鄉村醫生〉（A Country Doctor）裡。[39] 另一個對佛洛伊德的夢理論運用較不明顯的是超現實主義者，他們在詩歌以及繪畫中嘗試揚棄理性的控制，且同時並置了無意識湧現出的影像。更重要的是，佛洛伊德歸咎於無意識的語言特徵，形成了喬伊斯的夢語言的史詩作品：《芬尼根的守靈夜》（*Finnegans Wake*），在書中，一個遠古的敘述體從一個多種語言的漩渦中持續湧現。

佛洛伊德持續發揮影響力的領域並非文學，而是文學批評。二十世紀中葉的大評論家，例如燕卜蓀、奧登、威爾森，以及李奧納·崔凌等人，都吸收了精神分析理論，將其當作知識裝備的一部分，使他們得以將文學連結至探討人類存在的情感、社會，以及哲學的結構。時至今日，那些對精神分析視而不見的評論看來都顯天真。不過如果完全依賴精神分析，會很容易淪為無聊而故步自封。佛洛伊德認為詮釋就是揭露出隱藏的夢念，這個觀念其實頗令人懷疑。大

36 Trilling, 'Freud and Literature', in *The Liberal Imagination* (London, 1951), 52.
37 見Jonathan Lear, *Love and it's Place in Nature: A Philosophical Interpretation of Freudian Psychoanalysis* (London, 1990), 8.
38 見 'Freudian Fictions' (1920), in *The Essays of Virginia Woolf*, ed. Andrew McNeillie, vol. 3 (London, 1988), 159-158.
39 見Edward Timms, 'Kafka's Expanded Metaphors: A Freudian Approach to *Ein Landarzt*', in J. P. Stern and J. J. White (eds.), *Paths and Labyrinths: Nine Papers from a Kafka Symposium* (London, 1985), 66-79.

部分的批評寧願同意康拉德作品中的馬斐，對他而言「一個事件的意義不在於內在，像個核心一樣；而在於外在，包住故事，這故事偶爾把意義帶出，就像一個光焰偶爾迸出火花一般」。[40] 即使在克魯斯擁護佛洛伊德的階段，他也說道：「必須承認，佛洛伊德式的評論很容易會淪為古怪的復活節獵彩蛋的活動：找到吞噬人的母親、找到無法避免的閹割焦慮，去傾聽那文字的音節間所流露出來的、父母做愛場面的彈簧床吱吱作響的聲音。」[41] 克魯斯自己對霍桑的小說所做的研究，很技巧且機伶地探索了深藏的罪惡感、亂倫、弒親，以及虐待的狂想。他將這些表現為隱藏在霍桑的道德與神學表面下的真實意義。然而，在處理霍桑對新英格蘭的新教遺產時，克魯斯自己冒險進入一種狹隘的堅持，認為霍桑並非真正對新教徒有興趣，因為這僅代表了作者本身受潛抑的一部分，反而霍桑對過去的感受乃是指向象徵式的家庭衝突。[42] 在此，以及在更多其他後佛洛伊德時代的評論作品裡，我們見到了這種危險的狀況；單純使用精神分析理論來闡釋文學的結果，會變成將文學視為精神分析理論的表現。

經由發展佛洛伊德對夢的探索所創的詮釋學原則——詮釋與分析乃是永無止境的——《夢的解析》已經成為文學研究的豐富來源。佛洛伊德一再強調，夢的隱意永遠超過其詮釋。在後期，他會宣稱精神分析的治療永遠不會真正達成最後的結論。依此類推，一部想像的作品的各種涵義，會深入到一個我們想像的深埋之處，因此文學名著的意義是永無止境的。在實務上，不可能出現一個單一的、結論性的詮釋，雖然此種觀念也許在引導我們的詮釋方向，以及使詮釋免於空泛的主觀性災難方面，是必須的一種規範。對文學作品的探索必須由每個讀者來進行更新，並且需要一個（也許不怎麼高明的）自我探索。

當精神分析的評論將注意力從所謂的隱意，轉到透過凝縮與置換的機轉使一篇文本可以溝通，並且當精神分析整合進入對創作形式以及社會方面的探討時，它便能夠完美地避免變成一場復活節獵彩蛋活動。精神分析被證明為最有用的文學類型，乃是所謂哥德風格的小說，在這種小說類型中，表面的真實會在半隱藏的恐怖與縈繞的意念下而支解粉碎。[43]那些未被認出的衝動，可能會被置換成一個偽裝者，史帝文生的小說《化身博士》就可以作為例子；意義可能會被強迫濃縮成一個單一的人物，例如瑪麗·雪萊的小說《科學怪人》裡的怪物就體現了罪惡感、對怪物創造者自我懲罰的恐懼、對過於自負的科學的復仇，以及不義的受害者之粗魯的悔恨。被精神分析擦亮了的目光，就算在表面上符合現實的作品中，仍然可以欣賞到各種機轉，包括複製、置換，以及鏡射。[44]我們也可以了解，小說人物，就如那些在夢中出現的人一樣，其原型都是根據父母及手足為模版所塑造的，因此都是回頭的浪子。因此，在《塊肉餘生錄》故事裡，孤兒大衛那從未謀面的父親有一個邪惡的替身：穆德史東先生，以及一個好的、無力的替身：米考伯先生，而手足的衝突在可敬的史帝佛斯與可恨的烏拉西普之間展開，這兩位

40 Josef Conrad, Heart of Darkness in *Youth, Heart of Darkness, The End of Tether*, Collected Edition (London, 1947), 48.

41 Crews, *Out of My System: Psychoanalysis, Ideology, and Critical Method* (New York, 1975), 166.

42 Crews, *The Sins of the Fathers: Hawthorne's Psychological Themes* (New York, 1966), 31, 60.

43 這類研究的範例，可參考David Punter, *The Literature of Terror: A History of Gothic Fictions from 1765 to the Present Day*, 2nd edn., 2 vols.(London and New York, 1996).

44 Andrew J. Webber, *The Doppelgänger: Double Visions in German Literature* (Oxford, 1996)，書中可以找到敏銳而折衷的評論。

都是情欲方面的敵手。

佛洛伊德早期作品的廣泛遺產其實非常豐富，無法輕易就完全洞悉。在文化方面的詮釋方法，以及對社會生活就是文化本身的這些體認，直到如今都還是人文學的主流。克利弗德・紀爾茲曾經作過如下有力的敘述：「我相信……人乃是一種動物，懸掛在自己所織的網上，我認為文化就是那個網，而對文化之網的分析並非一種尋找定律的實驗科學，而是一種尋找意義的詮釋科學。」[45]如果我們要將這個尋求意義的努力在歷史上找個起點，則達爾文的研究《人類與動物的情感表達》(*The Expression of the Emotions in Man and Animals*, 1872)可能是一個好的起點；書中顯示了本來是為了某個實用意義的身體動作，因為發現了新的用途可以做某種表達，而存活下來。佛洛伊德將這個方法引申到歇斯底里症的症狀，這些症狀原本被認為是沒有意義的。「所有的這些感受與神經支配，」佛洛伊德如此寫道，「都屬於『情感表達』的領域，達爾文對此已經有所昭示，這些構成了原本該有意義且有目的的各種動作。」(*S. E.*, 2, p. 181)佛洛伊德接著繼續揭露日常生活未曾考慮到的瑣事裡的意義：在夢、玩笑、口誤，以及看來無心的記憶錯誤之中的意義。拜佛洛伊德之賜，很多社會生活的領域都變得可以理解：它們構成了一篇可以閱讀的文本。然而，雖然佛洛伊德提供了一個社會文本的字彙，我們仍然需要文法，而這個文法是由與他同時代的瑞士語言學家索緒爾所補充。索緒爾指出，語言能夠走得多遠，並非視其對那些非語言的現實之指涉，而是端賴語言內在的系統特徵。我們如果把語言理解為一個符號系統，則語言可以提供一個模式，成為一種「研究社會之內的種種符號的生命活動」的科學，索緒爾稱之為「符號」(semiotics)[46]當我們將索緒爾對符號學的觀念，與佛洛伊德對此觀念所做的潛在視野引申加以合併，眼前便展開了一條道路，將人文學轉形成一種對意義本身、意義的建構、感知，以及詮釋的研究。現在我們有了符號學與文化上的研究，不僅包含藝術，而且包括我們的手勢、衣著、食物、姿態、儀式，以及所有社會階級的形式，都可研究。[47]我們學習到應用遙遠的、半困惑的眼光來凝望自己，而人類學家用這個眼光來看其他的文化，因此在人文學裡出現的「文化轉向」，是由諸如紀爾茲等人類學家首開先河，也就不令人意外了。[48]

最後，我們要問，到底是什麼使得佛洛伊德用這種人類學家的遙遠凝望來看自己的社會？就像很多德國以及奧地利的中產階級猶太人一樣，他深深地浸淫在西方的文化中，從希臘開始直到馬克吐溫。然而這個深遠的教化過程，並沒有伴隨完全的社會整合。佛洛伊德如此敬愛他那些非猶太人的老師與同事，包括布呂克以及費歇-馬索等人，但是他仍然覺得在同是猶太人的社群中最感自在，這可從他告訴維也納聖約之子會（B'nai B'rith）的話中看出：「一個對內在認同的清醒意識，乃是一個共同的心靈建構的安全私密所在。」(*S. E.*, 20, p. 274) 曾有人說佛洛伊德的

45 Geertz, *The Interpretation of Cultures* (New York, 1973), 5.

46 Saussure, *Course in General Linguistics*, tras. Wade Baskin (London, 1974), 16.

47 有關處理美國的國內動物、衣著、以及顏色等分類，可以參考一個簡要的例子：Marshall Sahlins, 'La Pensee Bourgeoise: Western Society as Culture', in his *Culture and Practical Reason* (Chicago, 1976), 166-204.

48 瑪麗・道格拉斯（Mary Douglas）的早期作品中，可以見到特別有影響力的例子，尤其是她的兩本著作：*Purity and Danger: An Analysis of the Concepts of Pollution and Taboo* (London, 1966); *Natural Symbols: Explorations in Cosmology* (London, 1970).

邊緣感乃是對其創造性的一大激勵。[49]他並非只因為覺得需要證明自己，他還尋求建構一個普遍的科學，可以將猶太的差異沉浸而沒入張臂擁抱的非理性、隱藏，常常是可恥的統治心靈的力量中。[50]因此他看著自己在所處的社會中，那一半在內、一半在外的位置。這正是標準的參與觀察者（participant observer）所採取的位置，而且他從這站在社會邊緣的觀點，徹底改造了這個社會的自我了解。

49 在英語世界中，很多人類學家要不是出身猶太的移民，就是羅馬天主教徒，例如伊凡－普理查（E. E. Evans-Pritchard）以及瑪麗・道格拉斯。在新教徒占有主導位置的社會，天主教徒很容易居於類似佛洛伊德的邊緣處境。

50 見Stanley Rothman and Philip Isenberg, 'Sigmund Freud and the Politics of Marginality,' *Central European History*, 7 (1974, 58-78); Sander L. Gilman, *Freud, Race, and Gender* (Princeton, 1993); id., *The Case of Sigmund Freud: Medicine and Identity at the Fin-de-Siècle* (Baltimore and London, 1993).

文本說明

瑞奇・羅伯森

此文本譯自《夢的解析》初版，該書發表於一八九九年十一月，書上標記的日期為「一九〇〇」。這本書完全說不上賣得好：首刷的六百本過了八年才盡數售出。但有一個跡象顯示佛洛伊德還是相當重視此書，那便是每次再版他都添補新的材料，讓書與時俱進。新增的材料有些並未標示日期，佛洛伊德夢理論的原始輪廓因而愈來愈模糊。佛洛伊德的首部文集《文集》（*Gesammelte Schriften*，一九二四至一九三四年間於維也納出版）在一九二五年重印初版《夢的解析》作為文集的第二卷，增補的材料則另立為第三卷。然而在那之後，意象出版社（Imago Publishing Company）於一九四〇至一九五二年間在倫敦出版的《全集》（*Gesammelte Werke*）又改回單一文本，採用一九三〇年的第八版，並納入該版中的新增材料一併重印。詹姆士・史崔奇主編的佛洛伊德文集標準版中的《夢的解析》英譯本，即譯自上述的第八版，但史崔奇標示出各處增補文字加入書中的日期，等於提供了一個集註的文本，讓仔細的讀者能夠再次建構出佛洛伊德的夢理論是如何自最初的版本，一路演進。

此處譯文採用初版文字，它和史崔奇所用的第八版主要差異在於，之後的第四章插入了一段論及象徵性的長文。佛洛伊德受到部分人士，尤其是斯特克爾的影響，開始認為夢境十分依賴一組符號，這些符號的意義至少有一部分獨立於該符號所處的脈絡，而如此的想法也逐漸成為世人普遍的觀念。初版英文本問世應該會有一個效果，就是掃除那種錯誤觀念，呈現出原始的夢理論乃是奠基於對夢中意象更加靈活、更加敏感的詮釋。

研究佛洛伊德的學者常常希望能夠有一個關鍵版本（critical edition），得以追溯蹤佛洛伊德是如何組織他的作品。不過就《夢的解析》以及佛洛伊德在一戰前完成的大部分作品而言，此一關鍵版本不可能出現，因為手稿並未留存至今。一九三六年，耶路撒冷希伯來大學的亞伯拉罕・史瓦德隆請佛洛伊德將他的文章捐給該校圖書館，佛洛伊德回答：「我有一種或許是沒有道理的厭惡，厭惡私人的遺物、簽名、手寫稿大全，還有從這些玩意生出來的一切東西。我真的很討厭這一套，所以比如我就把一九〇五年之前的手稿全都送進了垃圾筒，《夢的解析》是其中之一。」[1]直到一九一三年，佛洛伊德才意識到自己的手稿可能有些金錢上的價值。他指定由女兒安娜繼承他那為數不少的手稿，這些稿子現在收藏在華盛頓的國會圖書館。至於關鍵版本會帶來哪些驚人發現，對佛洛伊德手稿最為熟知的學者伊莉莎・格魯布利奇-西米提斯，並未提出什麼偉大的說法。[2]

話雖如此，若有一個標註版能夠比史崔奇的精心註釋跨出更大的一步，釐清佛洛伊德作品中的文化參照與概念轉變，將會是極度有價值的計畫。眼前的此版的標註數量多於史崔奇版，這部分要歸功於一代代學者的努力，雖然佛洛伊德所參照的一些項目仍然難以解釋；但至少我們可以看到佛洛伊德如何沉浸在文學與經典之中，《夢的解析》是如何能夠反映在世紀之交的維也納，一位文化素養深厚的醫學學者的職業生涯與家庭生活，特別是他與家人一同出遊，到維也納的周邊、奧地利南部的渡假村、義大利，還有亞得里亞海。

1 Letter of 12 July 1936, quoted in Peter Gay, *Freud: A Life for our Time* (London, 1988), 612.

2 Ilse Grubrich-Simitis, *Zurück zu Freuds Texten* (Frankfurt, 1993), 315.

翻譯說明

喬伊斯・克里克

此版雖然譯自佛洛伊德《夢的解析》初版，但就譯本而言是後來者，這塊土壤已有多人耕耘，也有一些爭議。初次的英譯本成於一九一三年，翻譯的文本是佛洛伊德的三版，譯者布里爾是佛洛伊德在奧匈帝國的追隨者，定居於紐約。一九五三年，詹姆士・史崔奇重要的註釋版取而代之，此譯本收錄於《佛洛伊德心理學著作全集標準版》（*Standard Edition of the Complete Psychological Works of Sigmund Freud*），為第四卷及第五卷之一部分。[1]如此一來，該譯本便成了歐內斯特・瓊斯偉大計畫的一部分，亦即將佛洛伊德一生的作品記念之、典藏之。[2]這個譯本變成一部經典、一部試金石。然而正因如此，近年來該譯本在意識形態上、在語言上，都受到炮轟。眾人皆知的惡名——以現在來說——便是該譯本對佛洛伊德的專業術語在語言上的解決方案（因此包括其概念）落入了瓊斯公開承認的意圖，即是強化精神分析的科學地位，從而使這項充滿爭議的

1 此譯文乃基於佛洛伊德初版《夢的解析》（*Die Traumdeutung*, Leipzig und Wien: Franz Deuticke 1900.）。

2 見Riccardo Steiner, "To explain our point of view to English readers in English words", in *Translation in Transition: The Question of the Standard Edition, The International Review of Psycho-Analysis*, 18(1991), 351–392.

新科學為醫學體制所接受。到了現在，史崔奇以希臘文、拉丁文所鑄造的新創詞彙已深深埋藏在英文的精神分析語言之中。同樣的情況亦見於他備受爭議的譯詞，將「Seele」譯作「mind」（心靈），還有他傾向於使用結構性的字眼而非過程性的字眼，來指稱心靈（mind，或是譯作靈魂〔soul〕？精神〔psyche〕？）的作用。不僅如此，佛洛伊德作品為數眾多，歷時多年、涵蓋許多主題，本來是持續演化，且常會自相矛盾，而標準化使得各作品協調共融——他在整部標準本中的偉大編輯成果，也就是單單**標準化**一事，未能完全避免因回溯而引出的一致性的危險。史崔奇本身的語言優雅而自然，儘管如今顯得相當老氣；他往往干涉文本，然而這干涉主要是為求明晰與一貫（程度往往高於佛洛伊德本人的語言）。不過《夢的解析》，特別是初版，是一部早期作品，它的確是奠基之作，然而書中的詞彙及想法仍屬於暫時的輔助——佛洛伊德將其比擬作「鷹架」——還不是刻於石板的定本，未受瓊斯的字彙所框限。[3]

一如欽定本聖經，史崔奇版的《夢的解析》無可取代。史崔奇版，很單純地，它**就是在那兒**。半個世紀以來，它屬於一種不可多得的譯本，屬於歌德所謂的並非為代替原文而讀，而是以其自身地位讀之的譯本。其中許多創作都是不可或缺的神來之筆，也進入了英文這個語言（例如將「Unlust」譯作「unpleasure」〔痛苦〕）。譯文通達而無爭議之處，若不採用似乎有違常理。一切已經不能從頭來過，不能回到一八九九年那個當下。本版譯者以欽佩之心，一次次求助於史崔奇版。儘管如此，見到了這麼多異議，加之標準版修訂本（Revised Standard Edition）即將問世，[4]現在或許是嘗試根據不同的原則翻譯、推出新版的好時機（雖然在工作坊的痛苦歷程中，原則總是有辦法屈服於便宜行事）。本版並非來自精神分析行內，而是來自研究德國的學者，望可聽得佛洛伊德的德語對文學與文化的共鳴，看見準備好要處理這部作品的一般讀者；對他們來說，即使不必探究專門術語的奧祕，這項工作也已經夠吃力的了。「不做標準版」的優點和機會在於可以聽取批判意見，在活躍的翻譯實務工作坊中予以檢驗，然後決定是否採用。它或有可能繞過標準版的干涉主義，更貼近佛洛伊德的文字。這與其說是更照著字面翻譯（雖然此譯本可能確實如此——但也只是程度問題罷了），更重要的是企圖將佛洛伊德形形色色的語域（register）在轉譯時注意其潛在的隱喻以及鮮明宏偉的類比，在他尚在思索新的思想領域之際，不要凍結在一致的譯詞。

讓佛洛伊德能夠如此思考不只是因為專門術語，而是德文文法的語域、語法以及動力學。[5]我們在工作坊裡格鬥的對象比較常是承載概念的名詞，但也有句子的結構及強調之處，還會有動詞與其變化（mode）。面對兩種語言、兩種心靈無可避免的不協調，我們只能希望儘量減輕其程度。是以，要如何翻譯？接下來會列舉這衍生作品的旅程中所遭遇的一些困難，以及

3 早在一九一八年，瓊斯已編纂了一部 *Glossary for the Use of Translators of Psycho-Analytical Works* (Supplement 1 to *The International Journal of Psycho-Analysis*)。他在引言（頁二）提到，這部字彙「完全是要讓譯者有份好用的協助，絕非當作精神分析術語的專門字典，雖然也可以相信，往後的專門字典可用這份字彙為基礎」。果真如此。

4 倫敦精神分析研究所（Institute of Psycho-Analysis in London）與賀加斯出版社（Hogarth Press）共同宣布將於二〇〇〇年出版。

5 見 Ilse Grubrich-Simitis, 'Reflections on Sigmund Freud's Relationship to the German Language and to Some German-Speaking Authors of the Enlightenment', *The International Journal of Psycho-Analysis*, 67(1986), 287–94, quoted by Patrick Mahoney in *Translating Freud*, edited by Darius Ornston (New Haven and London, 1992), 24–5.

這些困難所帶來的判斷。如此一來或許能以負面的方式，為英文讀者描繪出此部論述兼自傳中，佛洛伊德風格選擇性的一面，至少是在工作坊之中出現的選擇性。回想起來，讓人特別注意的是，許多問題並非單純源於佛洛伊德的語言，而是德文的「überhaupt」（整體）。

寬泛而言，此一文本由三種主要方式寫就：理論式、敘述式、分析探索式，各自又包含微調過的多種語域。首先有立論式論述所採用的議論型正式語言，用來呈現證據、論證、反駁、限制、推論。（這類方式的速度穩健，但當抵達某一論點或推翻了某位權威——「作者本人」——時，便會加快腳步。）而在德文，此種語言所需要的邏輯連接詞——「於是」（daher）、「雖然」（dennoch）、「所以」（also）、「但」（doch）、「雖然」（allerdings）、「雖然……但是」（zwar … aber），等等——可以說相當適合現代的日常口語。這些詞彙的輕盈有助於賦予正式論證一抹寫意，佛洛伊德許多文章皆有此現象。其英文對應詞則不然，那些故而（hences）和以此（thuses）、那些是則（nonethelesses）和須然（notwithstandings），就是窺其堂奧的第一步。我無法全然避免，但在可能之處會儘量減少和簡化（例如用「all the same」代替「nevertheless」）。

標準版受到的主要批評中有一項正是此種日常性，這是佛洛伊德許多表面上技術式的詞彙共有的特色。此處，佛洛伊德也遵守他所用語言的習慣：德文不像英文，醫學與科學的詞彙無須以別種方式學習拉丁語的個人習語（idiolect）——至少程度較小。說德語的患者所處的立場，是能夠了解他們的診斷所使用的語言。後來的譯者為了傳達出這份親和力，挑戰就在於如何克服史崔奇的技術性譯詞。像「coenaesthesia」（Gemeingefühl）改成直截了當的「general vital feeling」（一般身體感覺）可能還算容易，但其他詞彙的問題可就大得多。佛洛伊德在《夢的解析》

裡面尚未完整發展出精神分析的語言；該語言仍在打造。不過，尋常到有名的「Besetzung」（灌注，意即「occupation」〔占領、盤踞〕、「investment」〔投入、挹注〕、「charge」〔充電〕，並涵蓋這些詞彙在軍事上或電學上的暗示）所表現出的概念對其論述不可或缺，而該詞風評惡劣的醫學化譯文「cathexis」亦然，這個備受爭議的譯詞如今已深植於英語的分析對話之中。[6]我處理的方式是選用「charge」及其衍生字（雖然如此一來有時必須默默延展成「charge〔of energy/intensity〕」）。對不同版本的譯文來說，這樣做是允許的。另一方面，其他的神經學術語——stimulus（刺激）、excitation（興奮、刺激）——就無藥可救了。

總體而言，德文的另一項特徵也與佛洛伊德德文的主要特徵密不可分——本作尤其如此。那就是德文可以很輕鬆地創出組合字，具體而言即是和「Traum」（夢）組合：「Traumarbeit」（夢的工作）、「Trauminhalt」（夢的內容）、「Traumgedanke」（夢念）、「Traumvorstellung」（夢的錯覺）、「Traummaterial」（夢的材料），除此以外還有許許多多。總體而言，這些組合字在英文裡待的很不安，有一些小技巧避開它們。但這五個詞代表的是基本理論的概念。不僅如此，「Trauminhalt」和「Traumgedanke」的區別對夢的分析而言至關緊要。佛洛伊德很早就用「manifest」（顯意）和

6 見Darius Ornston, 'The Invention of "Cathexis" and Strachey's Strategy', *International Review of Psycho-Analysis*, 12(1985), 391–319。奧斯頓（見註5）對於重新思考標準版一事，領頭倡議。然而，單就這個詞來說，約翰．福雷斯特向現實原則（reality-principle）彎了腰：「現在已經太晚，來不及提出（Besetzung的）別種譯法，就算有誰找到了令人滿意的譯文也一樣。」（*Language and the Origins of Psychoanalysis* (London, 1980), 224.）

「latent」（隱意）這兩個形容詞來闡述上列詞彙，卻在發展論述時採用較不清晰的組合字，等到重新發現「manifest」和「latent」之後才又漸漸明晰。所以在此處，以及一些其他情況裡，我違反了英文慣常的用法，直譯出組合字。其實這些字到處都是，也有助於呈現佛洛伊德文本的一般個性。不過這些組合字的確顯示出此英文文本乃是翻譯而來。

較為人所知的爭議，是關於一些用來指稱內在生活各層面的字詞，佛洛伊德單純採用了歷史長遠、廣受運用的詞彙，它們在神學或哲學上有豐富而悠久的意義：首先是「Seele」及衍生字「seelisch」和「Seelenleben」。[7] 我將它們譯為「psyche」（精神）和「psychical」（精神的），第三個詞則以較為文學的筆法譯成「inner life」（內在生活）。當佛洛伊德引用一位年長的權威者，我會用「soul」（靈魂）。還有「Das Ich」，當談到人在夢中見到的形象，或談到做夢者本身，我會以較為直白的方式譯作「the self」（自己），因為佛洛伊德寫作《夢的解析》時，還沒有對後來英文中所謂的「the ego」（自我）一物進行明確的概念工作。不過，這個詞屬於現代的哲學與心理學話語，有時候我會採用，那也是在佛洛伊德引述他人——例如梅勒特——的時候。

翻譯佛洛伊德理論語言的時候，我跟隨一條原則，即是以同一譯詞來翻譯同一詞彙，但同時又不受這原則侷限；當英文片語有時難以處理，當上下文有所需要，當逐漸理解到佛洛伊德本人正在探索有哪些方式可以說出那近乎說不出的事物，我也允許自己偏離此原則；因此常常以「stirring」（擾動）、「emerging」（浮現）、「arising」（升起）——「regen」、「entstehen」、「hevorgehen」、「auftauchen」——這些動詞形式來表現嚴格的無意識之動力學。因此他有些公式顯得晦澀——我往往保留這份晦澀。[8] 如此一來或許有些可取之處，可取的並非其不一致，而是不要強使它一致。例如，佛洛伊德對「Bildung」的用法，有靜態的當成「a formation」（一種形式），也有動態的當成「forming」（形成）的及物過程，與「shaping」（形塑）、「producing」（產生）、「creating」（創造）有關；「Gebilde」則主要當作「structure」（結構）使用。但是這兩個詞彙並非截然二分，有時候（頁一七二）甚至可以互換。這種流動性還曾引起更大的問題，那時候工作坊要翻譯哲學／心理學詞彙「Vorstellung」及衍生字「vorstellen」，這兩個也都是常用字（意為「idea」〔意念〕和「to imagine」〔想像，即產生想法〕）。一開始，譯者可以選擇傳統的兩個哲學詞彙「idea」和「representation」（表現），而後者較受到偏好。[9]然而佛洛伊德接著論證夢的內容由夢念的偽裝、替代和置換組成，談到「vertreten」和「darstellen」——也就是意思大相逕庭的一種「representing」（代表、象徵）——於是這個貫穿全書的字眼得要放到另一個部門，整體而言，我回頭改採用「idea」。這樣並不完全讓人滿意；並不是因為「idea」通常也用來翻譯「Einfall」，這個小困難有辦法克服；而是因

7 見Bruno Bettelheim, *Freud and Man's Soul* (New York, 1983).

8 舉個例子，這也可以顯出標準版的闡述式作法：Das seelisch Unterdrückte, welches im Wachleben durch die *gegensätzliche Aufhebun der Widersprüche* …(1st edn, Chapter VII (e), p. 262, Freud's italics)。本版譯作：by the removal of contradictions by their opposite（消除其中出現的矛盾——排除一方，而讓另一方較具優勢）；標準版譯作：the fact that the contradictions present in it are eliminated—one being disposed of in favour of the other（裡面出現矛盾一事被消除了——其中一方被捨棄以選用另一方）。

9 「哲學與心理學界的經典術語，指一個人向自己呈現之物，它是思想這個行動的具體內容」，還有「特別指對於先前知覺的重現。」引自'Idea (or Representation or Presentation)', in J. Laplanche and J.-B. Pontalis, *The Language of Psycho-Analysis*, tr. Donald Nicholson-Smith (London, 1973), 200–201。他們接著指出對佛洛伊德來說，「思想這個行動」可以是無意識的。

為佛洛伊德偶爾會交錯運用「Vorstellung」和「Bild」，譯作「image」（意象）。英文中，「idea」和「image」之間的距離，可是比「representation」和「image」要遠。（最讓人混亂的是佛洛伊德引用其他作者之處，他們又有各自對這些詞彙的用法。）所以，我發現有兩條補救措施，對於文意需要更清晰的地方是有用的：在前後文中，「Vorstellung」與「Darstellung」不致混淆之處，我有時候會再把「representation」請回來；為了避免單用「idea」會被誤解為形式化的概念，我常常會用「imaged ideas」（思想意念）。這種做法或許引人反對，認為不是標準的哲學字眼，甚至還可能是套套邏輯。但我要為它辯解，這種作法相對來說較為接近我認為佛洛伊德所要表現的意義和語域——而且使得簡單的「vorstellen」一字可用「imagine」譯之，我不要把它翻作「generate representations」（產生表現）。此處再一次說明，我們所處的領域，是德文技術語言比起英文更貼近日常生活的所在。

關於佛洛伊德理論語言，我要討論的最後一件，是一個特別的精神分析概念——「Nachträglichkeit」——史崔奇的譯法（deferred action，延宕行動）有所爭議。我不敢想像自己能涉入這場深奧的論戰，但我覺得將衍生的形容詞譯為「retrospective」（回溯性），有時依文脈而改用「retroactive」（逆向的），似乎足以支撐佛洛伊德的論證，至少對這部早期作品來說是如此。

但是理論的語言並非佛洛伊德唯一的語言方式。我們會在他對自己與別人夢的記敘當中，發現另一種主要的語域。他自己的夢以較為鮮活的風格講述，而他雖然也會對病患多采多姿的夢境有所反應（他用來讚揚的詞彙是「機靈的」、「聰明的」、「美麗的」），但陳述的筆法平實，甚至可說乾澀，情節也相應地充滿鴻溝。有一點很重要，佛洛伊德以現在式來傳達夢的接近性。

現在式直述句也的確適合用來描繪夢中的時間與現實感：過去便是現在，欲求得以滿足。所以我按照他的做法翻譯。

此譯本也含有《夢的解析》的第三種語言方式，我稱之為分析探索式。分析探索式主要見於對夢的分析之中。裡面的時態傳達出此「過程乃是觸手可及，靈機一動做出發現的興奮之情，有時那是突然冒出的「啊哈！」，若使用過去式來翻譯，等於中斷整場冒險。夢的分析在文字上、節奏上、題材上、顏色上，是最多樣化的寫作。佛洛伊德將「日常語文用法」指定為夢中意象的「Urtext」（原敘述），多篇分析有賴於詩——或維也納俗語——圖畫一般的暗示性，還有他熱愛的動詞遊戲和雙關語也在此發揮極致，使譯者深陷絕望，只能以註釋向讀者指出所需的解釋，[10]因為強編出相等詞彙將削減該夢的真實性。可是這些分析充滿創意、多元多樣，細微的反諷（要不加誇大地捕捉到真是太難了），其中的對話與代言，在在都給予譯者極大的歡樂。

佛洛伊德先是主張夢境有意義、可以分析，接著他把夢工作當中夢念的文本換成夢內容這種新語言一事，與翻譯活動相比擬。但是夢中轉換是在無意識進行的，翻譯則否。

我要謝謝瑞奇．羅伯森博士仔細小心地讀過這份文本；他的評語和建議一直都很有建設性，助我避開幾個錯誤，而他對佛洛伊德社交世界——它清清楚楚地進入了佛洛伊德的夢——

10 有幾處特別誇張的文字遊戲，我十分感謝史崔奇所做的解說。

的歷史知識，為一份本身就帶有歷史性的作品提供了脈絡。我也謝謝茱迪斯・魯納（Judith Luna）的鼓舞激勵，傑夫・紐（Jeff New）的耐心與編輯工作。尤其要感謝強大的譯界先輩。如佛洛伊德最愛的一句詩所說：「Mach' s einer nach, und breche nicht den Hals.」

即使不能震撼上蒼，我也要攪動地獄。

* 語出羅馬詩人維吉爾《埃涅阿斯紀》第七節三一三行。佛洛伊德並非直接引用維吉爾原文，而是費迪南・拉薩爾（一八二五～一八六四）在一八五九年薩奧戰爭中所寫的一段政治性文章。

The Interpretation of Dreams

序言

Foreword

我在本書中試圖對夢做一說明，我相信我這樣做時並未超出神經病理學的興趣範圍。因為心理學研究表明，夢是這類變態精神現象的第一個成員，由於某些實用上的理由，其他屬於這類現象的成員如歇斯底里性畏懼症、強迫症及妄想症等，必定是醫生們所關注的問題。我們將看到，在這一系列現象中，夢本身並不具有實用重要性，但在另一方面，作為一種範例，它卻有著重要的理論價值。凡不能解釋夢意象的來源的醫生，都將無法了解畏懼症、強迫症或妄想症，自然也談不上治療它們了。

但是上述這些使夢的解釋變得如此重要的相關性，也造成了本書的種種缺陷。在我的表述中如此經常出現的中斷，正是夢的形成問題與更為複雜的精神病理學問題的接觸點。這些問題不能在本書中討論，但是如果時間和精力允許，且能獲得更多的材料，它們將會成為以後討論的主題。

我用來說明釋夢的材料的獨特性，進一步增加了表述的困難。在釋夢過程中，我們將可慢慢了解我們為什麼不能在此運用文獻中記載的夢以及那些來源不明的夢。我所能選用的僅限於我自己的夢，以及接受我的精神分析治療的病人的夢。但是我在應用後一類材料時受到了某些限制，夢的過程將會因為增加了精神官能症的特性而變得更為複雜。如果我報告自己的夢，又必然要將自己精神生活中不願告人的隱私暴露於眾目睽睽之下，這對一位科學家——而非詩人——而言，已是超乎常理的要求。但這是痛苦但也是無可避免的要求，我寧可接受它，否則我便不可能為我的心理學發現提供證據。當然，我還是會忍不住用省略或替代來減少對自己輕率言行的揭露，但是只要有這種情形發生，我的夢例的價值肯定就會大大降低。我只能希望本書讀者們能設身處地了解我的困難，予以寬容；此外，也許所有發現自己在我的夢中被以任何方式指涉到的人，將會尊重我的自由思考的權利——至少在夢生活之中。

佛洛伊德

第 1 章

有關夢的科學文獻

The Scientific Literature on the Problems of Dreams

我將在下文中，證明有一種可以解釋夢的心理學技術，這種技術如果得到應用，則每一個夢都可變成一種具有意義的精神結構，且在我們清醒生活的心理活動中占有一定的地位。我還將進一步努力闡明夢的撲朔迷離所由產生的那些過程，從而推論出引起夢的各種精神力量的性質。正是由於這些力量彼此間的聯合與衝突，夢才得以產生。在此以後，我的敘述即將告一結束，因為夢的問題已發展成為更具綜合性的問題，必須根據另一類材料才可獲得解決。

我將對前人關於夢的著作以及夢的問題在當代科學中的地位做一序言式的評論，因為在接下來的討論過程中，不太會有機會再回到這些題目上來。儘管夢的問題已經被談論了幾千年，卻談不上有什麼科學的理解——這個事實在文獻中已得到普遍承認，似已無再引證的必要。本書於正文後附上相關之參考書目，可以從中發現許多令人興奮的觀察以及大量饒有趣味的材料。但是它們都很少甚至完全沒有觸及夢的本質，或者對夢任何不可思議之處提供最終的解答。當然，對於僅受過普通教育的讀者來說，這方面的知識就更少了。

第一本將夢視為心理學研究對象的著作，似乎是亞里斯多德[1]的《夢及夢的解析》【1】，亞里斯多德認為夢確實是「屬靈的」（daemonic），但不是「神聖的」（divine）——如果我們知道如何正確地翻譯這兩個詞語，這個區別實有重大的意義。亞里斯多德已認識到夢生活的某些特徵，例如，他知道夢可將睡眠時的一些微弱刺激，放大建構為較強烈的刺激（「人們夢見自己蹈火而行，灼熱難耐，實則此時僅在身體某個部位有輕微熱度」），他因此做出結論，認為夢中有許多初次出現的徵兆，可把清醒時未被察覺的身體變化透露給醫生。由於缺少相關的知識及幫助，使我不能更深入地了解亞里斯多德的論著。

我們知道，在亞里斯多德以前，古代人不認為夢是做夢時心靈的產物，而認為夢源於神靈。而且我們可以發現有兩種明顯對立的思潮，影響著每一時代對於夢生活的解釋。一種認為夢是真實的和有價值的，可向睡眠者提出警告或預言未來；一種認為夢是空洞而無價值的，其目的在使夢者誤入歧途或導致夢者的毀滅。古希臘羅馬人對夢所採取的前科學觀點，必定與他們整體的世界觀協調一致，透過對外部世界的投射作用，他們將只在心靈中享有現實性的事物，視為真實的存在。此外，他們對夢的觀點，只考量早晨醒後記憶中殘留的夢境留給清醒心靈的主要印象：一種來自另一個世界的陌生印象，而與心靈其餘的內容有著很大的不同。若認為夢的超自然來源說在當代已找不到支持者，那絕對是錯的。我們可以看到，只要一度占支配地位的超自然領域還沒有完全被科學的解釋征服，那些虔誠的、神祕的作者，就會死抱著這種殘存的觀點不放。除了他們以外，我們還看見一些頭腦清醒的人，他們並無奇想異念，但是藉由做夢現象不可思議的性質，支持他們對於超自然力量之存在與活動的宗教信仰。某些哲學流派（例如謝林[2]的追隨者）對夢生活的高度評價，顯然是古代無可爭議的「夢的」神聖性質的反響；

關於夢的預兆性質，及其預示未來的力量的討論也從未終結。儘管持科學態度的思想家堅定地認為必須拒斥這種信仰，而企圖對他們蒐集的、與夢有關的全部材料做出心理學的解釋，卻只能是心有餘而力不足。

要撰寫夢的科學研究史是一件難事，因為不管這種研究在某些方面多有價值，但無法區辨出任何特定的發展路線，且未有任何已經證實的結果建構成為進一步研究的基礎。每一位新作者只能重新審視同樣的問題，可說是從頭做起。如果我依年代順序討論每一位研究夢的作者，並摘要陳述他們的觀點，那我就必須放棄對夢的知識現狀做一綜合性描述。所以我寧願選擇按照主題而不是作者論述的方式，依次提出夢的各個問題，並從文獻中選取解決此一問題的材料。

由於夢的文獻散見各處，又與許多其他主題交織在一起，不可能蒐集無遺，所以只要我在敘述中不曾遺漏基本事實和重要觀點，也就請讀者不要苛求了。

直到不久以前，大多數研究夢的作者仍覺得必須將睡眠和夢視為同一個主題處理。他們通

* 編輯說明：本書譯自一九九九年牛津大學出版社出版的《夢的解析》（*The Interpretation of Dreams*），喬伊斯・克里克翻譯，並由瑞奇・羅伯森進行文獻統整。此版本係譯自一八九九年初版《夢的解析》。註釋中，標示「佛註」為佛洛伊德原註，「牛津版註」為牛津版編、譯者所加註釋。

1 牛津版註：亞里斯多德（西元前三八四～三二二），希臘哲學家。文中註腳加上【】者，為佛洛伊德原始參考文獻，請參見書末「參考文獻」。

2 牛津版註：謝林（一七七五～一八五四），後康德時期的主要哲學家，以他早期的專論《論世界的靈魂》（*On the World Soul*, 1798）成為「自然哲學」的代言人。自然哲學派認為自然世界是內在精神力量的和諧表現。

常還會研究一些精神病理學領域的類似情況，如幻覺、幻象等等類似夢的現象。相反地，最近的著作則表現出一種限制論題的傾向，甚至只以夢生活領域中的個別問題作為研究對象。我很高興在這種變化中看到一種信念的出現，即像夢這樣模糊曖昧的問題，只有透過一系列詳盡的研究，我們才能對其有所了解，並取得一致的結果。一種類似的、在性質上以心理學為主的詳盡研究，正是本書所能提供的微薄貢獻。我很少有機會討論睡眠問題，儘管睡眠狀態的特性必定包括了某些條件的變化，而對精神機構的功能狀態有所影響，但因為睡眠主要是生理學問題，所以涉及睡眠的文獻就不在此考慮了。

對夢現象本身的科學探討，使我們提出以下各個問題。這些問題可分別考慮，當然也免不了有一定程度的重疊之處。

一、夢與清醒生活的關係

一個剛從睡夢中醒來的人，免不了有一種天真的想法，以為夢的本身即使不是來自另一個世界，但在夢境中自己總是到了另一個世界。我們得感謝年長的生理學家布達赫對夢的現象所做的詳細而敏銳的描述，他在這段常被人引證的話中表達了這種信念：「日常生活，有辛勤也有愉快，有痛苦也有快樂，在夢中都不再現。相反地，夢的目的在使我們超脫日常生活，即使當我們心事重重、悲痛欲絕、或竭盡全力解決問題時，夢所顯示給我們的內容也許毫不相干，也許只結合了個別的現實元素，也許只是對情緒的呼應和現實的象徵。」【8】（頁四七四）

斯特魯佩爾在他的名著《夢的本質與起源》【66】一書中有類似的看法：「一個人做夢就是離開了清醒意識的世界。」（頁一六）又說：「在夢中，很幸運地，我們能夠失去對清醒意識的有條理內容和正常行為的記憶。」（頁一七）他又寫道：「在夢中，心靈幾乎沒有記憶，而與清醒生活的日常內容和事件完全隔絕。」（頁一九）

然而絕大多數的作者對於夢與清醒生活的關係持相反觀點，如哈夫納：「首先，夢是清醒生活的延續，我們的夢總是與我們近日意識中的意念密不可分，只須仔細觀察，就會發現夢與前一天經歷有所連繫的線索。」【32】（頁一九）韋安特尤其反對上述布達赫的論點，他說：「因為我們經常可以觀察到，大多數的夢顯然是把我們帶回日常生活，而不是脫離它。」【75】（頁六）莫瑞則以格言的形式說：「我們的夢實為我們之所見、所說、所欲與所為。」【48】（頁五六）而杰森在他一八五五年的《論心理學》一書中相當清楚地寫道：「夢的內容必定多少決定於夢者的人格，決定於他的年齡、性別、階級、教育水準和生活習慣，以及決定於他在整個過去生活中的事件和體驗。」【36】（頁五三〇）

古代也有同樣的觀點，認為夢的內容仰賴於清醒生活。拉德斯托克告訴我們，薛西斯在出征希臘之前，眾人諫阻，但他一再夢見催他出征的內容。【54】（頁一三四）一位年老、聰明的波斯釋夢者阿爾塔巴努斯頗為中肯地對他說，一個人日有所思則夜有所夢。[3]

3 牛津版註：此故事由希臘史學之祖希羅多德所述，載於《歷史》第七卷。波斯王薛西斯一世在準備侵略希臘時受到惡夢驚嚇，顧問阿爾塔巴努斯告訴他：「您所謂夢中的那個形體——亦即諸神的使者——阻止您取消遠征。事實上，盧克萊修的教誨詩《物性論》有下面的詩句：

不管我們熱愛追求的是什麼，
不管往事如何盤踞在我們心頭，
心靈總是潛心於追求的對象，
而且常常出現在我們的夢中；
辯護人尋根覓據，推敲法律，
將軍則運籌帷幄，投身戰爭。[4]

西塞羅（《預言》卷二）的詩與多年後莫瑞的論點完全相同：「那時靈魂中翻騰特別激烈的，是白天思想和行為的殘餘。」[5]

有關夢生活與清醒生活之間的關係，這兩個矛盾的觀點似乎確實難以調和。在這一點上，我們想起了希爾布朗特對夢的見解，他認為夢的特徵除了進行「一系列充滿矛盾的對比，根本無法進行描述」。【35】（頁八）他說：「構成第一個對比的是，一方面夢從現實生活中完全隱退或隔絕，另一方面則是夢與現實生活之間不斷地互相蠶食和依賴。夢境與清醒時所體驗的現實生活是完全隔絕的，夢境本身或可說是一種密封的存在，其與現實生活間有著不可逾越的鴻溝……夢使我們脫離現實，抹掉我們對現實的正常記憶，使我們置身於另一世界，過一種與現實生活完全不同的生活……」希爾布朗特接著表明，一旦我們進入夢鄉，我們整個生命及其存在形式似乎就「穿過一扇無形的活門，而後完全消失」。一個人可以夢見航海到聖赫勒拿島，與囚在島上的拿破崙達成一筆摩澤爾葡萄酒的交易並受到這位被黜國王的親切接待。而當他醒來，當這個有趣的幻象破滅之後，還不免有悻然之感。希爾布朗特接著說，但是讓我們把夢中情景與現實比較一下，夢者從未販賣過酒，也從未想當一個酒商，他從來沒有航海的經驗，他如果去航海，聖赫勒拿島恐怕也是他最不願去的地方。他對拿破崙毫無同情之心，相反地，卻充滿了強烈的國家仇恨。特別是當拿破崙死於島上之時，夢者尚未出生；他與拿破崙根本談不上有任何個人關係。所以夢經驗就像某種異物，橫亙於兩段完全連續且相互一致的生活之間。

希爾布朗特繼續說：「然而，與此顯然相反的說法也可以是完全正確的。我認為除了退隱和隔絕，夢境與現實生活間仍然存在著最密切的關係，我們甚至可以說，不管夢見什麼，夢總是取材於現實及對現實沉思默想的理智生活……不論夢的結果如何變幻莫測，實際上，仍總離不開現實世界。夢中的無上莊嚴與滑稽結構，其基本材料不是源自於我們親眼目睹的感性世界，

夢境的發生並非來自上帝諸神。我比您在世上多活了許多年，所以我可以解釋，這些夢境就好像潮水般灌注在我們身上。在我們的夢境裡出現的景象，絕大部分都是我們每日所憂心之事。而如您所知，我們已為連日來遠征之事極度操煩。」(Oxford, 1998, pp. 413-414)

4 牛津版註：盧克萊修（約西元前一〇〇～五五）致力於以自然現象而非上帝意旨來解釋宇宙，此處引用他的哲學詩《物性論》(*De rerum natura; On the Nature of the Universe*) 第四部第九六二行以下。(trans. Ronald Melville, Oxford World's Classics edn. [Oxford, 1999], 127.)

5 牛津版註：西塞羅（西元前一〇六～四三），羅馬政治家和演說家。《預言》(*De Divinatione; On Divination*，約西元前四四年作）為一對話錄，挖掘出夢境、預兆或其他形式的預言對於預知未來的信仰。

就是在我們清醒時的思想中已占有一席之地。換句話說，夢源自於我們不管是外在還是內在的既有經驗。」

二、夢的材料——夢中記憶

構成夢內容的全部材料或多或少來自於經驗，也就是說，在夢中再現或被記起——我們認為這至少是一個不可否認的事實。但是如果認為夢內容和現實之間的這種連繫，可以很容易地經由比較看出，那就大錯特錯了。相反地，這種連繫需要細心考察，因為在大量的夢例中，它可能長期受到隱蔽。之所以會出現這種情形在於夢中所表現的記憶功能具有若干特性。這些特性雖常被提及，但一直很難得到解釋。這些特性很值得加以進一步的考察。

我們有時並不認為自己夢中的材料是我們清醒知識或經驗的一部分。我們可能記得夢見某個事物，但不記得曾在真實生活中經驗過這個事物，因此懷疑所夢事物的來源，於是便容易相信夢有一種獨立生成的能力。然而，往往在經歷了相當長的一段時間以後，某種新的經驗又引發了我們對已經遺忘的另一事物的記憶，同時也就揭露出夢的來源。我們不得不承認，夢中所知所憶的事物，超出我們清醒記憶所及的範圍。

德爾貝夫根據自己的經驗舉了一個特別引人注目的例子。【16】他在一個夢中看見家中院內白雪皚皚，兩隻已快凍僵的小蜥蜴被埋在雪中。身為一個動物愛好者，他把牠們撿起，讓牠們回復溫暖，把牠們放回原來居住的磚石小穴。他又用一些長在牆上一種小蕨類的葉子餵牠們，因為他知道蜥蜴非常愛吃這種蕨類。他在夢中知道這種蕨類的名字：*Asplenium ruta muralis*。夢繼續進行，在經過其他一些情節之後，他又夢見了蜥蜴，這時德爾貝夫驚訝地看見另外兩隻蜥蜴正忙著在吃剩餘的蕨葉，他於是環顧四周，看見第五隻蜥蜴正爬回牆上的小洞，接著第六隻蜥蜴……，過不久整條路上爬滿了蜥蜴，全部都朝著同一個方向爬去……。

德爾貝夫在清醒生活中只知道少數植物的拉丁文名稱，其中並沒有 *Asplenium*；所以當他發現確實有一種蕨類就叫這個名字時，感到非常吃驚。它的正確名稱叫作「*Asplenium ruta muraria*」，夢中發生了稍許偏差，這很難說是一種巧合。在夢中如何獲得「*Asplenium*」這個名稱的知識，對德爾貝夫來說依然是個謎。

這個夢發生於一八六二年。十六年後，這位哲學家拜訪他的一位朋友，他看見一本小小的花卉標本集，這是瑞士某些地方賣給外國人的紀念品。他突然回想起一段往事，他打開這本植物標本集，他夢見的 *Asplenium* 赫然在目，而且它下面正是自己手寫的拉丁文名稱。現在這個事實可以確定了，一八六〇年（蜥蜴夢的前兩年），他這位朋友的妹妹在蜜月旅行期間曾拜訪德爾貝夫。她帶著這本標本集，準備作為禮物送給她的哥哥，而德爾貝夫在一個植物學家的口授下，不厭其煩地在每一個植物標本下寫上了拉丁文名稱。

這個夢之所以特別值得記下來，因為德爾貝夫又幸運地發現這個夢另一塊被遺忘部分的來源。一八七七年的某一天，他偶然看到一本附有插圖的舊期刊，他發現其中有一整列的蜥蜴，就如他在一八六二年所夢見的一樣。這本期刊的日期為一八六一年，而德爾貝夫記得他從第一期起就是該期刊的訂戶。

夢中可自由支配的記憶在清醒生活中不能憶及，這個現象非常顯著，而且具有理論價值。我現在引證幾個「記憶力過度發達」的夢例，以引起人們更大的注意。莫瑞敘述有一段時期，「*Mussidum*」這個詞老是在白天縈迴他的腦際。他只知道它是法國一個城鎮的名字，其他一無所知。一晚他夢見與某人談話，那個人說她來自*Mussidum*。當他問到它在何處時，她回答說它是法國多爾多涅行政區的一個小城鎮。莫瑞醒來後，不大相信夢中所說。但是他查了地名辭典，竟完全無誤。【48】在這個夢例裡，夢中有更多的知識這個事實已被證實，但是關於知識被遺忘的緣由卻未被發現。

杰森曾報告一個為時久遠的夢，其中有著類似的情況：「我們在此提到的是老斯卡利傑[6]做的夢。他寫了一首讚美維羅納名人的詩後，有一個自稱布魯羅勒斯的人出現在他的夢中，抱怨他被忽略了。雖然斯卡利傑不記得曾聽過這個人的名字，仍然為他寫了幾節詩句。他的兒子後來證實在維羅納確實有個叫布魯羅勒斯的人，曾是當地知名的評論家。」【36】（頁五五一）

據說梅耶曾在一篇論文中，報告其所蒐集的這種記憶力過度發達的夢例，但很可惜我未能讀到這篇著作（《精神研究學會年報》〔*Proceedings of the Society for Psychical Research*〕）。我相信，凡是致力於研究夢的人，必然都會認為這是一種非常常見的現象，即清醒時不認為自己擁有的一些知識與回憶，卻可在夢中得到表現。在我對神經質病人的精神分析中（以後再詳談），一週內總有好幾次，我得說服病人，使其相信他們對夢中的引語、髒話等確實非常熟悉，而且在夢中加以利用，雖然他們在清醒狀態中一點也記不起來。在此我還要講一個單純的記憶力過度發達的夢例，因為從這個夢中，可以很輕易地看出僅在夢中出現的知識的來源。

我的一個病人在一個相當長的夢中，夢見自己在一家餐館點了一道「Kontuszówka」。他告訴我以後便問我，「Kontuszówka」是什麼，因為他從未聽過這個名稱。我回答他這是一種波蘭酒，還告訴他這個名稱不可能是他在夢中創造的，因為我早就從廣告看板上的廣告得知了這種酒。最初他不大相信，但是做夢後過了幾天，他去了一家餐館，在一條街拐彎處的廣告看板上注意到這個酒名，而他有好幾個月，每天至少要經過這條街兩次。

夢中再現的材料——其中某些材料無法為清醒精神活動所憶起與運用——一部分源自兒童時期的經驗。我只須舉出幾個作者，他們都注意到並且強調了這個現象。

希爾布朗特：「我已經明確表示，夢有時以一種奇異的再現力量，把童年那遙遠的，甚至已經忘掉的事件帶回心中。」【35】（頁二三）

斯特魯佩爾：「我們觀察到夢有時會挖掘出一些童年經驗，它們已被後來的沉澱物埋藏在心靈的最深處，但在夢的意象中，那些特殊的地點、事件和人物仍原封不動，栩栩如生，這個發現甚至使得這個問題變得更加複雜。這種夢的內容並不限於那些第一次發生時令人印象深刻或具有高度的精神價值，之後則作為讓清醒意識感到快樂的記憶進入夢境的經驗。相反地，夢中的深邃記憶也包括那些來自童年的人物、事件、地點和經驗的意象。這些意象可能不具備任何的精神價值，可能只在意識中留下微不足道的印象，也可能它們早已失去了原先所擁有的精

6 牛津版註：朱理亞斯・凱撒・斯卡利傑（一四八四～一五五八），與其子約瑟夫・喬斯圖・斯卡利傑（一五四〇～一六〇九）均為重要的古典學者。

神價值與深刻印象，因而在其童年來源被發現之前，它們在夢中和清醒時都使人感到奇怪和陌生。」【66】（頁四〇）

沃爾克特：「特別引人注意的是，童年和少年的經驗能如此輕易地進入夢中。夢不斷地讓我們回想起那些已經許久未曾想到、且早就不再有任何重要性的事物。」【72】（頁一一九）

因為夢能夠支配來自童年的材料，而且如同我們都知道的，這些材料由於意識的記憶功能缺失已經變得模糊不清，因此就產生了這些有趣的記憶力過度發達的夢。下面我再舉幾個例子。

莫瑞談到當他還是一個小孩時，常常從他的出生地摩埃跑到鄰村特里波特去，他的父親當時正在那裡督建一座橋樑。一天晚上，他夢見自己身在特里波特，再一次在村街上遊戲。一個男人走近他，穿著一身制服，莫瑞請教他的姓名，他回答他叫C，是一個守橋人。莫瑞醒後懷疑夢中記憶的真實性，便去問一個自幼在一起的老僕人，問她是否記得一個叫這個名字的男人，她答說：「怎麼沒有呢！他是你父親造橋時的一個守橋人。」【48】（頁九二）

莫瑞又舉了一個夢例，進一步證實了夢中童年記憶的正確性。這是一位F先生做的夢，他兒時住在蒙布里松，在離開此地二十五年以後，他決定重訪家園並拜會幾位他多年未見的世交。動身前晚，F先生夢見他已經回到了蒙布里松，而且在離城不遠處遇見一位素不相識的紳士，他自稱為T先生，是他父親的一位朋友。夢者記得小時候曾認識一個叫這個名字的人，但醒來後再也回想不起他長什麼樣子。幾天後，他真的到了蒙布里松，而且發現了那個在夢中看來陌生的地點。在那裡他遇到一位紳士，F先生立刻認出他是夢中的T先生，但是這個真人看起來比夢中見到的老得多。

在這點上，我可舉出一個我自己的夢，但夢中所追溯的印象被某種聯想取代。我曾夢見一個人，在夢中我知道他是我家鄉的一位醫生，他的臉孔不太清楚，但是混合了我中學時一位男老師的臉孔。我現在有時還能見到這位老師。醒來後我想不出這兩個人之間有什麼連繫之處，因此便詢問母親有關這位醫生的事，知道這位得追溯到我年輕時期的醫生是個獨眼者，而這位在夢中掩蓋過醫生臉孔的男老師，也是一個獨眼者。我已經有三十八年沒有見到這位醫生，就我所知，我在清醒生活中也從來沒有想到過他。

另一方面，許多權威認為大部分的夢含有來自做夢前幾天的元素。這種論調聽起來好像意圖與上述論點——過分強調童年經驗在夢中所起的作用——取得平衡。羅伯特甚至聲稱正常的夢一般只涉及前幾天的印象。【55】（頁四六）但我們將會發現，是羅伯特所建構的夢的理論，使其不得不把近期的印象推到台前，讓古老的印象消失在背景之中。但他提出的事實仍不失正確，在我自己的研究中也能證實這一點。美國作家納爾遜認為，最頻繁出現在夢中的印象，來自做夢的前兩天或三天，好像做夢前一天的印象還不夠淡薄和遙遠。【50】

有些不大願意質疑與探討夢內容與清醒生活間的密切關係的作者，常常碰到這樣的事實，即占據清醒思想的強烈印象只有在一定程度上退離白天思想活動後，才出現於夢中。因此，當人的內心還充滿親人死亡的悲傷時，一般不會夢見死者（德拉格【15】）。另一方面，一位近期的觀察者赫拉姆女士，則蒐集了一些與此相反的例子，主張在這問題上我們每一個人都有其心理個別性。【33】

夢中記憶的第三個特徵，也是最明顯而最難理解的特徵，就是再現材料的選擇。與在清醒生活中一樣，我們發現被認為值得回憶的事物，不只是最重要的事物，相反地，也包括最不重要和最無意義的細節。我將舉出幾個作者，他們對這方面表達了強烈的驚奇。

希爾布朗特：「最令人注目的事情是，夢的元素不是源於激動人心的重大事件，也不是源於前一天強烈專注的興趣，而是來自偶然的細節與無謂的瑣事，或是近日的經驗，或是較遠的過去記憶。家庭中親人死亡使人們悲痛欲絕，夜晚在哀傷的陰影中入睡，但在睡夢中，我們對這件事的記憶卻變得模糊不清，直到清晨醒來的一剎那，才又重新意識到這件事而哀不自禁。另一方面，我們在街上碰見一個陌生人額上生了一個疣子，兩人擦肩而過，並未特別注意，這疣子卻在我們夢中起了一定的作用……。」【35】（頁一一）

斯特魯佩爾：「分析夢時往往會發現，夢中有些成分確實來自前一、兩天的經驗，但在清醒時看來，這些經驗瑣碎而不重要，或在發生後旋即被忘卻。這一類經驗包括：偶然聽見的談話、漫不經心看到的別人的動作、短暫瞥見的人和物，以及讀物中的零星片斷等等。」【66】（頁三九）

哈維洛克．艾利斯：「我們在清醒生活中最深沉的情緒、深思熟慮的問題，通常並不立即在夢中的意識出現。即就剛剛發生的事情來說，在夢中再現的多半也是白天發生的瑣碎事件，或是『已經遺忘了』的印象。那些最強烈被意識到的精神活動，也正是睡得最深沉的活動。」【23】（頁七二七）

賓茲正是在夢中記憶這一特性上，表明了他對自己支持過的夢的解釋的不滿：「正常的夢提出了類似的問題，為什麼我們總是不會夢見前一天的記憶印象，而往往毫無理由地夢見那些遙遠幾乎忘卻的過去？除非它們曾在睡前不久的清醒時分中被生動地喚醒，不然在大多數對經

驗有著最敏感記憶的大腦細胞陷入沉靜與靜止時，為什麼意識在夢中總是接收到這些無關緊要的記憶情景呢？」【4】（頁四五）

我們不難看出，夢中記憶選擇清醒經驗中那些無關緊要而不被人注意的元素，多麼容易使人們普遍忽視夢對於清醒生活的依賴性，或至少使我們難以用任何個別夢例證明這種依賴性。惠頓·卡爾金斯小姐對自己的夢和同事的夢進行了統計研究，發現其中有百分之十一的夢與清醒生活沒有明顯連繫。【12】希爾布朗特認為，如果我們花費足夠的時間，不厭其煩地去探尋夢的來源，應能解釋每一夢境的發生。這個主張無疑是正確的。他談到這是一件「極其麻煩而又無人感激的工作，因為我們得從記憶倉庫最遙遠的角落中，搜尋出各式各樣毫無精神價值的事物。或得從發生後立即遺忘了的事物中，再去發掘過去各種完全無關緊要的事情」。對於這位目光敏銳的作者因這個不利的開端，而不敢沿著這條路繼續走下去，我只能表示遺憾。他如果繼續前進，可能已接觸到了釋夢的核心。

記憶在夢中的表現方式，對於任何普遍性的記憶理論，無疑具有極大的重要性。它告訴我們「我們心靈曾擁有的事物絕不會消失」（肖爾茲【59】，頁三四）。或如德爾貝夫所說：「即使是最不重要的印象也會留下不可磨滅的痕跡，不論經過多久，它還是能夠回復再現。」【16】[7]精神生活中許多病理現象也促使我們得出同樣的結論。某些我們在後面還要談到的夢理論，企圖用我們對

7 牛津版註：原文為 que tout impression même la plus insignifiante, laisse une trace inaltérable, indéfiniment susceptible de reparaître au jour.

白天經驗的部分遺忘，來解釋夢的荒謬性和不連貫性。如果我們記得剛才提到的夢中記憶的非凡能力，我們就會感到這些理論中所包含的矛盾性質了。

人們也許會把做夢現象完全歸結為記憶現象，假定夢是再現活動的表現，這種再現活動甚至在夜間也運行不息，活動本身就是目的。這可能符合皮爾澤的說法，認為做夢的時間與夢的內容之間有一種明顯的固定關係——遙遠過去的印象在沉睡時的夢中再現，而近期的印象則出現於破曉時分。[51]但是從夢處理有待回憶的材料的方式來看，這種主張根本不可能成立。斯特魯佩爾正確地指出，夢並不是經驗的再現。[66]夢中出現了第一個環節，但是記憶鎖鏈的第二個環節卻可能被遺漏、可能以不同的形式出現，也可能被完全無關的元素取代。夢中出現的不過是記憶的一些片斷，而這是夢理論的結論所可依賴的通則。至於夢完全再現我們醒時所能記得的經驗，這種特殊夢例也是存在的。德爾貝夫曾談到他的一個大學同事（他現在在維也納大學任教）如何夢見了他在白天經歷的一場死裡逃生的車禍，細節無一遺漏。卡爾金斯小姐也談到了兩個夢，其內容與前一天發生的事情完全吻合。[12]我以後也將有機會報告一個夢例，夢中毫無改變地再現了我的某個童年經驗。

三、夢的刺激和來源

俗話說「做夢是因為消化不良」，這句話有助於我們了解何謂夢的刺激與來源。這些概念背後隱含著一種理論，認為夢是睡眠受干擾的結果。除非我們在睡眠中受到干擾，否則不會有夢——夢就是對干擾的反應。

在夢的文獻中，關於夢的成因的討論占據了很大的一部分。很顯然地，只有在夢成為生物學研究的對象之後，這個問題才能被討論。古代人相信夢是神靈的啟示，無須多方尋求致夢的刺激：夢源於神意或靈力，夢的內容也就是這些力量的真知和意圖的產物。然而科學立即面臨這樣的問題：致夢的刺激都是相同的嗎？還是可以有各種不同的致夢刺激？這還牽涉到有關夢的成因的解釋究竟是屬於心理學領域，或是生理學領域的問題。大多數權威似乎一致認為，干擾睡眠的原因——也就是說，夢的來源——可以是多樣化的，軀體刺激和心理興奮同樣都可以成為夢的刺激物。然而作為夢的形成因素，孰先孰後，何種因素在夢的產生上更為重要，意見就大不一致了。

說起夢的來源，不外下列四類，它們也可作為夢本身的分類。它們是：（一）外部（客觀的）感覺刺激；（二）內部（主觀的）感覺刺激；（三）內部（器質的）軀體刺激；（四）純精神來源的刺激。

（一）外部（客觀的）感覺刺激

哲學家斯特魯佩爾關於夢的著作不止一次啟發我們思考夢的問題，他的兒子小斯特魯佩爾則曾出版一本他對一位病人的著名觀察紀錄。這個病人罹患廣泛性表皮感覺缺失症，好幾個高級感官也陷入麻痺狀態中。如果這個人與外界少數僅存的感覺通道也關閉的話，他就會昏沉入睡。當我們想入睡時，都會試圖達到一個與斯特魯佩爾的實驗相類似的情境。我們關閉自己最重要的感覺通道，即我們的眼睛，並儘量避免其他的感官受到刺激，或避免讓正施加在這些感官上的刺激發生變化。雖然我們的努力不可能完全實現，我們也能夠入睡。我們既不能使自己的感官完全不受到刺激，也不能完全中止它們的應激性。相當強度的刺激隨時可把我們驚醒，這個事實證明了「即使在睡眠時，心靈仍不斷地與軀體的外部世界保持接觸」。而在睡眠期間影響到我們的感覺刺激，很容易就變成夢的來源。

這類刺激大量存在，包括一些睡眠狀態中必然發生或是偶然發生，卻不可避免的刺激，和一些出乎意料但卻足以喚醒睡眠的刺激。一道強光可以射入眼簾，一個噪音可以被聽見，一股強烈氣味可以刺激鼻內黏膜。此外，睡眠時的無意識動作，可能使身體某部分裸露在外而感到寒冷，或因姿勢的改變而帶來壓覺和觸覺。我們可能被一隻蚊蟲叮咬，或被夜晚某些微不足道的意外同時衝擊我們好幾種感官。細心的觀察者已經蒐集了一系列夢例，其中有些清醒時注意到的刺激，竟可以與夢的部分內容完全的對應，以致可以把這些刺激視為夢的來源。

我將引證一些杰森所蒐集的這一類夢例，它們可以追溯到客觀的、多少是偶然的感覺刺激作用。【36】（頁五二七）每一種模糊聽到的聲音都可以引起相應的夢象：一陣雷鳴使我們置身戰場，公雞啼叫可以變成一個人的驚喊，門聲嘎嘎可以夢見竊賊入室。如果被褥在夜晚滑下，我們可以夢見裸體行走或躍入水中。如果我們斜臥床上，雙腳伸出床外，可以夢見站在懸崖邊沿或墮入深淵。如果我們的頭偶然滑到枕下，我們就會夢見頭頂上有塊高懸的岩石，正好可以把我們砸得粉碎。精液儲聚可以引起色情的夢，局部疼痛產生被虐待、被襲擊或受傷的意念……

「邁耶有一次夢見被幾個人襲擊，他們將他仰翻在地上，並且在大腳趾和第二趾之間釘上了一根樁子。他這時醒來，發現原來是有一根稻草牢牢地夾在兩根腳趾之間。根據亨寧斯的記載，另一次當邁耶被襯衣緊緊纏住脖子時，夢見自己上了絞刑架。霍夫包伊爾在年輕時夢見從高牆上跌下，醒後發現他的床架垮了，他真的跌在地板上……格雷戈里報告有一次他把腳放在熱水壺上，卻夢見爬上了埃特納火山，地上熱不可耐。另外一個人睡眠時把熱藥糊放在額上，夢見被一群印第安紅人剝取頭皮。還有一個人的睡衣弄濕了，夢見自己被拖過一條小溪。一個病人在睡眠時痛風突然發作，他在夢中認為自己受到宗教法庭的審判，並遭到嚴刑審問（麥克尼施）。」

如果對睡眠者施予有系統的感覺刺激，能使他產生與這些刺激相對應的夢，則奠基於夢刺激與夢內容間的相似性的論點就更為可信了。根據麥克尼施所言，吉龍·多·布薩連鳩已經進行了這種實驗：「他裸露自己的膝蓋，夢見夜晚坐在驛馬車裡趕路。在他的說明中，他觀察到旅行者一定知道夜晚坐在驛馬車裡時，膝蓋部位會感到非常地寒冷。又有一次，他露出自己的後腦勺，結果夢見參加一個露天的宗教儀式。這只能解釋為，在他居住的村鎮中，人們習慣遮蓋頭部，只有在舉行宗教儀式時例外。」

莫瑞對在自己身上引發的夢進行了某些新的觀察（其他一些實驗則沒有成功）。【48】

1用羽毛搔自己的嘴唇和鼻尖——他夢見一種可怕的酷刑：臉上被貼上一層瀝青製的面具，然後再被連皮撕下。

2把剪刀在鑷子上磨利——他聽見響亮的鐘聲，隨後警鈴聲大作，把他帶回到一八四八年六月。[8]

3讓他聞一些古龍水——他夢見他到了開羅的約安・瑪麗亞・法林娜的店內，然後是一些記不清的荒唐冒險。

4輕捏頸部——他夢見醫生正給他上芥末硬膏，且想到了幼年曾為他看過病的一位醫生。

5把一塊熱鐵拿近臉部——他夢見「司爐」[9]破門而入，強迫居民把雙腳伸入火熱的炭盆裡並勒索錢財。接著阿布朗特公爵夫人出現，他在夢中是她的祕書。

8在額頭上滴一滴水——他想像正在義大利，汗流浹背，飲著奧維托白酒。

9燭光透過一張紅紙不斷地照著他的臉——他夢見氣候炎熱不堪，然後是一場他曾在英吉利海峽經歷的風暴。

其他利用實驗引發夢的嘗試，可見赫維・代・聖丹尼斯【34】、韋安特【75】，以及其他人的報告。

許多作者注意到「夢所具有的驚人技巧，能將來自感覺世界的突發印象編入夢的結構之中，使得這些突發印象在夢中看起來像是早已安排好、而且循序而至的結局」。（希爾布朗特【35】）同一作者又寫道：「我在少年時代，習慣用鬧鐘於早晨的固定時刻喚醒我。千百次地，鬧鐘的響聲被編入一個顯然很長、卻前後關聯的夢裡，好像整個夢導向這個事件，在邏輯上必不可免的高潮時，達到預定的結局。」

我將在其他段落再度引證三個這類鬧鐘的夢。

沃爾克特寫道：「一位作曲家，有次夢見他正在講課並力圖向學生講清楚某一點。他講完之後問一個男孩聽懂了沒，這個男孩像發了瘋似地喊著：『Oh ja!』（噢，有！），他氣憤地責備男孩不該高聲叫喊，誰知全班爆發出陣陣叫聲，先是一陣『Oh ja!』，繼而一陣『Eurjo!』，最後大喊『Feuerjo!』（失火了！失火了！），這時他被街上一陣真正的『失火了！失火了！』的叫喊聲所驚醒。」（羅伯特引述，頁六八）

加尼爾曾敘述拿破崙一世在馬車中睡著時，被地獄機器[10]爆炸聲驚醒的經過。【54】他夢見他再一次在奧地利的轟炸中橫渡塔格利蒙托河[11]，最後驚起大呼：「我們遭暗算了。」

莫瑞曾做過一個著名的夢。【48】（頁一六一）他臥病在床，他的母親坐在他的身旁。他夢見正值大革命的恐怖統治時期，目睹了恐怖的殺戮景象，最後他被帶上革命法庭。在法庭上他看見羅伯斯比爾、馬拉、富奇－丁維勒[12]，以及所有那個恐怖時代的冷酷英雄。他受到他們的審問，在一些記不清的事件以後，他被判處死刑，並被帶到群眾簇擁的刑場。他走上斷頭台，被劊子

8 牛津版註：即巴黎革命勢力遭鎮壓之時。
9 佛註：Chauffeurs，為法國大革命時旺代省（Vendée）的強盜，會施用文中提及的酷刑。
10 牛津版註：infernal machine，一種用於戰爭的爆炸裝置。
11 牛津版註：塔格利蒙托河位於義大利北部。當拿破崙在倫巴底打敗由奧匈帝國統治的奧地利，曾夢想成為法國軍隊總司令。
12 牛津版註：麥克斯米連・迪・羅伯斯比爾（一七五三～一七九四）和尚－保羅・馬拉（一七六三～一七九三）是法國大革命的領袖；安敦－克溫提恩，富奇－丁維勒（一七四六～一七九五）則是恐怖統治時期的檢察官。

手捆在板子上，木板翹起，斷頭台的鍘刀落下。他覺得身首分離，在極度焦慮中醒來——發現床的頂板落下，擊中了他的頸椎，且正是斷頭台鍘刀落下的同一個地方。

這個夢引發勒洛林[45]和埃柯爾[20]在《哲學評論》（*Revue philosophique*）上的有趣討論，爭論焦點在於是否可能、或如何，在他感知刺激到真正醒來的這一瞬間，壓縮如此豐富的材料。

這一類的夢例似乎使睡眠時發生的客觀感覺刺激成為夢的所有來源中最為確定的一個，而且普遍認為它們是夢唯一的來源。如果一個受過教育但對夢的文獻一無所知的人，被問到夢是如何產生的，他一定會舉出某個夢例來回答，其內容不外是醒來後發現可用客觀感覺刺激來解釋這個夢。但是科學研究不應到此止步。從觀察到的事實中還可以進一步提出一個問題，即在睡夢中直接影響感官的刺激，在夢中並不以現實的形式出現，而是被另一個多少與之有關的意象取代。但是，夢的刺激與其引發的夢之間的關係，用莫瑞的話來說，具有「某種關係，但並不是獨一無二的關係」[13]。[47]（頁七二）我們讀了希爾布朗特三個鬧鐘的夢之後，自然會問，為什麼同一個刺激會引起三個如此不同的夢，而且為什麼正好引起的是這些夢，而不是引起其他的夢。

「我夢見那是一個春天的早晨，我正在散步，穿過綠色田野，一直走到鄰村。我看見村民們穿著最好的服裝，手捧讚美詩湧向教堂。當然，這是星期日，晨禱即將開始，我也決定參加，但因走得發熱，就先到教堂的院內納涼。正當我讀著幾座墓誌銘，聽見敲鐘者爬上教堂閣樓。我看見樓頂有一口小的村鐘，即將發出晨禱開始的信號。鐘掛在那裡有一會兒未動，然後開始搖擺，突然發出明亮而尖銳的鐘聲，使我從睡眠中醒來，原來是鬧鐘的響聲。」（頁三七）

「下面是第二個夢。一個明朗的冬日，街上積雪很深。我已約定乘雪車赴一宴會，但是等了很長一段時間，才有人告訴我雪車已經停在門口。接著是準備上車——皮毯打開，暖腳包放好——最後才坐在座位上。然而就在出發的那一刻又有些耽擱，直到拉一下馬韁才給等候的馬匹發出信號，然後馬匹出發。一陣強烈的搖晃，車鈴發出熟悉的叮噹聲，鈴聲是如此激烈，一下就撕破了我的夢網，原來又是鬧鐘的尖銳響聲。」

「現在是第三個夢例！我看見一個廚房女僕，手捧著幾打疊起的盤子往餐廳走去。我看她捧著高高疊起的瓷盤有失去平衡的危險，喊道：『小心點，不然你的瓷盤會全部摔碎的。』她的答案當然是她早已習慣這種工作等等。我焦慮地盯著她向前走去的身影，然後——果然不出我所料——她撞上了門檻，那些易碎的瓷盤滑跌下來，乒乒乓乓，摔碎在地。但是那聲音繼續不斷，不久後似乎不再是瓷盤摔碎的聲音，變成了一種鐘聲。等我醒來才知道，只是鬧鐘到了預定時間的響聲。」

為什麼心靈在夢中會錯認客觀感覺刺激的性質呢？斯特魯佩爾【66】和馮特【76】二人對這個問題的答覆幾乎是相同的：在睡眠時，心靈在有利於形成錯覺的情況下接受侵入的刺激。一個感覺印象被我們認知並正確地理解了——也就是說，我們根據過去的經驗，只要這個刺激有足夠的強度、清晰，且相當持久，只要我們有足夠的時間加以考慮，它就被劃歸到所屬的一組記憶當中。如果這些條件未能實現，我們就會把印象來源的事物認錯，我們就產生了錯覺。「如果一

13 牛津版註：原文為 une affinité quelconque, mais qui n'est pas unique et exclusive.

個人在空曠的鄉間散步，模糊地看到遠處的一個物體，他最初可能認為這是一匹馬。」走近一些，他認為是一隻躺著的牛，最後才明確認出，是一群坐在地上的人。心靈在睡眠時從外界刺激所接受的印象具有類似的不確定性。心靈便在此基礎上形成了錯覺，因為這個印象引發了或多或少的記憶意象，藉此獲得它的精神價值。至於在許多組相關的記憶中，哪一組的意象被喚起，以及許多可能發生的聯想中，哪一個聯想因而發生作用，依據斯特魯佩爾的理念，這些問題都無法確定，只能讓心靈做決定。

在這一點上我們面臨一個抉擇。一方面，我們可以承認不可能再進一步探索夢的形成法則，從而也就不必再探索我們對感覺印象引發的錯覺所做的解釋，是否還受其他因素的決定。另一方面，我們可以假定，直接影響睡眠者的感覺刺激對於夢的產生只發生有限的作用，還有一些其他的因素將決定這個刺激會在他心中喚起哪一個記憶意象。實際上，如果我們考察莫瑞用實驗方法所引發的夢（我已為此加以詳細敘述），我們不禁會說，實驗說明的不過是夢的一個元素的來源，而夢的其餘內容與它如此無關。細節如此明確，以至於無法單以必須對應於外界引入的實驗元素加以解釋。的確，當人們發現那些印象在夢中有時只接受最奇特與最不自然的解釋時，就已經開始懷疑錯覺說與客觀印象對夢的形成的影響力量了。西蒙曾告訴我們一個夢，他在夢中看見一些巨人環桌而坐，聽見他們咀嚼食物時，上下顎合攏發出的可怕喀嚓聲。【63】他猛然醒來，聽見一匹馬在窗下疾馳而過的馬蹄聲。如果不借助夢者的幫助而提出解釋，我敢說，馬蹄聲必定喚起了一組與格列佛遊記[14]有關記憶中的某些意念——大人國的巨人和善良的馬。難道像這樣一組不尋常記憶的選擇，就不可能由客觀刺激以外的某些其他動機所推動嗎？

（二）內部（主觀的）感覺刺激

關於刺激儘管有著各式各樣、甚至互相對立的意見，我們仍須承認，睡眠時的客觀感覺刺激在夢的發生中所扮演的角色，是無可爭議的。如果這類刺激的性質和發生的頻率還不足以解釋每一個夢象，我們就應該尋找其他產生類似作用的來源。我不知道應同時考慮外部感覺刺激與內部（主觀）感覺刺激這種想法始於何時，但是近期所有有關夢的病因學討論都已涉及這一點。馮特寫道：「我認為我們在清醒狀態時熟悉的那些主觀視覺和聽覺，會在夢錯覺中發生重要作用，如在黑暗視野中看見一片光亮，耳中聽見鈴響或嗡嗡聲等等。其中特別重要的是視網膜的主觀刺激，這可以解釋夢的一個顯著的傾向，它會用大量近似或幾乎完全相同的事物來迷惑我們的眼睛。我們看見無數的飛鳥、蝴蝶或游魚，五顏六色的豆子和萬紫千紅的花朵。這是黑暗視野中的斑駁亮光所引起的各種幻象，它們所包含的無數光點在夢中變成了許多單獨的意象。由於這些閃爍的亮光具有可動性，遂被知覺為**正在運動中**的物體。這也許正是在夢中容易看見各式各樣動物的原因，因為動物形象的千變萬化，使其易於符合主觀光亮意象的特定形式。」【76】

作為夢象的來源，主觀感覺刺激有其明顯的優勢，它們不像客觀刺激那樣仰賴於外部機緣。

14 牛津版註：格列佛遊記為強納森・斯威夫特（一六六七～一七四五）於一七二六年所著之諷刺文學。格列佛的第二次航行帶他到了大人國，當中有聰慧貞潔的馬（芬奴茵），懂得說話，將人類（雅虎）當作家畜馴養。

可以說，只要有所需要，就可以隨手拈來以供解釋之用。但是它們在夢的發生中所扮演的角色不像客觀感覺刺激那樣可以進行觀察或實驗，而是很難或完全無法證實。主觀感覺的力量激發成夢的有利證據，主要得之於所謂的「睡前幻覺」，或用約翰．繆勒的說法，叫作「幻想性視象」。有些人在入睡時容易出現極其生動而變化多端的意象，而且在眼睛睜開之後還能持續片刻。莫瑞很容易出現這種現象，他曾對此進行了詳盡考察，並主張它們與夢象有關——事實上可說是等同於夢象（在他之前，約翰．繆勒也抱持同樣的看法）。【48】要產生這種睡前幻覺，他認為必須要有一定程度的精神被動性，讓緊繃的注意力放鬆（頁五九以下）。但是若處於適當的情緒狀態下，我們只須陷入這種嗜睡狀態一秒鐘，就足以產生睡前幻覺，之後也許又會再醒過來。這種過程通常會重複數次，直到入睡為止。莫瑞發現，如果不久後再醒過來，我們往往能夠發現夢中的意象與那些入睡前飄浮在眼前的睡前幻覺相同（頁一三四）。有一次，他在入睡前看見許多臉孔歪曲、髮型奇特的古怪人形，不斷地侵擾著他，醒後他仍記得這些形象也曾進入他的夢境之中。另一次，他因為節食餓得發慌，在睡前幻覺中看見一盤食物和一隻握著叉子的手從盤中叉取食物。隨後他夢見自己坐在擺滿豐盛菜餚的桌子旁，聽見進餐者的刀叉所發出的聲響。又有一次，他在睡前感到雙眼疼痛不舒服，在睡前幻覺中，他看見一些極微小的文字，只能辛苦地一個一個加以辨識。一個小時後他從睡夢中醒來，記得夢見一本翻開的書，其字體極小，他必須辛苦地閱讀。

話語、名字等聽覺幻覺，也能和視覺意象一樣出現於睡前幻覺，然後再在夢中出現——就像歌劇一樣，序曲預示著隨後出現的主題。

近來有一位睡前幻覺觀察者拉德採用與繆勒和莫瑞相同的方法。【40】他經過練習，成功地使自己能在入睡二到五分鐘後醒來，這樣就有機會可以將正慢慢消失的視網膜感覺，與記憶中留存的夢象加以比較。他宣稱每一次都能在兩者之間發現密切的關聯，因為視網膜上自發的光點和光線，看起來就像是夢中精神圖像的輪廓與線條。例如，他在夢中閱讀著的印刷文字，其排列正好符合視網膜光點的橫線排列，或者用他的話說：「我在夢中閱讀的那頁印刷清晰的文字逐漸淡褪，在我清醒的意識看來，就像一頁真正的印刷紙，但只透過一張紙上的橢圓形小孔看到它的一部分，而且因為距離太遠，看起來非常模糊。」拉德認為，所有呈現視覺意象的夢，幾乎都有視網膜刺激所提供的材料在其中發生作用。這特別適用於在黑暗的房間裡睡著不久後所發生的夢。相對地，他也提到，早晨將醒之際所發生的夢，其刺激來源則是逐漸變亮的房間裡穿透眼簾的真實光線。視網膜自發興奮不斷變化的性質，與夢中意象不停歇的流轉恰相符合。只要認為拉德的觀察重要，人們就不會低估這些主觀刺激來源在夢中所產生的作用。因為我們知道，視覺意象是我們夢境的主要成分。至於其他感覺的作用，除了聽覺，都是不重要和不規律的。

(三) 內部(器質的)軀體刺激

由於我們現在是在有機體內部而非外部尋找夢的來源，所以必須記住，我們幾乎所有的內部器官，雖然在健康狀態時很少讓我們得知它們的工作訊息，但當它們處於所謂興奮或疾病狀態時，就會成為一個感覺的刺激來源——主要是帶給我們痛苦的感覺，而我們必須給予這些感覺與來自外部的感覺或痛苦刺激相同的立足點。例如斯特魯佩爾就談到了這種人們久已熟知的經驗，他說：「心靈在睡眠時比在覺醒狀態中更能深刻而廣泛地感知到軀體所發生的事件。它不得不接受來自身體各部位及其變化的刺激所引發的印象，並受其影響，而這些在覺醒時是感知不到的。」【66】（頁一〇七）早期作者如亞里斯多德認為，在清醒生活感受到任何徵兆以前，由於夢對於被經驗到的印象有增強的效果，因此可能可以在夢中感受到早期疾病的存在。【1】一些醫學作者們肯定不相信夢的預言力量，但就疾病的先兆來說，他們並不反對夢的重要意義（見西蒙【63】，頁三一，以及許多較早期的作者）。

關於夢的診斷作用，現代似乎也不乏確鑿的夢例。蒂西從阿蒂古那裡引證了一個四十三歲婦女的故事。她的身體看來健康，但幾年來一直為焦慮夢所折磨。之後她接受身體檢查並且發現患有早期的心臟病，不久後她便死於此病。【68】

在很多的夢例中，內部器官的嚴重疾病顯然是致夢的刺激物。心臟病和肺部疾病經常伴有焦慮夢，此一現象已為人們所公認。許多專家都已強調過夢生活的這個層面，因此我只舉出下列參考文獻：拉德斯托克【54】、斯皮塔【64】、莫瑞、西蒙、蒂西。蒂西甚至認為，各個不同的器官患病時，在夢中會有其典型的表現內容。心臟病患者的夢一般很短促，臨醒時有個可怕的結局，夢的內容總是包含了與恐怖死亡有關的情景。肺病患者則會夢見與窒息、擁擠和奔逃有關的場景，而且顯然易有反覆發生的夢魘。順道一提，波納在這方面的實驗獲得了成功，他把臉孔朝下俯臥或摀住口鼻，結果引起了夢魘。【5】消化系統患者的夢則會包含與享受或厭惡食物有關的意念。最後，我們每個人都可以從自身的經驗中，了解性興奮對夢內容的影響。這為器質性刺激激發成夢的理論，提供了最有力的支持。

此外，凡是研究過夢的文獻的人可能都會注意到，有些作者（如莫瑞【48】和韋安特【75】）由於發現自己的疾病會影響夢的內容，因而開始研究夢的問題。

儘管這些事實無可置疑，但對於研究夢的來源而言，它們並不如想像中那麼重要。夢是健康的人日常產生的現象——也許是每人每晚都會發生的現象，器質性疾病顯然不能成為致夢的必要條件。而且我們探索的並不是特殊夢例的來源，而是引發正常人日常夢景的原因。

我們只須前進一步，就可以發現任何一個夢的來源，其內容比我們迄今所討論過的都更為豐富，而且可以取之不盡，用之不竭。如果能夠肯定軀體內部處於疾病狀態時可以成為夢的刺激來源，又如果我們承認睡眠時，離開外部世界的心靈能給予身體內部更多的注意力，則似乎可以合理地假設，內部器官並不一定要處於疾病狀態才能引發可以抵達睡眠心靈的刺激，而這個刺激則或多或少地被轉化為夢象。我們在清醒時會模糊地意識到一種廣泛性的整體身體感覺，依照醫學上的看法，這種感覺是所有器官系統各司其職的結果。但是到了夜間，這種整體感覺似乎逐漸產生有力的影響，並且透過它的各個組成部分發生作用，從而變成激發夢象最強烈，同時又最普遍的來源。如果是這樣，則我們接著要做的，就只是去研究器質性刺激轉化成為夢象的法則了。

我們現在談到的這種有關夢的來源的理論，是所有醫學作者最為贊同的一種理論。籠罩著「人類存在之核心」（蒂西稱之為「內臟」【68】）的黑暗，與籠罩著夢的來源的黑暗如此一致，皆為我們的知識所無法了解，因而我們很容易認為兩者之間存在著某種關聯。認為生理性的器質感覺是夢的製造者這種想法，對醫生而言還具有另一種特殊吸引力，它有利於用單一病因來解釋夢與精神疾病。因為這兩者的表現有許多共同之處，而且大多數人認為，整體身體感覺的變化與源自內部器官的刺激，是發生精神病的原因。因此，若是軀體刺激理論可以追溯到多個彼此獨立的思想家，並不會讓我們感到驚訝。

哲學家叔本華[15]於一八五一年所發展的思想路線對不少作者產生了決定性的影響。【60】我們的理智接受來自外界的印象，再將它們重新鑄造成時間、空間、因果關係等形式，由此形成了我們的宇宙圖像。白天，來自有機體內部的刺激藉著交感神經系統的作用，對我們的心境頂多只有無意識性的影響。但是到了夜晚，當我們不再淹沒在白日的印象之中，那些來自內部的印象就能吸引我們的注意了——就像夜間我們可以聽到小溪的潺潺流水，而白天卻被喧囂的聲音所淹沒。而除了以自己的特殊功能對這些刺激施加影響之外，理智又如何對這些刺激做出反應呢？據此，這些刺激被重鑄成占有時間與空間的形式，並且遵循因果法則，從而就產生了夢。施爾納【58】和沃爾克特【72】後來更詳細地研究了軀體刺激和夢象間的關係。我將把這些研究留到夢的各種理論一節再加討論。

精神科醫師克勞斯在一個具有顯著一致性的研究中，將夢、譫妄和妄想的來源追溯到同一個因素，即**由器質性因素所引起的感覺**。【39】依照他的看法，他無法想像夢和妄想的出發點不存在於有機體的任何一個部位。由器質性因素所引起的感覺「可以分為兩類：一、構成一般心境的感覺（整體身體感覺）；二、有機體主要生理系統中固有的特殊感覺。後者又可分為五組：

（一）肌肉的、（二）呼吸的、（三）胃的、（四）性的，以及（五）周邊的感覺」。（第二篇文章，頁三三）

克勞斯假設驅體刺激產生夢象的過程如下：被喚醒的感覺根據某些聯想法則引起一個同源的意象，這種感覺與意象結合而成一個有機結構。然而意識並不是以常態的方式來對這個結構做出反應，因為意識並不注意感覺，而是全神貫注於伴生的意象——這說明了何以真正的事實會長期無法被辨識。（頁一一以下）克勞斯以一個特別的詞來描述這個過程：感覺超實體化，因而成為夢象。

器質性驅體刺激對夢形成的影響，現今已幾乎得到普遍的承認。但是對於支配這一關係法則的看法則各不相同，而且往往含糊其詞。根據驅體刺激說，夢的解釋就面臨著從夢的內容回溯到引起夢的器質性刺激這個特定的問題。如果不採納施爾納提出的釋夢法則【58】，往往會碰到這樣的難題：即唯一能讓我們看出器質性刺激存在的，正好就是夢內容本身。

然而對於各種不同形式的「典型的」夢的解釋——這類夢在許多人身上出現，而且有著類似的內容，所以稱之為「典型的」夢——卻表現出相當的一致性。有些夢為人所熟知，如從高處跌下的夢、牙齒脫落的夢、飛翔的夢，以及因赤身裸體或衣著不全而感到狼狽不堪的夢等。最後這種夢被認為僅僅是因為睡眠者在睡眠中感知到被褥滑落而他們並未蓋著被子睡覺所致。

15 牛津版註：亞瑟．叔本華（一七八八～一八六〇）為悲觀主義哲學家，著有《意志與表象的世界》（一八一九）及《附加與剩餘之物》（一八五一）。《附加與剩餘之物》一書內含佛洛伊德參照的文章〈論靈魂追尋與相關事項〉。

牙齒脫落的夢則可追溯到一種「牙齒的刺激」，雖然這種牙齒的刺激並未達到疾病的程度。按照斯特魯佩爾的說法，飛翔的夢是當心靈於睡眠中不再意識到胸部的表皮感覺時，為了解釋肺葉開闔所引起的刺激而出現的一種適當意象。【66】上述的情形會引起與飄浮意念有關的感覺。從高處跌下的夢據說是因為當心靈對表皮壓力感覺的意識正慢慢停止時，身體的一臂下垂或鬆弛的膝部突然伸張，引起心靈再一次意識到壓力感覺；這種從無意識到意識的轉變在精神上便以跌落的夢表現出來。（斯特魯佩爾，頁一一八）這些解釋聽來似乎合理，但其明顯的缺點是缺乏任何證據。他們可以不斷地假設這一組或那一組感覺在精神知覺中忽而出現忽而消失，直到構成一個可為夢提供解釋的精神組合為止。我以後還有機會再討論這些典型夢及其來源的問題。

西蒙曾比較一系列類似的夢，企圖推論出器質性刺激引發相應夢境的某些支配性法則。【63】他認為在情感表達時發揮作用的器官，如果由於某種外來原因而在睡眠中產生通常只由情感引發的興奮狀態，這時出現的夢境就會包含合乎這種情感的意象。（頁三四）他提到的另一個法則是，如果在睡眠時一個器官處於活動、興奮或混亂狀態，則夢所產生的意象必定與該器官生理功能的運行情況有關。（頁三五）

毛爾里．沃爾德曾在一個特定的領域中，用實驗證明軀體刺激說對夢的形成的效果。【73】他的實驗內容包括改變一個睡眠者的肢體位置，然後將產生的夢與肢體的改變進行比較，他的實驗結果如下：

1夢中肢體的姿勢與其在現實中的姿勢大致符合。我們夢見肢體處於靜止狀態，實際情況也是如此。

2 如果我們夢見肢體在移動，則完成這個動作過程中經歷的某種姿勢，必定與該肢體的實際姿勢相符合。

3 夢者自己肢體的姿勢在夢中可以屬於他人。

4 也可以夢見該動作受到阻礙。

5 任何特定姿勢的肢體在夢中可表現為動物或怪物，且在兩者之間形成某種類比。

6 肢體姿勢在夢中可產生相關的意念，例如，如果涉及手指，我們就會夢見數字。

基於上述結果，我傾向於認為：即使是軀體刺激說，仍然無法完全排除選擇夢象的任意性。

（四）刺激的精神來源

我們發現，當我們討論到夢與清醒生活的關係以及夢的材料時，古今大部分夢的研究者都一致認為，人夢見的是白天的所作所為或最感興趣的事物。這種從清醒生活持續到睡眠的興趣，不僅是一種把夢與清醒生活連接起來的精神紐帶，而且也是另一個我們不可忽視的夢的來源。如果把睡眠時發展起來的興趣——睡眠時影響我們的刺激——含括進來，似乎就足以解釋一切夢象的來源了。但是我們也聽到相反的說法，即夢使睡眠者遠離白天的興趣，而且在大多數的情形下，這些在白天對我們有著最深沉影響的事物，只有失去了其與清醒生活的立即關聯性，我們才會開始夢見它們。因此我們在分析夢生活的每一個步驟時，如果不加上「經常地」、「一般說來」，或「就大部分而言」這一類限定詞，或不準備認可例外的有效性，就無法建立普遍性的法則。

如果白天的興趣加上睡眠時內部和外部的刺激確實足以囊括全部的夢因，我們對於夢的每一成分的來源都應能有滿意的說明。夢的來源之謎既已解決，剩下的工作只須將每一特殊夢例中的精神作用和軀體刺激的作用分別加以確定就行了。然而，實際上從來沒有一個夢獲得這種全面的解釋，而且凡是企圖這樣做的人都會發現，夢的某些部分（通常是很大一部分）的來源簡直無從尋覓。白天的興趣對夢而言，顯然不像我們料想的那樣，是一種影響深遠的精神來源，因此絕不能斷言每一個人在夢中都在繼續自己的白天活動。

我們還沒有發現夢的其他精神來源。在一切有關釋夢的文獻中（只有施爾納的作品【58】例外，留待以後討論），每當談到夢的構成中最具特色的材料——即意象——的來源時，就會出現一個大漏洞。在這進退兩難的情況下，大部分作者都傾向儘量縮小精神因素對夢的激發作用，因為精神因素是最難掌握的。他們確實也把夢分成兩類，**一類源於神經的刺激作用**，**一類源於聯想**，而且認為已經驗材料的再現是後者唯一的來源（馮特【76】）。然而這並不能排除「是否有任何夢能在不受某種軀體刺激激發的情況下發生」（沃爾克特【72】，頁三六五）這個疑問。純粹聯想性的夢境，甚至連描述都相當地困難：「聯想性的夢本身不存在這種、來自軀體刺激的穩定核心的問題，就連夢的核心本身也不過是鬆散地結合在一起的。夢中那些不受理性和常識支配的意念運作過程，在此甚至不再因任何相對重要的軀體刺激或精神刺激而結合在一起，因此只好聽憑其本身的千變萬化和雜亂無章。」（沃爾克特，頁一一八）馮特也儘量縮小精神因素在夢的激發中的作用，他認為把夢的幻想視為純粹的幻覺似乎毫無道理。大多數夢象或許實際上是錯覺，而這些錯覺都源於睡眠中無法被辨識的微弱感覺印象。（頁三五九以下）韋安特採取同一觀點而且加以普遍應用，他主張所有夢象最初都源於感覺刺激，再現性聯想後來才依附其上。【75】（頁一七）蒂西更進一步地貶抑夢刺激的精神來源，他說：「並不存在純精神來源的夢。」【68】（頁一八三）又說：「我們夢中的思想都來自外界。」（頁六）[16]

許多採取中間立場的作者，如馮特這位有影響力的哲學家，指出在大多數的夢中，軀體刺激和精神刺激——不論是未知的，或可看出其來自於白天的興趣——共同發生作用。

在下文中我們將發現夢如何形成這個難解之謎，可以藉由發現一種未被想到的精神刺激來源而得到解答。同時，對於那些不是源於精神生活的刺激在夢的形成中所受到的過高評價，我們也不必感到驚奇。這類刺激不僅易於發現，甚至可以用實驗予以證實。而且夢的軀體來源的觀點與現代精神醫學的流行思想模式互相吻合。大腦支配有機體的主張固然值得相信，然而只要指出精神生活根本獨立於明顯的軀體變化之外，而且其表現是自發的，就會使現代精神醫學學者慌成一團，彷彿一承認這類事情，就勢必會退回到自然哲學或心靈形上學的年代。精神醫學學者的懷疑彷彿已置心靈於其監護之下，絕不容許心靈有絲毫自發的衝動。他們這種行為

16 牛津版註：這兩句的原文分別為Les rêves d'origine absolument psychique n'existent pas … les pensées de nos rêves nous viennent de dehors.

適足以表明，他們對於軀體和精神兩者間的因果連繫之有效性多麼缺乏信任。即使研究表明一個現象的主要來源是精神的，有朝一日也許更深入的研究可以進一步發現精神事件有其生理基礎。但如果我們目前的知識還不能超越對精神的理解，我們也就沒有理由否認精神的存在。

四、為什麼夢會在醒後被遺忘？

夢在早晨便會「逐漸消退」是眾人皆知的事實。當然，夢是可以回憶的，因為我們畢竟只有在清醒後透過記憶才知道夢的存在。但是我們經常覺得我們對夢的記憶很不完整，夢在夜間有著更豐富的內容。我們還能觀察到，早上記得的夢還可栩栩如生，經過白天便逐漸消失，最後只留下了少許片斷。我們往往知道自己做了夢，可是不知道夢見了些什麼。我們都很熟悉夢易於被遺忘這個現象，因此對於一個人在夜間做了夢，到了早晨可能忘了夢的內容，甚至可能連曾經做過夢這件事也都忘了的這個現象，也就見怪不怪了。相反地，有些夢卻被驚人地保存在記憶之中。我曾經分析我的病人在二十五年前或更早之前所做的夢，我也記得自己在三十七年前所做的一個夢，至今還對它記憶猶新。這些都是非常引人注意的現象，而且無法立即加以理解。

對夢的遺忘敘述得最詳細的是斯特魯佩爾。[66]夢的遺忘無疑是一種複雜的現象。他追溯夢的遺忘，發現造成這種現象並非單一原因，而是有一系列的因素。

首先，所有在清醒生活中導致遺忘的原因，對夢而言也同樣有效。我們在清醒時通常會把無數感覺和知覺立即忘掉，因為它們過於微弱，或是因為隸屬於它們的精神刺激太過輕微。許多夢象也是如此，它們也是因為本身過於微弱而被遺忘，而與之毗連的較強意象卻被記住了。然而強度本身並不是決定夢象是否可以被記住的唯一因素。斯特魯佩爾和其他一些作者（例如卡爾金斯【12】）都承認，我們常常忘掉那些非常生動的意象，卻把很多模糊或缺乏感覺力量的意象保存在記憶之中。其次，我們在清醒時往往容易忘記只出現一次的事件，容易記住反覆感知的內容，但是大多數的夢象都是一些獨特的經驗。[17] 這也造成了夢被遺忘的現象，而且對於所有的夢都有相同的影響。遺忘的第三個原因更為重要，如果要在一定程度上記住某些感覺、意念或思想，就不能讓它們處於隔離狀態之中，而應該讓它們有適當的連結和分類。如果將一句短詩分成孤立的單字，再加以隨機混合，就會變得難以記憶。「如果將各單字適當排列，組成有關聯性的順序，字與字互相幫助，組成有意義的整體，就容易記起而且可以得到長期的保存。無意義的內容通常難以記憶，就像雜亂無章的內容一樣。」大多數的夢都不易理解且缺乏條理，構成夢的各個成分本身鮮少具有易被回憶的性質，它們通常很快就變成分散的片斷，而隨即被遺忘。但是拉德斯托克的觀察結果與上述結果並不完全相同，他認為最奇特的夢會被記得最為清楚。【54】

斯特魯佩爾認為，就引起夢的遺忘而言，由夢和清醒生活間的關係所產生的其他因素，有其更為重要的作用。夢在清醒意識中容易被遺忘，顯然是上文曾提及現象的翻版，即夢（幾乎）

17 佛註：週期性重現的夢也常常出現，參見查巴尼克斯所蒐集的夢例（《大腦生理學》）。

未曾在清醒生活中接受有條理的回憶，而只是選擇其中一些細節。這些細節脫離了清醒時賴以回憶的精神脈絡，因此夢的構成物在填滿心靈的精神連繫中並無立足之地，並沒有任何事物可以幫助我們回憶它們。「這樣一來，夢的結構從我們精神生活的底層升起，像天空雲朵般地在精神空間中飄蕩，很快地隨風散去。」（頁八七）而且醒來以後，五光十色的感覺世界立即占據了全部的注意，很少有夢象能抵抗這股力量。所以在同一方向上我們又有了另一個因素，夢讓位於新的一天的印象，正像燦爛群星消失在陽光之中。

最後，我們應當記住的是，大多數人對夢的不感興趣也導致了夢的遺忘。如果一個科學研究者在某個時期對夢感到興趣，他就會比平時做更多的夢——這顯然意謂著他更容易，而且更經常地記住自己的夢。

班里尼還援引了波拉特列在斯特魯佩爾的基礎上所增加的兩個夢遺忘的原因，[3]但它們似乎包含在已列舉的因素之中：（一）整體身體感覺在睡眠狀態和清醒狀態間的變化，不利於兩者的交互再現；（二）夢中意念材料不同的排列方式，使夢在清醒意識中變得無法解釋。

儘管上述種種理由容易造成夢的遺忘，但是實際上仍有那麼多的夢保存在記憶之中。研究夢的作者屢次嘗試制定支配夢的記憶原則，無異承認我們對夢的某些現象仍然感到迷惑不解。最近，有關夢的記憶的某些特性受到了應有的重視（拉德斯托克[54]、蒂西[68]），例如，早晨時某個夢似乎已被忘卻，然而白天時如果某些偶然的知覺經驗觸及已被遺忘的內容，則又可以回想起來。但是在反對夢的回憶的批評中，總是企圖將夢的價值貶低到最低的程度。因為夢內容既已喪失大半，人們自然不免懷疑，對剩餘內容的記憶是否會受到歪曲。

斯特魯佩爾也曾懷疑夢的再現的正確性，他說：「因此，清醒意識很容易在不知不覺中對夢的記憶進行竄改。我們自以為夢見了各式各樣的事情，實際上在夢中並未發生。」

杰森特別強調了這一點：「此外，在研究和解釋前後連貫的夢境時，有一點以前似乎未曾受到注意，所以必須謹記在心。當我們回憶這種夢時，原來面目往往已經模糊不清，我們於是便無意地、未加注意地填滿夢象間的缺隙。實際上的夢很少、或從來未曾像記憶中那樣連貫，即使是最尊重事實的人，也無法在絲毫不加潤飾或增刪的情形下，說出一個能引起我們注意的夢。人的心靈有一種從關聯性的角度看待任何事物的強烈傾向，以致在回憶中不知不覺地為夢中不連貫之處補上失去的環節。」【36】（頁五四七）

埃柯爾的一些話雖然是他自己的意見，但聽起來簡直就像杰森的翻版：「……觀察夢有其特殊的困難，避免這類錯誤的方法只有拿起紙筆，把經驗和觀察到的內容立即記下來，不然很快就會全部、或部分遺忘。全部遺忘並不嚴重，部分遺忘卻很不可靠，因為我們在敘述尚未忘記的內容時，很容易憑自己的想像填補記憶中那些支離破碎的片斷……我們不知不覺變成了創造性的藝術家。說出的故事經過多次反覆，使著作者本人也相信了故事的真實性，最後他變成發自內心地認為他所提供的故事是一個適當而且合理的真正事實。」【20】[18]

18 牛津版註：原文為：l'observation des rêves a ses difficultés spéciales et le seul moyen d'éviter toute erreur en pareille matière est de confier au papier sans le moindre retard ce que l'on vient d'éprouver et de remarquer; sinon, l'oubli vient vite ou total ou partiel; l'oubli total est sans gravité; mais l'oubli partiel est perfide; car si l'on se met ensuite à raconter ce que l'on n'a pas oublié, on est exposé à compléter

斯皮塔也有類似的看法，他認為我們只有在試圖回憶一個夢的時候，才會將任一形式的秩序引入其鬆散連結的成分中：我們「改變僅僅處於並列狀態的事物，使它們成為前後有序或具有因果關聯的事物。也就是說，我們把缺乏條理的夢，說成具有邏輯關聯的進程」。【64】（頁三三八）

既然記憶的可信度只能靠客觀證據進行檢驗，既然夢是無法驗證的，因為它只是我們自己個人的經驗，我們的回憶是它唯一的來源，那麼我們對夢的記憶還能有什麼價值呢？

五、夢的顯著心理特徵

我們假定夢是自己精神活動的產物，並以其作為夢的科學研究的出發點。但是已完成的夢又像是某種異己的東西，我們很不願意承認夢出於己，以至於我們除了說「我夢見」，還常說「我有一個夢」。[19]這種「心理上的陌生感」從何而來？我們根據對夢來源的討論可以斷定，這種陌生感不是由進入夢內容的材料所引起，因為夢生活中絕大部分的材料皆與清醒生活共有。我們可以自問，是否夢中的精神過程對這些材料有某些修飾作用，因而產生了這種陌生感？所以我們想對夢的心理屬性進行一番探索。

費希納在他《心理物理學綱要》的一段論述中，無與倫比地強調夢生活和清醒生活間的本質差異，而且做出意義深遠的結論。【25】在他看來「僅僅是意識性精神生活下降到主要閾值以下」，或是使注意力遠離外界的影響，都不足以解釋夢生活與清醒生活恰恰相反的特徵。他反而覺得，**夢活動的場所不同於清醒生活的場所**。「如果睡眠與清醒時的精神生理活動發生於相同的場所，在我看來，那夢只能是清醒觀念生活在較低強度上的延續，而且必須有同樣的材料和形式。然而事實卻遠非如此。」

費希納自己一直沒有清楚說明他所談到的這種精神活動的場所變化。就我所知，也沒有任何人對他的話追根究柢。我認為完全不需要考慮從解剖學角度來解釋他的話的可能性，從而假設這話指的是生理學上的大腦功能定位，甚至是大腦皮層的組織學分層。然而，如果這段話指的是由一系列前後排列的動元（agency）所構成的精神機構，最終或可證明這是個明智且有意義的觀念。

其他一些作者則滿足於強調夢生活某些更為明顯的心理特徵，且把這些特徵作為更深入解釋的出發點。

剛曾提到，夢生活主要的特徵中，某一個特徵會於入睡的過程中出現，因此可將之視為預示睡眠的現象。根據施萊馬赫的說法，清醒狀態的特徵是以**概念**而非**意象**進行思考，夢則主要是以意象進行思考。【61】（頁三五一）隨著睡眠的臨近，我們可以觀察到，當自主性活動變得越來越困難，**不自主的意念便隨之出現**，且都屬於意象的類型。我們自覺為自主性概念活動的軟弱

par imagination les fragments incohérents et disjoints fournis par la mémoire ...; on devient artiste à son insu, et le récit périodiquement répété à la créance de son auteur, qui, de bonne foi, le présente comme un fait authentique, dûment établi selon les bonnes méthodes...

19 牛津版註：德文中，「我夢見」與己無關的表述方式為mir hat geträumt，而帶有積極主體性的表述方式為ich habe geträumt，兩者完全不同。

無能，與意象的出現（通常與心靈的抽象能力處於這種軟弱無能的狀態有關），是夢的兩個持續的特徵。同時，根據對夢的心理學分析，我們不得不承認它們是夢生活的基本特徵。我們已經知道這些意象本身——睡前幻覺——在內容上也與夢象一致。

所以夢主要是以視覺意象進行思維——但也有例外，夢也利用聽覺意象，在更小的程度上也會利用其他感覺的印象。許多事物（如在正常清醒生活中那樣）也會以簡單的思想或意念在夢中出現——也就是說，可能以言語的殘餘形式表現出來。然而，夢的真正特徵仍是夢內容中那些以意象方式活動著的元素，也就是說，它們的活動並不像記憶的呈現，而更類似於知覺。假使我們不管所有精神科醫師都很熟悉的有關幻覺性質的爭論，則任何有關夢產生幻覺——也就是說，夢以幻覺代替思想——的主張，我們都表示贊同。在這方面，視覺與聽覺表現並沒有區別：根據觀察得知，如果一個人入睡時腦中充滿著聽到的一整串音符的記憶，入睡後記憶會轉化成同一旋律的（視覺）幻覺。如果這個人又醒過來——在入睡過程中，這兩種狀態可以不止一次地交替出現——幻覺馬上又讓位給較微弱且性質不同的（聽覺）記憶表現。

由意念到幻覺間的轉變，並不是夢與清醒生活相應的思想之間唯一的不同。夢用這些意象構成一個情境，它們表現了一件實際上正在發生的事件。如斯皮塔所說，它們把一個意念給戲劇化了。【64】（頁一四五）然而，只有我們進一步承認，我們在夢中通常——因為例外的情形需要專門考察——不認為自己在思考，而是認為自己在經驗；也就是說我們要完全相信幻覺，夢生活的這個特性才有辦法被完全理解。有人批評我們並沒有經驗到任何東西，只不過以一種特殊的方式在思考，換句話說，在做夢。但這種批評只有在我們清醒後才發生作用。正是這個特性把真正的夢與白日夢區別開來，白日夢與現實從不互相混淆。

布達赫把我們迄今討論的夢生活的特性歸納如下：「夢的主要特性有：（一）在夢中，我們心靈的主觀活動以客觀形式表現出來，因為我們的知覺功能把我們的想像產物視為感覺印象……（二）夢意謂自我權威的終結。因此入睡同時帶來一定程度的被動性……與睡眠伴生的意象只有在自我力量削弱的情況下才能產生。」【8】（頁四七六）

接下來就得嘗試去解釋心靈對夢幻覺的信任，而這種信任只有當自我的某些「權威性」活動停止以後才得以產生。斯特魯佩爾論辯說：心靈在這方面正確地執行其功能，並且遵循其自身的運作機制。夢的組成元素絕不只是一些表象，它們是一些**真實的精神經驗**，與在清醒狀態中透過夢感官而產生的情況相類似。【66】（頁三四）清醒的心靈以語言性意象和言語的形式產生意念和思想，但夢中的心靈卻是以真實的感覺意象來思考與想像。（頁三五）此外，夢還具有空間意識，因為和清醒時一樣，其認定感覺和意象占有外在的空間。（頁二六）所以必須承認，夢中的心靈與其意象和知覺間的關係，與清醒時相同。（頁四三）如果心靈與其意象和知覺間的關係發生錯誤，那是因為心靈在睡眠中缺乏一個能讓它區別感知覺來自外部或內部的標準，它不能使夢象接受唯一可以證明其客觀現實性的檢證。此外，它也不管具有**任意互換性**元素的意象，與不具有此種任意性元素意象間的區別。錯誤的產生是因為它不能將因果法則應用於夢的內容中。（頁五八）簡而言之，心靈脫離外部世界同時也就是導致它相信夢的主觀性世界的原因。

德爾貝夫透過略微不同的心理學論證得出了同一結論。【16】他認為我們相信夢象的真實性，是因為我們在睡眠中沒有其他印象可資比較，是因為我們脫離了外部世界。但我們相信這些幻覺的真實性倒不是因為它不可能接受夢中的檢驗。夢可以讓我們觸摸到我們看到的玫瑰花——然而我們正在做夢。德爾貝夫認為，判斷我們是做夢還是清醒只有一個可靠標準，那就是醒過來這一純經驗事實。當我醒來時發現自己脫掉衣服躺在床上，我敢斷定從入睡到醒來之間的一切都是錯覺。（頁八四）我在睡眠時把夢象視為真實，乃是因為我有一個（不眠的）**心理習慣**，會假設有一個堪與自我相對照的客觀世界的存在。[20]因此，在形成夢生活這個最為顯著的特性時，心靈脫離外部世界被認為是其決定性因素之一。這裡值得援引布達赫很久以前說過的一些具有深刻意義的話，它們揭示了沉睡的心靈與外部世界的關係，但也特別要我們提防對上述結論做出過高的評價。他寫道：「睡眠只能在心靈不受感覺刺激干擾的情況下產生……但睡眠的真正先決條件並不是感覺刺激要減少到心靈對它們毫無興趣的地步。某些感覺印象對於保持心靈的寧靜是必須的，如磨坊主只有在聽到他的磨盤轉動聲時才能入睡。而習慣於夜間點燈以防萬一的人，在黑暗中就無法入睡。」【8】（頁四五七）

「在睡眠中，心靈使自己與外部世界隔絕，並從自身的周邊撤回。……然而連繫並未完全中斷，如果我們睡著以後便沒了聽覺或感覺，只在醒過來後才恢復這些感覺，那我們就不會再醒過來了……下列的事實更清楚地證明睡眠中感覺的持續性：喚醒我們的往往不只是印象的感覺強度，還包括了它的精神脈絡。一個睡著的人不會被無關的話語所喚醒，但是如果有人喊他的名字，他就會醒來……正因為如此，如果一個感覺刺激對某人具有某種重大意義，則刺激的消失也能使他從睡眠中醒來。所以一個夜間點燈的人在燈滅時反而醒來，磨坊主也會因磨盤不響而驚醒。也就是說，他的醒來是因為感覺活動的停止。這意謂著他知覺到這些感覺活動，只

是由於活動無關緊要，甚至使他感到心安，所以沒有干擾他的心靈。」（頁四六〇以下）

即使我們想無視這些並非瑣碎的反對意見，我們仍然不得不承認，迄今為止我們所進行的將一些夢生活的特徵歸之於脫離外部世界的討論，並不能完全說明夢境的陌生性質。否則就應該能把夢中的幻覺再變回到意念，把夢的情境變成想法，從而解決釋夢的問題。事實上，這些正是我們在清醒後在做的事情。我們從記憶中再現夢境。然而，不論這種再解釋的工作獲得完全或部分的成功，夢仍然和先前一樣神祕莫測。

誠然，所有權威著作都毫不猶豫地假定，清醒生活中的意念材料在夢中發生了其他更為深遠的變化。斯特魯佩爾曾指出一種變化如下：「隨著感覺功能和正常意識的中止，心靈喪失了它的感情、欲望、興趣、價值判斷，以及各種活動賴以生長的土壤。清醒生活中與記憶意象

20 佛註：哈夫納和德爾貝夫一樣，試圖把夢解釋為：異常條件的引入必然使正常精神機構原有的正確功能發生改變。但是他對該條件的說法稍有不同。在他看來，夢的第一個標誌就是它獨立於時間與空間之外，意即它是一種不受主體所在的時間與空間秩序約束的表現。夢的第二個特性與此有關——即幻覺、幻想和想像的結合物與外部知覺混淆不清；「心靈全部的高級功能——一方面尤其是指形成概念的能力與判斷和推理能力，一方面則是指自由的自我決定——都緊密地依附於感覺意象，而且無時不以這類意象作為背景，因此這些高級活動也參加了夢象的無規律行列。我說『參加』是因為我們的判斷和意志功能在睡眠中本身並無改變，我們的活動和清醒時一樣目光敏銳而自由，一個人在夢中甚至也不能破壞思考法則本身——例如，他不能把看起來相反的事物視為相同的事物等等，所以在夢中他所期望的也僅只能是他認為的好事。但是在夢中，人的心靈在運用思想和意志法則時，由於意念之間的混淆，往往誤入歧途，因此在夢中我們一方面可因面對巨大的矛盾而感到心虛，同時仍能做出最清醒的判斷，得出最合邏輯的推論，服從最公正和神聖的決定。……**缺乏方向性**是夢中想像變動不定的全部祕密所在，**缺乏批判性反思**和與他人的交往，是夢中我們的判斷、希望和欲望變得無限誇張的主要原因。」（〈睡眠與做夢〉，頁一八）

有所連繫的精神狀態——感情、興趣、價值判斷——都蒙受一種……阻扼的壓力，因而中斷了它們與那些意象的連繫。清醒生活中有關物品、人物、地點、事件和動作的知覺意象，紛紛孤立地再現，但是無一帶有本身的精神價值。而這些意象因失去了精神價值，遂在心靈中任意飄浮……。」[66]（頁一七）

在斯特魯佩爾看來，意象喪失本身精神價值（由於脫離外部世界使然）這一事實，在創造陌生印象方面起著主要作用，從而使我們記憶中的夢境變得與真實生活大不相同。

我們已經知道我們在入睡狀態中廢除了一種精神活動，即對意念流動主動指引的能力。於是我們自然會想到，睡眠狀態的作用可能擴展到心靈的全部官能。有些官能似乎已完全停止活動，但是此處出現了一個問題，其餘官能是否繼續正常運作？以及它們在這種情形下是否能夠發揮其正常功能？於是不免要問：夢的一些顯著特性能否藉由睡眠狀態中精神效能的降低而得到解釋——夢留給清醒判斷的印象支持這種看法。夢是不連貫的，它們無條件地接受荒唐的矛盾，認可不可能的事物，無視清醒狀態時的可靠知識，而且向我們顯示對倫理道德的遲鈍。任何人在清醒時若像夢中那樣行動就會被人當作瘋子。任何人在清醒時若要像夢中那樣說話或大談夢中發生的那些事情，就會給人留下笨蛋或白痴的印象。因此當我們表達對夢中精神活動的低下評價，以及主張高級智力官能在夢中特別停止作用，或至少受到嚴重損害時，似乎只是說出了事實。

關於夢的這種意見，許多權威作者表現了不尋常的一致性——例外留待下文再談——這些論斷直接導致一種關於夢生活的學說或解釋。關於夢的心理特徵，我認為已無須加以概述，而是到了引證不同作者——哲學家和醫生——的時候了。

根據萊蒙尼的意見：「夢的不連貫性是夢的一個基本特徵。」【42】

莫瑞同意他的意見：「不存在絕對合理的夢，夢中無不包含某些不連貫、年代不合或荒謬之處。」【48】（頁一六三）[21]

斯皮塔援引黑格爾的話：「夢缺乏一切客觀合理的一致性。」【64】

杜加斯寫道：「夢是精神、情緒和心理的無政府狀態。它是各種功能自身的巧妙遊戲，其運作既無控制也無目的。心靈在夢中變成了一架精神自動機。」【19】[22]

甚至，絕對不贊同夢中精神活動是無目的的沃爾克特也認為：「在清醒狀態中，透過核心自我的邏輯力量結合在一起的觀念生活也鬆弛、分解並混亂了……。」【72】（頁一四）

西塞羅對於夢中意念聯想的荒謬性提出了最為尖銳的批評。他說：「我們所想像得到的任何事物，無論多麼荒謬、複雜，或是多麼異常，都有可能在我們的夢中出現。」（《預言》，卷二）[23]

費希納寫道：「這就像把一個明智者腦中的心理活動，移植到一個傻瓜的腦中。」【25】（頁五二二）

21 牛津版註：原文為Il n'y a pas des rêves absolument raisonnables et qui ne contiennent quelque incohérence, quelque anachronisme, quelque absurdité.

22 牛津版註：原文為Le rêve, c'est l'anarchie psychique, affective et mentale, c'est le jeu des fonctions livrées à elles-mêmes et s'exerçant sans contrôle et sans but; dans le rêve l'esprit est un automat spirituel.

23 牛津版註：原文為Nihil tam praepostere, tam incondite, tam monstruose cogitari potest, quod non possimus somniare.

拉德斯托克：「實際上似乎不可能在這種瘋狂活動中發現任何固定的法則。在擺脫了指引我們清醒意念流程的理性意志的嚴格控制之後，夢就化為一個無窮混亂的瘋狂漩渦。」【54】（頁一四五）

希爾布朗特：「例如，一個做夢的人在進行推理時可以做出多麼驚人的跳躍！他又是多麼鎮靜地看著最熟悉的經驗法則被黑白顛倒！在事情變得極度荒謬緊張而把他驚醒之前，他竟然容忍自然和社會規律矛盾到如此可笑的地步。我們心安理得地算出三乘三等於二十，即使一隻狗背誦一首詩，一個死人自己走向墓地。即使我們看見石頭漂在水面，夢見我們負有使命鄭重地去拜訪伯恩伯格公爵領地，或是到列支敦士登去視察其海軍，或是在波爾塔瓦戰役之前被勸說到查理十二麾下當兵[24]，凡此種種都無法引起我們絲毫的驚異！」【35】（頁四五）

賓茲在提到由這一類夢象而產生的夢理論時說道：「十個夢中，至少有九個夢的內容是荒誕無稽的。我們在夢中把那些毫無關聯的人和事聚攏在一起，接下來就像萬花筒那樣千變萬化，結果面臨的可能是一種比以前更為荒唐瘋狂的新組合。沒有完全睡著的大腦繼續玩弄著花招，直到我們醒來抱著自己的腦袋，懷疑我們是否仍然具有理性思考的能力。」【4】（頁三三）

莫瑞發現一個與夢象和清醒思想間的關係之平行關係，這一點對醫生而言具有重要的意義。他說：「在理智領域內，夢中意象的產生（對一個清醒的人而言，意象通常是由意志所喚起），與在運動領域內舞蹈症和癱瘓症所出現的某些動作，兩者之間是相互對應的。」他更進一步認為夢是「思考與推理功能一系列的退化」。【48】（頁二七）[25]

其他僅僅重複莫瑞有關各種高級精神功能的論點的作者，則沒有必要再加以引述。

斯特魯佩爾說過，在夢中——即使還沒有出現明顯的荒謬性——立基於各種關係和連繫的心靈邏輯操作仍蒙上了一層陰影。【66】（頁二六）斯皮塔聲稱夢中出現的意念似乎已完全不受因果法則的支配。【64】（頁一四八）拉德斯托克和其他一些作者堅決主張判斷力和推理能力的不足是夢的特徵。【54】喬德耳認為夢中沒有批判能力，無法藉參照意識的一般內容矯正一系列的知覺。【37】（頁一二三）他又說：「每一種意識活動都出現於夢中，只不過表現為不完全的、受抑制的，和彼此孤立的形式。」斯特里克爾和其他許多人則用夢中對事實的遺忘和意念間邏輯關係的消失，來解釋夢的內容與清醒常識間的矛盾……。【77】【78】（頁九八）

然而，對於夢中的精神功能抱持著如此低評價的這些作者，卻仍然容許在夢中保存著某些精神活動的殘餘物。馮特明顯地承認這一點，他的理論對這一領域許多作者產生了決定性的影響。【76】人們可以問，在夢中持續著的正常精神活動殘餘物是什麼性質？一般認為，再現性功能——即記憶——所受的干擾似乎最小。與清醒生活的同一功能相較，它確實顯示出一定程度的優越性（見上文頁九六），雖然夢的某些荒謬性似乎可從夢的遺忘性得到解釋。根據斯皮塔的意見，他認為心靈的**情操生活**不受睡眠影響，而且指導著夢的進程。他所說的「情操」是「各種

24 牛津版註：在一七〇九年的波爾塔瓦戰役中，俄羅斯軍隊對雄心勃勃的瑞典國王查理十二造成了巨大、但並非最終的失敗。

25 牛津版註：原文為La production de ces images que chez l'homme éveillé fait le plus souvent naître la volonté, correspond, pour l'intelligence, à ce que sont par la motilité certains mouvements que nous offrent la choreé et les affections paralytiques ... toute une série de dégradation de la faculté pensante et raisonnante.

感情的穩定集合，其構成了人類最深層的主觀本質」。【64】（頁八四）

肖爾茲相信在夢中發生作用的精神活動之一，是對夢材料進行比喻性再解釋的傾向。【59】西貝克也看到了夢中心靈有一種對一切感知覺「擴大解釋」的功能。【62】（頁一一）要對最高精神功能——即意識——在夢中的地位進行評估，顯然特別地困難。既然我們所知道有關夢的一切都來自意識，意識無疑在夢中仍持續不已。然而，斯皮塔卻認為在夢中持續不斷的只不過是意識，而不是自我意識。德爾貝夫公然表示，他不同意這種區分。【16】

支配意念順序的聯想法則，同樣也支配著夢象，甚至在夢中更為清楚而強烈地表現出這種支配性。斯特魯佩爾說：「似乎夢的進程若非遵循純意念的法則，就是遵循與意念一同發生的器質性刺激的法則——也就是說，絲毫不受思想、常識、美感或道德判斷的影響。」【66】（頁七〇）我們此處所引證的作者，其對於夢的形成過程的描述，大致可歸納如下：睡眠時，來自我所列舉的各個來源的感覺刺激，其總和首先在心靈中喚起某些表現為幻覺形式的意念（馮特認為，考慮到它們源於外部或內部的刺激，可以更恰當地稱之為「錯覺」）。這些意念依據我們熟知的聯想法則結合在一起，且依據同一法則進一步引起一系列的意念（或意象）。然後全部的材料藉由仍在心靈中發生作用的組織和思考功能，盡可能地進行加工（可參見馮特【76】、韋安特【75】）。在探索過程中唯一尚未成功的是：什麼樣的動機決定了非源於外部的意象是否是根據某一聯想法則而被喚起。

人們往往會注意到，把夢象彼此連結起來的，是屬於一種特殊類型的、不同於清醒思想中運作的聯想。如沃爾克特寫道：「夢中聯想似乎依靠偶然的相似性和幾乎難以覺察的連結，胡亂地起著作用。每個夢都充滿了這一類信手拈來和隨機偶遇的聯想。」【72】（頁一五）莫瑞特別重視夢中意念互相連結的特性，因為這使他可對夢生活與某些精神疾病進行密切的類比。他指出「譫妄」有兩個主要特性：（一）自發的精神動作，好像是自動的一般；（二）無效且不規律的的意念聯想。【48】（頁一二六）[26]莫瑞說了兩個屬於他本人的、絕佳的夢例，在其中，夢象的結合僅僅透過字音的相似性。有一次他夢見去耶路撒冷或麥加朝聖（*pèlerinage*）。在經歷多次危險之後，發現自己正在拜訪化學家佩爾蒂埃（*Pelletier*）。兩人交談了一會兒，後者給了他一把鐵鍬（*pelle*），在夢的後半部這把鐵鍬變成了一把砍刀。（頁一二七）在另一個夢中，他沿著一條公路行走，看著里程碑上標明的公里（*kilometres*）數。然後他出現在一家雜貨店，店裡有一個大磅秤，一個人正把千砝碼（*kilo-weights*）放在天平上要秤莫瑞的體重。然後雜貨商對他說：「你不在巴黎而在吉洛洛（*Gilolo*）島。」接下來出現其他一些景象：他看到一種洛貝利亞（*lobelia*）花朵，接著是羅培茲（*Lopez*）將軍，而他剛在不久前獲悉他的死訊。最後，當他正在玩一種樂透（*lotto*）遊戲時，他醒了過來。

然而，我們無疑會發現，並非完全沒有人反對給予夢中精神功能低的評價——雖然要在這個問題上提出反對的看法並不是一件容易的事。例如斯皮塔，這位夢生活的蔑視者，堅決認為規範清醒生活的心理法則在夢中同樣有效。【64】（頁一一八）此外，杜加斯宣稱：「夢不違反理性，甚至並不完全缺乏理性能力。」【19】[27]但只要這些作者不試圖把他們的主張，與自己所描述的做夢

26 牛津版註：原文為 (1) une action spontanée et comme automatique de l'esprit; (2) une association vicieuse et irrégulière des idées.
27 牛津版註：原文為 Le rêve n'est pas déraison ni même iraison pur.

心靈——所有功能在其中處於無政府與瓦解狀態——加以調和，這些主張就沒多大的分量。不過，似乎已有其他一些作者開始意識到，夢中的瘋狂並非完全沒有規律，甚至可能是一種偽裝——就像丹麥王子哈姆雷特一樣，從他的行為中可以推衍出這種敏銳的判斷。這些作者必定不是從表面進行判斷，也有可能夢所表現的現象在他們看來有著不同的模樣。

因而哈維洛克・艾利斯並沒有停留在夢的表面荒謬性上，而把夢說成是「充滿浩瀚情緒與不完善思想的古代世界」，對它們的研究可以使我們認識精神生活進化的原始階段。【23】思想敏銳的德爾貝夫主張（他的不足之處在於他沒有為與自己論點相矛盾的材料提供任何反證）：「在睡眠中，除知覺外，一切精神功能——理智、想像、意志和道德——基本上並未改變，只不過被應用於想像的和不穩定的對象。做夢的人就像一個演員，隨意扮演各種角色：瘋子和哲學家，掌刑官和受刑者，侏儒和巨人，魔鬼和天使。」【16】（頁二二二）[28] 對於那些千方百計貶低夢中精神功能作用者抱持最激烈反對態度的，當屬馬奎斯・赫維，莫瑞曾與他進行過生動的辯論。我雖盡最大努力尋找他的著作，終無所得。莫瑞在寫到他的時候說道：「馬奎斯・赫維認為睡眠時理智具有完全自由的行動與注意力。他似乎認為睡眠不過是感官的閉塞，不過是與外部世界的隔絕。根據他的觀點，一個睡著的人與一個感官閉塞而聽憑思想遨遊的人並無多大差別。正常人和睡眠者的思想唯一不同之處，在於後者的意念採取一種可見的客觀形式，與由外界事物所決定的感覺沒有區別，而回憶似乎也變成了當前的事件。」【47】（頁一九）[29]

莫瑞對此有所補充，他說：「還有一個最重要的區別，即一個睡著的人的理智功能不像一個醒著的人那樣，能保持平衡。」[30]

由此可見，對於夢作為一種精神產物，夢的文獻有著極不相同的評價：從我們已熟知的對夢最強烈的蔑視，到暗示夢具有某種尚未被認識的價值的看法，一直到認為其功能超乎清醒生活一切功能之上的過高評價。我們已經知道，希爾布朗特把夢生活的整個心理特徵總結為三組矛盾，並將此一評價範圍內的兩個極端用於他的第三組矛盾：「它是一種對比，一方面是精神生活的**增強和提高**，往往能達到**精妙**的程度。另一方面則是精神生活的**敗壞和衰弱**，往往低於人類的水平。」【35】（頁一九）

「關於前者，根據我們自己的經驗，很少有人能夠否認夢的創造和構思的天才。夢中不時表現出情感的深邃和親密、視象的清晰、觀察的細緻和智慧的敏捷，凡此種種都是我們在清醒生活中不敢企求的。夢中含有美妙的詩意、恰當的隱喻、超人的幽默和罕見的諷刺。夢以一種

28 牛津版註：原文為Dans le sommeil, hormis la perception, toutes les facultés de l'esprit, intelligence, imagination, mémoire, volonté, moralité, restent intactes dans leur essence; seulement, elles s'appliquent à des objets imaginaires et mobiles. Le songeur est un acteur qui joue à volonté les fous et les sages, les bourreaux et les victimes, les nains et les géants, les démons et les anges.

29 牛津版註：原文為M. le Marquis d'Hervey prête à l'intelligence, durant le sommeil, toute sa liberté d'action et d'attention et li ne semble faire consister le sommeil que dans l'occlusion des sens, dans leur fermeture au monde extérieur; en sorte que l'homme qui dort ne se distingue guère, selon sa manière de voir, de l'homme qui laisse vaguer sa pensée en se bouchant les sens; toute la différence qui sépare alors la pensée ordinaire de celle du dormeur c'est que, chez celui-ci, l'idée prend une forme visible, objective, et ressemble, à s'y méprendre, à la sensation déterminée par les object extérieurs; le souvenir revêt l'apparence du fait présent.

30 牛津版註：原文為qu'il y a une différence de plus et capitale à savoir que les facultés intellectuelles de l'homme endormi n'offrent pas l'équilibre qu'elles gardent chez l'homme l'éveillé.

奇特的唯心論看待世界，而且往往以其對於所見事物本質的深刻理解，提升了表現的效果。夢在一種真正的天國光輝之中向我們表達了塵世的美麗，為無上的威嚴披上高貴的外衣。它以最恐怖的方式表達我們日常的恐懼，它把我們的樂趣變為無比尖刻的笑料。有時當我們醒來，而上述各種體驗仍然充滿我們心靈時，我們不由感到在我們一生中，現實世界還從未曾替我們帶來同樣的景象。」

我們必然會問，稍早所引證的貶抑言論和這些熱情的讚揚，指的是否是同一件事。是不是有些作者忽略了荒謬的夢，而另一些作者又忽略了深刻而微妙的夢呢？如果這兩類的夢都出現了，兩種評價皆可得到證實，則尋求夢的心理特徵豈不是在白白浪費時間嗎？我們只要說在夢中任何事情都可能發生——從對精神生活的最低評價，到連在清醒時都罕見的讚揚——不就夠了嗎？不管這種解決方法多麼方便，它仍然遭致反對。這是因為尋求解決夢的問題所做的一切努力，似乎是根據一種信念，即認為確實存在著某種大體上普遍有效的顯著特性，可以把這些表面的矛盾一掃而空。

在過去的理智水準中，統治人的心靈的是哲學而非精確的自然科學，夢的精神成就因此比較容易得到人們的認可，對其也有較為正面的評價。例如舒伯特[31]宣稱夢是精神從外部自然力量下獲得的解放，是靈魂擺脫感官束縛的表現，小費希特等人[32]也有類似的言論。這一切都認為夢是精神生活提升到了一個更高的境界。我們今日似乎已經很難理解這種看法，而現在也只有神祕主義者和宗教虔信者仍抱持著同樣的想法。科學思維方式的發展對夢的評價也產生了影響。醫學作者特別傾向於認為夢中的精神活動微不足道且毫無價值。然而，我們也不應忽視哲學家和非專業觀察者——業餘心理學家——對這一特殊學科的貢獻。他們普遍保持著對夢的精神價值的信念。大凡傾向於低估夢的精神功能的人，寧願把夢的來源歸於軀體刺激作用。相反地，那些相信做夢心靈保有大部分清醒功能的人，當然無意反對致夢的刺激來自做夢者的心靈內部。

只要認真地加以比較，就不難看出在夢生活的高級功能中，記憶是最引人注目的了。我們已經詳細地討論了有利於這種觀點的常見證據。早期作者常讚揚夢生活的另一個優越性——夢超越了空間和時間——很輕易即可證明其缺乏事實根據。正如希爾布朗特所指出，這種優越性是一種錯覺。【35】夢超越時空與清醒思想超越時空完全是同一回事，只因為它不過是一種思想形式。關於時間，夢被認為還享有另一層的優越性——在另一種意義上，夢不受時間進程的影響。莫瑞夢見自己被送上斷頭台的夢【48】（本書頁一〇七～一〇八）表明，與我們清醒時的精神活動在思想中所可處理的意念數量相比，夢似乎可以把更多的知覺材料壓縮到一段極短的時間之內。然而這個結果存在著各種異議，自從勒洛林【45】和埃柯爾【20】關於「夢的表面持續時間」的論文以來，

31 牛津版註：瓦特西夫．海因里希．舒伯特（一七八〇～一八六〇）為內科醫師，著有《看見自然科學的黑暗面》（*Views of the Night-Side of the Natural Sciences*, 1808）及《夢的象徵主義》（*The Symbolism of Dreams*, 1814），將謝林的自然哲學普及化，大大影響後來的浪漫主義作家。

32 佛註：參見哈夫納，〈睡眠與做夢〉；斯皮塔，《人類心靈在睡眠中與在夢中的狀態》。牛津版註：伊曼努爾．赫爾曼．費希特（一七九六～一八七九）為德國哲學家約翰．葛特利．費希特的兒子、同時也是他的編輯，本身亦為著名哲學家及神學家。此處佛洛伊德引用其著作《心理學》。

這個問題引起了長期而有趣的討論。但是這個微妙問題及其深奧複雜的內容，似乎一時還難於做出定論。

夢可以繼續白天的智力工作，並可得出白天未曾獲得的結論，可以解決疑難和問題，可以成為詩人和作曲家的靈感源泉，查巴尼克斯大量的夢例報告和彙編表明這些事實似乎都是無可爭議的。[11]但是，事實雖無可置疑，它們的涵義仍有許多可疑之處，而且引起了一些原則性的問題。

最後，夢的神聖力量也是一個受爭論的主題。就這一點而言，即使最有理由的懷疑態度仍然會遇到反覆的申辯。我們不願意也不需要立刻反駁這個觀點，因為許多這類夢例可能屬於自然心理學解釋的範圍。

六、夢中的道德感

由於某些只有在我報告了我對夢所進行的研究之後才變得顯而易見的理由，我特別提出下述這個特定問題：清醒生活中的道德傾向和感情是否延伸到夢生活之中？延伸到何種程度？奇怪的是，我們發現不同作者對其他夢中精神功能所持的矛盾觀點，在此又表現了出來。有些作者坦然宣稱道德要求在夢中沒有地位，其他一些作者則積極主張人的道德本性在夢中依然存在。

對夢的普遍經驗似乎可以證明前一觀點的正確性。杰森寫道：「我們在夢中並不會變得更完美或更有道德；相反地，良心似乎在夢中保持沉默，因為在夢中我們毫無憐憫之心，毫不在

乎地犯下最醜惡的罪行：偷竊、破壞和凶殺，事後也沒有絲毫懊悔之情。」【36】（頁五五三）

拉德斯托克：「應當記住夢中聯想的出現以及意念的連結從不顧及反省、常識、美感或道德判斷。判斷極端脆弱，道德冷漠主宰心靈。」【54】（頁一四六）

沃爾克特：「我們都知道，夢在性的問題上特別地放縱，夢者自己全無羞恥之心，缺乏任何道德感或道德判斷。此外，他也看見別人——包括他最尊敬的人——正做著他在醒時甚至連想都不願去想的事。」【72】（頁二三）

叔本華的主張與此截然不同。他認為一個人在夢中的所作所為與他的人格完全相符。斯皮塔援引費歇爾的說法，認為主觀的感覺和渴望，或是感情和熱情，都在自由的夢生活中得到表現。人們的道德特徵都反映在他們的夢中。[33]

哈夫納：「很少發現例外……一個有道德的人在夢中也有道德，他會拒絕誘惑，遠離仇恨、嫉妒、憤怒，以及其他所有罪惡。但一個邪惡的人，其夢中意象通常與他清醒時擁有的相同。」【32】（頁二五）

肖爾茲：「在夢中事物以其真實的面目出現：無論我們如何向世界偽裝自己，我們仍能在夢中認識自己的本性（不論是讓我們感到尊榮或讓我們感到羞辱的夢）……高尚的人即使在夢中也不會犯罪，如果夢見自己犯罪，他也會因此事違反本性而大感震驚。因此，當羅馬皇帝——這個皇帝處死了一個夢見自己刺殺皇帝的臣民——說一個人清醒時會有與夢中相同的想法以替

33 佛註：*Grundzüge des Systems der Anthropologie* (Erlangen: 1850), cited after Spitta.

自己辯護時，他並不完全是錯的。當我們提到某個在我們內心毫無立足之地的事物時，我們會說：『我做夢也不會夢見這樣的事』——的確會有這樣的說法。」【59】（頁三六）

斯皮塔引證過一句由普法夫更動過用字的俗諺：「告訴我一些你的夢，我就能說出你內心的隱祕。」[34]

在希爾布朗特那本我曾多次援引的小書【35】中——在我所知道的夢的研究文獻中，它是形式最完整、思想最豐富的一本——夢中道德問題是其最主要的論題。希爾布朗特也認為下述的看法是一個不變的規則：生活越純潔，夢就越純潔；生活越骯髒，夢就越骯髒。

即使在夢中，人的道德本性仍然持續著。他寫道：「無論發生多麼明顯的算術錯誤、多麼荒謬的年代錯誤，或是多麼離奇地違反科學法則的現象，都未曾使我們心煩意亂，甚至未曾引起我們的懷疑。然而我們卻絕不會喪失明辨是非、區別好壞和善惡的能力。無論多少白天伴隨著我們的事物在睡眠中消失殆盡，康德的定言令式[35]卻緊追我們不放，甚至在夢中也無法擺脫……但是這只能解釋為，人性的基礎——道德存在——已經被牢固地建立起來。當想像、理性、記憶，及其他類似的功能在夢中屈服於變幻無常的干擾時，它仍不受其影響。」（頁四五以下）

在這個主題更深入的討論中，雙方作者的觀點開始出現明顯的矛盾和轉變。嚴格說來，那些堅信道德人格在夢中瓦解的作者，對不道德的夢應該毫無興趣。關於夢者對自己的夢應負完全責任的看法、對於可從夢中惡行推論出邪惡性格的主張，他們只能一概予以駁斥，正如他們斷然拒絕從夢的荒謬性推論出清醒理智活動毫無價值一樣。至於堅信「定言令式」延伸到夢中的那些人，則應當接受夢者對不道德的夢應負完全責任的觀點。為了他們著想，我們只能希望他們不要做這一類應受指責的夢，以免動搖他們對自己道德人格的堅定信念。

然而，似乎沒有人能確定自己是多麼好或多麼壞，也沒有人能否認自己曾做過不道德的夢。因為不管他們之間關於夢的道德性的觀點如何對立，他們都努力解釋不道德的夢的起源。此處又產生了一個新的對立：不道德的夢的起源究竟是要到精神生活的功能中去尋找，還是要到生理因素對精神生活所產生的不良影響中去尋找？之後，事實的力量迫使贊同和反對夢的道德責任的雙方共同承認，夢的不道德具有一種特殊的精神來源。

然而那些主張道德性延伸到夢中的作者，都小心翼翼地避免讓夢者為自己的夢承擔全部的責任。因此哈夫納寫道：「我們不需為自己的夢負責任，因為在夢中，思想和意志已被剝奪了，那本來是我們生命得以擁有真理與現實的唯一基礎……因此，夢中的欲望和行動也就無所謂善惡了。」【32】（頁二四）但他又繼續說，只要夢者引發了邪惡的夢，他仍應負責。他們不僅在清醒生活中有責任在道德上洗滌自己的心靈；在人睡以前，他們也需如此。

希爾布朗特對於這個混合觀點——對夢中道德內容既不負責又要負責——做了更深入的分析。他認為在考慮夢的不道德表象時，必須承認夢的隱含內容以戲劇化的形式出現，承認最複

34 佛註：*Das Traumleben und seine Deutung* (1868), in Spitta, p. 192.

35 牛津版註：康德的定言令式概念在《道德形上學之基礎》（一七八五）一書中成形，在《實踐理性批判》（一七八八）中進一步闡述。此道德法則規定我們的行動必須遵循普世通用的原則。

雜的思考過程被壓縮在最短的時間之內，甚至承認夢的意念元素變得混亂無章，因而喪失了原有的意義。儘管如此，他坦然承認，關於是否可以把夢中的罪惡和錯誤的責任一筆勾消，他仍感到非常地猶豫不決。

「當我們急於否認某種不公正的、特別是涉及我們的目的和意圖的指責時，我們常說這句話：『我做夢也沒夢過那樣的事。』當我們這麼說的時候，一方面我們覺得夢的領域是我們最不需為我們的思想負責的領域，因為夢中的思想與我們真實存在的連繫如此鬆散，以致很難把它們視為自己的思想。但在另一方面，既然我們覺得必須否認夢中有這種思想存在，我們也就間接地承認，除非把夢中的思想也包括在內，否則我們的自我辯護並不夠全面。所以我認為在這一點上，雖然是無意識地，我們說出了真實的情況。」（頁四九）

「無法想像夢中行動的原始動機，不以某種方式（以欲求、欲望或衝動的方式）通過我們清醒時的心靈。」（頁五二）我們必須承認，這種原始衝動並不是夢發明出來的，夢不過是複製並將它呈現出來，不過是把它在我們心靈中發現的片斷歷史材料精製成戲劇化的形式。夢不過是把使徒的這句話「凡恨他弟兄的，就是殺人的」[36]加以戲劇化了。雖然清醒後意識到自身的道德力量，我們可能將其整個精巧構思付諸一笑，但對於構成罪惡的夢的原始材料，我們卻不能一笑置之。我們覺得夢者要為夢中的過錯負責——不是指全部過錯，但有一定的比例。「總之，如果我們能在其無可辯駁的意義上，理解這一句基督箴言：『從心裡發出來的，有惡念……』[37]，我們就很難不相信，對夢中犯下的罪行至少得有一種起碼的罪惡感。」

於是，希爾布朗特在邪惡衝動的萌芽和暗示，發現了夢中不道德的根源，而這種邪惡衝動在白天以誘惑的方式通過我們的心靈。他毫不猶豫地將這些不道德元素包含在一個人的道德評價之中。我們知道同樣的思想以及同樣的評價，曾經讓每一個時代虔誠和聖潔的人，懺悔自己的可悲罪行。

當然，這些徹底不調和的思想無疑是普遍存在的，它們不僅發生在大多數人身上，也發生在倫理學以外的領域。然而它們有時並未接受如此嚴肅的判斷。斯皮塔援引了策勒與此有關的一段話：「心靈鮮少能恰當地組織，使其得以在每一時刻都擁有充分的力量，並使自身有節奏而清晰的思想歷程，不要經常受到不僅是非本質、而且是希奇古怪且荒謬愚蠢的意念的干擾。誠然，最偉大的思想家也不得不抱怨這種夢幻似的、戲弄人的、折磨人的意念群，它們攪亂他們深邃的沉思，干擾他們最莊嚴而誠摯的思想。」【64】（頁一四四）

希爾布朗特的另外一段話給這些不可調和的思想增添了心理學的意義。其大意是：夢有時能使我們瞥見我們本性中最深沉的角落，而當我們清醒時通常無法觸及。（頁五五）康德在他的《人類學》中有一段話表達了同樣的思想。他認為夢的存在似乎是為了向我們顯示潛藏的本性。它並非向我們表明我們是怎麼樣的人，而是向我們表明如果我們以不同的方式被撫養長大，我們將成為什麼樣的人。[38] 拉德斯托克也說，夢向我們顯示的，往往是我們自己不想承認的，所

36 牛津版註：《約翰壹書》第三章十五節。
37 牛津版註：《馬太福音》第十五章十九節。
38 牛津版註：編輯無法在《人類學》（*Anthropologie*, 1804）中找到此一段落。其中一節文章題為「在健康狀態中無意志的詩

以我們將其誣衊為謊言和欺騙是不公平的。【54】（頁八四）人們可以看到，某些與我們道德意識格格不入的衝動的出現，不過類似於我們已知的這一事實：夢觸及了某些意念性材料，這些材料在我們清醒生活中並不存在，或僅起著很小的作用。所以班里尼寫道：「我們某些似乎已被澆熄和被壓制的欲望又復甦了，已被埋葬的古老熱情又復活了，我們從未想過的人和事又出現在我們眼前。」【3】（頁一四九）[39]沃爾克特：「那些以幾乎不被注意到的方式進入意識的意念，以及那些從未再被回想起來的意念，也經常藉由夢宣示它們在心靈中的存在。」【72】（頁一〇五）在這方面，我們可以回想施萊馬赫的說法：入睡的動作總伴有**不自主**意念（或意象）的出現。【61】

我們可以將那些在不道德與荒謬的夢中出現，而使我們感到大惑不解的意念性材料，都歸入「**不自主意念**」的名下；但有一個重要的差別：道德範圍內的不自主意念與我們心靈的正常感受相牴觸，其他的意念則僅使我們感到陌生。到目前為止，我們還不能有更深的理解去解釋這種區別。

接著出現的問題是：不自主意念在夢中出現有什麼意義？這些在道德上不調和的衝動在夢中出現，對於理解清醒心靈和做夢心靈的心理學有什麼幫助？在此，我們發現了新的意見分歧和另一組不同的作者。希爾布朗特採取的思想路線以及贊同他基本立場的作者無疑主張這個觀點：不道德衝動即使在清醒生活中仍然具有某種程度的潛在力量，但因為受到抑制而不足以發為行動；他們還認為睡眠中某些活動暫時停止，這些活動在白天的作用就類似於抑制作用，而使我們無法察覺這類衝動的存在。所以夢可以揭示人的真正本性——雖然不是全部的本性。而且夢也可以作為一種工具，使我們對心靈潛藏的內在有所理解。只有以這些前提為基礎，希爾布朗特才認為夢具有警告的作用，能把我們的注意力吸引到我們心靈中的道德弱點，就像醫生們認為夢可以把未察覺出的疾病引入我們意識的注意範圍一樣。斯皮塔必定也採納了這種觀點，因為他在談到侵入心靈的刺激（例如，青春期時）的來源時，用以下的保證安慰夢者：只要夢者在清醒時過的是一種嚴肅的道德生活，只要他注意遏止隨時出現的邪念，並防止它們發展成為行動，他就已經竭盡全力做到應做的事了。[64]根據這種觀點，我們便可把不自主意念說成是在白天被壓抑的意念，因此我們應該把它們的出現看成是一種真正的精神現象。

然而其他的一些作者認為上述的結論缺乏真正的證據。例如杰森認為，不自主意念，不論在夢中還是在清醒時刻，不論在發燒或其他譫妄情況下，「總有一種意志活動休止的性質，而且有一種為內部衝動所喚起，並多少帶有機械性的意象和意念的連續性。」[36]（頁三六〇）在杰森看來，對於夢者的全部精神生活而言，一個不道德的夢所可證明的，不過是有時能使夢者認識到相關的意念內容而已。它肯定不能作為夢者自己的精神衝動的證據。至於另一位作者莫瑞，似乎認為做夢的情境具有一種能力。這種能力並不是對精神活動的任意破壞，而類似是將它分解為各個組成部分。他在談到夢逾越了道德範圍時這樣說：「正是我們的衝動在

意，也就是夢境」，康德依循啟蒙運動的趨勢，藉由心理刺激來解釋夢境。康德在別處則將夢蔑視為「不過是種不著邊際而令人討厭的幻想」，在夢中「所有的想像與對外界的感覺被拋擲在一起」。（《以形上學之夢來闡釋的通靈之夢》，一七六六）

39 牛津版註：原文為 Certe nostre inclinazioni che si credevano soffocate e spente da un pezzo, si ridestano; passioni vecchie e sepolte rivivono; cose e persone a cui non pensiamo mai, ci vengono dinanzi.

說話和推動我們行動，雖然我們的良心有時會對我們提出警告，但並不會阻攔我們。我有我的錯誤和邪惡的衝動，在覺醒時我竭力抵抗它們，不向它們屈服，並往往能夠獲得成功。但在夢中我總是向它們屈服，或是在它們的壓力下行事，既不害怕也不後悔……那些在我心中展現並構成夢的幻象，顯然是由我所感覺到的那些衝動引發的，而沒有被我缺席的意志所抑制。」【48】（頁一一三）[40]

莫瑞以無與倫比精確的方式表達出下述觀點：夢有一種力量能揭示出夢者身上實際存在著，但又被壓抑或被掩蓋著的不道德傾向。他說：「一個人在夢中總是處於自我揭露狀態，他的天性和軟弱全部暴露無遺。只要意志一停止發揮作用，激情便衝破藩籬，縱情表演。而當他清醒時則是以良心、榮譽感和畏懼心，防衛這些激情的作用。」（頁一一五）我們在另一節中又發現了下面這些中肯的句子：「夢中所表露的主要是人的本能……人在夢中可說是返回到自然狀態。但是，若他的心靈越少受到後天觀念的影響，則他在夢中就越容易受到相反性質的衝動的影響。」（頁四六二）[41]他接著舉例說明他在夢中經常成為某種迷信的犧牲者，而這正是他在自己的文章中特別猛烈攻擊的那類迷信。

然而，當莫瑞認為他觀察得如此精確的現象，不過是一種「心理自動作用」的證明時，這些銳利的思想就失去了它們在夢生活的研究中的價值。在他看來，這種心理自動作用在夢中占有支配地位，而且直接對立於精神活動。

斯特里克爾寫道：「夢並非僅由錯覺組成。例如，如果我們在夢中害怕強盜，強盜的確是想像的——但是恐懼則是千真萬確的。」【77】這話引起我們的注意，即夢中的情感不能像夢的其餘內容那樣用同一方式做出判斷。於是我們就面臨著一個問題，即夢中所發生的精神過程，哪些部分可視為真實的；也就是說，哪些部分可歸入清醒生活的精神過程之中。

七、夢及夢的功用的理論

任何關於夢的研究，若能從某一個觀點出發，盡可能地對所觀察到的特性做出解釋，同時闡明夢在更廣泛的現象中的地位，則這樣的研究值得我們將之稱為夢的理論。各個理論的不同，在於它們選擇夢的不同特性作為主要特徵，並把這種特徵作為解釋和建立相關性的出發點。從理論中並不一定能推論出一種夢的功用（也許是功利主義的，也許是其他的功用），但是因為

40 牛津版註：原文為Ce sont nos penchants qui parlent et qui nous font agir, sans que la conscience nous retienne, bien que parfois elle nous avertisse. J'ai mes défauts et mes penchants vicieux; à l'état de veille, je tâche de lutter contre eux, et il m'arrive assez souvent de n'y pas succomber. Mais dans mes songes j'y succombe toujours ou pour mieux dire j'agis par leur impulsion, sans crainte et sans remords ... Évidemment les visions qui se déroulent devant ma pensée et qui constituent le rêve, me sont suggérées par les incitations que je ressens et que ma volonté absente ne cherche pas à refouler.

41 牛津版註：兩段原文分別為En rêve l'homme se révèle donc tout entier à soi-même dans sa nudité et sa misère natives. Dès qu'il suspend l'exercise de sa volonté, il devient le jouet de toutes les passions contre lesquelles, à l'état de veille, la conscience, le sentiment de l'honneur, la crainte nous défendent…. Dans le rêve, c'est surtout l'homme instinctif qui se révèle ... L'homme revient pour ainsi dire à l'état de nature quand il rêve; mais moins les idées acquises ont pénétré dans son esprit, plus les **penchants en désaccord** avec elles conservent encore sur lui l'influence dans le rêve.

人有一種尋求目的論解釋的習慣，因而總是比較容易接受那些能賦予夢某種功用的理論。

我們已經熟悉了好幾種不同的觀點。在上述的意義上，它們多少都可被稱為夢的理論。古代人相信夢是神靈的恩賜，用以指導人的行動。這是一個完整的夢的理論，它為人們提供了所有值得知道的夢的知識。自從夢變成科學研究的對象後，又出現了許多理論，其中有些很不完善。

我們並不想將這些理論列舉無遺。我們只依照它們對於夢中精神活動的數量和性質所做的基本假設，將夢的理論大致分為以下三類：

一、德爾貝夫等人的理論，主張精神活動在夢中持續不已。他們假定，心靈並不入睡，精神機構保持不變，但是由於它處於睡眠條件之下，其與清醒狀態不同，因此它的正常作用所產生的結果必定也與清醒時不同。有關這類理論必定會碰到這樣的問題，即它們是否能從睡眠條件中，推論出夢與清醒思想所有的區別。再者，這些理論不可能提出任何夢的功用。它們無法解釋為什麼要做夢，為什麼在顯然不能適應的情況下，精神機構的複雜機制仍在繼續工作。可以是無夢的睡眠，也可以是一遇到干擾性刺激便醒過來——似乎這是唯一適當的反應——而不應選擇做夢這第三種方式。

二、相反地，有一類理論認為夢意謂著精神活動的降低、連結的鬆散，以及可運用材料的貧乏。這些理論所認定的睡眠特徵必定不同於德爾貝夫等人所認定的特徵。根據這類理論，睡眠對心靈具有非常深遠的影響。睡眠不僅使心靈對外部世界閉關自守，而且侵入精神機制，使其暫時失去作用。若我從精神醫學的領域做個大膽的比喻，第一類理論是按照妄想症的模式建構夢，第二類理論的夢則類似於智能不足或精神錯亂。

按照這個理論，由於睡眠的麻痺作用，在夢中只有片斷的精神活動得到表現。到目前為止，這是醫學界和科學界中最流行的理論。就一般人對釋夢的興趣而言，這一理論可說是主導。值得注意的是，這種理論能夠很輕易地避開釋夢時所遇到的最大障礙——即處理夢所包含的某個矛盾時所遇到的困難。它把夢看成部分清醒的結果——在此引用赫爾巴特談到夢時的一句話：「夢是逐漸的、部分的，同時又是高度不正常的清醒狀態。」因此這種理論可以利用一系列的清醒狀態——不斷增加其清醒性質，累積而至完全清醒狀態——說明夢中精神功能效率的一系列變化：從夢的荒謬性所表現的無能，到充分集中注意力的智力活動。

有些人認為一定得用生理學的措詞來陳述，或有些人認為這樣的陳述更具科學性。對這些人而言，賓茲的論述應可滿足他們的要求：「這種（遲鈍）狀態在黎明時告一結束，然而只是漸進的。在大腦白蛋白中累積起來的疲勞產物逐漸減少，它們逐漸地分解或被不斷流動的血液沖走。零碎分散的細胞群開始變得清醒，而它們的周圍仍處於遲鈍狀態中。這些分散細胞群的孤立工作現在呈現在我們朦朧的意識之前，不受腦內控制著聯想過程的其他部分的抑制。意象就是這樣產生的，它們絕大部分對應於最近消逝的印象材料，並以一種瘋狂而不規則的方式連結在一起。當獲得清醒的腦細胞不斷增多，夢的無意義性也就相應地減少了。」[4]（頁四三）

這種視做夢為一種不完全的、部分的清醒狀態的觀點，無疑反映在每一位現代生理學和哲學家的著作之中。莫瑞最為精細地表述了這個觀點。[48]這位作者似乎經常想像把清醒狀態或睡眠狀態轉換為不同的解剖部位，每一個特定的解剖部位都與一種特殊的精神功能有關。我只想指出這一點：即使部分清醒理論獲得證實，它的細節還有待深入的討論。

這種理論自然不會認為做夢具有任何的功用。賓茲正確地表述了這種理論對於夢的地位和意義的判斷。他說：「每一件看到的事實，都迫使我們認為軀體過程是夢的特徵。這些過程在任何情況中都是無用的，甚至在許多情況中它們肯定是病態的……。」（頁三五七）

賓茲本人所強調的「軀體」這個詞，應用於夢不只一種意義。首先，它指涉到夢的病因學。當他在實驗中利用有毒物質來促使夢的發生時，這一層意義似乎特別地明顯。這類理論有一種傾向，它們盡可能地把夢刺激限制於軀體原因。該理論的最極端形式表現如下：我們一旦排除一切刺激而進入睡眠，便沒有做夢的需要，也不存在做夢的理由。一直要到晨曦初露時，受到新刺激影響而逐漸被喚醒的這個過程，才有可能反映到做夢現象中。然而要保持睡眠不受刺激的干擾是做不到的，它們從各個方向向睡眠者襲來——正如梅菲斯特所抱怨的生命的胚芽那樣[42]——從外部和內部，從身體的各個部分發起攻擊。睡眠於是受到了干擾，心靈的某個角落被喚醒，然後輪到另一個角落。心靈便短暫地以其清醒的部分發生作用，然後再一次欣然入睡。夢是對刺激干擾睡眠的反應，是一種完全多餘的反應。

但是，認為做夢——畢竟是一種心靈功能——是一種軀體過程，還包含著另一層意義。這樣描述的目的在於表明，夢並沒有被列入精神過程的價值。人們往往把做夢比喻為「不諳音樂者的十指在鋼琴鍵盤上滑過」。這個比喻也許表明了精密科學對夢的評價。根據這個觀點，夢是完全不能解釋的，因為一個不懂音樂者的十指，如何能演奏出一曲樂章呢？

甚至在較早時期也不乏對部分清醒論的批評，如布達赫在一八三〇年所說：「若說夢是部分的清醒，首先就無法說明清醒狀態，也無法說明睡眠狀態。其次，它所說的不過是某些精神力量在夢中活動，其他一些力量則處於靜止狀態。但這種不平衡的狀態，在整個生活中都會發生。」【8】（頁四八三）

羅伯特在一八八六年以這個流行的夢理論——把夢視為「軀體」過程——為基礎，提出一個非常有趣的假說。【55】這個假說富有吸引力，因為它能提出一種做夢的功用，一個實用的目的。羅伯特以我們在考察夢的材料時已觀察到的兩個現象（上文頁九九）作為他的理論的基礎。我們經常夢見一些瑣碎的日常印象；同時，我們很少夢見日常最感興趣的重要事物。羅伯特指出，我們已經深思熟慮的事情絕不會變成夢的刺激物，只有在我們心中尚未成形、或只是偶然想了一下的事物才會引發夢。（頁一〇）他說：「夢通常得不到解釋的原因，正在於下述的理由：**夢是由前一天那些還不能吸引夢者足夠注意力的感覺印象所引發**。」因此決定一個印象是否能進入夢中的條件在於：印象的處理過程是否受到干擾，或印象是否不太重要以致根本沒有接受處理。

羅伯特把夢描述為：「一種與清除有關的軀體過程，而我們在對它的精神反應中察覺到這個過程。」**夢是剛出現就被窒死的思想的清除**。「一個人失去做夢的能力，就會逐漸變得精神錯亂，因為大量未完成和未解決的思想，和無數的表淺印象將累積在他的大腦中。由於分量太多，以至遏抑了本應在記憶中整合而為一個整體的種種思想。」對於負擔過重的大腦而言，夢可以

42 牛津版註：歌德《浮士德》（一八〇八）第一幕，魔鬼梅菲斯特列斯抱怨：「這人間，這空氣，這水，都帶來生命的氣息；它生生不息，無論是乾旱或是雨季，酷暑或是寒冬！」

作為一個安全閥。**夢具有治癒和宣洩的能力**。（頁三二）

我們如果要問夢中出現的意念如何導致心靈的宣洩，那就誤解了羅伯特的意思。羅伯特顯然是從夢材料的這兩個特性得出推論，認為藉著**某種方式**，那些無價值印象的排除作為一種軀體過程在睡眠中完成；做夢並不是一種特殊的精神過程，它只不過是我們所接收到有關這個排除過程的信息。此外，清除還不是夜晚在心靈中所發生的唯一事件。羅伯特接著說道，除此以外，前一天留下的刺激會受到加工處理，「心靈中未被清除出去的、未消化思想的任何部分，依靠**從想像借來的思想線索連結**為一個整體，作為無害的想像圖景而嵌入記憶之中」。（頁二三）

但是在評估夢的來源時，羅伯特的理論與流行的理論截然相反。按照流行的理論，如果心靈未反覆地被外部和內部的感覺刺激喚醒，就根本不會做夢。但是在羅伯特看來，做夢的推動力來自心靈本身——在於心靈變得超載並需要抒洩這個事實。他於是合乎邏輯地得出結論：那些來源於軀體條件的原因，作為夢的決定因素，僅發生次要的作用。在不能從清醒意識中攝取材料而構成夢的心靈中，這些原因並不足以誘發成夢。他只在某一點上認可軀體刺激的重要性，即認為夢中來自心靈深處的幻想意象可能受到神經刺激的影響。（頁四八）因此，羅伯特畢竟認為夢並不完全仰賴於軀體過程。然而在他看來，夢又不是精神過程，它們在清醒生活的精神活動中不占任何地位。它們是在與精神活動有關的機構中，每晚所發生的一些軀體過程，而且它們有保衛精神機構免受過度緊張的功用。換句話說，就是洗滌心靈的功用。

另一位作者伊夫·德拉格，也是以相同的夢特徵——夢材料的選擇——為其理論基礎。【15】由於思考時的某些細微差異，同一個事物產生了完全不同意義的結果，這值得我們注意。

德拉格告訴我們，他從失去一位摯愛的親人的親身體驗中發現一件現象：我們根本不會夢見白天盤據著我們的思想的事物，或只有等這個事物在白天讓位給其他受到關切的事情之後，我們才開始夢見它。他對別人所進行的一些研究證實了這個現象的普遍真實性。他曾觀察一些年輕夫婦的夢——如果能夠證明這些觀察具有普遍的有效性，倒是非常有趣。他說：「如果他們沉醉在熱戀中，他們幾乎不會在婚前和蜜月期間夢見對方。如果他們夢見和情欲有關的內容，他們會在夢中與某個無關緊要的人、甚至討厭的人發生不忠實的瓜葛。」[43]那麼，我們會夢到些什麼呢？德拉格認為發生於我們夢中的材料，不外是前幾天或更早前的片斷和殘餘。在我們夢中出現的每一個事物，即使一開始我們傾向於認為是夢生活的創造物，但只要詳加考察，就變成了（我們自己經驗過的材料）未被認出的再現——「無意識的記憶」。但是這個意念材料具有一個共同的特徵：它來源於某些印象，而相較於理智，這些印象對於感官的影響可能更為強烈；它或來源於某些，出現後僅能短暫吸引我們注意力的印象。一個印象如果越少被我們意識到，同時又越為強烈時，它在下次夢中發生作用的可能性也就越大。

此處我們掌握了兩類印象，基本上類似羅伯特所強調的印象：無關緊要的印象和未經處理的印象。【55】但是德拉格賦予它們另一種意義，他認為這些印象之所以能產生夢，是因為它們未經處理，而不是因為它們無關緊要。從某種意義上來說，無關緊要的印象確實也是沒有被完全

43 牛津版註：原文為 S'ils ont été fortement épris, presque jamais ils ont rêvé l'un de l'autre avant le mariage ou pendant la lune de miel; et s'ils ont rêvé d'amour c'est pour être infidèles avec quelque personne indifférente ou odieuse.

處理的印象。由於具有新印象的性質，它們就像「很多被轉緊的發條」[44]，而在夢中獲得了釋放。在夢的製作過程中，那些處理過程碰巧受到阻礙或蓄意受到壓抑的強烈印象，要求比那些微弱而不被注意的印象發揮更大的作用。白天受到抑制和壓抑而儲存起來的精神能量，到了夜晚就變成了做夢的動機力量。被壓抑的精神材料在夢中得到了表現。

不幸的是，德拉格在這一點上中斷了他的思路。他認為任何獨立的精神活動在夢中只能發揮最微小的作用，因而他把自己的理論歸入流行的大腦部分清醒論一類。他說：「總之，夢是遊蕩不定的思想的產物，沒有目的，沒有方向，依次依附在記憶上面。這些記憶有足夠的強度使遊蕩的思想停頓下來，打斷它們的進程，並把它們連結在一起。這種結合時而微弱模糊，時而強烈清晰，得視當時睡眠廢止了多少大腦活動而定。」[45]

三、有些理論認為做夢心靈具有一種能力和傾向，可以實現心靈在清醒生活中大部分或完全無法實現的特殊精神活動，我們可將其歸類為第三類理論。這種認為夢中能夠執行某些官能的理論，為夢提供了一種實用主義的功用。早期心理學作者對夢的評價多半屬於這一類。我只援引布達赫的一句話就夠了，他寫道：做夢「是心靈的一種自然活動，它不受個性能力的侷限，它不為自我意識所打斷，它不受自我決斷的指引，而是感覺核心自由運行著的活力」。【8】（頁四八六）

布達赫和其他作者認為心靈在自由運用自身精力中的狂歡，顯然是心靈得以恢復的條件，也是為白天的工作積累新的力量的條件——就好像是一種節日的享受。因此布達赫讚許地援引了詩人諾瓦利斯讚美夢的支配力量的動人字句：「夢是抵擋枯燥乏味生活的一面盾牌，它們使想像掙脫鎖鏈，從而使一切日常生活的景象混雜在一起，並以兒童般的快樂嬉戲，打破了成年人所保持的莊嚴。沒有夢，我們肯定很快就會變老。所以，我們也許可以不把夢看作上天的恩賜，而把它們視為一種珍貴的娛樂，是我們走向墳墓的人生旅途中的良好伴侶。」[46]

普金耶所描述的夢的恢復與治癒的功能，讓人留下更深刻的印象：「創造性的夢特別能夠完成這些功能。它們是想像的自由翱翔，與白天事物毫無連繫，心靈不希望白天的緊張狀態持續不息。它們尋求自身得到放鬆和恢復，它們產生與白天生活完全相反的情況。夢用愉快治療悲傷，用充滿希望和快樂的意象治療憂慮，用愛和友誼治療仇恨，用勇氣和遠見治療恐懼。它用信念和堅定的信仰減輕疑慮，用實踐代替空虛的期待。許多白天不斷重現的精神創傷被睡眠治癒，睡眠保護著它們，使其不受新的創傷。時間的治療效果在一定程度上有賴於此。」【53】（頁四五六）我們都感到夢有益於精神活動。一般人都不願意放棄這種想法，夢是睡眠加惠於人的途徑之一。

44 牛津版註：原文為autant de ressorts tendus.

45 牛津版註：原文為En somme le rêve est le produit de la pensée errante, sans but et sans direction, se fixant successivement sur les souvenirs, qui ont gardé assez d'intensité pour se placer sur sa route et l'arrêter au passage, établissant entre eux un lien tantôt faible et indécis, tantôt plus fort et plus serré, selon que l'activité actuelle du cerveau est plus ou moins abolie par le sommeil.

46 牛津版註：摘自諾瓦利斯的小說《海因里希·馮·歐福特丁根》（*Heinrich von Ofterdingen*, 1802），詩人海因里希以此向他多疑的父親闡述夢的重要。然而海因里希溫和的請求，與他剛剛經驗到的夢境並不相襯，那個夢充滿符號、預兆、情欲。（諾瓦利斯的真實身分是菲德里希·馮·哈登堡，一七七二～一八〇一）

夢是心靈的一種特殊活動，只能在睡眠狀態中自由伸展——對這種解釋最早和影響最深遠的嘗試，得歸諸於施爾納於一八六一年所寫的著作。【58】他的寫作風格好高騖遠、華而不實，且他會從對所寫題材的熱情陶醉中吸取靈感，以致不能分享這種熱情的人必然對其產生反感。它使我們在分析夢的內容時遇到困難，所以我們很樂於看到哲學家沃爾克特對施爾納的學說所做的簡要而清晰的評論：「從這神祕的凝聚物中，從這些光輝燦爛的雲層中，發出雷電般有啟示意義的閃光——但是它們並沒有照亮哲學家的道路。」——這是施爾納的門生對他的著作做出的判斷。【72】

施爾納並不認為心靈的能力在夢中永不減弱。他自己就曾表明自我的集中化核心——它的自發能量——在夢中被剝奪了它的神經作用力。由於這種去中心化作用，認知、感情、意志和觀念的作用過程發生了變化，這些殘餘的精神功能已不再具有真正的精神特性，只剩下機械的性質。然而，與此形成鮮明對比的是，可稱之為**想像**的精神活動，擺脫了理智的統治和任何節制性的控制，一躍而達到至高無上的地位。雖然夢想像也利用近期的清醒記憶作為其建構材料，建立與清醒生活頗為相似的結構，但是夢的本身顯示出它不僅具有再現力，而且擁有**創造力**。它的特徵賦予夢生活各種特性。它偏愛**無節制的**、**誇大的**和**奇特的**內容。但同時由於擺脫了思想範疇的束縛，它也獲得了柔韌性、靈活性和多面性。它以一種極其精細的方式，表現出它對於溫柔情感的細微差別以及熱情的敏感度，而且立即將我們的內心生活融合於可塑的外部圖像中。夢中的想像**缺乏概念性言語能力**，它不得不將要說的一切用圖像的方式表現出來，又因為沒有概念形式來減弱這種表現方式，它得以充分而強烈地運用圖像化的形式。因此無論它的言語如何清晰，也就變得冗長、累贅和笨拙了。夢中言語的清晰性特別受到下述事實妨礙：它不願意用本有的意象來表現一個客體，它比較喜歡使用其他意象，使夢只表現出某些它所想要表現的特定屬性，這就是想像的象徵化活動……另外非常重要的一點是，夢的想像從不完整地描繪事物，它只勾畫其輪廓，甚至只表現出最粗略的形式。由於這個緣故，它的畫面便好似純屬靈感的速寫。然而，夢的想像並不只限於表現客體，它在一種內在需要下，在一定程度上把夢自我和客體糾纏在一起，從而產生一個事件。一個視覺刺激可以引起一個人夢見一些金幣散落在街上，夢者撿起它們，欣然離去。

根據施爾納的觀點，夢的想像用以完成其藝術工作的材料，主要來自在白天非常模糊的器質性軀體刺激。因此施爾納所提出的過於幻想性的假說，相較於馮特和其他生理學家所提出的或許過度嚴肅的學說，儘管兩者在其他方面截然不同，但在有關夢的來源和刺激物的理論這一點上，卻是完全一致的。然而按照生理學的觀點，一旦內部軀體刺激喚起某些適當的意念，對內部軀體刺激的精神反應即告完成。這些意念沿著聯想路徑喚起其他意念，而在這一點上，夢中精神事件的進程似乎就告結束。另一方面，按照施爾納觀點，軀體刺激不過是向心靈提供能實現其想像性目的的材料。在施爾納看來，夢的形成剛剛開始。他所認為的起點，對其他作者而言已經是終點了。

夢的想像性內容對軀體刺激而言，當然談不上有任何有用的目的。它延續軀體刺激，以某種富有彈性的象徵方式，描繪出夢刺激的軀體來源。施爾納認為夢的想像——雖然此處沃爾克特和其他人不同意他的看法——對於將生物體表現為一個整體有一種特殊的偏愛：將它表現為一間房子。但幸運的是，夢的想像似乎並不侷限於這一種表現方法。另一方面，它可以利用一排房屋代表一個單獨的器官，例如，一條房屋櫛比鱗次的長街可以代表來自腸道的刺激。其次，一間房子的各個部分也可以代表身體的不同部位，例如，在一個因頭痛而引起的夢中，一間房子的天花板滿布著蟾蜍般令人作嘔的蜘蛛，便代表著頭部。

除了房屋象徵以外，任何其他事物都可以用來代表引發夢的身體各個部分。「因此，帶著風吼聲熊熊燃燒著的火爐，可象徵性地代表正在呼吸的肺部。空著的箱子或籃子可代表心臟。圓形袋狀的或空心的東西可代表膀胱。男子性器官刺激所引發的夢，可在夢中的街上發現一支單簧管的上半部、煙斗的嘴口或是一件毛皮。此處單簧管和煙斗代表近似男性性器官的形狀，毛皮則代表陰毛。在女性的性欲夢中，房屋環繞的狹小庭院可以代表胯部。陰道的象徵則是一條穿過庭院的小徑，柔軟平滑且非常狹窄。夢者必須由此經過，或許是為了給一位紳士送一封信。」（沃爾克特，頁三九）特別重要的是，在有軀體刺激的夢結束時，夢的想像往往揭開它的帷幕。也就是說，公然地暴露出興奮的器官或它的功能。所以一個「牙痛」的夢，通常是以夢者夢見從自己嘴中將牙拔出作為結局。

然而，夢的想像不僅可以把夢的注意力集中於興奮器官的外型，還可以把該器官的內容物加以象徵化。例如，在腸刺激引起的夢中，夢者可以穿過泥濘的街道。在泌尿刺激的夢中可以出現有泡沫的溪流。刺激本身引起的興奮性質或刺激欲求的對象，也可以得到象徵性的表現。再者，夢自我也可以與自身狀態的象徵事物表現出具體的關係。例如，在疼痛刺激的夢中，夢者可以與惡狗或野牛進行殊死的決鬥。或婦女在性刺激的夢中，可以夢見被裸體的男子緊追不捨。儘管夢中運用各式各樣的方法，想像的象徵化活動仍然是每一個夢的中心力量。沃爾克特在他的著作中曾試圖更深入理解這種想像的性質，並為它在哲學體系中尋找一席之地。[72]只是，儘管他寫得優美動人，但對於先前未受過任何訓練以掌握哲學概念體系的人來說，要理解他的著作仍然非常地困難。

施爾納的象徵化想像不包含任何實用主義的功能。心靈在睡眠中只與對其產生衝擊的刺激戲耍。人們甚至可以懷疑心靈是在調皮地嬉戲。但人們也會質問我，對施爾納的夢理論如此詳加考察，是否能達到任何有益的目的，因為這個理論的任意性和對所有研究原則的違背是一目瞭然的。我可以辯解說，不加任何考察就去譴責施爾納的理論，這樣的專橫態度毫不可取。他的理論所依據的是他的夢留給他的印象。他以最專注的注意力細心地考察它們，而且他在探究心靈中的模糊事物上，似乎具有一種獨特的天賦。其次，這個理論所探討的題材幾千年來一直被視為難解之謎，但也被認為它本身以及其意涵相當重要。精密科學對於這個題材的澄清，正如它本身所承認的那樣，除了（與大家的感受截然相反）試圖否認其意義與重要性，沒有做出任何貢獻。最後，老實說，對釋夢的嘗試很難不帶有想像成分，神經節細胞也未必不是想像的產物。我在頁一五三曾經引證了一位嚴肅而精確的研究者——賓茲的一段話。[4]他描述了黎明時清醒悄悄地潛入大腦皮質大量的沉睡細胞中，其想像程度——甚至不可能的程度——並不亞於施爾納試圖做的解釋。我倒希望在施爾納的解釋背後，真能存在著一種真實的元素，儘管它看起來還很模糊，還缺乏一種夢的理論所應具有的普遍性。而施爾納的理論與醫學理論的對比，同時可以使我們認識到，時至今日，關於夢的解釋，仍然在兩個極端之間搖擺不定。

八、夢與精神疾病的關係

當我們談到夢與精神疾病的關係，可以指三件不同的事情：（一）病因學的與臨床學的關係，夢可能表現或引起一種精神病狀態，或作為精神病狀態的殘餘物被遺留下來；（二）夢生活可能受精神疾病影響而發生變化；（三）夢與精神病之間可能存在某種內在連繫，表明兩者在本質上有相似之處。這兩組現象間的多種關係曾經是早期醫學作者偏愛的題材，今日又變得流行了起來，這可由斯皮塔【64】、拉德斯托克【54】、莫瑞【48】和蒂西【68】所蒐集的相關文獻得到證明。最近桑特・德・桑克蒂斯對於類似題材也很注意。【56】【57】就我們的討論目的而言，只須瀏覽一下這個重要問題就夠了。

關於夢與精神疾病之間的臨床學和病理學的關係，可舉下面的觀察為例。克勞斯曾引證霍恩包姆的報告：妄想性精神異常的初次發作往往源於焦慮或恐怖的夢，其中心意念與這個夢有著某種關聯。【39】桑特・德・桑克蒂斯提出了對妄想症的類似觀察，認為在一部分這類病症中，夢是「精神異常真正的決定性原因」[47]。桑克蒂斯說，精神疾病可以在妄想性內容的夢出現一次之後即被引發，也可以透過一系列的夢，克服了某些疑慮之後，才慢慢發展起來。在他的一個個案中，一個意味深長的夢繼之以輕微的歇斯底里症發作，接著才陷入焦慮性的憂鬱狀態。費里（由蒂西引用）也報告過一個導致歇斯底里性癱瘓的夢。在這些例子中，夢被認為是精神疾病的病因。但是如果我們認為在夢生活中，這些精神疾病首次表現自身，它們首先在夢中得到突破，這何嘗不是合理的事實。在其他某些病例中，病理症狀包含於夢生活中，或精神病只在夢生活中出現。托馬耶爾注意到某些焦慮夢，他認為應將這類夢等同於癲癇發作。【70】阿利森描寫了一種「夜發性精神異常」。病人在白天完全正常，但卻在夜間規律性地出現幻覺、狂亂發作等等。桑克蒂斯報告了類似的觀察（一個酒精中毒病人的夢，類似於妄想症，會聽到譴責妻子不貞的聲音）。蒂西報告了許多新近的病例，其中的病理性行為——如基於妄想性前提和強迫性衝動的行為——均起源於夢。古斯萊恩描述了一個夢例，其中睡眠被陣發性的精神異常所取代。

毫無疑問，隨著夢心理學的發展，醫生總有一天會把注意力轉向夢的精神病理學。

在精神疾病恢復期的例子中，往往可以明顯地看到，當白天的功能已經恢復正常，夢生活卻仍處於精神疾病的影響之下。克勞斯指出，最早注意到這個事實的人是格雷戈里。【39】蒂西引用馬卡里奧所描述的一個躁症病人在痊癒了一個星期之後，仍然在夢中體驗到表現疾病特徵的意念飛躍和狂暴熱情。

關於夢生活在慢性精神疾病中所發生的變化，迄今還很少有人研究。另一方面，人們早已注意到夢和精神疾病之間存在著某種根本上的相似性，這可由它們所表現的現象具有如此廣泛的一致性中看出。莫瑞告訴我們，卡巴尼斯是提到它們之間關係的第一人，【47】在他之後還有萊盧特和摩洛等人，特別連哲學家曼恩．德．比朗都談到了這一點。然而，這種對比無疑還可以追溯到更早的時期。拉德斯托克用了整整一個章節討論這個問題，其中引證了許多有關夢與瘋

47 牛津版註：原文為 vraie cause déterminante de la folie.

狂之間的相似性的論述。【54】康德說：「瘋人是清醒的做夢者。」克勞斯說：「精神異常是感官處於清醒狀態時所做的夢。」叔本華宣稱夢是短暫的瘋狂，瘋狂則是長久的夢。哈根把譫妄描述為由疾病而不是由睡眠所引起的夢生活。馮特在《生理心理學》中寫道：「實際上，我們自己在夢中幾乎可以體驗到在瘋人院中可觀察到的全部現象。」

斯皮塔列舉了若干共同點，它們構成了這種對比的基礎（與莫瑞的方法非常類似）：（一）自我意識的停頓或至少受到阻遏，結果失去對情境性質的洞察力，從而不能產生驚訝的感覺，並且喪失了道德意識；（二）感覺器官的知覺能力產生改變：在夢中有所減少，在精神異常中則有大量的增加；（三）意念只依照聯想和再現法則互相結合，從而形成自發序列，因而使得意念之間的關係缺乏均衡的比例（誇張和錯覺）。這一切又導致（四）人格的變化，或在某些情況下發生人格與性格特徵的倒反（變態行為）。【64】

拉德斯托克補充了幾個特性——材料的相似性：「在視覺、聽覺和整體身體感覺的範圍內，產生大量幻覺和錯覺。如在夢中一樣，嗅覺和味覺的成分很少。發熱病患的譫妄狀態與夢中的回憶都可追溯到遙遠的過去。許多似乎已被清醒和健康的人遺忘的事物，都可被睡眠者與患者回想起來。」然而，只有當夢和精神疾病在細微的姿勢與臉部表情的特定特徵上的相似性也被發現時，我們才算充分認識到它們的相似性。

「一個承受著身體和精神痛苦雙重折磨的人，從夢中獲取現實不願賜予他的事物：健康和幸福，所以在精神疾病中也出現了幸福、偉大、顯赫和財富的景象。想像擁有財富和想像的欲求滿足——它們的受阻和破滅確實為精神異常提供了基礎——構成了譫妄的主要內容。失去愛子的婦人，在她的譫妄中體驗了母性的快樂。一個失去錢財的男子，相信自己無比富有。一個被遺棄的女孩，則相信自己被溫柔地愛戀。」

（拉德斯托克這一段話，實際上是節錄葛利辛格所做的敏銳觀察。[31]（頁一一一）後者清楚地表明了夢和精神疾病中的意念，具有欲求滿足這個共同的特徵。根據我自己的研究，我認為在這個事實中可以發現夢和精神疾病的心理學理論的關鍵。）

「夢和精神異常的主要特徵在於它們怪誕的思考流程和薄弱的判斷能力。」在兩種狀態中，我們都發現了它們對於本身精神成就的過高評價。但嚴格說來，這些成就只得到了荒謬的結果。夢中意念的迅速流動相當於精神病中的意念飛躍，兩者都缺乏時間感。夢中的人格分裂——例如這時夢者的知識可以分屬於兩人，外在的自我糾正著真實的自我——正類似於我們熟知的幻覺性妄想症中的人格分裂。同樣地，夢者也可以聽見陌生的聲音表達自己的思想。甚至長期的妄想性意念與反覆發生的病理性的夢（糾纏不休的夢）也有相似之處。譫妄病人在痊癒之後經常會說：他們在整個患病期間像做了一場不愉快的夢。他們確實告訴我們，他們在生病期間偶爾會覺得自己只是被捲入一場夢境之中——與在睡眠中發生的夢並無不同。

當拉德斯托克總結他自己與其他一些人的觀點時，他說：「精神異常——一種異常的病理現象，可以被視為是週期性發生的正常做夢現象的一種增強現象。」（頁二二八）由上述的觀點看來，他會有這種看法並不足為奇。

克勞斯試圖在夢和精神異常之間尋求比外部現象的相似更為密切的連繫。[39]他發現這種連繫存在於它們的病因學中，或更確切地說，存在於它們的刺激來源之中。如我們所知，他認為兩者共同的基本元素是由器質性因素決定的感覺、由軀體刺激產生的感覺，以及由全部器官所提供的整體身體感覺（參見莫瑞引證佩西的說法【48】，頁五二）。

夢與精神異常之間無可置疑的相似性——這種相似性甚至存在於其特有的細節中——是夢生活的醫學理論最有力的支柱。根據這種理論，做夢是一種無用的干擾過程，是精神活動減弱的表現。然而，我們不能期待在精神疾病中發現夢的最終解釋，因為關於精神疾病的知識仍如此地不足。相反地，我們對夢的態度的改變，很可能會影響我們對於精神疾病內部機制的看法。因此，當我們努力闡明夢的神祕性時，可以說我們也正努力尋求著對精神疾病的解釋。

第 2 章

釋夢的方法

The Method of Interpreting Dreams

一個夢例的分析

我為本書選擇的標題已經表明，在夢的問題上，我追隨哪一條傳統研究的路線。我希望能證明夢是可以解釋的。闡明夢的問題所能做出的任何貢獻——我們在上一章曾對此加以討論——都不過是在完成這個任務的過程中得到的副產品。我假定夢是可以解釋的，而這立即使我對立於夢的流行理論，事實上除了施爾納的學說，這個假定與任何夢的理論都是相對立的。因為「解釋」一個夢就是意味給夢指派一種「意義」——也就是說，將夢置換成某種切合我們精神活動系列的事物，且作為精神活動的一個環節，與其他環節具有相同的有效性與重要性。正如我們所知，夢的科學理論並沒有為釋夢問題留有任何餘地，因為這些理論根本不把夢視為一種精神活動，只把它視為一種軀體過程，利用精神機構的指標來表明它的存在。世俗意見則一直採取另一種不同的態度，它堅持本身有不合邏輯的特權，一方面承認夢是不可理解和荒謬的，一方面則無法認可夢不具有任何的意義。基於某種模糊的預感，世俗意見似乎有如此的假定：無論如何，每一個夢都有某種意義，雖然只是一種隱意。做夢是為了代替另一種思考模式，只有正確揭示出這個代替的過程，才能發現夢的隱意。

自古以來，世俗意見就關心著夢的「解釋」，而且基本上採用了兩種不同的方法。第一種方法把夢的內容視為一個整體，尋求另一種可以理解的、且在某些方面與其類似的內容去代替原本的內容，這就是**象徵性釋夢**。但是當它遇到不僅無法理解同時又混亂的夢，就必然不能自圓其說了。這種方法可以《聖經》中約瑟夫解釋法老的夢為例，七頭瘦牛追逐七頭肥牛並把肥牛吃掉——這一切象徵著埃及將會有七個荒年，並且將耗盡七個豐年的盈餘。大多數富有想像力的文學作家筆下虛構的夢，都是依循這一類象徵性解釋的原則來創作，它們在一種偽裝下——這種偽裝符合我們所熟悉的夢的特徵——再現了作家們的思想。夢的意念主要與未來有關，而且能夠預言未來——夢的古老預言意義的殘餘——成為以未來時態來表示象徵性解釋所獲得的夢的意義的理由。

當然，要介紹象徵性解釋的方法是不可能的，解釋的成功與否取決於腦海中忽然浮現的巧妙想法和單純直覺，因此象徵性釋夢可以被提升到藝術活動的境界，仰賴非凡的天賦。[1] 釋夢的第二種方法則完全不按照上述要求行事，或可稱它為「解碼法」，因為它把夢視為一種密碼術，其中每一個符號都可按照固定的譯法，將關鍵字譯成另一個已知意義的符號。例如我夢見了一封信和參加一個葬禮，如果我查一本「夢書」，則會發現「信」必須譯成「麻煩」，而「葬禮」應譯成「訂婚」。接下來我僅需將那些以這種方法譯解出來的關鍵字結合起來，然後再一次以未來時態表示出來，便完成了釋夢的工作。在達爾狄斯的阿特米多魯斯所寫的一本釋夢的書中，人們發現解碼過程有一種有趣的改變，在一定程度上糾正了這種方法的純機械性質。[2] 他的方法不僅考慮到夢的內容，而且考慮到了夢者的性格和具體情況，所以同一個夢元素，對富人、已婚者或演說家是一種意義，對窮人、單身漢或商人又是另一種意義。然而，解碼法的要素在於解釋工作並不針對夢的整體，而是針對夢內容的各個獨立部分，好像夢是一種地質混合物，其中每一塊岩石都需要個別的鑑定。釋夢的解碼法無疑是受到不連貫和混亂的夢的啟示才發明出來的。

毫無疑問地，這兩種流行的釋夢方法都無法對夢做科學的處理。象徵法在應用上有其侷限性，不能解釋所有的夢。解碼法則完全仰賴於「解碼法則」——即夢書——的可靠程度，但對此我們並無法獲得保證。因此人們遂不得不同意哲學家和精神病理學家們的看法，把釋夢問題視為純粹空想而拒絕考慮。

但是我已經學乖了，我了解在此我們又一次碰見了下述這個不算罕見的情形：一個古代堅信的民間信仰，似乎比今日流行的科學觀點更接近真理。我必須堅持夢確實包含著意義，用科學方法釋夢是完全可能的。

1 佛註：當我完成了本書原稿之後，我發現了斯頓夫的著作《解夢》，書中同意我的觀點，即可證明夢有一種意義而且可以解釋。然而他是用一種比喻性象徵來進行解釋，所以他的方法不能保證其普遍有效性。

2 牛津版註：小亞細亞的達爾狄斯的阿特米多魯斯（西元二世紀）曾寫下夢的專論，共五冊，題為《夢之解析》（*Oneirocritica*），將夢解釋為對未來的預言。

我是透過以下途徑認識這種方法的：好幾年來，基於治療的目的，我致力於闡明某些精神病理的結構——如歇斯底里性恐懼、強迫性意念等。而實際上，我是在理解約瑟夫·布洛伊爾一個重要的見解之後，才開始致力於這項工作。他認為對這些表現為病理性症狀的結構而言，揭露它們就等於治癒了它們。[3]然而我不得不補充道，由於上述的一切限制，我對我自己的夢例從未提供我所知的全部解釋。我對於讀者們的判斷力不過分信任，這麼做也許是明智的。如果可以追溯到這樣一種病理性意念在病人精神生活中的致病元素，這個意念就會自動消散，病人也可因此獲得痊癒。考慮到我們其他治療努力的失敗，以及這類精神障礙使人困惑的本質，我覺得布洛伊爾指出的道路很有吸引力。雖然困難重重，我決定遵循這條道路直到能求得完滿的解釋為止。關於這種方法最終所採取的形式，以及我的努力所獲得的結果，我將另外再做詳盡的報告。正是在這些有關精神分析的研究過程中，我遇到了釋夢的問題。我要求我的病人保證，將會把他們所想到的每一個與某一特定主題有關的意念與想法告訴我。在他們所告訴我的事物當中，他們也談到了自己的夢。這使我認識到，一個夢能夠被嵌入我們在精神分析過程中，從一個病態意念向往日記憶追溯而得的精神系列之內。這一點給予我們某些提示，也許夢本身可以被視為一種症狀，而用來治療症狀的解釋方法也能適用在夢的解釋中。

這方面包括了病人的某些心理準備。我們必須力求在病人心中產生兩種變化：一是他必須更注意對自身精神內容的知覺，二是他必須排除平時用以篩選想法的批判官能。為了使他能集中注意力進行自我觀察，他最好能安靜地躺著，並且閉上雙眼。必須嚴格地要求他自始至終放棄一切對自己所感知的想法的批判。所以要告訴病人，精神分析的成功與否，完全取決於他是否注意和報告他腦中所浮現的一切，而不要因為覺得某個意念不重要、不相干，或是看起來沒有任何意義，就加以壓抑，以致誤入歧途。對於腦中浮現的意念和想法，必須不抱任何偏見，因為正是這種批判態度，使他在過去無法發現對自己的夢、強迫性意念或其他病症的理想解答。

我曾經在我的精神分析工作中注意到，正在進行反省的人的整個心靈結構，完全不同於正在觀察自己精神過程的人。在反省中，即使是與注意力最集中的自我觀察相比，仍有一種精神活動進行得較為活躍。這可從以下的對比中顯現出來：自我觀察者的表情安詳，而正在反省的人則表情緊張、眉頭緊皺。注意力在這兩種情況下必定都很集中，但是正在進行反省的人同時也正在運用他的批判官能，這使他排斥和打斷某些已被感知到的意念，而不去追隨這些意念為我們所敞開的思考路徑。而且他還用同樣的方法對付其他意念，以至於它們在被感知之前就受到壓抑，因而從未進入意識。反之，自我觀察者會遇到的唯一困擾就是他得壓抑他的批判官能，如果他成功地做到這一點，他進行批判所無法捕捉到的無數意念就會進入意識之中。利用這些自我觀察所獲得的新鮮材料，就有可能可以解釋他的病態意念和夢的結構。顯然地，這裡說的是建立一種精神狀態，其精神能量的分配（可用的注意力）多少類似入睡前的精神狀態——無疑也類似催眠狀態。當我們入睡時，由於某種意志（當然也同時是批判的）活動的精力減退，不自主意念便隨之出現了（我們通常將這種精力減退歸因於「疲倦」）。而在清醒時，我們原本

3 佛註：布洛伊爾和佛洛伊德，《歇斯底里症研究》，一八九五。

允許這種意志活動影響我們的意念進程。這些不自主意念出現後，會轉化成視覺意象和聽覺意象（參見上文施萊馬赫【61】和其他人的說法，頁一四七～一四八）。在用於分析夢和病態意念的精神狀態中，病人自主地摒棄這種批判活動，並利用由此而剩餘下來的精神能量（或其一部分），努力追隨當時出現並保持著意念性質（這一點不同於入睡時的情形）的不自主思想。「不自主」意念於是就這樣轉化為「自主性」意念了。

在通常的情況下，要讓自己或其他人進入這種必要的無批判的自我觀察狀態，並不是一件困難的事。我的大多數病人在接受第一次指導之後都能做到，我自己借助於寫下浮現在腦中的意念，也能完全地達到這種狀態。這個過程減少批判活動的精神能量，並將這部分的能量用於增加自我觀察的強度。然而，能量的大小則因各人試圖集中注意力的主題不同，會有相當大的區別。

從應用這種技術的最初步驟，我們得知必須要注意的對象並不是夢的整體，而是夢內容的各個部分。如果我詢問一個沒有經驗的病人：「你想到什麼與夢有關的事情？」他通常會覺得精神世界中一片空虛。但是如果我把夢分割成片斷，再將其呈現在他眼前，他將會告訴我有關每一片斷的一系列聯想，這些聯想可以稱之為夢的這個特殊部分的「背景思想」。因此在這個重要層面上，我所用的釋夢方法已不同於通俗的、古老的、傳統的象徵性釋夢方法，而與第二種方法，即「解碼法」，有相似之處。與「解碼法」一樣，它用的也是分段的而非整體的解釋。它從一開始就認為夢具有複合的性質，將夢視為精神構成物的聚合物。

在我對精神官能症患者的精神分析過程中，我已分析過上千個夢例，但是此處我將不會利用這些材料來介紹釋夢的技術和理論，因為這些材料會引起別人的反對。他們認為這些夢來自精神官能症患者，不能用以推論正常人的夢。此外，還有另一個理由迫使我放棄這些材料，因為我的病人的夢所指向的主題，必然是引致其精神官能症的個人史，因此每一個夢都需要很長的介紹，而且必須探討精神官能症的性質和決定性病因。但是這些問題本身就相當新奇且費解，因而可能會分散我們對夢的問題的注意力。相反地，我意圖利用夢的揭露作為一個預備的步驟，以解決精神官能症的心理學這個更加困難的問題。然而，如果放棄我的主要材料——精神官能症患者的夢，僅處理剩餘的材料，則必然無法得到什麼出奇的結果。我所能利用的材料，只剩下我所認識的正常人偶爾報告給我聽的夢，以及在夢生活的文獻中所發現的其他夢例。遺憾的是，我無法對這些夢進行分析。未經分析，我就無法發現夢的意義。我的釋夢程序不像流行的解碼法那麼方便，只用一個固定的法則就能譯出夢內容中的任何片斷。與此相反，我企圖發現在不同的人身上，或在不同的脈絡中，相同的片斷可能隱藏著不同的意義。於是，我只好分析自己的夢了。這些夢豐富而方便，來自一個近乎正常的人，又與日常生活各式各樣的機遇有著連繫。當然，有人會對於這種「自我分析」的可靠性表示懷疑，也有人會認為這樣的分析會導致任意的結論。但是根據我的判斷，比起分析別人的夢，自我分析擁有更有利的條件。無論如何，我們可以進行嘗試，看看自我分析在夢的解釋上可以起到多大的作用。但是，在我自己內心深處還有一些其他困難有待克服。一個人要去揭露自己內心中如此多的隱私，總難免猶豫不決，而且也不能確保別人不對其產生誤解。但我認為這些顧慮是可以克服的。德爾貝夫說：「即使是自己的弱點，每一個心理學家也都有責任去承認，只要他認為這有助於解決某個疑難的問題。」【16】[4]此外，我還敢肯定，讀者最初對於我的輕率言行的興趣，很快就會被對其所闡明的心理學問題的著迷所取代。

因此，我將挑選一個我自己的夢來表明我的釋夢方法。每一個這類的夢都需要一段前言——所以我現在必須請求讀者暫時追隨我的興趣，和我一同沉浸在我生活的細微末節中。因為這樣一種移情作用，對於我們發掘夢的隱意而言是絕對必須的。

前言

一八九五年夏天，我曾為一位年輕的婦女進行精神分析治療。她是我自己以及我的家庭一位非常親近的朋友。人們很容易理解這樣一種複雜的關係可能成為醫生——特別是心理治療醫生——許多不愉快情緒的根源。醫生個人的關心越強烈，他的權威就越小，而任何失敗都可能導致與病人家庭原有友誼的破裂。這次治療以部分成功結束，病人已解除了歇斯底里性焦慮，但還沒有消除所有的身體症狀。當時我對於歇斯底里症的治癒標準還不十分清楚，而對病人提出了一個她似乎不太願意接受的解答。由於意見分歧，我們在暑假中就中斷了治療。有一天，我的一位年輕同事，也是我的一位老朋友來拜訪我，他正與我的病人伊爾瑪[5]一家人一起住在她們的鄉村度假別墅中。我問他覺得伊爾瑪的病情如何，他回答說：「她好些了，但還不是很好。」我意識到我朋友奧托[6]的話，或是他的口氣觸怒了我。我猜想他的話中包含著譴責，好像責備我不該對病人承諾太多的療效。不管這個猜想是對是錯，我將奧托反對我的立場歸咎於病人家屬的影響，他們似乎從未贊成過我的治療。然而我並未清楚覺察這種不舒服的感覺，也沒有流露任何表情，只是當晚我寫下了伊爾瑪全部的病史，想把它送給M醫生[7]（他是當時我們圈子裡的權威，也是我的朋友），以證明我自己正確無誤。當晚（也許是次日凌晨）我就做了以下的夢，醒來後立即把它全部記錄下來。

一八九五年七月二十三至二十四日間的夢

一間大廳，我們正在接待很多客人，伊爾瑪也在賓客當中。我馬上把她領到一旁，似乎要回覆她的來信，並責備她為什麼還不接受我的「解答」。我對她說：「如果妳仍然感到痛苦，

4 牛津版註：原文為Tout psychologiste est obligé de faire l'aveu même de ses faiblesses s'il croît par là jeter du jour sur quelque problème obscure.

5 牛津版註：「伊爾瑪」即安娜．海姆舒拉格，她是佛洛伊德之妻瑪莎的摯友，其父山繆乃佛洛伊德的希伯來文老師；一八八五年，安娜嫁給魯道夫．里希特海姆，這位男士的父親是神經學家，與約瑟夫．布洛伊爾交情深厚。事業與家族的人際網絡緊密交織，正是佛洛伊德所屬的猶太社群長久以來的寫照。

6 牛津版註：「奧托」即奧斯卡．瑞（一八六三～一九三二），小兒科醫師，與佛洛伊德相交一生，為佛洛伊德的小孩看診。

7 牛津版註：「M醫生」即約瑟夫．布洛伊爾（一八四二～一九二五），他是佛洛伊德十年來親近的同事，兩人合著《歇斯底里症研究》（一八九五）。他們的友誼在一八九〇年代末期轉淡，佛洛伊德將他的熱情轉向弗利斯，因此布洛伊爾此處的形象為一盲目的行動者。

那是咎由自取。」她回答說：「你知不知道我的喉嚨、胃和肚子現在有多痛，我覺得我快要窒息了。」我吃了一驚，注視著她，她看起來蒼白而浮腫，我想我也許疏忽了某種器質性疾病。我把她領到窗口，檢查她的喉嚨。她先表示拒絕，像一個鑲了假牙的女人那樣。我心想：但她不需要如此啊——後來她張大嘴巴，我發現她的喉嚨右側有一大塊白斑，其他地方還有一些分布相當廣的灰白色斑點，附著在一些醒目的、長得像鼻甲骨一樣的捲曲結構上。——我立即把M醫生叫過來，他重新檢查了一遍並證明的確如此……M醫生看上去和往常不同，他臉色蒼白，走路微跛，而且下巴刮得很乾淨……我的朋友奧托也正站在她旁邊。我的朋友利奧波特[8]隔著胸衣叩診她的胸部說：「她的胸部左下方有濁音。」他又指出她的左肩皮膚上有一塊浸潤性病灶（雖然隔著衣服，我也和他一樣感覺到患處）……M醫生說：「這肯定是感染了，但是不要緊，接著將會併發痢疾，而把毒物排泄出去。」……我們都很清楚她是怎麼被感染的。不久之前，因為她覺得不舒服，我的朋友奧托給她打了一針丙基製劑，丙基……丙酸……三甲胺（它的結構式以粗印刷體呈現在我的眼前）……不應該如此輕率地打那種針……當時的注射器可能不乾淨。

相較於其他的夢，這個夢有一個有利之處，我們立即可以清楚地看出這個夢與前一天的哪些事件有關。前言中提到了相關的細節：奧托告訴我的、與伊爾瑪病情有關的消息，以及我一直寫到深夜的病史，在入睡後仍繼續盤踞著我的精神活動。然而，凡是只知道前言和夢內容本身的人，都不明瞭夢的意義何在，連我自己也不清楚。伊爾瑪在夢中向我抱怨的那些症狀使我大吃一驚，因為這些症狀與我為她治療的症狀不同。而注射丙酸的無意義想法以及M醫生的安慰之詞，讓我覺得有些可笑。夢的結尾似乎比開始時更模糊，速度更快。為了發現夢的全部意義，我做了以下的詳細分析。

分析

一間大廳，我們正在接待很多客人。我們正在貝爾維尤避暑，這是一棟矗立在卡赫倫堡附近山頭上的房屋。這棟房屋原本的設計是要作為招待所，所以它的接待廳特別高大寬敞，像一間禮堂。我在貝爾維尤做這個夢時，是在我妻子生日的前幾天。做夢的前一天我的妻子告訴我，她希望在她生日那天邀請一些朋友前來聚餐，包括伊爾瑪在內。因此我的夢預示了這個情況：在我妻子生日那天，我們正在貝爾維尤的大廳接待包括伊爾瑪在內的許多客人。

我責備伊爾瑪為什麼還不接受我的「解答」。我對她說：「如果妳仍然感到痛苦，那是咎由自取。」在清醒時，我也應當這樣對她說，也許我的確已經對她說過這些話了。當時我的看法是（後來我了解這種看法是錯誤的）：只要我能夠告訴病人隱藏在他症狀背後的意義，我就算完成了任務，至於他是否接受我的解答——即使治療的成功與否，正仰賴於他是否接受這個解

8 牛津版註：「利奧波特」即路德維希．盧森堡，小兒科醫生，佛洛伊德的朋友兼同事。一八九〇年代起與其姻親奧斯卡．瑞在同一團體，每星期六晚上齊聚在佛洛伊德家中玩塔羅牌，直至第四位遊戲者利奧波特．科尼史坦因教授在一九二四年死去為止。

答——並不是我的責任。我很感謝這個錯誤（幸而現在已經糾正了）。當我受到期待，認為我能成功地把病治癒時，面對一些不可避免的疏失，它能讓我的日子過得輕鬆一些。可是從夢中我對伊爾瑪講的那句話裡，我注意到我並不願意為伊爾瑪現在仍有的病痛負責。如果過錯在她，那就不在我了。是否這個夢的主要目的就在這一點上呢？

伊爾瑪抱怨說，她的喉嚨、胃和肚子疼痛，覺得快要窒息了。胃痛是伊爾瑪原有的症狀之一，但是不很明顯，她常常感到噁心、想吐。至於喉嚨痛、肚子痛和喉部阻塞則幾乎未曾發生過。我很奇怪我為什麼在夢中選擇了這些症狀，至今仍然想不出任何理由。

她看起來蒼白而浮腫。伊爾瑪總是臉色紅潤，我開始懷疑夢中是由另一個人代替了她。

我吃了一驚，想到我也許疏忽了某種器質性疾病。大家不難想像，對於一個專治精神官能症的醫師而言，這是一種永遠存在的焦慮。他習慣將許多症狀歸因於歇斯底里症，其他醫生則將這些症狀視為器質性疾病的表現。另一方面，我也暗自懷疑——但是不好啟齒——我的吃驚並非完全出自真誠。如果伊爾瑪的病痛果真是由器質性疾病造成，我就不用再為治癒她的病痛負責了：我只專門醫治歇斯底里性的病痛。因此對我而言，我似乎確實希望我的診斷是錯誤的，因為在這種情形下，我將不必因為治療失敗而受到責備。

我把她領到窗口，檢查她的喉嚨。她先表示拒絕，像一個鑲了假牙的女人那樣。我心想：但她不需要如此啊。我未曾檢查過伊爾瑪的口腔。夢中發生的情景，使我想起不久以前為一位女教師進行檢查時的情形：一眼看去她年輕貌美，但是要她張開嘴巴時，她卻千方百計地想掩飾她的假牙，這又使我想起其他一些醫學檢查，以及檢查時所發現的一些小祕密——弄得雙方都很不愉快。「我心想：但她不需要如此啊。」起初無疑是對伊爾瑪的稱讚，但是我懷疑還有另外一層意思（如果一個人想仔細地進行分析，他會有一種感覺，懷疑自己是否已經竭盡所思）。伊爾瑪站在窗口的情景突然使我想起另一次經歷。伊爾瑪有一位密友，我對她印象很好。有一晚我去拜訪她時，發現她正站在窗口接受檢查——這個情境再現於夢中，她的醫生就是夢中那位M醫生。醫生說她有一塊白喉斑膜。M醫生的形象以及斑膜後來也都在夢中再現。現在我才想起，最近幾個月來我有充分的理由懷疑另一個女人也是一個歇斯底里症患者。真的，是伊爾瑪向我洩漏了這個事實，我知道她的哪些病況呢？有一點是絕對正確的，就是像夢中的伊爾瑪那樣，她患有歇斯底里性的窒息。所以在夢中我用伊爾瑪的朋友取代了伊爾瑪。我現在回想起，我經常想像這位女士也會來請我替她治病，解除她的症狀。但我自己又認為那不大可能，因為她是一個非常保守的女子。她堅決地拒絕治療，就像夢中那樣。另一個理由是她不需要接受治療：到目前為止，她都顯得很堅強，可以料理自己而無須外來的幫助。還有幾個特徵，如蒼白、浮腫和假牙等，我無法在伊爾瑪和她的朋友身上發現這些特徵。假牙使我想起我提過的那個女教師，我現在覺得似乎使用壞牙這個字眼比較適合。於是我又想到了另外一個女人，也許這些特徵指涉的就是她。她也不是我的病人，我也不希望她成為我的病人，因為我注意到她在我面前總是忸怩不安，所以我不認為她會是一個順從的病人。她平時臉色蒼白，有一次她身體特別好的時候，看起來卻有一些浮腫。[9]因此我拿我的病人伊爾瑪與另外兩個同樣拒絕治療的病人

9 佛註：伊爾瑪那個一直未獲解釋的肚子痛的抱怨，可以追溯到這第三個人。這個人正是我的妻子，肚子痛使我想起

比較，為什麼我會在夢中將伊爾瑪換成她的朋友呢？可能是因為我希望將她換掉，可能是因為我比較同情她的朋友，也可能是因為我認為她的朋友比較聰明。在我看來，伊爾瑪似乎很蠢，因為她不接受我的解答，她的朋友則比較聰明些，也就是說她比較容易接受。所以她會**張大嘴巴**：比起伊爾瑪來，她會對我透露更多的訊息。[10]

在她的喉部，我看見一塊白斑，並有一些小斑點附著在鼻甲骨上。白斑使我想起白喉，因而想起伊爾瑪那位朋友，但也使我想起大約兩年前我的大女兒所罹患的重病，以及我在那些焦急日子中的恐懼心情。那些鼻甲骨上的小斑點讓我想到我對自己健康狀況的擔憂。當時我經常使用古柯鹼來減輕鼻塞的痛苦，而前幾天我聽說我的一個女病人使用古柯鹼引起了大片鼻黏膜的壞死。在一八八五年，我是第一位建議使用古柯鹼的人。[11]這個建議引起對我的嚴厲指摘，這種藥的誤用加速了我的一位好友的死亡，這件事發生在一八九五年以前。

我立即把M醫生叫過來，他重新檢查了一遍。這僅僅反映了M醫生在我們這幾個人中的地位。但是「立即」卻需要特別的解釋，它讓我想起我從醫生涯中的一齣悲劇。有一次我讓一位女病人服用了過多當時認為沒有副作用的藥物（sulphonal，索佛那），結果引起了嚴重的中毒，於是我趕忙請求有經驗的資深同事的協助。還有一個附帶的細節可以證實我所想到的確實是這次意外，那位中毒而死的女病患竟和我的大女兒同名，我以前從未發現，但它現在對我的打擊，簡直就像是命運的報復。人物間的互換在此似乎以不同的意義延續下去。這個瑪蒂達取代了那個瑪蒂達。以眼還眼，以牙還牙。好似我正努力尋找著每一個可以譴責自己缺乏醫德的機會。

M醫生面色蒼白，走路微跛，而且下巴刮得很乾淨。他那不健康的面容確實經常引起朋友們的擔心，其他兩個特點卻只能適用在其他人身上。我聯想到我的大哥，他僑居國外，他的下巴刮得很乾淨，如果我沒記錯的話，夢中的M醫生跟他長得很像。幾天以前，我們聽說他由於髖部關節炎而走路微跛。我想我在夢中把這兩個人混為一人，必定有某種原因，於是我想到我對他們兩個人的反感有共同的原因，就是他們最近都拒絕了我提出的某個建議。

我的朋友奧托也正站在病人身旁，我的朋友利奧波特正在為她做檢查，同時指出她的胸部左下方有濁音。我的朋友利奧波特也是一位醫生，他是奧托的親戚，由於他們兩人專長的科別相同，注定要互相競爭，別人也會不斷地比較他們兩人。當我仍在一所兒童醫院負責神經科門診部時，有好幾年的時間，他們兩人都是我的助手。夢中出現的這一幕景象那時經常發生。有時我和奧托正在討論一個個案的診斷，利奧波特會再次檢查病童，而且會對我們的決斷做出意外的貢獻。他們兩人在性格上的差異就像地主的管家布拉西格和他的朋友卡爾[12]一樣：奧托「敏

某一次的情景，當時我注意到她的忸怩不安。在這個夢中，我不得不承認我對伊爾瑪和我的妻子都不太友善，但我得為自己辯護，因為我是用順從的好病人的標準在衡量她們。

10 佛註：我覺得對這一部分夢境的解釋，還不足以揭示其全部的意義。如果我繼續比較這三個人，就會離題太遠。每一個夢至少總有一個深不可測的中心點，彷彿連結著未知的事物。

11 牛津版註：應為一八八四年，也就是佛洛伊德發表他對古柯鹼的第一份研究報告時。此處提及濫用古柯鹼的朋友為厄斯特．馮．費歇-馬索（一八四六~一八九一）。

12 牛津版註：這兩個角色出自低地德語方言小說《我在農場的時光》（*Ut mine Stromtid*, 1862-1874），作家菲利茲．洛依特（一八一〇~一八七四）以狄更斯式的幽默著稱。葛林斯坦在《關於佛洛伊德的夢》（*On Sigmund Freud's Dreams*）一書之中曾寫下一些概要（頁三三~三六），將之歸於佛洛伊德的聯想（頁三七~四〇）。

捷、快速」，利奧波特則緩慢而可靠。如果我在夢中拿穩重的利奧波特來和奧托做比較，我肯定比較喜愛利奧波特。而我在我那不順從的病人伊爾瑪和她的朋友間所做的比較——我認為後者較聰明——也帶著類似的性質。我現在發現了夢中意念聯想的另一個路線：從病童到兒童醫院——胸部左下方有濁音使我記起一個特殊的病例，細節完全相同，利奧波特也在這個病例身上發現了濁音。當時他的細心周密讓我留下了深刻的印象。此外，我還模糊地想到一些與轉移性疾病有關的事情，但是這可能也與我想用來取代伊爾瑪的那位病人有關。就我對她的病情所能斷定的部分而言，我認為她的病症是一種對結核病的模仿。

她的左肩皮膚上有一塊浸潤性病灶。我立刻就看出這是我自己左肩的風濕症，它總是會在我比較晚睡時發作。此外，夢中這段話非常地含混不清：「我也和他一樣感覺到患處……」也就是說，我是「在自己的身體上感覺到」患處。而「皮膚上有一塊浸潤性病灶」中不尋常的遣詞用句也引起我的注意。當我們提到肺部疾病時，經常會講到像「左上肺葉後方的浸潤性病灶」這樣的句子，因此又讓我再一次聯想到與肺結核有關的事情。

雖然隔著衣服。這無論如何只是一句插話。我們在醫院檢查兒童時，通常會脫掉他們的衣服，但是檢查成年的女病人時，則會採用不同的方式。據說有一位名醫總是隔著衣服為他的病人進行身體檢查。除此之外，我看不出這句話還有什麼別的意思。老實說，我也不想就這一點進行更深入的分析。

M醫生說：「這肯定是感染了，但是不要緊，接著將會併發痢疾，而把毒物排泄出去。」我一開始覺得這句話很滑稽，但與夢的其他部分一樣，必須仔細地加以分析。當我進一步推敲這句話，發覺它似乎也一樣具有某種意義。夢中我發現病人患的是局部性白喉，由此我回想起在我女兒病重時，一場有關白喉和全身性白喉的討論——後者是由前者所引起的全身性感染。在夢中，利奧波特所發現的肺部濁音可以作為這樣一種全身性感染存在的佐證，而人們可能會因此認為這是一種轉移性的感染病灶。我當時似乎是認為這樣一種轉移性病灶並不會發生在白喉上，較可能是出膿血症所引起。事實上，我的主張應該是正確的。

不要緊。這是一句安慰之詞，似乎可以從下述的脈絡來解釋。在夢的前半部中，我夢見我的病人的痛苦是由一種嚴重的器質性疾病所引起，因而我開始懷疑我是否僅僅想以這種方式消除內心的自責，即認為心理治療無法治癒由白喉所引起的疼痛，所以我對她持續的病痛並不需承擔任何責任。然而我良心又覺得不安，因為我為了洗刷罪責，竟然在夢中讓伊爾瑪染上這麼嚴重的疾病，這未免太殘忍了。因此我需要得到某種保證，讓一切在最後都能平安無事。而對我來說，由M醫生口中說出這句安慰的話似乎是個不錯的選擇。但是在這樣的解釋中，我對夢採取了一種超越的態度。這種態度本身就需要進一步的解釋。

為什麼這句安慰之詞是這麼地荒唐呢？

痢疾：似乎很早就有一種理論，認為致病物質可以從糞便中排出。難道是我在取笑M醫生嗎？因為他常常對疾病做一些古老的解釋，而且在病理學上提出一些大家意料不到的想法。我又想起了一件與痢疾有關的事。幾個月前，我替一個年輕人看病，他有排便方面的明顯症狀。其他醫生診斷為「營養不良性貧血症」，我卻認為是歇斯底里症。但是我不願意為他進行心理治療，就勸他到海外旅行。幾天前，我接到他從埃及寄來的一封令人沮喪的信，說他又發了一次病，一位當地醫生診斷是痢疾。我懷疑這是個誤診，是一個粗心大意的醫生輕率地將歇斯底里症診斷為其他疾病。但是我也不禁自責我不應勸告病人去海外旅行。在海外旅行中，他可能除了歇斯底里性的腸胃病，又同時染上了某種器質性疾病。此外，痢疾（Dysenterie）的發音和白喉（Diphtherie）很類似，[13]而白喉這個帶惡兆的字眼在夢中並未出現。

是的，我想我必定是在取笑M醫生，才會讓他在夢中說出像「接著會併發痢疾……等等」這種安慰性的預後評估，因為我想起幾年前，他曾親自告訴我另一位醫生類似的可笑故事。那位醫生請M醫生會診一位病重的病人。由於他的同事實在太過樂觀了，M醫生不得不指出他在病人的尿中發現了白蛋白，但是他的同事一點都不覺得憂慮，他說「**不要緊**，白蛋白很快就會被消除」——所以我可以確定，夢的這一部分所表達的，正是我對那些對歇斯底里症一無所知的醫生的嘲笑，而且，好像為了要證實我的想法似的，我又出現了另一個念頭：M醫生是否了解他的病人（伊爾瑪的朋友）的症狀，除了結核病之外，也有可能是由歇斯底里症所引起的呢？他準確地診斷出歇斯底里症了嗎？還是誤診了呢？

但是我到底有什麼動機如此壞心地對待自己的朋友呢？很簡單，因為M醫生和伊爾瑪本人一樣，都不同意我的「解答」，所以我在夢中一舉報復了兩個人。對伊爾瑪說：「如果妳仍然感到痛苦，那是咎由自取。」而對M醫生，則是讓他在夢中說出那句荒唐的安慰之詞。

我們都很清楚她是怎麼被感染的。夢中這句直截了當的話很奇怪，因為感染才剛由利奧波特發現，在此之前我們對其一無所知。

因為她覺得不舒服，我的朋友奧托給她打了一針。實際上，奧托曾經告訴我，在他拜訪伊爾瑪全家的那段短暫期間，隔壁旅館有人患急症請他去打了一針。這些打針的事又使我想起那位不幸因使用古柯鹼而中毒致死的朋友。我建議他只有在戒除嗎啡時才可以口服古柯鹼，不料他馬上給自己打了一針古柯鹼。

打了一針丙基製劑……丙基……丙酸。我是怎麼樣想到這些化學名詞的呢？在我寫病史和做夢的當晚，我的妻子開了一瓶酒，瓶身的商標上有著「安娜納絲」（Ananas）的字樣，[14]這是奧托送我的禮物。他只要一有機會便會送禮，我希望有一天他能找到一個妻子來改掉這個習慣。這瓶酒散發出一股強烈的雜醇油味，以致我不想喝它。我的妻子建議把酒送給僕人喝。出於謹慎，我表示反對，而且不無慈悲心腸地說，不需要讓他們也中毒。這雜醇油（amyl……戊基）味無疑使我想起了propyl（丙基）、methyl（甲基）這一系列的化學名詞，從而使夢中的丙基製劑得到了解釋。我確實在夢中實現了一種替換：我在聞到了「戊基」之後夢到了「丙基」，但是在有機化學中這種替換也許是被容許的。

三甲胺。我在夢中看到這種物質的化學結構式，足以證明我的記憶力在這方面費了很大的功夫。而且這個結構式以粗體字呈現出來，好像是要突顯出某些情節的特殊重要性。但是這個三甲胺要把我的注意力引向何方呢？它讓我想起當年與另一位老友[15]的一段談話——這位朋友

13 牛津版註：德語的「痢疾」和「白喉」聽起來比英語相似的多。
14 佛註：「安娜納絲」這個字的發音，近似於我的病人伊爾瑪的姓。
15 牛津版註：指懷赫姆．弗利斯。

對於我思想萌芽時期的文章都很熟悉，而我對他的思想也有同樣深刻的了解。當時他向我提到某些與性過程的化學性質有關的想法，他相信三甲胺就是性過程的代謝產物之一。因此這種物質使我想到了性欲，我認為這是我所要治癒的神經疾病的病因中，最重要的因素。我的病人伊爾瑪是位年輕的寡婦，如果我要為治療的失敗找藉口，她的寡居正是一個最好的藉口，而她的朋友也很希望她能結束這種寡居生活。而夢中的組合竟是如此地奇特！我在夢中用來代替伊爾瑪的另一個女人，正好也是一個年輕的寡婦。

我慢慢了解為什麼三甲胺的化學結構式在夢中特別地突出，許多重要的主題匯集到這個字上。三甲胺不僅暗指性欲這個強有力的因素，而且隱喻了另一個人，每當我的意見不被大家接受時，我總是會想起他對我的贊同，而感到心滿意足。無疑地，這位對我的一生有著重大影響的朋友，一定會在我的這些聯想中再度出現。他對於鼻腔及鼻竇的疾病具有專門的知識，而且喚起了人們對於鼻甲骨與女性性器官之間某些顯著關係的科學興趣（見伊爾瑪喉部的三個捲曲的結構）。我曾經請他為伊爾瑪做檢查，看看她的胃痛是否與鼻腔疾病有關。但是他正罹患化膿性鼻炎，這使我很擔心。這裡無疑又暗指著膿血症，當我在聯想夢中的轉移性病灶時，它曾隱隱地浮現在我的腦海之中。

不應該如此輕率地打那種針。此處我直接譴責了奧托的粗心大意。當天下午，他說的話和表情都表明他反對我的意見時，我似乎也有過同樣的想法。那時我曾想：他的思想竟如此輕易地受到影響！他竟如此輕率地妄下斷語！——除此之外，夢中這句話使我再一次想起我那位急於注射古柯鹼而死去的朋友。我已說過，我從未認為古柯鹼可以拿來注射。我還注意到，在責備奧托用藥輕率時，我又一次聯想到不幸的瑪蒂達，而讓我有責備自己輕率的理由。此處我顯然正在蒐集可以證明我的醫德的例子，但是也同時蒐集了相反的例證。

當時的注射器可能不乾淨。這是對奧托的再一次責備，但是起因不同。我曾有一位八十二歲的女病人，我每天必須為她注射兩針嗎啡。昨天我碰巧遇見了她的兒子，他告訴我她現在正在鄉下，而且患了靜脈炎。我立即想到這可能是注射器不乾淨引起感染所致，我不禁為我兩年來未曾使她發生任何感染而感到自豪。我總是不厭其煩地保持注射器的乾淨。總之，我是有醫德的。靜脈炎也再次使我想到我的妻子，她在一次懷孕中罹患了血栓。此時一共有三個相似的情境出現在我的回憶中——分別牽涉到我的妻子、伊爾瑪和死去的瑪蒂達。很顯然地，這些情境的同一性使我能在夢中讓這三個人互相替換。

我現在已完成了這個夢的解釋。在釋夢的過程中，當我對夢的內容和隱藏在它背後的夢念進行比較時，必然會引發某些意念，而我很難不讓釋夢的過程受到這些意念的影響。與此同時，夢的「意義」也對我產生了影響。我漸漸發現在這個夢中貫穿了一個意向，而這個意向必定也是我做夢的動機。這個夢滿足了我的某些欲求，它們是由前一晚發生的事（奧托告訴我的消息以及我所寫的病史）引發的。整個夢的結論乃是我不應為伊爾瑪的病痛纏身負責，而應歸咎於奧托。實際上，正是奧托有關伊爾瑪的病未痊癒的話使我感到生氣。在夢中我藉著將譴責轉嫁回奧托身上，由此對他進行了報復。這個夢表明伊爾瑪的病情是由其他一些因素引起的——夢中列舉了一大堆理由，因此我不需為伊爾瑪的病痛負責。這個夢如我所願地呈現出一些事物的特定情況，因此它的內容是一種欲求的滿足，而它的動機是一種欲求。

這樣一來，夢中情節已大體分明，但是從欲求滿足的觀點來考量，許多細節的意義才逐漸顯露出來。我之所以報復奧托，並不只是因為他急於站到另一邊來反對我，就在夢中把他呈現為一個在治療上（注射）輕率的人，還因為他送給我一瓶有雜醇油味的劣酒。因此，在夢中我發現了一種把兩種譴責合而為一的表現方式：注射丙基製劑。這還不能使我感到滿足，於是我藉著把他對比於他最有力的對手，繼續尋求報復。我似乎是在說：「我喜歡他更甚於你。」但奧托並不是我發洩憤怒的唯一對象，我對不服從我的病人也施加報復，用比較聰明而較少執拗的病人取代她。我也沒有放過M醫生的反對意見，不過只清楚地暗示出他對病例看法的無知（「將會併發痢疾，等等」）。的確，我似乎想把他轉換為另一個更有學識的人（曾告訴我三甲胺的那位好友），正如我把伊爾瑪轉換成她的朋友，把奧托變成利奧波特一樣。「把這些人趕開！讓我用自己挑選的另外三個人代替他們！然後我才能擺脫那些不應有的譴責！」夢中以最巧妙的方式證明了這些對我的譴責根本毫無根據：我不應為伊爾瑪的痛苦受責，因為她不接受我的解答，乃是咎由自取。我與伊爾瑪的病痛無關，因為這些病痛都是器質性的，根本不能用心理治療治癒。伊爾瑪的病痛可由寡居（三甲胺！）得到滿意的解釋，這是我無能為力的。伊爾瑪的痛楚是由於奧托不慎注射了不適當的藥劑——這是我絕對不會做的事。伊爾瑪的痛苦是由於用不乾淨的針頭注射的結果，就像那位老婦人的靜脈炎——而我的注射從未引起任何副作用。我注意到，這些對於伊爾瑪病痛的解釋（一致為了開脫我的罪責），彼此間並不一致，甚至互相矛盾。整個辯護——此夢並無他意——使人生動地想起了某人的辯護：他的鄰居說他還了一把壞水壺，這個人為了辯護，先說他還的水壺並無破損，然後說他借的水壺上面原本就有一個洞，最後他乾脆說根本沒有向鄰居借過水壺。說起來真是頭頭是道，只要這三條辯護理由中，有一條被認為是真的，這個人就可以被判無罪了。

還有其他一些主題在夢中也發生了作用，不過與我對伊爾瑪疾病的解釋並無顯著的關係。它們是：我女兒的病，和她同名的病人的疾病，古柯鹼的有害作用，我那位在埃及旅行的病人的疾病，我對我妻子、兄弟以及M醫生等人健康的關注，我自己的疾病，我對夢中未出現的患了化膿性鼻炎的朋友的憂慮。然而當我把所有這些夢景加以考慮時，它們都可被集合為一組意念，可稱之為「對於我自己和其他人的健康的關心——職業良心」。我記得當奧托告訴我有關伊爾瑪的病情時，我曾隱約有過一種不愉快的感受。在夢中發生作用的這一組想法，促使我把這轉瞬即逝的印象轉為言語，彷佛奧托在對我說：「你沒有認真地盡到醫生的職責，你沒有醫德，你沒有實現你的承諾。」隨後，這一組想法似乎便自動地聽從我的支配，於是我便能證明我有高度的職業良心，我如此深深地關懷我的親戚、朋友和病人們的健康。值得注意的是，這些材料中也包括一些不愉快的回憶，它們支持奧托的指責，而不是為我自己開脫罪責。有人也許會說，這種材料是不偏不倚的。但是這一組比較廣泛的想法材料，作為夢的基礎，仍然與我期望能不用對伊爾瑪的病痛負責這一特定的夢的主題有著某種關聯。

我不打算佯稱我已揭示了此夢的全部意義，我也不想說我的釋夢盡善盡美。

對這個夢我仍然可以花費更多的時間，從中獲取更多信息，也可以討論由此產生的新問題。我自己還知道可以從哪些要點去追尋想法的線索，但是因為我對自己的每一個夢總有一些顧慮，我就不再繼續我的解釋工作了。如果有人急於責備我的有所保留，我會勸他自己去做比我更為坦率的嘗試。當前我已滿足於獲得了這項新的發現：夢確實有意義，且並非如一些權威所說的那樣，是大腦的部分活動的表現。當釋夢工作完成我們就會知道，夢是欲求的滿足。

第 3 章

夢是欲求的滿足

The Dream is a Wish-Fulfilment

當我們穿過一條狹路，爬上一片高地，大路朝不同方向延伸，美景盡收眼底。此時我們最好能暫停片刻，考慮下一步應該選擇什麼方向。這正是我們現在的處境，因為我們已經爬上釋夢的第一個頂峰。這個突然的發現使我們耳目一新。夢並不是某種外力——取代了音樂家靈巧的手指——在樂器上亂彈所發出的雜亂鳴響。它們並非毫無意義，並非雜亂無章。它們也不代表當時僅有一部分的意念逐漸清醒，另一部分的意念仍處於沉睡狀態。相反地，它們是完全有效的精神現象——是欲求的滿足。它們可以被包含在一系列可理解的清醒精神活動中，它們是高度複雜的心靈活動的產物。但是正當我們為這一發現而歡欣鼓舞時，一大堆攻擊性問題卻接踵而來。如果按照這個釋夢理論，夢是欲求的滿足，那麼，表現欲求滿足的突出而又奇特的形式的來源又是什麼？在構成我們醒來後記得的顯夢之前，夢念又發生了一些什麼樣的變化？這種變化是怎樣發生的？形成夢的那些材料從何而來？在夢念中可以發現的許多特性——如相互矛盾（參見借水壺的比喻，頁一九〇～一九一），又是如何引起的？對於我們的內心精神過程，夢能揭示一些新東西嗎？夢內容能修正我們白天所持有的意見嗎？我建議把所有問題暫擱一旁，只沿著一條特定道路追尋下去。我們已經知道夢可以代表欲求的滿足，我們首先要問，這是夢的一個普遍特徵，還是它僅剛好是我們分析的第一個夢（「伊爾瑪打針的夢」）的特定內容？因為即使我們預期發現每一個夢都有其意義和精神價值，但是每個夢仍可能有不同的意義。我們的第一個夢是欲求的滿足，第二個夢則可以是懼怕的表現，第三個夢的內容可以是一種沉思，第四個夢又可以僅僅是記憶的再現。除了這個夢，我們會發現其他欲求的夢嗎？或除了欲求的夢，難道就沒有其他的夢了嗎？

要證明夢所顯示的往往是不加掩飾的欲求滿足並不困難，因此夢的語言長期不為人所理解似乎令人感到驚訝。譬如有一種夢，就像做實驗那樣，只要我高興，就能將它喚起。如果我在晚上吃了鯷魚、橄欖，或任何太鹹的東西，夜間就會因口渴而醒來，但是在醒來前往往會做一個內容大致相同的夢，就是我正在喝水。我夢見我正用大碗牛飲，那水的滋味就如同焦乾的喉嚨嘗到清泉一般地甘美，接著我會醒來而想要喝一口真正的水。這個簡單的夢是我醒來後所感覺到的口渴所引起的，渴引起喝水的欲求，而夢則向我揭示了欲求的滿足。所以做夢是在執行一種功能——這種功能並不難猜想。我的睡眠向來很深沉，任何身體需求都不容易把我喚醒。如果我能夢見我在飲水解渴，那麼我就用不著醒來喝水。所以這是一種便利性的夢，做夢取代了行動的必要，正如同它在生活的其他部分所發揮的功能一樣。遺憾的是，我的飲水解渴的需求，不能像我對奧托和M醫生進行報復的飢渴一樣，在夢中得到滿足。但是兩個夢的意向卻是一樣的。不久以前，這個反覆出現的夢有了一些改變。我在入睡以前就感到口渴，便把床邊桌上的一杯水一飲而盡，當晚過了幾個小時，我又覺得渴得要命，但想要喝到水卻不是那麼方便。

為了要拿到一些水，我必須起身去拿我妻子床邊桌上的玻璃杯。我於是做了一個適切的夢，夢見我的妻子正拿一個瓶子讓我喝水。這個瓶子其實是我在義大利旅行時買回來的一個伊楚利亞骨灰罐。罐子早已送人了，但是罐內的水非常鹹（顯然是因為罐裡的骨灰），以致驚醒了過來。我們可以注意到，在這個夢中一切都安排得很妥當，因為它唯一的目的就是滿足一個欲求，所以完全是利己主義的。貪圖安逸便利與體貼他人往往水火不容。夢見骨灰罐也許又是另一個欲求的滿足，我很遺憾這個骨灰罐已經不屬於我了——正如我妻子桌上的那杯水也不是伸手可及。而這骨灰罐也切合於我口中所感受到的鹹味，它越來越強烈，終於把我從睡夢中喚醒。[1]

像這樣一類便利性的夢在我年輕時經常發生。就我記憶所及，我已習慣工作到深夜，早晨往往難以起床，因此我常常夢見自己已經起床而且站在臉盆架旁邊，片刻之後，我就明白自己還未真的起床，但同時我卻多睡了一會兒。一個和我一樣貪睡的年輕醫生同事[2]，曾和我說了一個特別有趣的懶散的夢，其表現的方式非常別緻。他住在醫院附近的一棟公寓，他吩咐女房東每天早上嚴格地按時喊他起床，但是女房東發現這並不是一件容易的工作。一天早晨，他似

1 佛註：韋安特深知口渴的夢，因為他寫道：「渴的感覺比其他感覺更為真切，它總是引起正在解渴的意念。夢中表現的解渴方式各不相同，會隨最近記憶的不同而衍生出特殊的方式。這些方式的另一個普遍特徵是緊隨著解渴意念之後，會對想像中的解渴的無效深感失望。」（《夢的起源》，頁四一）然而韋安特忽略了一個事實：即夢對刺激所做出的反應仍然都是有好處的。有些人在夜間因口渴而醒來，並不一定會做夢，這並不能用來反對我的實驗，這不過表明他們是比我更差勁的睡眠者。

2 牛津版註：指魯迪．考夫曼，約瑟夫．布洛伊爾之姪；見一八九五年三月四日佛洛伊德致弗利斯信件。

乎睡得特別香甜，女房東進門喊道：「佩皮先生，醒醒吧，是到醫院上班的時候了！」他聽到喊聲後做了一個夢，夢見自己躺在醫院病房的一張病床上，床頭掛了一張卡片，上面寫著：「佩皮．H，醫科醫生，二十二歲。」他在夢中對自己說：「我已經在醫院裡，所以無須再去醫院了。」——於是翻了個身，又繼續睡了。他以這種方式清楚地說出他做夢的動機。

再說一個夢例，也是說明在真實睡眠中刺激對夢產生的影響。我的一個女病人，在不得已的情況下得接受一次下顎外科手術，手術不是很成功，醫生要她在臉的一側日夜戴上冷敷器，但是她往往一睡著就把它扔開。有一天，當她又把冷敷器扔到地板上時，醫生要我嚴厲地責備她幾句。她回答說：「這一次真的不能怪我，因為我在晚上做了一個夢，夢見我正坐在歌劇院的包廂裡，非常高興地欣賞表演。但是卡爾．梅耶爾先生卻躺在療養所裡，痛苦地抱怨著下顎的疼痛。所以我認為，既然我沒有任何疼痛，要這個冷敷器何用。於是我就把它扔掉了！」這個可憐的病人使我想到有些人在不愉快時經常掛在嘴邊的一句話：「我得說我還能想到些比這愉快一點的事情。」這個夢就是具象地表現了這個較為愉快的事情。而夢者痛苦轉嫁的對象卡爾．梅耶爾先生，僅是她想得起來的朋友中，一個極為普通的年輕男子。

從某些我所蒐集的正常人的夢例中，同樣可以看出欲求的滿足。我的一個朋友知道了我的理論並且告訴他的妻子。有一天他告訴我：「我的妻子要我告訴你，她昨晚夢見月經來了，你猜這是什麼意思？」我當然猜得著，這個年輕的已婚婦女夢見月經來了，就是意謂著月經已經停止了。我敢相信她很想在挑起做母親的重擔之前，多享受一些自由，而這是一種通知自己初次懷孕的巧妙方式。我的另一位朋友寫信告訴我，不久前他的妻子夢見自己的汗衫前面有一些乳漬，這也是表明懷孕了，但不是第一胎。這位年輕的母親希望自己這次能有比第一次更多的乳汁，以餵養她的第二個小孩。

一位年輕婦女因照料自己患傳染病的小孩，已接連幾個星期沒有參加社交活動。小孩痊癒後，她夢見自己出席一個舞會，在她遇見的人中有阿爾方・都德、保羅・布爾熱和馬塞爾・普雷沃斯特[3]。他們都很親切地對待她，而且相當風趣。這些作家都酷似他們的畫像，只有普雷沃斯特除外，她從未見過他的畫像，而他看起來很像……前天到病童的房間熏煙消毒的防疫官員，也是許久以來第一個拜訪她的人。因此這個夢可以完全翻譯為：「現在該是停止長期照料病患，而從事些娛樂活動的時候了！」

這些夢例或許已經足以表明，各式各樣的夢境，往往僅能被理解為欲求的滿足，而且它們的內容往往以未加掩飾的方式呈現出來。它們大多是一些簡短的夢，與混亂紛繁的夢適成一個令人愉快的對比，而引起夢的研究者注意的主要是後一類的夢。儘管如此，我們還是要停下來花點時間考慮一下這些簡單的夢。我們可以預期我們能在兒童身上發現夢最簡單的形式，因為他們的精神活動產物肯定沒有成人那麼複雜。我認為就像研究低等動物的結構和發展有助於了解高等動物的結構和發展一樣，探討兒童心理學一定也有助於成人心理學的了解。只是直到目

3 牛津版註：二人皆為法國小說家。阿爾方・都德（一八四〇～一八九七）現以《磨坊書簡》(*Letters de mon moulin*, 1869) 最廣為人知；保羅・布爾熱（一八五二～一九三五），著有《門徒》(*Le Disciple*, 1889)；馬塞爾・普雷沃斯特（一八六二～一九四一）寫過許多小說，包括《遲暮的女人》(*L'Automne d'une femme*, 1893)。

前為止，還很少有人積極利用兒童心理學去達到這一個目的。

幼兒的夢是純粹的欲求滿足，因此與成人的夢比較起來，確實索然無味。它們並不提出有待解決的問題，但是在提供證據以表明夢的深刻本質是欲求的滿足上，卻有無法估量的價值。我從自己孩子的材料中已蒐集到這樣的夢例。

我得感謝一八九六年夏天我們從奧西湖到哈爾希塔特[4]這個可愛鄉村的那次旅遊。因為在這次旅遊中，我得到了兩個重要的夢例：其中一個夢是我女兒做的，那時她八歲半。另一個夢是她五歲三個月的弟弟做的。我必須先說明一下，那年一整個夏天，我們都住在奧西湖附近的山中。在那美好的季節裡，可以飽覽達克斯坦[5]的秀麗景色。從望遠鏡內可以清楚地看到西蒙尼小屋，孩子們常常試著用望遠鏡去看它——我可不知道他們是否真看見了。在我們旅遊出發之前，我已經告訴過孩子，哈爾希塔特位於達克斯坦山腳下，他們渴望著這一天的來臨。我們從哈爾希塔特爬上埃契恩塔爾[6]，一路上景色不斷變化，這讓孩子們高興異常，但是他們當中那個五歲的男孩漸漸變得不耐煩起來，每看見一座新的山峰他就問是不是達克斯坦，而我每次都說：「不是，不過是山下的小丘。」他問了幾次之後就完全沉默不語了，最後乾脆拒絕跟我們爬上陡坡去看瀑布，我猜想他是疲倦了。但第二天早晨，他興高采烈地對我說：「昨晚我夢見我們到了西蒙尼小屋[7]。」這時我才對他有所了解。最初當我說到達克斯坦時，他曾經期待在到哈爾希塔特的旅遊中，爬上山，親眼看看經常在望遠鏡中看到的西蒙尼小屋。但是當他發覺別人總是用山丘和瀑布來搪塞他，他就變得失望而無精打采了。這個夢是一種補償作用。我企圖弄清楚夢的細節，但內容卻是少得可憐，他只是說：「你得爬六個小時的山路。」——這是別人曾經告訴過他的話。

同一次的旅遊也引發了我那八歲半女兒的欲求——這些欲求也只能在夢中得到滿足。我們這次帶了一個鄰居的十二歲男孩一同去哈爾希塔特，他像個風度翩翩的小紳士，看來已博得了這個女孩的歡心。第二天早晨她告訴我下面這個夢：「真奇怪！我夢見埃米爾成了我們家中的一員，他喊你們『爸爸』、『媽媽』，而且跟家裡其他男孩子一樣，和我們一起睡在大房間裡。然後母親走了進來，將一大把用藍色和綠色錫箔紙包著的大巧克力棒，丟在我們的床下。」她的兄弟顯然沒有遺傳到釋夢的才能，只是像當時的一些專家一樣，聲稱這個夢沒有任何的意義。但是女孩本人至少為夢的某一部分進行了辯護，而且了解她為哪一部分辯護，可以幫助我們澄清精神官能症的理論：「當然，埃米爾成為我們家庭一員這部分並沒有任何的意義，但是巧克力棒這部分應該有意義。」巧克力棒這部分正是我尚未理解的，但女孩的媽媽為我做了解釋。從車站回家的途中，孩子們在自動販賣機前停了下來，他們已習慣在這種機器購買包著閃亮錫箔紙的巧克力棒。他們很想買一些，但是他們的母親正確地做了決定：他們這一天的欲求已被

4 牛津版註：奧西湖為阿爾卑斯山上著名的假日旅遊勝地，有鹽浴，位在奧地利南部史蒂瑞爾省境內。哈爾希塔特位於上奧地利省，為一湖邊村莊，距依希爾區約十二英里遠。

5 牛津版註：哈爾希塔特南方的山脈斷層岩，高達二九九五公尺。

6 牛津版註：位於哈爾希塔特附近有瀑布的森林小城。

7 牛津版註：「Hütte」這個字有點難以翻譯，可能是「茅舍」、「小屋」、「棚子」或「狗窩」，這裡指的是一棟建築物，原本作為登山者避難小屋，現在已發展為一間規模剛好的旅館。

充分地滿足了，而這一個欲求不妨帶到夢中去滿足吧！我自己沒有看見這件事，但是被我女兒排斥的那一部分夢境，我立刻就能了解它的意義。我曾聽到我們那位舉止端莊的小客人，在路上招呼孩子們要等「爸爸」和「媽媽」趕上來。小女孩的夢把這種暫時的親屬關係變成了永久性的承認，她的感情還無法構成其他任何超出夢中情景的伴侶形象，而只能依她與她的兄弟間的關係來描繪。至於巧克力棒為什麼被丟到床下，不問她當然是不可能知道原因的。

我的朋友告訴我一個與我兒子做的夢極為相似的夢。做夢的是一個八歲小女孩，她的父親帶著幾個孩子步行去多恩巴赫[8]，打算參觀洛雷爾小屋，但因為天色已晚只好折回。為了不使孩子失望，他答應他們下次再來。在回家途中，他們看到一個通往哈密歐的路標，孩子們又要求去哈密歐，但是因為同一個原因，只好答應他們改天再去以安慰他們。第二天早晨，這個八歲女孩得意洋洋地對她爸爸說：「爸爸，昨天我夢見你帶著我們到洛雷爾小屋，還到了哈密歐。」由於迫不及待，她已預先實現了她父親的諾言。

此處有一個同樣簡單明瞭的夢，是我的另一個女兒在遊覽了奧西湖的湖光山色之後做的。她當時只有三歲三個月，第一次乘渡船遊湖。對她來說，遊湖的時間未免太短了。船到了碼頭，她不願意上岸，哭得非常傷心。第二天早晨她說：「昨晚我又遊湖了。」我們揣想她在夢中遊湖的時間一定比白天長一些。

我的大兒子在八歲時已經在夢境中讓他的幻想成真：他夢見他和阿基里斯同坐在一輛雙輪戰車上，狄歐米底為他們駕車。不出所料，他前一天讀了一本希臘神話——這是送給他姊姊的禮物——而興奮不已。

如果把兒童的夢話也包括在夢的範圍之內，那我可以在我所蒐集的全部夢例中，舉出一個年紀最小的幼兒所做的夢。我最小的女兒才十九個月，有一天早晨她不停地嘔吐，結果一整天都未進食。就在當晚，餓了一整天之後，我聽見她在睡眠中興奮地喊道：「安娜．佛（洛）伊德、草莓、野（草）莓、煎（蛋）餅、布（丁）！」那時她總是習慣於先說出自己的名字來表示自己占有些什麼東西。這張菜單似乎包括了她最喜歡吃的一些東西。草莓在夢話中以不同的方式出現了兩次，這是她反抗家庭健康規則的證據。可以想見她並沒有忽略這一點：她的保母認為她身體的不適是因為吃了太多的草莓，因此她在夢中對這個討厭的意見表達了反對之意。[9]

雖然我們認為童年是一段快樂的時光，因為當時還沒有性欲的困擾，但是我們不應忘記失望和放棄也是豐富的來源，因而兩大本能的另一個本能（攻擊）可能成為豐富的致夢刺激。下面是另一個夢例，我的一個二十二個月大的姪兒，在我生日當天，人家要他向我祝賀，並送我一小籃櫻桃。這時還不是產櫻桃的季節，所以櫻桃很少。他似乎發覺這是一個困難的任務，因為他口裡總是叨唸著：「裡面有櫻桃。」而且不想把籃子遞過來。不過，他總算找到了一個補償的方法。他有一個習慣，每天早晨總要告訴媽媽他夢見了「白兵」——他曾經在街上羨慕過的

8 牛津版註：維也納森林的小村莊，位於維也納西邊邊境。

9 佛註：不久之後，這個女孩的祖母做了一個夢，也表現了同樣的性質——祖孫兩人的年齡加起來已有七十歲。她因為腎臟病發作已整天沒有進食。當晚，她無疑想像自己已返回美好的少女時代，她夢見被「邀請」出席午宴和晚宴，兩餐都是最精美可口的佳餚。

一位穿白披肩的軍官。在他忍痛送給我櫻桃生日禮物的第二天，他醒來後帶著愉快的口氣說：「兵把櫻桃全吃光了。」——這個消息只能從夢中得來。

我自己並不知道動物夢見什麼，但是我的一個學生講了一句諺語，引起了我的興趣，很值得一提。諺語中問：「鵝夢見什麼？」回答道：「玉米。」這整個理論——夢是欲求的滿足——都包含在這兩句話中了。

由此可以看出，我們僅需從語言的使用中就可以很快地了解有關夢的隱意的學說。的確，日常語言中有時對夢不乏鄙視之意——「夢是空談」（Träume sind Schäume）這句話似乎就支持科學對夢的評價。但是總體說來，日常語言仍將夢視為快樂的欲求滿足。如果我們碰上一些超乎期待的好事，我們不禁會高興地說：「這件事我連做夢都沒有想到過！」

第4章

夢的偽裝

Dream-Distortion

如果我主張每一個夢的意義都是欲求的滿足，而且除了欲求的夢以外，別無其他種類的夢，我可預知必定會受到最強烈的反對。

批評家們會對我說：「有些夢被視為欲求的滿足，這種說法並不新鮮，夢的研究者早已知道了這個事實。」（參見拉德斯托克【54】，頁一三七～一三八；沃爾克特【72】，頁一一〇～一一一；普金耶【53】，頁四五六；蒂西【70】，頁七〇；西蒙【63】，頁四二描述特里克公爵在獄中做的飢餓夢；還有葛利辛格的一段話【31】，頁一一一）。但是若你認為除了欲求滿足的夢之外別無其他種類的夢不過是一個不太合理的推論，所幸這種論調並不難以駁斥。[1] 很多夢充滿最痛苦的內容，沒有任何欲求滿足的跡象可言。悲觀主義哲學家愛德華·馮·哈特曼也許是最反對欲求滿足理論的人了，他在《無意識哲學》（*Philosophie des Unbewussten*, 1890）中寫道：「在入夢時，我們發現清醒生活中的一切煩惱都潛入睡眠狀態中，唯一不能入夢的是科學和藝術生活上的樂趣，它們可以使有教養的人在一定

1 牛津版註：之後的版本這句「所幸這種論調並不難以駁斥」（die sich zum Glück leicht zurückweisen läßt）淡化了「不太合理的推論」這句批評的語氣。

程度上適應生活……」（第二部，頁三四四）

即使一些不那麼悲觀的觀察者也堅決認為，痛苦和不愉快的夢遠比愉快的夢普遍：例如肖爾茲【59】（頁三三）、沃爾克特【72】（頁八〇）等人便是。弗洛倫斯·赫拉姆和薩拉·韋德兩位女士甚至根據她們自己的夢，統計出不愉快的因素在夢中占據優勢。她們發現百分之五十八的夢是「不稱心的夢」，只有百分之二十八點六是「愉快的」。除了這些把生活中各種不同的痛苦帶入睡眠中的夢，還有一些焦慮夢，夢中充滿痛苦的感情，直到把人驚醒為止。這些焦慮夢最普遍的受害者是兒童（參見德巴克爾【17】文中提到的「夜驚」），而我們卻把兒童的夢描寫為不加掩飾的欲求滿足。

焦慮夢好像真的推翻了（根據上章所舉的夢例而得出的）夢是欲求的滿足這個結論的普遍性，而且似乎任何類似的主張，都會被斥為謬論。

然而，要反駁這些似乎證據確鑿的反對意見並不困難，我們只需注意到這一事實，即我們理論的根據並不是夢的顯意，而是參照釋夢工作所揭示的隱藏於夢背後的思想。我們必須在夢的顯意和隱意之間做出對照。的確，有些夢的顯意帶有極痛苦的性質，但是否有任何人試圖去解釋這些夢呢？去揭露隱藏在這些夢背後的思想呢？如果沒有，則這兩種反對意見都站不住腳，因為有可能經過解釋以後，仍可證明痛苦和焦慮的夢也還是欲求的滿足。

當一項科學工作遇到一個難以解決的問題時，在現有的問題上再加上一個新的問題，往往會有所助益——正如兩個胡桃放在一起，反而比單一個胡桃容易砸碎一樣。因此我們遇到的問題不僅是「痛苦的夢和焦慮夢怎麼會是欲求的滿足？」經過思考，我們還可以提出第二個問題：「夢中那些證實為欲求滿足的無關緊要的內容，為什麼不直截了當地表現它們的意義呢？」以我所描述的伊爾瑪打針的長夢為例，它絕不是一個痛苦性質的夢，經過解釋，它乃是一個欲求滿足的絕佳夢例。但是，它為什麼非要加以解釋不可呢？它為什麼不直截了當地把原意表現出來呢？乍看之下，伊爾瑪打針的夢，並未給人留下任何印象，讓人覺得它代表著欲求的滿足。我的讀者不會有這種印象，我自己在分析之前也無此種想法。如果我們將夢這種需要解釋的傾向稱為夢的**偽裝現象**，那麼我們的第二個問題就是：夢的偽裝的根源是什麼？

我們可能馬上就會想到好幾種解決這個問題的答案：例如，在睡眠中我們根本不可能直接表達我們的夢念。但是在對某些夢進行分析之後，又迫使我們對夢的偽裝提出另一種解釋。我將以自己的另一個夢為例，這會再次暴露出我的一些輕率言行，但是對此問題的詳盡闡述，也足夠彌補我個人的犧牲了。

前言

一八九七年春天，我聽說我們大學的兩位教授推薦我任**臨時教授**[2]。這個消息讓我驚喜交集，因為這表示有兩位傑出人士認可了我，而不能再解釋為任何的私人關係。但是我立即警告自己，對此不要抱任何希望，過去幾年來部長並沒有重視這種推薦，而且好幾位比我年長，能力至少與我相近的同事，一直徒然地等待著任命。我沒有理由相信自己比他們幸運，因此決定

2 牛津版註：臨時教授（professor extraordinarius）為不在一般制度中的教師（「Ordinarien」），無須分擔行政及監督責任。

聽天由命。就我個人來說，我沒有野心，即使沒有教授頭銜，我仍然為自己專業上的成功感到欣慰。而且對我而言，也沒有葡萄是甜還是酸的問題，因為葡萄懸得太高了。

某天傍晚，我的一個朋友來訪，我一直把他的處境視為前車之鑑。他成為教授候選人已有相當長的時間。在我們社會，醫生有了教授頭銜簡直可以被病人視為半神人物。他不像我那樣聽天由命，他不時到部長辦公室問候，希望能提醒當局重視他的晉升問題。他這次來看我正好是在這樣一次拜訪之後，他告訴我，這一次他把一位高級官員逼得走投無路，他開門見山地質問，自己遲遲不能晉升，是否出於宗教考量？[3]答覆是：鑑於目前的情勢，閣下肯定暫時不能升任此職等等。我的朋友最後說：「我至少知道了我現在的處境。」對我而言這已不是什麼新聞了，但它加強了我聽天由命的情緒，因為宗教考量同樣適用於我的情形。

這次拜訪次日的凌晨，我做了如下的夢，其中夢的形式也很奇特：它包括兩個想法和兩個模糊不清的圖像，每一個想法之後都緊接著一個圖像。在此處我只報告這個夢的前半部，因為後半部與我現在討論這個夢的目的無關。

一、……我的朋友R是我的叔叔——我對他感情深厚。

二、他的臉孔在我的眼前，多少有些變了形。它好像拉長了些，滿腮黃色鬍鬚，特別地顯眼。

接著出現另外兩個片斷，又是一個圖像緊隨著一個想法，此處略而不談。

對此夢的解釋過程如下：

當我早晨想起這個夢時，不禁放聲大笑說：「這個夢真是無聊。」但是這個夢整天都縈繞腦際，揮之不去，直到晚上我才開始責備自己：「如果你的一個病人在解釋自己的夢時，除了覺得無聊之外，沒有其他任何想法，你必然會責備他，懷疑在夢的背後隱藏了什麼不愉快的事情，而他想要避免意識到這件事。用這樣的方式對待你自己吧！你認為夢無聊，不過說明了你內心深處有一種阻抗不想去解釋。可不要讓自己這麼搪塞過去啊！」所以我就開始了如下的解釋。

「R是我的叔叔」，這話從何說起呢？我一直只有一位叔叔——約瑟夫叔叔，他有一段傷心的往事。[4]三十幾年前，有一次他因為急於賺錢而觸犯禁令，依法得判重刑，他也因此入獄服刑。因為悲傷的緣故，我父親的頭髮在幾天之內變得灰白。他常說約瑟夫叔叔不是壞人，不過是個大傻瓜而已。因此如果夢中我的朋友R是我的叔叔，那豈不是說R也是一個大傻瓜。這簡直令人難以置信，而且令人感到不舒服！——但是我在夢中看見的這張面孔，拉長的臉和黃色的鬍鬚，我的叔叔的確是這副面孔，長臉配上漂亮的黃色鬍鬚。我的朋友R原本是黑髮黑鬚的，但是當黑髮開始轉灰時，就會逐漸喪失青春的光澤，黑色的鬍鬚也經歷了不愉快的顏色變化：先一束一束地變成紅棕色，然後才變成灰色；我的朋友R的鬍鬚此時也發展到了這個階

3 牛津版註：「宗教考量」乃「反猶主義」的禮貌性說法。

4 佛註：看到我的記憶——清醒時的記憶——為了分析的目的竟變得如此狹窄，真是令人吃驚。實際上我知道自己有五位叔叔，我只真愛和尊敬他們其中一位，但是在我克服了釋夢的阻抗那一剎那，我竟對自己說我一直只有一位叔叔——就是夢中想說的那一位。牛津版註：約瑟夫在一八六六年因偽造盧布而被監禁，佛洛伊德的父親可能也牽涉其中。

段。——順道一提，我注意到我自己的鬍鬚也是如此，不禁感到沮喪。我在夢中看到的面孔，同時是我的朋友R和我的叔叔的面孔，就像是高爾頓[5]的複合照相（為了突出家庭成員面孔的遺傳相似性，高爾頓常用同一張底片拍攝數張面孔）。因此毫無疑問地，我真的是把我的朋友R當成一個大傻瓜了——和我約瑟夫叔叔一樣！

我最初完全不明白這種比較的目的何在，我繼續努力探索，但很難深入，畢竟我的叔父是一個罪犯，而我的朋友R的名聲卻無可非議……只有一次因為騎腳踏車撞倒一個男孩而被罰款。我想到的會是這一次的違法嗎？如果把這一點作為比較的理由，這豈不是笑話。這時我又記起了幾天前與我的另一個同事N的一段談話，我現在又想到了這一段談話，它與同一個主題有關。我在街上碰見了N先生，他也曾接受升任教授的推薦，他聽說了我被推薦的消息，於是向我祝賀。但是我堅決拒絕了他的好意。我說：「你是最不該開這種玩笑的！從你自己的切身體驗，你應該知道這種推薦是怎麼一回事。」他似乎開玩笑地回答說：「那也說不定！我升不上去是有原因的，你不知道有個女人到法院控告我嗎？不用說，這個案子已被駁回了，它完全是一樁無恥的敲詐行為。為了保護原告，讓她不用接受懲罰，我給自己帶來了極大的麻煩。部長可以藉著這個理由而反對任命我，但是你的人品卻是無懈可擊的。」從這裡，我發現了誰是罪犯，也發現要如何解釋這個夢，以及夢的目的何在了。我的叔叔代表我那兩位未獲晉升的同事——一個是傻瓜，一個是罪犯。我現在也明白為什麼會以這種方式表現他們，如果我的朋友R和N遲遲不能升任教授是因為「宗教」考量，則我自己的晉升必然也成問題。然而，如果我為這兩個朋友找到了其他不適用在我身上的理由，那我就仍然有晉升的希望。這就是我的夢所採取的過程：它使我的一個朋友R變成傻瓜，使另一個朋友N變成罪犯，而我兩者都不是，與他們兩人毫無共同之處，於是我仍有希望晉升為教授，而且可以避開當局對R所下的那種不幸結論。

但是我覺得對這個夢的解釋還得繼續深入下去，我覺得還沒有得到最後滿意的解釋。我為了自己晉升的目的，竟輕易地貶低兩位我敬重的同事，這讓我深感不安。然而當我了解如何看待夢境內容的價值時，我對自己行為的不滿也就逐漸消失了。如果認為我真的把R看成一個傻瓜，或是認為我真的不相信N所說的敲詐事件，我必定會加以駁斥。其實我也不相信伊爾瑪會真的因為奧托替她注射[6]丙基製劑而病情加重。在這兩個夢例中，所表達的不過是我**希望事情可能如此的欲求**。比起伊爾瑪打針的夢，在這個夢境中使我欲求得以滿足的看法，似乎沒有那麼荒謬。這個夢的構造更巧妙地利用了確切的事實，就像一種周密編造的誹謗之詞，使人覺得其中「不無道理」。因為確實有一位教授投票反對我的朋友R，而我的朋友N則是無意中親口提供了我所希望的材料。但我再重複一遍，我覺得這個夢似乎還有進一步解釋的必要。

於是我又記起夢中還有一個未曾解釋的片斷。在夢中，R是我的叔叔這個意念出現後，我對他有著一份親切溫暖的感情，這份感情指向誰呢？當然，我對約瑟夫叔叔從來沒有這份感情，

5 牛津版註：法蘭西斯・高爾頓（一八二二～一九一一），英國科學家、人類學家、優生學家，相信生理及心理特徵皆來自遺傳。他的合成照以各種個體去闡明基本人類學的原型。
6 牛津版註：第一版原文為Infection（感染），似為Injection（注射）之誤；英文標準版譯為injected。

我倒是喜歡我的朋友R，多年以來一直對他抱有尊敬之情。但是如果我向他表達夢境中這份熱情，他一定會感到肉麻而大吃一驚。我在夢中對他的感情，對我而言顯得不真實且誇張，正像我把他和我的叔叔混合在一起時，對他的智力所做的判斷一樣，雖然這裡的誇張朝向相反的方向。至此我也開始有了新的理解，夢中的感情並不屬於隱意，不屬於隱藏在夢背後的想法。它與隱意恰恰相反，目的在於掩飾夢真正的解釋，這很可能正是它真正的目的。我記得我曾如何不願意解釋這個夢，曾如何拖延它的解釋，並曾宣稱它不過是胡說八道。我的精神分析治療經驗告訴我，正是這樣的放棄態度需要加以解釋：它並沒有判斷的價值，而不過是感情的表露。如果我的女兒不喜歡人家給她的蘋果，她會連吃都不吃就說蘋果是酸的。如果我的病人也有類似的情形，我會了解他們正面對一個他們試圖潛抑的意念。我的夢也是如此。我之所以遲遲不想進行解釋的工作，是因為它的解釋中包含著某些會讓我產生反感的內容。一旦我完成解釋，我就了解自己一直極力反對的是什麼內容了——認為R是一個大傻瓜。我在夢中對R的感情無法追溯到隱藏的夢念，但可以追溯到我對這個解釋的阻抗。相較於隱蔽的內容，我的夢已經接受了偽裝——而且偽裝成它的反面——於是，在夢中顯現出來的感情便達到了偽裝的目的。換句話說，在這個夢中，偽裝的表現是經過深思熟慮的，而且成為一種掩飾的手段。我的夢包含著對R的誹謗，為了不注意到這一點，在夢中出現的竟是誹謗的對立面：一份對他的溫情。

這很可能是一個具有普遍有效性的發現。從第三章所舉的夢例來看，確實也存在著一些不加掩飾的欲求滿足的夢。但是在那些欲求滿足難以辨認的夢中，在那些欲求已經披上偽裝的夢中，必定存在著某種傾向而對欲求有所防衛。正是因為這種防衛，除了採取偽裝的方式，欲求別無他法可以表現自身。我試圖找出與這種內心精神事件相應的社會現象。在社會生活中，哪兒才能找到與這種精神活動相似的偽裝現象呢？只有當兩個人相處，其中一人擁有一定權力，另一人又非服從不可時，才會出現這種情況。在這種情況下，第二個人會偽裝自己的精神活動——或是說，會掩飾自己的精神活動。我們日常生活中的禮儀，在很大程度上都是這種掩飾。連我對讀者們解釋我的夢時，也不得不採取類似的偽裝，甚至詩人也埋怨過這種偽裝的必要性：

> 最終，你所能貫通的最高真理
> 卻不能對孩子直說出來。[7]

政論家要針對當局寫些不愉快的真相時，也會遇到同樣的困難。如果不加掩飾，當局會壓制他們的言論——如果已經口頭發表，則事後加以制裁，如果想要將其印刷出版，則事先予以禁止。一位作家必須時刻提防這種稽查，所以他在表達言論時必須緩和語氣，或將其改頭換面。他發現自己不得不依據稽查的寬嚴和敏感度調整自己言論的尺度，有時只需避免某些攻擊的形

7 牛津版註：原文為Das Beste, was du wissen kannst, darfst du den Buben doch nicht sagen。歌德《浮士德》第一部第二景中，梅菲斯特非列斯所講的話。在佛洛伊德引用浮士德的諸多台詞中，可以看出他特別鍾愛劇中惡魔梅菲斯特菲列斯的話語。此惡魔乃是「永遠對立的精靈」——嘲笑並質疑著英雄那野心般的志向，這會不會是佛洛伊德研究無意識動機的原型？很多人抱持的論點與湯瑪斯．曼相同，認為佛洛伊德認同浮士德的野心。

式，有時得用暗喻代替直接的訴求，有時卻必須採取某種故作天真的姿態，以免受到制裁。例如，他可能採取中國滿清兩個官員激烈爭辯的形式，而明眼人一看就知道這是暗指本國的官員。稽查制度越嚴厲，掩飾的手法就運用得越廣泛，而使讀者體會真意的手段也就越發巧妙。

稽查作用和夢的偽裝這兩種現象，在細節上如此吻合，證明它們是由相同的原因所決定的。我們可以由此假設，每個人的夢由於兩種精神力量（或可描述為傾向或系統）的作用，而各有其不同的形式。其中一種力量構成夢境所表現的欲求，另一種力量則對夢中欲求行使稽查作用，迫使欲求不得不以偽裝形式表現自身。我們仍須探究這第二動元所享有的權力——使其得以行使稽查作用——的性質。如果我們記得在進行分析之前，我們無法意識到隱藏的夢念，然而夢的顯意卻能被有意識地記住，我們自然有理由假定，第二動元所享有的特權就是允許思想進入意識的權力。不透過第二動元，來自第一系統的任何意念似乎都無法抵達意識，而且第二動元必須先行使其權力，將尋求進入意識的思想改造成它認為合適的形式，才會允許思想進入意識。於是關於意識的「本質」，我們也可以得到一個明確的概念：我們把事物成為意識的這個過程，視為一種特殊的精神過程，有別於且獨立於表現或意念的形成過程，因此我們把意識視為一種感知源於別處資料的感官。可以證明這些基本假設也是精神病理學所不可或缺的，後面我們還會詳細地討論。

如果我們能接受兩種精神動元及其與意識的關係這樣的描述，則我在夢境中對我的朋友R——他在夢的解釋中受到我如此傲慢無禮的對待——所懷的特殊感情，則可在政治生活中找到完全的類比。讓我們想像一個社會，統治者唯恐失去自己的權力，輿論則對統治者的作為保持警覺，兩者之間不斷地進行鬥爭。人民反對一位不得人心的官員，要求他去職，但是統治者為了表明他不需要重視群眾的欲求，偏偏選擇這個時機毫無理由地擢升該官員，並賦以特權。同樣地，我那第二種動元——其握有控制思想進入意識的權力——之所以會用一種過分的感情突顯出我的朋友R，僅僅是因為屬於第一系統的欲求衝動當時因為其本身的特殊原因，把他貶損成了一個大傻瓜。

基於上述考慮，我們覺得透過釋夢可以獲得有關精神機構結構的結論，而這是在哲學中難以得到的。但是我現在不想沿著這條思路推論卜去。夢的偽裝問題既已弄清楚，我將回到原先出發的問題。提出的問題是：為什麼充滿痛苦內容的夢，可以解釋為欲求的滿足。現在我們已能了解，如果出現了夢的偽裝，如果痛苦內容的作用只是為了掩蓋某種欲求的對象，則這種解釋就有其可能性了。基於存在著兩種精神動元的假設，我們還可以進一步假設，痛苦的夢事實上是某種內容使第二動元感到痛苦，但同時又滿足了第一動元的欲求。就每一個夢都起源於第一動元而言，它們都是表現欲求的夢。第二動元與夢之間，是一種防衛性而不是創造性的關係。如果我們只限於考慮第二動元對夢所發生的作用，就永遠不可能了解這些夢，夢的研究者們在夢中發現的一切難題，就仍然無法得到解答。

每一個特殊的夢例經過分析，必定可以重新證明，夢確實具有一種祕密意義，其代表欲求的滿足。因此我想選擇幾個含有不愉快內容的夢加以分析，其中有幾個是歇斯底里症患者的夢，因此需要較長的前言，有時還需離題去深入探討歇斯底里症特有的精神過程。因為這種情形無法避免，我在陳述論點時也不免更加困難。

上文已經提到，當我為精神神經症患者進行分析治療時，我們都會討論到他的夢。在討論過程中，我必須對他進行各種心理解釋，藉以了解他的症狀，而我往往會遭到患者的無情駁斥，其程度絕不亞於我的同行對我所做的批評。我的病人一致反對我的主張，即反對夢是欲求的滿足。下面我援引幾個用來反駁我的主張的夢例。

一個聰明的女病人說：「你總是對我說夢是欲求的滿足，我現在告訴你一個夢，情況恰恰相反——這是一個我的欲求沒有得到滿足的夢，看你如何自圓其說？」這就是那個夢：

> 我想舉行一次晚宴，可是家中除了一些燻鮭魚外，什麼都沒有。我想出門買些東西，但想起今天是星期日下午，商店都關門了。接著我想打電話叫人送些酒菜來，偏偏電話又發生故障。所以我只好放棄舉行晚宴的欲求。

我當然回答說：只有透過分析才能決定這個夢的意義。雖然我得承認，這個夢乍看起來似乎合理而連貫，而且好像和欲求的滿足背道而馳。「但是，是什麼材料引起這個夢呢？如你所知，我們總是可以在前一天發生的事件中，找到夢的刺激物。」

分析

我那病人的丈夫是一個誠實而能幹的批發肉商，前一天他對我的病人說，他越來越胖了，所以想要開始減肥。他計畫要早一點起床、做運動、節食，最重要的是不再參加晚宴。——她笑著補充說，她的丈夫在他固定用午餐的地方結識了一位畫家，這位畫家一定要為他畫一張肖像，因為他從來沒有看過像他這般富有表情的面容。她的丈夫以直率的態度回答說：他很感謝他，但他確信對於畫家而言，一位年輕貌美的女郎一小部分的屁股，應會勝過他的整張面孔。[8]她深愛她的丈夫，時常開他的玩笑，她還請求他不要買魚子醬給她。

我問她這話是什麼意思，她解釋說，長久以來她一直希望每天早晨可以吃到魚子醬三明治，但是又不願意為此破費。當然，如果她請求她的丈夫，他馬上就會達成她的願望，但是正好相反，她請求丈夫不要為她買魚子醬，以便她能繼續就此嘲笑他。

8 佛註：參見片語「坐著請人畫肖像」和歌德的詩句：

而若是他沒有結實的雙臀（Und wenn er keinen Hintern），
那麼要如何教這位高貴的紳士四平八穩地坐著呢（Wie kann der Edle sitzen）？

牛津版註：歌德的詩〈完全〉（Totality, 1814）闡述身體的每個部位都必須完美地存在，全詩如下：

表裡如一文質彬彬，溫文爾雅的紳士，是到哪裡都受歡迎的；
他能夠用細膩的幽默與玩笑吸引女人的目光；
但是如果他沒有強而有力的雙拳，誰會渴求他保護？
而若是他沒有結實的雙臀，
那麼要如何教這位高貴的紳士四平八穩地坐著呢？

（我覺得這個解釋並不具有說服力，像這樣不充分的理由經常藏有隱蔽的動機，這讓我想起了伯恩海姆[9]催眠的患者。當一個患者依其所接受的催眠暗示後行動，並被問及為什麼要這樣做時，他並不會回答他也不知道，而是覺得他必須編造出某個顯然不充足的理由。我的病人和魚子醬之間，無疑存在著與此相同的情形。我看出在實際生活中她必須為自己編造出一個未被滿足的欲求，夢境則再現了這個需要。但是為什麼她堅持需要一個未被滿足的欲求呢？）

至此所產生的聯想還不足以解釋這個夢。我追問不捨，她停頓了片刻，彷彿在努力克服某種阻抗，然後繼續對我說，前一天她拜訪了一位女友，她承認她對這位女友心懷妒意，因為她的丈夫總是稱讚她。幸好這位女友骨瘦如柴，而她的丈夫喜愛豐滿的女人。我問她，她與這位瘦弱的女友談了些什麼？她回答說，當然談到了這個女人想要豐滿些的願望。她的女友還問她：「妳什麼時候再請我們吃一餐？妳做的菜總是那麼好吃。」

這個夢的意義現在很清楚了，我能對我的病人說：「這就好像當她向妳提出要妳請客時，妳在心中對自己說：『想得美！我請妳到我家吃飯，妳就可以長得胖一些，就更能誘惑我的丈夫了！我再也不會邀請妳赴晚宴了。』這個夢告訴你的，正是妳無法辦好晚宴，從而滿足了妳不想幫助妳的女友變胖的欲求。妳的丈夫為了減肥，決定不接受任何晚宴的邀請，這個決定讓妳明白宴會中所吃的東西會使人變胖的道理。」我們現在只欠某些同時發生、且可以證實這個解答的情節了。夢中的燻鮭魚還沒有得到解釋。我問道：「燻鮭魚是怎麼入夢的？」她回答說：「啊！燻鮭魚是我女友最喜歡吃的菜。」碰巧我也認識這位女士，可以證實她捨不得吃燻鮭魚，就像我的病人捨不得吃魚子醬一樣。

這同一個夢，如果考慮到一些附屬的細節，必然還可得到另一種更細微的解釋。（這兩種解釋並不互相矛盾，但是兩者涉及相同的範圍。這是一個好例子，可以證明夢和其他精神病理結構一樣，通常包含著一種以上的意義。）大家還記得，我的病人在夢中放棄某個欲求時，她同時試圖在現實生活中創造一個被放棄的欲求（魚子醬三明治）。她的女友也表達了一個欲求——變得豐滿些。如果我的病人夢見她女友的欲求未能得到滿足，那不足為奇，因為我病人的欲求就是她女友的欲求（增加體重）不能實現。然而，她夢見了自己的欲求未能得到滿足，因此，如果我們假定夢中這個人不是她自己而是她的女友，她把自己放在女友的位置上，或者我們可以說，她把自己**認同**為她的女友，夢就獲得了新的解釋。

我相信她事實上進行了這種認同的過程。她在現實生活中為自己創造一個被放棄的欲求，正是這種「認同作用」的明證。什麼是歇斯底里症的認同作用？這需要較詳盡的解釋。認同作用是歇斯底里症症狀的機制中，一個極其重要的因素，藉此病人不但可以在症狀中表現自身的體驗，而且可以表現眾多其他人的體驗，他們彷彿能感受一大群人的痛苦，在一齣戲劇中獨自扮演所有的角色。有人認為這不過是我們所熟悉的歇斯底里性模仿：歇斯底里症患者有能力模仿任何發生在別人身上、而引起他們注意——引起他們的同情心——的症狀，而且似乎可以強化到再現的程度。然而這種看法只指出了在歇斯底里性模仿中精神過程所遵循的路徑。路徑本

9 牛津版註：希波里特・伯恩海姆（一八四〇～一九一九）是當時醫學催眠界的巨擘，佛洛伊德在一八八九年曾至法國南西市隨其學習催眠。

身並不同於遵循該路徑的精神活動，相較於一般所認為的歇斯底里性模仿，這種精神活動更為複雜：它構成了無意識的推論過程，可舉一例加以說明。一位醫生正在治療一位患有特殊痙攣的女病人，她與其他一些病人同住在一間病房中。如果某天早晨這位醫生發現別的病人也模仿這種歇斯底里性痙攣，他將會不以為怪。他只會說：「其他病人看見了這個症狀，並且加以模仿。這是一種精神感染。」這話不錯，但是這種精神感染是以下述方式產生的：一般說來，病人相互之間的了解，要勝過醫生對任何一個病人的了解。醫生巡視病房以後，她們會彼此關心對方的情況。有一天某位病人的病發作了，其他病人很快就了解這一次發作是起因於一封家信、一段不愉快愛情的回憶等等。她們的同情心將會被喚起，並在無意識中做出如下的推論：「如果這樣的原因可以引起這種病的發作，那我也可能會有同樣的發作，因為我也有類似的情況。」如果這種推論進入了意識，很可能會產生對這種發作的**焦慮**：擔心自己也會有類似的發作。然而這種推論發生在一個不同的精神領域中，結果所擔心的症狀便真正發生了。由此看來，認同作用並不是單純的模仿，而是一種基於同病相憐的**同化**作用。它表現一種「類似性」，源於某些保存在無意識中的共同元素。

在歇斯底里症中，認同作用最常被用來表現一種性的共同元素。一個歇斯底里症女患者在她的症狀中，最容易——雖然不是沒有其他可能——認同與她發生過性關係的男人，或是與自己一樣曾與同一個男人發生過性關係的其他女人。語言中常用「宛若一體」描寫一對情侶，就意味著這種意思。在歇斯底里症患者的幻想中，就好像在夢中一樣，患者只需曾想到性關係，而不必有真實發生的性關係，就足以形成認同作用了。因此，我的病人只是遵循著歇斯底里症思考過程的原則，她出於對女友的嫉妒（她自己也知道這是不合理的），而在夢中取代了女友的位置，並把自己等同於她而編造出一個症狀（一個放棄的欲求）。這個過程可闡述如下：我的病人在夢中取代了她的女友的位置，是因為她那女友在她與她的丈夫的關係中，取代了她的位置，還因為她很想取代她的女友得到她丈夫的讚美。[10]

我的另一位女病人（我所接觸的夢者中，最聰明的一位）所做的一個與我的理論相反的夢，解決得更簡單，但卻是按照相同的模式：一個欲求未能得到滿足，意謂著另一個欲求的滿足。某日我向她解釋夢是欲求的滿足，第二天她就做了一個夢，夢見她和她的婆婆一起到鄉間度假。就我所知，她極不願意與婆婆一起度假，而且就在幾天以前，她已在遠方的避暑勝地租了一棟房子，成功地避開了婆婆。現在這個夢完全與她所希望的解決辦法背道而馳，與我的理論——夢是欲求的滿足——豈不是形成了尖銳的矛盾？要解釋這個夢無疑只需了解它的邏輯推論：這個夢表明我錯了，因此，我發生錯誤正是她的欲求，而她的夢表明了這個欲求的滿足。然而她希望我發生錯誤的欲求——藉由與她的暑假發生連繫而得到滿足——實際上牽涉到另一個更嚴重的問題。大約就在那段時間裡，根據對她的分析所得的材料，我已經推論到在她生活的某一時期裡，曾發生過某件導致她生病的重要事件。她最初矢口否認，因為她回想不起有這麼一件事，但是不久後便證明了我是對的。因此，她總希望我發生錯誤，而這個欲求轉變成她和她的

10 佛註：我在此插入這一段有關歇斯底里症的精神病理學論證，不禁有些後悔；對它們的陳述是片斷的，脫離了原有的脈絡，見樹不見林，可能達不到預期的效果。但若能因此指出夢與精神神經症的密切關係，也就算達到目的了。

婆婆一起下鄉度假的夢，以此來滿足她那有充分理由的欲求：希望那件當時她才第一次察覺到的事情永遠未曾發生。

我將冒險——沒有經過分析，只憑猜測——解釋一個例子：我有一個中學時同班的朋友，有一次聽了我的一場演講——我在為數不多的聽眾面前演講夢是欲求的滿足這個新觀點——回家後夢見他的訴訟案件全部敗訴（他是個律師）。後來他以此為理由反駁我的理論，我避開話題說：「一個人畢竟不能全部勝訴吧！」但是我暗想：同窗八載，我總是名列前矛，而他的成績一直平平，從那時起，他難道不會懷有這樣的欲求，希望我總有一天會大大地失敗嗎？

還有一位病人告訴我一個悲傷的夢，用以反對我的理論。病人是一個年輕的女性，她說：「如你所記得的，我的姊姊現在只有一個男孩卡爾，當我還和她住在一起時，她失去了她的大兒子奧托。我喜歡奧托，可說是我把他帶大的，我也喜歡小卡爾，但當然還是比不上死去的奧托。但是昨晚我夢見我看見死去的卡爾躺在我的面前，雙手交叉地躺在小棺材裡，四周點著蠟燭——這情景和小奧托過世時一模一樣，他的死對我是如此大的打擊。請告訴我，那是什麼意思？你了解我的，難道我是這麼邪惡的人，希望我的姊姊再失去她的獨子嗎？這個夢是否意謂著我寧願死去的是卡爾，而不是我更為疼愛的奧托呢？」

我向她保證，後一種解釋是不可能的。我沉思片刻之後，便對她的夢做出正確的解釋，後來她也承認了。我之所以能做到這一點，是因為我了解她全部的過去史。

這個女孩子早年就成為一個孤兒，並由年長她許多的姊姊撫養長大。在她姊姊家到訪的朋友中，有一個男子在她心中留下了深刻的印象，有一段時間兩人已經到了論及婚嫁的地步。但是她的姊姊沒有說明原因就破壞了這個幸福的結局。好事被破壞以後，這個男子停止來訪，我的病人便把感情轉移到小奧托身上，奧托死後不久，她就離開姊姊獨自生活了。但是她並未擺脫對姊姊那位朋友的依戀，她的自尊心使她躲避他，之後雖然有一些人向她表達愛慕之意，但她始終無法把愛情轉移到其他愛慕者身上。她心目中的對象是一位文學教授，只要有他演講的消息，不論何時何地，她一定去做一名聽眾，不放棄任何可以遠遠看到他的機會。我記得之前她曾告訴我，那位教授將會參加某場音樂會，她也想去參加，以便能再看他一眼。這是做夢前一天的事，而音樂會就在她告訴我這個夢的當天舉行，這樣一來，我就不難做出正確的解釋了。於是我問她是否記得奧托死後曾發生過什麼事情，她馬上回答說：「當然記得；在離開很長一段時間之後，教授又回來了，我看見他站在小奧托的棺材旁。」這正是我所預料的，我於是解釋了這個夢：「如果現在另一個孩子死去，又會發生同樣的事，你將整天陪著你的姊姊，教授必定會來弔慰，而你就可以在同樣的情況下再一次看見他了。這個夢的意思不過是你希望再一次看到他，這是一個你在內心不斷掙扎抵抗著的欲求。我知道你口袋中已經有了一張今天音樂會的票，你的夢是一個迫不及待的夢，它使你得以提前幾個小時看見他。」

為了掩飾她的欲求，她顯然選擇了某種情境，在此情境中這種欲求通常會受壓抑，這時一個人心中充滿了悲哀，以致不會想到愛情。然而即使是在這個夢所複製的真實情境中，她站在更鍾愛的大外甥的棺材旁，很可能仍然不能壓抑對這位許久未見的訪客的脈脈柔情。

另一位女病人的一個類似的夢，則有不同的解釋。這個女病人年輕時非常機智和樂觀，從她在治療期間所做的意念聯想中，仍可看出這些性格特徵。在一個長夢中，她似乎看到自己十五歲的女兒死了，躺在一個「箱子」裡。她有心用這個場景來反對我的欲求滿足的理論，雖然她自己也懷疑「箱子」的細節必定會引導我們發現其他的觀點。[11]在分析過程中，她回想起昨天晚上的一場宴會，當時有人談到「箱子」(box)這個英文字，並談到這個字譯成德文時可以有好幾種意義——如「櫃子」(case; Schachtel)、「包廂」(box in the theatre; Loge)、「胸部」(chest; Kasten)、「耳光」(box on the ear; Ohrfeige)等。從這個夢的其他部分，我們可以進一步發現，她曾猜想英文「箱子」這個字與德文「Büchse」(容器)有關，且曾回想起「Büchse」還有一個女性生殖器的粗鄙意義，並因此感到苦惱。如果加上她那有限的解剖學知識，則可假設躺在箱子中的小孩意謂著子宮內的胚胎。到此為止，她也不再否認這個夢象符合她的一個欲求，像許多已婚的年輕婦女一樣，當懷孕時她一點也不覺得快樂，不只一次地希望自己腹中的小孩死去。有一次在與丈夫激烈口角之後，狂怒中的她確實曾用拳頭猛擊自己的身體，想要捶打腹中的胎兒。因此，死去的小孩事實上是欲求的滿足，不過這個欲求被擱置了十五年之久，如果一個延遲了這麼長的時間才得到滿足的欲求未能被辨認出來，這並不足為奇，這期間發生的變化太多了。

包括上面兩個夢例（有關親人死亡）在內的一組夢例，我將在「典型的夢」這個標題下繼續討論。現在，我將用新的夢例證明：夢的內容儘管是不幸的，但所有這一類的夢仍必須解釋為欲求的滿足。

下面講的不是我的病人的夢，而是我熟識的一位聰明的律師所做的夢。同樣地，他告訴我這個夢，目的是希望我不要草率地認為夢是欲求的滿足這個理論是普遍的真理。這位律師說：「我夢見我挽著一個婦人走近我的住屋，一輛關著門的馬車停在門前，一個男人走近了我，出示了他的警官憑證，要我跟他走一趟。我請他稍等片刻，以便處理一下我的事情。你認為我懷有被捕的欲求嗎？」——當然不是，但你是否知道你為什麼被捕呢？——「是的，我想是為了殺嬰罪。」——殺嬰罪？但是你肯定知道這種罪只適用於母親殺害新生兒的情形？——「不錯。」[12]——那麼你在什麼情況下做這個夢的呢？前一晚發生了什麼事呢？——「我可不想告訴你，這是一件很敏感的事。」——但我非聽不可，否則我們只好放棄釋夢的念頭了。——「好吧，那麼你聽著，我昨晚不在家，而是和一個我非常喜歡的女人過夜去了。早晨醒來後我們又做了一次，然後沉沉睡去，而且做了我告訴你的這個夢。」——她是一個結了婚的女人嗎？——「是的。」——那你當然不希望她為你生孩子囉？——「嗯，那會把我們的事洩漏出去的。」——那麼你們從來沒有過正常的性交嗎？——「我總是小心翼翼地在射精前就抽了出來。」——我想你在晚上數次使用這個方法，只有早晨這一次你覺得不太有把握，不知道做得是否成功。——「這當然是有可能的。」——在這種情況下，你的夢就是欲求的滿足，它向你保證你沒有生出小孩，或等於向你保證：你已經殺死了一個小孩。那些中介的環節並不難指出，你可記得幾天以前，我們談到了結婚的一些為難之處，其中最大的矛盾是：性交時，不管用什麼方法避孕都會被容許，一旦卵子和精子結合成為胎兒，任何干預就要受到法律制裁了。由此我們回想到中世紀的

11 佛註：類似於放棄晚宴那個夢中的燻鮭魚。

12 佛註：第一次敘述一個夢往往敘述得不完全，而且只有在分析過程，才能回想起遺漏的部分。這些後來補充的部分，常常為夢的解釋提供了主要線索。

爭論，那時對於靈魂在哪個時刻進入胎兒體內有所爭辯，因為只有在這個時刻以後，才可適用謀殺的概念。你無疑記得萊勞[13]那首令人不快的詩，其中把殺嬰等同避孕。——「真奇怪，今天早晨我碰巧想到了萊勞，似乎真的很巧。」——這是你的夢的一種反響。現在我可以告訴你，你的夢中同時還含有另一種欲求的滿足。你挽著一位婦女的臂膀走到你的家門，因此你是帶她回家，而不是像現實生活中那樣偷偷地在她家過夜。構成夢的核心的欲求滿足，為什麼會用這種不愉快的形式加以掩飾，可能有一種以上的原因，也許你從我所寫的焦慮症病因學的論文中，已經知道我認為中斷的性交是精神官能性焦慮的病因之一，這很符合你的情況，如果以這種方式進行性交，多次以後，你就會感到心情焦慮，後來這就變成你的夢的一個建構元素。而且，你還利用這種焦慮心境掩蓋了欲求的滿足。順便提一下，你談到的殺嬰罪還沒有得到解釋，你怎麼會想到這種只有婦女才能犯的罪呢？——「我得承認，幾年以前我被捲入了這樣一件事，我和一位少女發生了性關係，她為了避免不幸的後果而去墮胎。這事我不知情，但有很長一段時間我感到相當不安，深怕事情暴露。」——我很了解你的心情。這個回憶也是使你擔心中斷性交可能未能成功的原因之一。

一個年輕醫生在演講中聽我描述了這個夢，想必留下了深刻印象，因為他立刻做了類似的夢，把同一種思想模式運用於另一個主題。在做夢的前一天，他送交了他的所得稅報表，因為收入不多，他如實地呈報所得。當晚他夢見他的一位朋友在開完稅務委員會的會議後來拜訪他，並告訴他會議中其他的報表都已通過，但是大家都對他的報表感到懷疑，並已課以一筆很重的罰款。這個夢的欲求滿足偽裝得很差，他顯然希望成為一個有巨額收入的醫生。這個夢使我想起另一個人盡皆知的故事，有一位少女，許多人勸她不要答應一位求婚者，因為他性情暴烈，結婚後她肯定要挨打。少女回答說：「但願他揍我。」她結婚的欲求如此強烈，以致不僅願意承擔結婚帶來的不幸，甚至把它變成了一種欲求！

我希望上面所舉的夢例（在沒有新的反對理由提出之前）足以使人相信，即使帶有痛苦內容的夢也可解釋為欲求的滿足。同時，任何人也不應認為下述的現象是一種巧合：對這一類夢的解釋，每一次都與某件人們不願講出或不願想到的事情有關。由這類夢所喚起的痛苦感情，無疑就等同於阻止我們提及或討論這些問題的抗拒之情（它往往能夠成功）。如果我們不得不想到這些事，就必須克服這種反感。但是夢中出現這樣痛苦的感情，並不意謂著夢中沒有欲求的存在，每個人都有一些欲求不願對人明言，甚至自己都不願意承認。另一方面，我們可以合理地把所有這些夢的痛苦性質，與夢的偽裝這一現象連繫起來，因此我們有理由肯定，這些夢是經過偽裝的，它們的欲求滿足已偽裝得難以辨認，而其原因正是對夢的主題、或其中衍生的欲求的一股強烈的反感，很想把它們潛抑下去。因此可以說，夢的偽裝實際上就是夢的稽查作用的活動。根據我們對那些痛苦的夢的分析，我可以擬出下面的公式以表明夢的性質，而使我們的一切疑竇趨於消失：**夢是一個（受壓抑的或被潛抑的）欲求的（偽裝的）滿足。**

在有著痛苦內容的夢中，還有一小群特殊的焦慮夢有待討論。對於沒有經過訓練的人來說，將這些焦慮夢視為欲求滿足的夢的看法很難得到他們的接受，然而我只能在此予以簡略地敘

13 牛津版註：尼古拉斯・萊勞為一瑞士畫家。其詩作〈死亡的快樂〉似乎在描寫殺嬰；內文暗示墮胎，而非避孕。

述。它們並不代表夢問題的一個新方向，我們所面對的是整個精神官能性焦慮的問題。我們在夢中所感到的焦慮，在夢的內容中只能得到表面性的解釋，我們如果深入分析夢的內容，就會發現，我們在夢內容中所感到的焦慮，就如同在恐懼症中對於所恐懼的意念所感到的焦慮一樣，都得不到合理的解釋。譬如，有可能從窗口掉下去無疑是一個事實，因此在窗戶附近就有理由要小心謹慎，但令人不能理解的是：在這種情況下，恐懼症害怕跌下的焦慮為什麼那麼地強烈，而且無止境地緊緊纏著病人不放。因此我們發現，對於恐懼症和焦慮夢都可進行同樣的解釋：在兩種情況中，焦慮都只是在**表面上依附**於伴隨著焦慮的意念，其實它是另有來源的。

因為夢中的焦慮和精神官能症中的焦慮存在著如此緊密的連繫，所以我在討論前者時必須提及後者。我在短文〈焦慮精神官能症〉中，主張精神官能症的焦慮來源於性生活，並相當於一種離開自身目的而無所適從的原欲。自那時以來，這個論述已通過了時間的考驗，現在我們可以由此推論出：焦慮夢帶有性內容，屬於性內容的原欲已轉變為焦慮。我們在以後分析幾個精神官能症患者的夢時，還有機會支持這種主張。在進一步探索夢的理論的過程中，我將有機會再次討論焦慮夢的決定因素，闡明它們與欲求滿足理論的一致性。

第5章

夢的材料與來源

The Material and Sources of Dreams

當我們從伊爾瑪打針的夢的分析中，了解夢可以是欲求的滿足，一開始我們的興趣完全集中於是否發現了夢的一個普遍特徵，而暫時停止了對任何其他有可能在釋夢工作中出現的科學問題的好奇心。既已在一條途徑上到達了目的地，現在或可回轉腳步，在探索夢生活問題的歷程中選擇另一個出發點：我們或可暫時擱置欲求滿足這一主題，雖然我們肯定仍未徹底了解其中的意義。

透過釋夢方法的應用，我們得以發現夢的**隱意**，而其遠比夢的**顯意**重要。此刻的當務之急就是立即一一重新考察夢的各個問題，看看在顯意中所發現的、似乎無法解決的各種難題與矛盾，現在是否能夠獲得滿意的解答。

我在第一章中已經詳細敘述了一些有關夢與清醒生活的關係，以及夢材料的來源的權威性觀點，讀者無疑也將會記起經常被提到、但從未加以解釋的夢中記憶的三個特徵：

一、夢顯然較為偏愛最近幾天的印象（參見羅伯特【55】、斯特魯佩爾【66】、希爾布朗特【35】，赫拉姆與韋德【33】）。

二、夢選取材料時所依據的原則，與清醒時記憶所依據的原則不同。夢所記起的並不是重大事件，而是一些次要的和不被注意的瑣事（見頁一〇〇～一〇一）。

三、夢可以運用我們童年的最早印象，甚至可以讓那段生活中的一些細節進入夢境之中。對我們而言，這些細節仍然是瑣碎的，而且在清醒時我們會認為自己早就遺忘它們了。當然，夢在選擇材料時所顯示的這些奇特特徵，是由數位權威人士在夢的顯意中觀察得到的。[1]

一、夢中最近的和無關緊要的材料

有關夢內容中各個元素的起源問題，就我親身體驗而言，我必須先肯定下述的主張：在每一個夢中，我們都可能發現與前一天經驗的接觸點。這個觀點在所有我分析過的自己和別人的夢中都可以得到證實。記住了這個事實，有時便能從前一天發生的事情開始我的釋夢工作。在許多情況下，這確實是最簡便的方法。在前兩章我曾詳細分析過的兩個夢（伊爾瑪打針的夢和黃鬍子叔叔的夢）中，與前一天的連繫都非常明顯，無須再加詳述。但是為了證明我們可以規則性地追溯到這種連繫，我只有援引足夠的夢例來表明我們所尋求的夢的來源。

1我去拜訪一個家庭，但不得其門而入……同時我讓一位女士等著我。

來源：當晚我曾與一位女性親戚談話，我告訴她，她必須等到某時才能買到她所要購買的東西。

2我寫了一本關於某種植物的論著。

來源：前一天早晨我在一家書店的櫥窗看到一本櫻草屬植物的論著。

3 我在街上看見兩位婦女，她們是一對母女，女兒是我的病人。

來源：傍晚我的一位女病人向我訴苦，抱怨她的母親千方百計不讓她前來就診。

4 我在S&R書店訂閱了一份期刊，每年的價格為二十弗洛林。

來源：前一天我的妻子提醒我還欠她二十弗洛林的家用費。

5 我接到社會民主委員會的一封信，似乎把我當成了會員。

來源：我同時收到了自由選舉委員會和人權同盟理事會的信，我實際上是後一個團體的會員。

6 一個男子像伯克林[2]所描寫的那樣站在一塊突起在海中心的陡岩上。

來源：《惡魔島上的德雷弗斯》，[3]同時我得到來自英國親戚的消息。

我們可以提出的問題是：夢是否總是與前一天所發生的事件有關呢？還是可以追溯到近期

1 佛註：羅伯特認為夢的目的是要減輕白天的瑣碎印象所帶來的記憶負擔，但如果我們童年那些無關緊要的記憶意象經常在夢中出現，則他的說法就顯然站不住腳了，否則，我們只好認為夢並未能充分地執行它的功能。

2 牛津版註：阿諾德·伯克林（一八二七~一九〇一），瑞士畫家，佛洛伊德可能是想到他的作品《死亡之島》（*The Island of the Dead*, 1880）。

3 牛津版註：一八九四年，法籍猶太裔軍官艾菲德·德雷弗斯涉嫌通敵德國，竊取情報，因而受祕密軍法審判，被拘禁於西印度群島的惡魔島上。一八九七年，證據顯示德雷弗斯實乃清白，稱為「德雷弗斯事件」，令法國社會分歧。

一段較長時間的印象呢？這未必是一個重要的理論問題，但是我傾向於贊同只有做夢前一天享有成為夢的材料的權利，我將把這一天稱為「夢日」。每當我認為夢的來源是兩、三天前的印象時，只要細加考察，便可確信我曾在做夢的前一天記起這個印象。因此我們可以表明，在事件發生的當天與做夢之間，已插入了這個印象的再現，且這個再現發生在做夢的前一天。此外，我們還可以指出在做夢的前一天導致我們記起這一較早印象的偶發事件。

所以，我認為每一個夢都有一個刺激是來自「我們還沒夢過」的那些經驗。

因此，過去的經驗（除了做夢那晚的前一天）與夢的內容的關係，和任何更久遠以前的其他經驗並沒有什麼不同。夢可以從我們生活中任何一個時期選擇它的材料，前提是這想法是一連串的，從做夢那一天（「近期的」印象）的經驗回溯到這些早期的經驗。

但是夢為什麼偏愛近期的印象呢？如果我們對上文中提及的一系列夢的某個夢進行充分的分析，便可形成某種假設。為此目的，我將選擇植物學論著的夢。

夢的內容：我曾寫過一本關於某種植物的論著。這本書正擺在我的面前，我正翻閱到一頁摺疊起來的彩色插圖。每本書中都釘有一片枯乾的植物標本，就像植物標本冊一樣。

分析

那天早晨，我在一家書店的櫥窗中看到一本新書，書名為《櫻草屬植物》——顯然是一本有關這類植物的論著。

我想起櫻草花是我妻子**最喜愛的花**，我為了自己很少**送花**而感到自責——若我能送她花，她將會覺得很高興。**送花**這件事讓我想起一個小故事，我最近常常向朋友提起這個故事，以作為支持我的理論的證據：遺忘往往是由一種無意識目的所決定的，並總是能讓我們推論出遺忘者的祕密意圖。一位少婦每年生日都會收到她丈夫送的一束鮮花，有一年，這個表示愛情的信物沒有出現，她因此傷心流淚。她的丈夫進來後，還弄不清楚她為什麼哭泣，直到她告訴他：「今天是她的生日」，他才拍打著自己的額頭說：「真對不起，我全忘了，我馬上出去為妳買一束花。」但是她並沒有感到安慰，因為她知道她丈夫的遺忘證明了自己在他的心上已不再占有像以前一樣的地位了。——在我做這個夢的兩天前，我太太遇見了這位L夫人，她說她的健康狀況非常好，並向我問候；幾年前她曾接受過我的治療。

我再談一個新的線索。我確實曾寫過類似有關某種植物的**論著**之類的東西，也就是我論**古柯鹼**的畢業論文，它引起了K．科勒注意到古柯鹼的麻醉性質。我在發表的論文中已指出生物鹼可應用於麻醉，但是我未能進一步詳盡地研究這個問題。這讓我想起在我做這個夢之後的那個早晨——由於沒有時間，我直到傍晚才進行分析——我曾像做白日夢似地想到了古柯鹼。我想像如果我患了青光眼，我將會到柏林，然後在我朋友[4]的醫院裡，匿名接受他所推薦的眼科醫生的手術。那位動手術的醫生因為不知道我的身分，一定會誇耀這種手術在用了古柯鹼之後

4 牛津版註：指懷赫姆．弗利斯。

變得如何地容易。而我將不動聲色，不讓他們知道對於這個發現我也有所貢獻。這個幻想又使我想到，一個醫生請求醫生同行為自己進行治療，將是一件多麼尷尬的事。因為這位柏林的眼科醫生不知道我是誰，我才可以和其他人一樣付給他醫療費。只有在想起這個白日夢之後，我才發現在這個夢的背後還隱藏著對某件事情的記憶：在科勒的發現之後不久，我的父親患了青光眼，我的朋友，眼科醫生科尼史坦因替他進行了手術。當時科勒醫生負責古柯鹼麻醉，並說：「這次手術把對運用古柯鹼有所貢獻的三個人聚集在一起了。」

然後我又想到最近一件與古柯鹼有關的事。幾天前，我正在看學生為了慶祝他們的老師和實驗室主任的五十歲生日而編的一本《**紀念文集**》。此本文集列舉了該實驗室的知名人物，我注意到其中提及科勒在這個實驗室中發現了古柯鹼的麻醉功能。我突然注意到我的夢與前一天傍晚發生的一件事有關，當時我正與**科尼史坦因**教授一同走回家，邊走邊談著一個總是能讓我激動不已的話題。當我正在門廳與他交談時，**加特納**教授和他年輕的妻子加入了我們的談話，而我忍不住稱讚了他們二位**動人**的容貌。**加特納**是我剛才提到的《**紀念文集**》的編者之一，也許正是他引起我想到紀念文集的。此外，在我與**科尼史坦因**的談話中，我們還提到了我之前所說的那位在生日當天失望的L夫人——雖然是在另一個話題中提到的。

我將試著去解釋夢內容的其他決定因素。論著中夾著一片枯乾的**植物標本**，就像一本**植物標本冊**。這使我想起了我的中學時代，有一次，校長召集高年級學生，把學校植物標本冊交給他們檢查和清理，標本冊中已發現了一些**小蟲**——**書蛀蟲**。他似乎並不十分信任我的協助，因為他交給我處理的標本只有幾頁而已，我還記得其中包括了幾種**十字花科**植物。我對植物學一直沒有特別的興趣，在植物學的考試中也曾讓我辨識**十字花科**植物，結果我認不出來。要不是靠著理論知識的補救，我就前途堪慮了。從**十字花科**我又聯想到**菊**科植物，我想起洋薊也是**菊**科植物，事實上它可以稱之為我**最喜愛的花**。我的妻子比我體貼，她經常從市場中為我帶回這些我最喜愛的花。

我看見我的那本論著**擺在我的眼前**，這又使我想起一件事。昨天我接到一封柏林朋友的信，信中表現出他的視覺化能力：「我非常關心你的夢書，**我能看見它已大功告成地擺在我的面前，而且我看見自己正一頁頁地翻閱著它！**」我真羨慕他這種預見的天賦！如果我也能看見這本書擺在我的面前，那該有多好！

摺疊的彩色插圖。當我還是一個醫科學生，我曾狂熱地攻讀各種**論著**。儘管財力有限，我還是訂閱了許多醫學期刊，並為其中的**彩色插圖**所吸引。我頗以自己這種好學不倦的精神而自豪。當我開始發表自己的論文，我必須附上自己所畫的說明插圖，我記得其中有一幅畫得非常拙劣，還受到一位要好同事的譏笑。然後不知怎麼地，我又聯想到我幼年時的一段經歷，我的父親曾把一本附有**彩色插圖**的書（一本波斯遊記）遞給我和大妹去撕，而父親自己覺得很好笑。從教育觀點來看，這實在不是一件好事！當時我只五歲，我的妹妹還不到三歲，而我們倆興高采烈地把書撕成碎片的情景（一頁一頁地——我得補充——**就像一朵洋薊似的**），是我在那段生命時期唯一保留下來的生動記憶。當我成為大學生之後，形成了一種收集和保存書籍的狂熱，類似我鑽研論著的癖好：一種最喜愛的嗜好（「最喜愛的」這意念已在與櫻草花和洋薊有關的夢念中出現過），我成了**書蛀蟲**（對比於**植物標本冊**）。白從我開始第一次自我分析起，我總是從這個最早的熱情追溯到我剛提過的童年記憶，說得正確些，我已認識到這個童年景象是我後來愛書癖的「屏蔽記憶」。[5]當然我也早已發現：熱情往往導致不幸，當我十七歲時，我欠了書商一大筆書款而無法償還，我的父親也不原諒我，即便我的愛書癖並不會為我帶來比這更糟的事。但是這段年輕時的回憶立即讓我再度想起我與科尼史坦因醫生的談話，因為在談話的過程中，我們也曾談到我因過度沉溺於我**最喜愛的嗜好**而受責這一老問題。

由於某些在此不須提及的原因，我就不再繼續解釋這個夢，而只想指出解釋的方向。在釋夢過程中，我想到了我與科尼史坦因醫生的談話，而且不只從一個方向想到這段談話。當我考慮到談話中涉及的一些主題時，夢的意義就豁然開朗了。所有由夢境出發的思想系列——我的妻子和我最喜愛的花、古柯鹼、同事間求醫的尷尬、我對研究論著的偏愛以及對某些科學學門如植物學的忽視——所有這些思想系列，如果緊追不捨，最後都會成為我與科尼史坦因醫生談話的某個分枝。與我第一次所分析的，伊爾瑪打針那個夢一樣，這個夢也帶著自我辯護的性質，為自己抗辯。它確實將前一個夢中出現的題材推向一個新的階段，並以在兩個夢之間這段期間所發生的新材料來討論這一題材。甚至夢的顯然無關緊要的表達方式也變得有意義了，這個夢意味著：「我畢竟是寫那篇有價值且值得紀念的（論古柯鹼）論文的人。」正如在前一個夢中我替自己申言「我是一個有良心且勤奮的學生」一樣，在這兩個夢中，我都堅持：「我可以讓我自己做這件事。」不管怎樣，我無須再繼續解釋這個夢，因為我報告這個夢的目的，不過是要舉例說明夢的內容與喚起夢的前一天經驗之間的關係。若我只知道夢的顯意，則它似乎只與夢日的某個單一事件有關，但是當我們進行分析之後，同一天的另一個經驗便成了夢的第二個來源。在這兩個印象中，第一個印象是無關緊要的印象，一個次要的情境：我在一面櫥窗中看到一本書，我只短暫地注意到它的書名，而且它的題材並不能引發我的興趣。而第二個體驗卻具有高度的精神價值：我與我的朋友——一位眼科醫生——興高采烈地談了一個小時的話。在談話過程中，我告訴了他一些讓我們兩人都頗有感觸的事情，同時也勾起了我內心中許多不安的回憶。此外，我們的談話在還未結束時便因朋友的加入而被打斷了。現在我們必須要問：夢日的兩個印象之間，以及它們與當晚的夢之間，存在著什麼樣的關係呢？

在夢的顯意中，我只能發現與那無關緊要的印象有關的情節，似乎可由此證實夢寧可選擇白天生活中一些不重要的細節。相反地，在夢的解釋中，一切都歸結到那個重要的印象，一個毫無疑問地激動著我的情感的印象。如果我們合理地從分析所揭露出來的隱意來判斷夢的意義，則我們將可在預期之外發現一個新的重要事實：夢為什麼總是關心白天生活那些沒有價值的瑣事這一難題將會變得毫無意義，而且清醒生活的精神活動並不會延續到夢境之中，以及夢是我們的精神能量在無謂蠢事上的浪費這一類論調，也將失去它們的根據。正確的是與之相反的事實：白天盤據我們注意力的事物，也在夜晚支配我們的夢念。我們只會夢見那些曾在白天讓我們反覆思考的事物。

然而，即使我的夢是由某個確實使我感到興奮的白天印象所引起的，為什麼我實際夢見

5 佛註：參見我的文章〈論屏蔽記憶〉（Über Deckerinnerungen, 1899）（*S.E.*, 3, p. 301）。

的卻是那些無關緊要的印象呢？最明顯的解釋無疑是：我們又再一次碰見了一種夢的偽裝現象。我在上一章中曾把這種偽裝現象追溯到一種執行稽查作用的精神力量。因此，我對於那本有關《櫻草屬植物》論著的回憶，可以達到**暗指**我和我朋友的談話的目的，正如放棄晚宴那個夢中的「燻鮭魚」，暗指夢者對她女友的想法一樣。唯一的問題是：是經由什麼樣的中介環節，才使有關論著的印象得以暗指著與眼科醫生的談話呢？畢竟乍看之下，兩者之間並無明顯的連繫。在放棄晚宴的夢例中，我們立即可以看出此一連繫：「燻鮭魚」——作為她女友最喜愛的食物——包含在她的人格在夢者心中所喚起的一組意念之中。而在後一個夢中，乍看之下，兩個獨立的印象之間唯一的共同點就是兩者發生在同一天：我在早上看到了那本論著，並在同一天的傍晚進行了談話。經過分析所得到的解答如下：這種連繫一開始並不存在，而是以一種回溯性的方式，在一個印象的意念內容與另一個印象的意念內容之間交織建立起來的。我已在分析記錄中用粗體字強調本夢例中的一些中介環節，如果沒有其他因素的影響，櫻草屬植物論著這一意念很可能只會引發它是我妻子最喜愛的花這個意念，也許還會引發有關L夫人未收到鮮花的意念，我並不認為這些隱含的思想足以產生一個夢，正如《哈姆雷特》中所說的：

> 我的主啊！不需要有鬼魂從墳墓中走出來告訴我們實情！6

但是你瞧！在分析中我記起了那個打斷我們談話的人叫作**加特納**（Gärtner，意為園丁），也記起了我認為他的妻子容貌「動人」（blooming，另一義為「開花」），甚至此時我還想起了在我們的談話中，曾有一小段時間的主題圍繞在我的一位芳名叫作弗洛娜（Flora，羅馬神話中的花神）的女病人身上。這些來自植物學領域的意念必定就是中介的環節，而形成了那天兩個經驗——無關緊要的經驗與激動人心的經驗——之間的橋樑。更進一步的一組連繫也可接著建立起來——圍繞著古柯鹼這一意念的連繫。古柯鹼這一意念可以成為科尼史坦因醫生與我所寫的一本植物學論著之間非常適當的中介環節，而這些連繫又強化了兩組意念之間的融合，因而使第一個印象中的某個元素得以成為對另一個印象的隱喻。

我可以預期這種解釋將會被人批評為任意造作，人們可能會問：如果加特納教授和他容貌「動人」的妻子未曾到場，如果我們談到的女病人不叫弗洛娜而叫安娜，那情況會是怎麼樣呢？答案很簡單，如果這些思想環節未曾出現，必定會有其他思想環節被挑選出來。要創造這一類連結並不困難，正如雙關語和謎語所表明的那樣，人們在日常生活中為了愉悅自己而創造了它們，而機智幽默的範圍是無邊無際的。或進一步說，如果當天那兩個印象之間無法形成足夠的中介環節，夢將會以不同的內容出現：同一天的另一個瑣碎印象——這些印象成群地湧入心頭，旋即又被遺忘——將會在夢中占據「論著」的地位，並與談話的題材連結起來，從而在夢內容中將其表現出來。因為實際被選中來執行這種功能的是「論著」這個意念而不是任何其他意念，所以我們必須假定它是最適合於這種連結的意念，我們並不需要像萊辛的〈狡猾的小漢

6 牛津版註：《哈姆雷特》第一幕第五景一二九～一三〇行。

斯〉中所說的那樣，對「只有富有的人才擁有最多的錢」感到驚奇。[7]

如我們所說明的，藉由一種心理過程，無關緊要的經驗取代了重要的精神經驗。但一般仍會對這種心理過程感到迷惑與懷疑，我將在下一章中闡述這一顯然不合理的操作的奇特性，以使其較易於理解。我們在此討論的只是一種過程的結果，而根據我在夢的分析中所得到的大量且反覆出現的觀察結果，我不得不肯定這個結果的真實性。這一過程利用一些中間環節，似乎產生了一種精神焦點的——能這樣說嗎？——**置換作用**。這樣一來，原來強度較弱的意念便從原來精力傾注較強的意念那裡攝取了一定的能量，從而達到足夠的強度，使自身得以進入意識之中。如果這種置換作用指涉的不過是情感的分量或是一般的運動活動，我們並不會對此感到驚訝：一個孤獨的老處女把感情寄託於動物、一個單身漢變成狂熱的收藏家、一位士兵用鮮血保衛一塊彩色布片——一面旗幟、一個深陷愛河的人會因短短幾秒鐘的握手而感到莫大的幸福，或如同在《奧賽羅》中那樣，一條丟失的手帕引發了極度的憤怒。這些都是精神置換作用的例子，而我們並不會加以反對。但是，如果這同一方式和同一原則，決定了哪些內容可以進入我們的意識，以及哪些內容不能進入我們的意識，也就是說，決定了我們的思考內容，我們會認為這是一種病態的情況。如果這種情況發生在清醒生活之中，我們則會認為是思想出了問題。我要在此預先提出後文中將要得出的結論，即我們在夢的置換作用中所發現的精神過程，雖然不能說是病理障礙，但也不同於正常過程，而可視為一種更**原發性**的過程。

因此，夢的內容中包含著瑣碎經驗的殘餘這一現象，便可解釋為是（透過置換作用的）**夢的偽裝**的表現，同時我們還可以記起之前得出的結論，即夢的偽裝乃是稽查作用的產物，其控制著兩種精神動元之間的通路。因此我們能夠預期，夢的分析可以不斷向我們揭示出夢在清醒生活中具有真正重大精神意義的來源，雖然我們已經將這一真正來源的回憶所擁有的精神焦點，置換到無關緊要的來源上了。這種解釋與羅伯特的理論【55】完全相反，後者對我們已無任何價值可言。羅伯特想要解釋的現象根本就不存在，他之所以採用這種現象純粹出於誤解，因為他不能用夢的真正意義取代夢的顯意。我還可提出另一個反對羅伯特理論的理由，如果夢的工作真的利用一種特殊的精神活動來釋放我們白天的記憶「殘渣」，則相較於我們的清醒心理活動，我們的睡眠工作將會艱難痛苦得多，因為我們為了保護記憶而必須刪除的無關緊要的印象，其數量是如此地龐大，而夜晚的時間將會無法處理這一龐大的數量。較為可能的情況是：不斷忘卻無關緊要的印象的過程，並不需要我們精神力量的積極干預。

然而，我們不能不做進一步考慮便捨棄了羅伯特的觀點。清醒時，尤其是做夢前一天的某個無關緊要的印象，為什麼總是可以構成夢的內容呢？這個現象並未得到解釋。這個印象與夢在無意識中的真正來源之間的連繫往往不是現成的。據我們所知，它們似乎是在夢的工作過程中以一種回溯的方式建立起來的，從而使所意欲的置換作用得以發生。因此必定有一種強制性的力量在發生作用，而在這個特定方向上，與這一近期但卻無關緊要的印象建立連繫，而且這個印象又必定具有某種特別適合達到這一目的的屬性。因為如果不是這樣，夢念將會輕易地將

7 牛津版註：〈狡猾的小漢斯〉（Hänschen Schlau）是戈特霍爾德・埃夫萊姆・萊辛（一七二九～一七八一）於一七五〇年代所作之一警句詩。

自身的精神強調，置換到它們自己意念範圍內的某個不重要的成分上。

下面的觀察有助於我們弄清楚這一點。如果在同一天內我有了兩個、或更多個適於引發一個夢的經驗，夢將會把它們視為單一的整體，而加以整合性的參照，必須把它們結合為一個整體。下面是一個例子：某個夏天午後，我在一列車廂中遇見兩個朋友，他們彼此並不認識。一個是著名的醫生，另一個則是一個貴族家庭的一員，我與這個家庭因為工作的關係而有了一些接觸。我介紹他們彼此認識，但在整個旅途中，他們兩人只經由我來交談，好像我是個中間人似的，因此我必須時而與這人談話，時而又與另一人談話。我請求我的醫生朋友利用他的影響力多加推薦我們兩人共同認識的一位剛畢業的醫生，這位醫生回答說，他相信這位年輕人的能力，但他的相貌平常，恐難躋身於上層社會的家庭，我則回答道：「這正是他需要協助的原因了。」我又轉向另一位旅伴，問候他的姑母的健康——她是我的一位病人的母親，這時正重病臥床。當天晚上，我夢見我所推薦的那位年輕朋友在一間高雅的沙龍裡，與一群我所認識的有錢有勢的人在一起，以一種老於世故的沉穩態度，為一位老婦人（她在我的夢中已經死去）——即我的第二個旅伴的姑母（說實在話我對這個婦人從來沒有好感）致悼詞。因此，我的夢再一次在我前一天的兩組印象之間創造出某些連繫，而把它們結合成為一個單一的情境。

從許多這一類經驗中，我得出如下的假設：基於某種必要性，夢的工作必須將所有夢刺激的來源，在夢境當中結合成一個單一的整體。[8]

我現在要繼續討論這個問題：透過分析而揭示出來的夢刺激的來源，是否總是一個近期的（和有意義的）事件，或是一種內心的經驗——也就是說，對於某個具有精神重要性的事件的回憶——也能成為夢刺激的來源。根據許多分析的結果，答案肯定是後者。夢的刺激可以是一種內在過程，由於夢者在前一天的思想活動中想到這段回憶，而使其似乎成了一個近期的事件。現在似乎已到了將可作為夢來源的各種不同情況加以系統整理的時候了。

夢的來源可有以下幾種：

1 一個近期且有重要精神意義的經驗在夢裡直接呈現。[9]
2 幾個近期且有意義的經驗在夢中結合為一個單一的整體。[10]
3 一個或數個近期且有意義的經驗，以同時發生的但無關緊要的經驗在夢中表現出來。[11]
4 一個內部而有意義的經驗（如一段記憶或一系列想法），以一個近期但無關緊要的印象在夢中表現出來。[12]

在釋夢過程中，我們總可發現夢內容中的某一部分是做夢前一天的近期印象的重現。這個

8 佛註：許多作者都已觀察到夢的工作的這一傾向：將所有同時發生的有趣事件結合成一個單一場景，如德拉格（〈夢理論〉，頁四一）、德爾貝夫：「強制的聚合」（《睡眠與夢》，頁二三六）。
9 佛註：如伊爾瑪打針的夢和黃鬍子叔叔的夢。
10 佛註：如年輕醫生致悼詞的夢。
11 佛註：如植物學論著的夢。
12 佛註：我所分析的病人的夢多半屬於這一類。

在夢中出現的印象，也許其本身就是環繞著夢的真實刺激物的意念群組中的一員——重要的或不重要的成分；也許其本身來自某個無關緊要的印象，而這個印象又與環繞著夢的刺激物的意念或多或少有連繫。因此各種情況所表現出來的多樣性，完全只是置換作用發生與否的結果。值得指出的是：我們利用置換作用發生與否，便可輕易地解釋夢之間的差異，與醫學理論利用腦細胞從部分覺醒到完全覺醒這一假說來解釋一樣地容易。（見上文頁一五二～一五三）

如果我們考慮這四種可能的情況，還可以進一步注意到：為了夢的形成，一個具有重要意義但並非近期的元素（如一系列想法和一段記憶），可以被一個近期但又無關緊要的元素所取代，只要它能滿足下面兩個條件：（一）夢內容必須與一個近期經驗相連繫；（二）夢的刺激物仍必須是一個具有重要精神意義的過程。在上述四種情況中，只有第一種情況可以利用同一印象同時滿足這兩個條件。此外，我們還可以注意到，同一無關緊要的印象，當其還是近期印象時，可以被用於建構夢境，但只要過了一天（最多幾天），便喪失了這種能力。因此我們不得不斷定，對於夢的建構而言，一個印象的新鮮性具有某種精神價值，類似於帶有強烈情緒的記憶或思想系列的價值。這些近期印象在夢的建構中所具有的價值，其基礎只有在下文的心理學討論中才能清楚地顯現出來。[13]

在這方面我們還可以注意到，我們的記憶和意念材料可以在夜間不知不覺地發生變化。常有人說，我們在做重大決策之前最好「先睡一覺」，這種勸告是很有道理的。但在此我們已從夢的心理學轉到睡眠心理學了——這種情形之後仍會發生。

然而有人提出了反對意見，有推翻我們剛才所得的結論的危險。如果只有近期的無關緊要的印象得以進入夢境之中，那為什麼夢內容也可以包括夢者早年生活中的一些元素呢？如斯特魯佩爾所說的，這些元素在新近發生時並不具有精神價值，因此應該早就被遺忘了——也就是說，這些元素既不具新鮮性，也不具有精神重要性。

如果參照對精神官能症患者進行精神分析的結果，則我們可以完全地反駁這一反對意見。其解釋如下：在所說的這些情況中，用無關緊要的材料（不論是在做夢還是在思考）取代具有精神重要性的材料這一置換過程，早已在生活早期階段中發生了，而且此後固定在記憶之中。這些當初無關緊要的特定元素已不再是毫不重要的，因為它們（透過置換作用）已獲得了來自重要精神材料的價值。能夠在夢境中再現出來的材料，都已不是真正無關緊要的材料了。

從上述的討論中，讀者們當可得出正確的結論：我認為並沒有無關緊要的夢刺激，因此也就沒有「單純」的夢，除了兒童的夢以及對夜間感官刺激的簡短反應之外。我認為這個結論是絕對正確的。此外，我們所夢的內容要麼具有明顯的重要精神意義，要麼就是受到偽裝，而必須在解釋之後才能加以判斷，從而發現它仍然具有重要的意義。夢關心的絕不是細微瑣事，我們也不容許自己的睡眠受到瑣事的干擾。看來純真的夢，只要我們耐心地進行分析，就會發現完全相反的意義。我可以說，夢好似「披著羊皮的狼」。因為我預期這將會是另一個遭人反對的論點，而且我很樂意有機會來表明夢的偽裝工作，因此我將從我所蒐集的夢例中選擇一些「單純」的夢來進行分析。

13 佛註：參見第七章有關「移情作用」的段落。

（一）

一位聰明而有教養的年輕女性，舉止端莊，不會將內心的想法表現在行為之中。她的報告如下：「我夢見我太晚到市場，而無法從屠夫和女菜販那兒買到任何東西。」這無疑是個單純的夢，但是夢不會如此簡單，所以我請她說得詳細些，她因此又敘述如下：她和她的廚子一起去市場，廚子挽著菜籃。她問了幾句話之後，屠夫說：「那再也買不到了。」並遞給她另外一種東西說：「這也很好。」她拒絕了，並走到女菜販面前，女菜販要她買一種奇特的菜，那菜捆成一束，但卻是黑色的，她回答說：「我不認識它，我不想買。」

這個夢與前一天的經驗有著直接的連繫，她確實太晚到市場了，而且什麼東西都沒有買。整個情境似乎就是這樣一句話：「**肉店關門了**。」但且慢，這句話或它的反面不正是一句形容男人衣冠不整的俚語嗎？[14]不過，夢者本人並未使用這句話，也許她想避而不用它。接著讓我們再努力來解釋夢中的細節。

每當夢中任何事物帶有直接的言語性質時，也就是說，每當這件事是被說出、被聽到，而不僅僅是被想起時（通常不難區分），它必定是來源於清醒生活中某段真正曾被說過的言語——雖然這段言語不過被當作一種原始材料，且已接受了刪節和變動，特別是已脫離了原有的脈絡。[15]在進行解釋時，有一個方法就是利用這種言語作為起點。那麼，屠夫所說的「**再也買不到了**」那句話來源於何處呢？答案是：正是來源於我自己。幾天前，我向病人解釋說，童年的那些最早經驗本身「**再也想不起來了**」，但是在分析中已為「移情」和夢所取代。因此，我就是那個屠夫，而她正在拒絕將早年的思想和感情移情到現今的事物之上。她在夢中所說的**「我不認識它，我不想買。」**這句話的來源又是什麼呢？為了分析起見，我們必須將這句話加以分解，**「我不認識它」**是她前一天對廚子說的話，兩人正在爭吵，但是她同時又繼續說：**「你行為要檢點些！」**這裡顯然產生了置換作用：在她和廚子爭吵的兩句話中，她只選取了一句納入夢中。但被壓抑的那一句「你行為要檢點些」才符合夢內容的其餘部分。[16] 若一個人做了不適當的建議而且又忘記「關上肉店」時，這句話將會是很好的回應方式。女菜販事件所包含的暗喻可以進一步證實我們解釋的正確性：要賣的蔬菜被捆成一束（病人後來又補充說，捆得細細長長的），又是黑色的，那只能是蘆筍和黑色（西班牙）蘿蔔的夢中混合物。對於任何有見識的男女而言，蘆筍的意義不須再加以解釋，但是另一種蔬菜「黑蘿蔔」（Schwarzer Rettich）卻可表示一聲指責——「黑鬼，滾你的吧！」（Schwarzer, rett' dich!），因此它似乎也指向我們一開始就猜測的那同一個性主題，那時我們就傾向於認為肉店關門這句話是夢的原意。我們現在不需要探討夢的全部意義，已經非常清楚：這個夢具有一種意義，而且這種意義絕不是單純的。[17]

14 譯註：「你的肉店開門了」是一句維也納俚語，表示「你的鈕扣散開了」。

15 佛註：參見夢的工作這一章中關於夢中言語的討論，德爾貝夫（《睡眠與夢》，頁二二六）是唯一辨識出夢中言語的來源的作者，他把它們比作陳詞濫調。

16 牛津版註：原文「Das nehm ich nicht」（我不要這個）與「Benehmen Sie sich anständig」（請您舉止合宜）兩句相似，但譯文難以表達。

17 佛註：對於那些好奇的人，我還可以補充：這個夢隱藏了我的病人對我的不檢點與性挑逗的行為的幻想，且她在幻

（二）

這是同一個病人的另一個純真的夢，在某些方面，與上一個夢非常類似。她的丈夫問她：「妳不認為我們該為鋼琴調音了嗎？」而她回答說：「大可不必，倒是琴錘非修理不可了。」這又是前一天所發生的真實事件的重現：她的丈夫問了她這個問題，她也做了上述的回答。但是她夢見這句話又作何解釋呢？她告訴我這架鋼琴是一個**令人厭惡的**老式盒子，它發出一種**難聽的噪音**，而且她的丈夫在她們結婚之前就擁有這架鋼琴了……等等。[18]但是解釋的關鍵在於她所說的一句話：「**大可不必**。」這句話來自她前一天拜訪一位女友時，主人請她脫下夾克，她謝絕說：「謝謝，但**大可不必**（It's not worth while），我只能坐一會兒。」當她告訴我這件事時，我記起在前一天分析時，她忽然拉緊夾克——有一個鈕扣已經鬆開了，她彷彿在說：「請不要窺看；並沒有什麼值得看的（It's not worth while）。」同樣地，**盒子**（Kasten）代表著**胸部**（Brustkasten），而這個夢的解釋立即帶領我們回到她的青春期身體發育的時期，當時她已開始對自己的身材感到不滿。如果我們考慮到「**令人厭惡的**」和「**難聽的噪音**」等字眼，如果我們記得在隱喻中和在夢中，婦女身體上較小的半球——無論是作為對比或作為替代物——總是暗指著更大的半球時，我們無疑還可以追溯到更早的時期。

(三)

我將暫時打斷這一系列夢的分析,插入一位年輕男子所做的一個簡短單純的夢。他夢見他又一次穿上他的冬季外套,這真是一件可怕的事情。引發這個夢的表面理由是天氣突然又變冷了,但是如果我們更仔細地觀察,就會注意到構成夢的這兩個片斷並不十分協調,因為在冷天氣中穿上厚外套又有什麼「可怕」的呢?此外,在分析時夢者想到的第一個聯想就使這個夢的單純性完全站不住腳了,他回想起前一天一位女子向他吐露了祕密,說她會生下她最小的孩子是因為保險套破了的緣故。在此基礎上,他便能重建他的夢念:一個薄的保險套是危險的,但是一個厚的保險套卻是一個不好的保險套。保險套適當地以「外套」(Überzieher)表現出來——因為我們都是穿上它們(zieht ihn über),而這位女子所敘述的意外事件,對一個未婚男子來說肯定是「可怕的」。

現在讓我們再回到我們這位純潔的女夢者吧。

想中拒絕了它們。對某些人而言,這種解釋似乎荒謬而不可信,我只須指出在許多例子中,歇斯底里症婦女經常對她們的醫生有著相同的控訴。但在這一類例子中,幻想不加掩飾地出現在意識之中,並以妄想的形式表現出來,而不是接受偽裝且只出現在夢境之中。

18 佛註:在分析之後,我們將可明白這是一個相反意念的替代物。

（四）

她正把一根蠟燭插到燭台上，但是蠟燭折斷了，因此無法站得很直。學校裡的女孩們說她動作笨拙，但是這位女老師說這不是她的錯。

又是一個真實事件，她昨天確實將一根蠟燭插在燭台上，但並沒有折斷。其中運用了一個明顯的象徵，一根蠟燭是一個能讓女性生殖器官感到興奮的物品，如果折斷了，自然就無法站得很直了，這意味著男性的陽萎（「這不是她的錯」）。但是一位有教養的少婦，對猥褻的事一無所知，她會知道蠟燭的這種用途嗎？但是她卻能指出她如何獲得這方面的知識：有一次她們在萊茵河上划船，另一艘船趕上了她們，船上有幾個大學生，他們興高采烈地唱著——或不如說喊著——一首歌：

當瑞典皇后
躲在緊閉的百葉窗後，
用阿波羅蠟燭……[19]

她不是沒聽見就是不理解最後一個字，而必須由她的丈夫為她解釋。在夢內容中，這些詩句為另一個單純的回憶所取代：她曾在學校笨拙地做了一件事，且是在緊閉的百葉窗後做的。

這一共同元素形成了置換作用的基礎，在手淫和陽萎之間有著相當明顯的連繫。此夢隱意中的「阿波羅」與之前的夢中所暗指的處女女神巴拉絲有所關聯。事實上，這一切一點也不單純。

（五）

要從夢境中得出有關夢者真實生活的結論，並不是一件容易的事，我將再舉出同一個病人所做的一個夢為例。此夢表面看來仍然是單純的，她說：「我夢見了我昨天確實做過的事：我在一個小箱子裡塞滿了書，以致無法闔上蓋子，我夢見的情形與實際發生的情形完全一樣。」在這個例子中，夢者特別強調夢和現實的一致性，所有這一類有關夢的判斷和評論，雖然在清醒思想中占有一定地位，實際上它們通常形成了夢的隱意的一部分，後文中許多夢例都可證實這一點。她告訴我們：夢所描述的是前一天確實發生過的事。如果我描述我如何在解釋的過程中發現這個夢必須用英語來幫助我們解釋，那必定會花費太長的篇幅。我只須指出：解釋的關鍵再次是一個小**箱子**（參見木箱內躺著死去的小孩的夢，頁二二一～二二二），而它裝得太滿，再也塞不下別的東西了。幸好，這一次至少沒有什麼不幸的事情。

在所有這些「單純」的夢中，性的因素顯然是稽查作用的主要對象。但這是一個最為重要的主題，留待以後再詳加討論。

19 牛津版註：此處她沒聽清楚的字應為「手淫」。

二、作為夢的來源的幼兒期材料

與其他研究夢的作者一樣（羅伯特除外），我也提出了夢內容的第三個特徵：夢內容可能包含那些來源於最早童年時期的印象，這些印象似乎已不存在於我們的清醒記憶之中。要決定這些印象在夢中出現的頻率，自然相當地困難，因為這些夢元素的來源在清醒之後就無法辨識了。因此，要證明我們夢見的是童年印象，必須取得客觀證據，但是我們很少有機會這麼做。莫瑞有一個例子特別具有說服力：有個人決心重訪闊別二十年的故里，在動身的前一晚，他夢見置身於一個完全陌生的地方，在街上碰見一個陌生人，並與他交談了一陣子。當他重返家園時，他發現這個陌生地方就在家鄉附近，而夢中的陌生人則是他亡父的一位朋友，仍然住在此處，這是他童年時曾見過此人和此地的確鑿證據。【48】這個夢還可解釋為是一個迫不及待的夢，正如口袋裡裝著音樂會門票的那位少女的夢（上文頁二二一）、父親承諾要帶她到哈密歐去旅行的小女孩的夢（上文頁二〇〇），以及其他類似的夢一樣。夢者再現了這個童年印象，而不是任何其他印象，其動機不透過分析是難以發現的。

一個曾聽過我的演講的人，自誇他的夢很少以偽裝的形式出現。不久前他告訴我，他夢見**他以前的家庭教師和女僕共臥一床**，這位女僕一直在他家工作，直到他十一歲時才辭去。他在夢中並認出了這幕情景的確切地點。這個夢引起了他的興趣，他把此夢告訴他哥哥，他哥哥笑著證實了他的夢境的真實性。此事他哥哥記得很清楚，因為當時他已六歲，那時只要情況適合他們晚上燕好，這對戀人就會用啤酒把他哥哥灌醉。而這個與女僕同居一室的三歲小孩——夢者——則不被認為是個障礙。

還有一種情況，可以不須借助任何解釋，即確定夢中含有來自童年的元素。這種情況發生在反覆出現的夢中，也就是說，某個最早出現於童年時期的夢，到了成年仍不斷出現。除了大家所熟悉的這一類夢例，我還可以從我的紀錄中補充幾個例子，雖然我自己缺乏這方面的經驗。一位年過三十的醫生告訴我，從他小時候到現在，他經常夢見一頭黃獅子，而且他可以將其詳細地描述出來。有一天他終於發現這頭獅子原來是一件早就遺失的瓷製裝飾品。這位年輕人從他的母親處得知，這個東西曾是他童年時最喜歡的玩具，但是他早就把它忘記了。我的一位女病人在她三十八歲時曾四、五次夢見一個相同的夢——一個可怕的景象：她正被人追逐，逃到一個房間內，關上門，接著又把房門打開以取下留在門外的鑰匙。她覺得如果不成功就會發生可怕的事情，她緊握著鑰匙，從內鎖上了門，之後才鬆了一口氣。我不能確定這個幼年的場景發生在幾歲的時候，而她當然只在其中扮演了一個目睹者的角色。

如果我們現在從夢的顯意轉向只有透過分析才能發現的隱意，我們將會驚訝地發現，在某些其內容絕不會讓我們想到童年經驗的夢境中，童年經驗竟然也起著一定的作用。我將舉一個特別有趣而且富有啟發性的這一類夢例，來自那位夢見「黃獅子」的可敬同事：他在讀了南森的北極探險故事以後，夢見自己置身於一片冰原中，正用電療法醫治這位勇敢探險家的坐骨神經痛。[20]在分析這個夢的過程中，他記起了童年時的一件往事，如果沒有這件事，這個夢將會

20 牛津版註：菲里喬夫・南森（一八六一～一九三〇），挪威探險家，於一八九三至一八九六年航行探索北冰洋，其船

完全無法理解：他在三、四歲時，有一天聽見大人在談論航海探險，他問他父親，航海是不是一種嚴重的病。他肯定把「航海」（Reisen）和「腹絞痛」（Reissen）搞混了，而他兄弟姊妹的嘲笑聲，讓他從此未曾忘懷這個難堪的錯誤。

還有一個類似的例子。當我在分析《櫻草屬植物》論著的夢時，我想起了童年時的一段回憶。那時我不過是個五歲的男孩，我的父親給了我一本有彩色插圖的書，讓我將其撕毀。人們也許會質疑：在形成夢內容的過程中，這段回憶真的起了一定作用嗎？或者：這難道不是分析工作在事後所建立起來的連繫嗎？但是這些豐富而交織在一起的聯想環節，使我們確認之前的看法是正確的：櫻草屬植物—最喜愛的花—最喜愛的食物—洋薊；像洋薊一樣撕成碎片，一片一片地（這是我們常聽到的一句話，與分裂中國皇朝[21]有關）—標本收藏冊—書蛀蟲，它最喜愛的食物是書。此外，我還敢肯定這個夢的終極意義——我還未將其揭露出來——與這一童年場景有著密切的關係。

對另一組夢例的分析表明：激發夢的真實欲求——夢表現這一欲求的滿足——來自童年。因此，令人驚訝地，**我們發現心中的兒童及兒童的衝動仍然在夢中持續存在著**。

現在我將繼續解釋那個我們已在其中發現許多新觀點的夢例——我的朋友R是我叔叔的夢（見頁二〇五～二一三）。我們的解釋已清楚地證明我想晉升教授的欲求是這個夢的主要動機之一，我還把我在夢中對朋友R的感情，解釋為對我在夢念中誹謗兩位同事表示反對的產物。這是我自己的夢，因此我可以說我仍不滿意目前所獲得的解答，仍要繼續分析下去。我深知我雖在夢念中批評這兩位同事，但在清醒生活中卻對他們有著不同的評價，而我不希望在任命問題上遭遇與他們相同的命運這一欲求的力量，似乎還不足以解釋清醒時與夢中評價的矛盾。如果晉升教授的渴望果真如此強烈，那就是一種病態的野心，我認為我自己還不至於如此。我不知道為什麼那些認為他們了解我的人會對我有這樣的判斷，也可能我這個人確實有野心，但即便如此，我的野心也早已轉移到臨時教授的頭銜和地位之外的其他對象上去了。

那麼，我在夢中表現出來的野心從何而來呢？這使我想起我童年時常聽到的一個小故事：當我出生的時候，一位老農婦曾向我那沉浸於初為人母的喜悅的母親預言，她這大兒子將成為世界偉人。這類預言想必非常普遍：有很多母親對自己的孩子充滿了幸福的期待，也有很多老農婦和其他老婦人在飽嘗人世辛酸之後將希望寄託在未來，而且這位女預言家的預言並不會對她造成任何損失。這可以成為我渴望功名的來源嗎？這又使我回想起童年後期的另一次經驗，或許可以提供更好的解釋：當我十一、十二歲時，我的父母親經常帶我到普拉特公園。[22]有一天傍晚，當我們坐在一家餐館內，我們注意到有一個人正在逐桌獻藝，只需給他少許報酬，他就會依我們所指定的主題即席創作詩句。我奉命邀請這位詩人到我們的桌邊。他對此表示感謝，在指定主題之前，先為我吟詠了幾句詩歌，並且憑著他的靈感宣稱我將來可能成為一位「內閣

設計能被浮冰抬起而不被撞毀。他也是科學家，探險回來後被奧斯陸克利斯提安尼亞大學聘為動物學教授。

21 牛津版註：一八九七～一九〇〇年間，德國企圖擴張領土並影響虛弱的中國。

22 牛津版註：普拉特公園位於維也納市中心東北方，那裡的餐廳跟木偶劇場很受歡迎。

閣員」。我仍然清楚記得這第二個預言給我的印象，當時正值「中產階級內閣」的時期。[23]不久前，我的父親帶回幾張那些中產階級專業人士的肖像——赫布斯特、吉斯克拉、昂格爾、伯格爾等——並將它們懸掛起來，以他們的榮耀增添房子的光彩。他們之中甚至還有猶太人，因此自此之後，每一位勤奮的猶太學童總會在書包裡帶著一個內閣閣員式的公文夾。[24]這段時期的經歷必定對於下述往事產生了影響：我在進大學之前，一直想要研讀法律，直到最後一刻才改變心意。一個習醫的人肯定是無法當上內閣閣員的。但是，現在再回到這個夢，我才明白：這個夢帶著我從意氣消沉的現在回到了充滿希望的「中產階級內閣」時期，而且盡可能地滿足了我當時的野心欲求。我粗暴地對待兩位博學且傑出的同事，只因為他們是猶太人，我把其中一人看成大傻瓜，把另一人看成罪犯。當我這麼做時，我儼然就是部長，我把自己放到部長的位置上了。這是我對部長閣下的報復！他拒絕任命我為臨時教授，我就在夢中藉著接掌他的職位加以報復。

在另一個夢例中，我注意到激發夢的欲求雖然是一個現在的欲求，但是它受到了遠溯至童年的記憶的有力強化。這是一系列渴望到羅馬旅行的夢，這是我長久以來的渴望，然而我一直只能在夢境中尋求滿足，因為在我每年可以度假的季節中，羅馬的氣候並不適於我的健康狀況。[25]因此，我有一次夢見我從火車窗口看到了泰伯河和安基洛橋，接著火車開動了，我才想到我從未到過這個城市。我在夢中所看到的景象來自我前一天在一個病人家的客廳中瞥見的一幅著名版畫。另一次我夢見有人帶我到一個小山頭上，向我指出被雲霧半掩著的羅馬城，它是如此遙遠，但景象卻如此清晰，因而讓我感到訝異。這個夢的內容很多，我不能在此一一詳述，但「遠眺嚮往之地」這一主題卻可輕易地辨識出來。我第一次看見的被雲霧半掩著的城市是呂貝克城，而小山的原型是格利欣山。[26]在第三個夢中，如夢中所示，我終於到了羅馬，但是大失所望，因為我所看見的完全都不像是一個都市的景象：一條流著黑水的小河，河的一邊是黑色的峭壁，另一邊則是一片長著大白花的草地。我注意到一位（似曾相識的）朱克爾先生，決定向他詢問進城的道路。顯然地，我正在做一個徒勞無功的嘗試：在夢境中看見從未在現實生活中看過的城市。把夢中景象分解成若干元素，我發現白色花朵帶我來到拉韋納，我曾經到過這個城市，而且它至少曾一度取代羅馬成為義大利的首都。在環繞著拉韋納的沼澤裡，我們看見黑色的水面上長著最美麗的荷花。當時如果我們想摘到這種花，將會非常地困難，於是就在夢中把它們移植到草地上，像我們家鄉的奧西湖的水仙花一樣。緊貼水岸的黑色峭壁讓我鮮明地想起了卡爾斯巴德[27]附近的泰伯爾河谷。「卡爾斯巴德」使我得以解釋向朱克爾先生問路這一

23 牛津版註：一八六八年，法蘭茲．約瑟夫皇帝令具有自由派傾向的貴族卡羅斯．奧斯佩格王子領導內閣，任用中產階級為主要部會首長，例如愛德華．赫布斯特（法務部長）、卡爾．吉斯克拉（內政部長）、約翰．尼波姆克．伯格爾（無部長職，一八七一年由約瑟夫．昂格爾繼任）。

24 牛津版註：暗指拿破崙的名言，「每一個法國士兵的背包裡都有彈藥包和警棍」，表示任何有天資的士兵都能爬到最高階級。事實上，這句話出自拿破崙的勁敵路易十八在一八一九年對軍校學生發表的演講。

25 牛津版註：佛洛伊德長期抑制前往羅馬的願望。見厄尼斯特．鍾斯，《佛洛伊德傳》，卷二，頁一七～二一。

26 牛津版註：呂貝克城為德國北方港口，近漢堡，佛洛伊德之妻即生於此。格利欣山是有名的休閒度假場所，可從高聳懸崖上的城堡俯瞰。

27 牛津版註：卡爾斯巴德是位於泰伯爾河谷的一個城鎮，也是休閒勝地，鄰近格拉茨。根據旅遊指南記載，在佛洛伊

奇特細節。在編織這個夢的材料中，我能辨識出兩個滑稽的猶太人故事，具有如此深邃卻也有些苦澀的智慧，以致我們非常樂於在談話和書信中引用。第一個是有關「體質」的故事：一個貧窮的猶太人，沒有車票，偷乘往卡爾斯巴德的快車被發覺了，每次查票時都被趕出車廂，而且受到越來越嚴厲的對待。在這次悲慘旅行中，他在某個車站碰到一個朋友，朋友問他乘車到哪裡去，他回答說：「去卡爾斯巴德，只要我的體質還支撐得住。」由此我又想起另一個故事：一個不懂法語的猶太人，別人建議他在巴黎時一定要詢問往里希尼街的路。巴黎也是我嚮往多年的地方，當我第一次踏上巴黎的街頭，心中所感到的幸福，似乎向我保證了我的另一個渴望也終會得到滿足。此外，「問路」也直接暗喻著羅馬，因為大家都知道「條條大路通羅馬」。再者，朱克爾（Zucker）這個人名還暗指著卡爾斯巴德，因為我們通常會建議患有糖尿病（Zuckerkrankheit）的體質症狀的人到那裡去療養。這個夢起因於我的一位柏林朋友建議我們在復活節時於布拉格碰面，我們在那裡所要討論的事情與「糖」和「糖尿病」有著進一步的連繫。

做了上一個夢後不久，我又做了第四個帶我到羅馬的夢。我看見一處街角，驚訝地發現那裡豎立著許多用德文寫成的廣告招牌。前一天我寫信給我的柏林朋友時，曾預測對於德國人而言，布拉格可能不是一個令人愉快的地方。[28]因此，夢中同時表達了兩個欲求，一個欲求是：我希望和他在羅馬而不是在一個波希米亞城市碰面。另一個欲求則可以追溯到我的學生時代：我希望布拉格的人可以多使用德語。附帶提及，我必定在童年早期便懂得捷克語了，因為我出生於莫拉維亞的一個小城鎮，那裡有一群斯拉夫人，我在十七歲時[29]聽過一首捷克童謠，留給我很深的印象，直到現在都還能唱得出來，雖然我並不懂它的意思。所以在這些夢中，一定不乏與我童年早期的連繫。

在我最近一次去義大利的旅行中——我經過特拉西梅諾湖，看見了泰伯河，但是我不得不在距離羅馬八十公里處遺憾地折回來——我終於發現我對於永恆之都的渴望是以何種方式得到來自少年的印象的強化。當我正在計畫次年經由羅馬去那不勒斯時，忽然想起一段我必定讀過的某個古典作家[30]的文章：「當他計畫好去羅馬以後，變得激躁不安，在書房中走來走去，心中不斷交戰著——溫克爾曼副校長？或是漢尼拔將軍？」[31]我確實重蹈了漢尼拔的覆轍，和他一樣，我已經注定看不到羅馬城了，他也是在大家都企望他進軍羅馬時，轉向了坎佩尼亞。但是漢尼拔將軍——在這些方面，我的做法與他如此地相似——是我在中學時最為崇拜的英雄。當時我和其他年齡相近的男孩一樣，在羅馬人與迦太基人的三次戰爭中，我較不同情羅馬人而同情迦太基人。到了更高年級時，我開始理解身為異族的涵義，其他男孩的反猶情結警惕我必須

德生長的時代，每年超過三萬人次到此地觀光，許多人欲以當地的礦泉減輕肝病痛苦。

28 牛津版註：因為捷克民族主義高漲，從一八八〇年起，為了鼓舞捷克人，於是把說捷克語人口的成長與說德語人口的下跌的官方統計數據公布在布拉格市政府外，在一八九七年十二月，反德示威暴動的緊張局勢爆發。

29 牛津版註：佛洛伊德於一八七二年八、九月間再度造訪他的出生地弗萊堡，當時他十六歲。這回憶是否正確，請見厄尼斯特．鍾斯，《佛洛伊德傳》，卷一，頁三五～三六。

30 牛津版註：一九二五年，佛洛伊德指出此人是幽默浪漫派作家尚．保羅．弗德萊希．里希特（一七六三～一八二五）。

31 牛津版註：約安．喬辛．溫克爾曼（一七一七～一七六八）為普魯士教師，一七五五年前往羅馬，後來成為阿爾巴尼天主教圖書館館長並撰寫古典藝術史，為其開啟新紀元。漢尼拔（西元前二四七～一八二）迦太基將軍，在第二次迦太基戰爭中與羅馬對抗，於特拉西梅諾湖及其他地方將羅馬擊敗，並征服義大利南部坎佩尼亞省。

採取明確的立場，於是這位閃族將軍的形象在我心中的地位就更崇高了。在我年輕的心靈中，**漢尼拔**和**羅馬**象徵著猶太教徒的頑強性與天主教會之間的衝突，而反猶運動對我情緒生活的影響日漸增加，有助於鞏固我早年的思想和感情。因此在我的夢生活中，去**羅馬**的欲求已成了其他殷切欲求的偽裝和象徵。要實現這些欲求，必須具有迦太基人的頑強和決心，即使它們的實現似乎暫時受到了命運的詛咒，就像**漢尼拔**終身未能實現進駐**羅馬**的欲求一樣。

在這一點上，我又記起了一件少年時代的往事，它的影響力仍在我所有的情緒和夢境中表現出來。大約在十歲到十二歲時，我的父親開始帶著我散步，並告訴我一些為人處世的觀點。他有一次在散步時，他告訴我一個故事，想讓我知道現在的日子比起他們那時來要好得多了。他說：「當我年輕的時候，某個星期六，在你出生地的街道上散步，我衣著整齊，還帶了一頂新皮帽。一個天主教徒走過來，一掌就把我的帽子打在汙泥裡，並且喊著：『猶太人，滾開！』」我於是問：「那你怎麼辦呢？」他平靜地回答：「我走到路上撿起我的帽子。」這位手牽小孩身強體壯的男人有過這般不光彩的行為，使我大為震驚。我把這個情境對比於另一個讓我較為舒服的情境：**漢尼拔**的父親**哈斯杜魯巴爾**[32]讓他的孩子對著家族祭壇發誓必定會向羅馬人報復，從那時起，漢尼拔就在我的想像中占有一席之地了。

我相信我對迦太基將領的熱情還可進一步追溯到我的童年，因此，它再次只是一種移情作用：一個已經形成的情感關係移情到一個新的對象上。當我學會閱讀時，最初看的幾本書中有一本提耶爾[33]的《執政和帝國史》。我還清楚地記得，我在我的木製士兵的背上貼上標籤，寫上拿破崙麾下的將軍的姓名，那時我宣稱我最喜歡**馬賽納**（把他當成猶太人**馬拉塞**），[34]而**拿破崙**

本人則與漢尼拔有所連繫，因為他們都越過了阿爾卑斯山。這種尚武精神甚至還可以追溯到更早的童年時期：我在三歲時與一個比我大一歲的近親男孩時而友好，時而敵對，這種關係必定會在我們之間較弱的一方身上激起這種征服的欲求。

我們對夢的分析越深入，就越常發現童年經驗的蹤跡，並在夢的隱意中成為夢的來源。

我們已經知道（上文頁一〇二），夢中再現的記憶很少不加刪減和變動就構成了整個夢境。然而，也有一些無可懷疑的夢例有著這樣的情形，而且我還能補充一些又是與童年場景有關的例子。我的一個病人曾在夢中再現了一個幾乎未加偽裝的性事件，並且立刻就確定這是一段真實的回憶。事實上，他在清醒生活中從未完全遺忘這件事，但記憶已變得非常模糊，是在分析之後才被完全喚醒。夢者在十二歲時去探望一位同學，他正躺在床上，可能是由於一個偶然的動作，他把身體裸露了出來。我的病人看見了他同學的生殖器，由於一種強迫性的衝動，他也露出了自己的生殖器，並握住了對方的生殖器。他的朋友憤怒而驚愕地注視著他，在一陣茫然失措之後，他鬆開了手。這幕場景竟在二十三年後的一個夢中重現，而且包含了他當時所有的感

32 牛津版註：此處佛洛伊德弄混了漢尼拔的哥哥哈斯杜魯巴爾與父親哈米爾卡·巴爾加，他在後面的版本更正此錯誤，並在《日常生活精神病理學》一書中做註解。

33 牛津版註：阿道夫·提耶爾（一七九七～一八七七），法國歷史學家及政治家，著有《執政和帝國史》（*Histoire du consulat et de l'empire*, 1845-62）。

34 牛津版註：安德烈·馬賽納（一七五八～一八一七），拿破崙手下一傑出將領，後封為里沃利公爵。常被誤以為是猶太人，名為馬拉塞。

情細節。但是這個夢也略有改變，夢者從主動者變成了被動者的角色，而他原來的同學也被一個現在的朋友取代了。

童年的場景確實通常只以隱喻的方式表現在顯夢之中，只有藉由夢的解釋才能辨識出來。這一類夢例的報告很難使人信服，因為並沒有其他證據可以證明這些童年經驗確曾發生，如果追溯到很早的童年，則對它們的記憶早就不復存在了。要證明我們可以合理地從夢境中推論出這些童年經驗的存在，只有依據精神分析所提供的大量因素，它們互相印證，因而似乎有著足夠的可信度。如果我為了釋夢的目的，而不顧原有的脈絡將它們報告出來，則這些推論而得的夢中童年經驗將很難讓人留下深刻的印象，特別是我甚至未能將釋夢所依據的全部材料列舉出來。但是，這並不能阻止我報告幾個例子。

（一）

我的一個女病人，她所有的夢都表現出一種「匆促」（gehetzt）的特徵：猛衝著希望能準時搭上火車等等。有一次她夢見她要去拜訪一位女友，她的母親要她搭車而不要走路，**但是她用跑著去，而且一路上跌跌撞撞**——這些材料在分析時讓她想起兒時（Kinderhetzereien）的奔跑遊戲——維也納人稱之為「瘋狂賽跑」（eine Herz）的那種遊戲。有一個特殊的夢使她回想起兒童最喜歡的繞口令遊戲：說「牛在跑，跑到倒」（Die Kuh rannte bis sie fiel）越說越快，快到最後只聽到一個無意義的聲音，實際這也是一種「匆促」（Hetzen）的表現。所有這些與其他女孩一起玩的純真的奔跑嬉戲，替代了其他一些較不純真的遊戲，因而得以被回憶起來。

（二）

下面是一個女病人做的夢：

她置身一個擺滿各種機器的大房間內，很像她想像中的整型手術室。她被告知由於我的時間緊迫，她必須與另外五個人同時接受治療，然而她拒絕了，不肯躺在指定的地方——床或其他任何東西。她站在角落裡等著我說那不是真的，同時另外五個人嘲笑著她，說她的行為愚蠢可笑——這時，她似乎正在畫著一些小方格。

這個夢的前一部分與治療有關，是一種對我的移情作用，第二部分則暗喻童年的一幕場景。兩個部分因夢中提到了床而被連結起來。**整形手術室**暗喻我對她說過的一句話，我把治療時間之長和性質之複雜比喻為**整形手術**。當我開始為她治療時，我不得不告訴她我**暫時不能給她很多時間**，雖然一段時間之後我將可以每天為她治療整整一小時。這話觸發了她昔日的敏感性，這是有歇斯底里傾向的兒童，其性格的一個主要特性：他們貪得無厭地渴望著愛。我的病人是家裡六個孩子中最小的一個（因此**還有另外五個人**），而且最得父親的寵愛。但即使如此，她仍覺得她所崇拜的父親給她的時間和關注太少。——她等著我說那不是真的，還有另外一種情形：

一個年輕的裁縫學徒為她送來一套訂做的衣服，她付了款。她後來問她的丈夫，如果小男孩把錢弄丟了，她是不是要再付一次錢。她的丈夫為了嘲笑她，就說：「是的」（夢中的嘲笑）。她於是不斷地追問，等待他說那不是真的。由此可以推斷出，在夢的隱意中，她可能想到，如果我給她兩倍的時間，她是否要付兩倍的治療費——她覺得這是一個吝嗇的或不潔的思想。（在夢中，往往用對金錢的貪婪來取代兒童時代的「不純潔」，兩者皆為「filthy」這個字。）如果夢中等著我說……這一整段不過是「不潔」這個字的迂迴表現，那麼「她站在角落裡」和「不肯躺在床上」就符合於童年時的一幕場景：她弄髒了床，被罰站在角落裡，還被威脅她的父親將會不再愛她，她的兄弟姊妹將會嘲笑她等等。小方格則與她的小姪女有關，她曾玩一種算數遊戲給她看：在九個方格裡填上數字（我相信這是正確的玩法），讓各個方向的數字加起來都等於十五。

（三）

一個男人夢見：

他看見兩個男孩正扭打著，從丟在地上的工具可以看出他們是桶匠的小孩。一個男孩把另一個摔倒在地上，倒地的男孩戴著藍寶石耳環。他舉起手杖衝向那個惡棍，想要懲罰他，後者逃向一位婦人尋求保護，她站在木柵旁邊，好像是他的母親。她是一位勞動階級的婦女，背對著夢者。最後，她轉過身來，用可怕的眼神注視著他，他嚇得趕忙逃走，可以看見她的下眼瞼有著突起的紅肉。

這個夢充分地利用了前一天發生的瑣事。他確實在街上看見兩個小孩，一個把另一個摔倒在地上，當他趕去勸架時，兩個人都逃跑了。「桶匠的小孩」：這只能以他在下一個夢中所用的一句諺語來解釋，這句諺語是：「**把桶底捅穿**」(dem Faß den den Boden ausschlagen)——代表絕對的限制。他從自己的經驗中，相信藍寶石耳環多半為妓女所戴，他於是記起了一句關於**兩個男孩**的著名打油詩：「另一男孩叫瑪麗」(即是一個女孩)。站著的婦女：當他看見兩個男孩跑掉以後，就沿著多瑙河走去，並趁著無人之際，**對著木柵撒尿**。當他繼續往下走時，一位盛裝的老婦人和善地對著他微笑，並遞給他一張邀請卡。

既然夢中的婦人也站在與他撒尿時同樣的位置上，因此這是一個正在撒尿的婦人，這正好呼應她那可怕的「**注視**」和突出的紅肉，這只能意味著蹲下時陰戶張開。他曾在童年時看過這種景象，在後來的記憶中則以(傷口癒後所結的)「**贅肉**」再現出來。這個夢把他小時候兩次看見女孩生殖器的情景結合了起來：一次是女孩**被摔倒在地上**，一次是女孩正在**撒尿**。他還從夢的另一部分聯想到一段回憶：為了他所表現出來的性好奇，他曾受到過父親的嚴懲和恫嚇。

(四)

在下一個夢(一個老婦人的夢)的背後，許多童年記憶巧妙地結合為單一的想像。

> 她匆忙出門去買些東西，走到格拉本大街，[35]她跪了下來，好像垮了似地。一大群人圍著觀看，特別是一些計程車司機，但是沒有一個人幫忙把她扶起來。她徒勞地試了幾次，最後想必是站起來了，因為她被放進一輛送她回家的出租汽車裡，有人從她身後的窗口扔進了一個大而沉重的籃子（好像是一個購物籃）。

做夢的婦人就是那位在兒時喜歡奔跑遊戲而在夢中經常感到匆促的婦人。第一個夢景無疑來源於馬失前蹄的景象，正如「垮了下來」指的是賽馬一樣。她年輕時是一位**女騎師**，而更早之前也許真的就是一匹馬。跌倒使她想起在童年早期，守門人十七歲的兒子因癲癇發作在街上摔倒，並被人用車送回家中。她當然只是聽說這件事，但是癲癇發作（「跌倒的病」）這一意念牢固地盤據在她的想像中，之後並影響她歇斯底里症發作的症狀表現。如果一個婦女夢見跌倒，通常帶有性的意味：她正在想像自己是一個「**墮落的婦人**」(fallen woman)。現在這個夢特別無可置疑，因為我的病人跌倒的地方是**格拉本大街**——在維也納是著名的妓女聚集場所。**購物籃**（Korb）不只一種解釋，它讓她想起了許多次的**拒絕**（Körbe）：她拒絕了許多的求婚者，後來她也抱怨受到了相同的對待，而且這也連繫到**沒有人幫忙把她扶起來**這件事，她自己把它解釋為一種拒絕。**購物籃**進一步讓她想起已在分析過程中出現的想像：她想像自己下嫁到一個身分地位遠不如她的家庭中，必須自己親自到市場買東西。最後，這個詞也可當作**僕人**的標記，在這一點上又出現了幾個童年的回憶。第一，她想起一個因偷竊而被開除的**廚子**，她**雙膝下跪**，乞求饒恕，夢者那時才十二歲。其次想起的是一個女僕，她因與家中司機（Kutscher）私通而被解僱（附帶說一句，他後來娶了她）。所以這個記憶是夢中司機的一個來源（夢中司機與現實中相反，沒有扶起這個跌倒的婦人）。剩下有待解釋的還有籃子在她身後被扔進來而且是通過窗戶被扔進來，這使她想起將行李遞進去讓鐵路運走，想起了鄉間一種習俗，情人通過窗戶爬進愛人的房間，以及一些她在鄉間所聽到的生活軼事：一位紳士把幾顆藍梅通過窗戶丟進一位女士的房內，一個鄉下白痴通過窗戶看著她妹妹的房間，把她妹妹嚇了一跳。她又模糊地記起一件十歲時的事，她的鄉下保母與家中一個僕人發生曖昧關係（這事連她這個小女孩也看得出來），而同時被送走，丟了出去（夢中為其反面：丟了進來）——我們已從好幾個方向講到了這個故事。一個僕人的行李或箱子在維也納被鄙稱為「七顆梅子」（sieben Zwetschken），「撿起你的七顆梅子滾蛋吧！」（Pack, deine sieben Zwetschken zusammen und geh）

在我所蒐集的夢例中，當然包含了大量病人的夢，經過分析，這些夢可以追溯到模糊的或已經完全遺忘了的童年印象，這些印象經常來自生命的頭三年。但是要將從這些夢得出的結論應用於一般的夢，將會不大可靠，因為做這些夢的人通常是精神官能症患者，特別是歇斯底里症患者，童年場景在他們的夢中所扮演的角色可能是由精神官能症的性質所決定，而不是由夢的特性所決定。然而，當我在分析我自己的夢時——我做這些夢時，並未受到任何嚴重的病理性症狀的影響——也經常在夢的隱意中意外地發現來自童年的場景，而且我的一整系列的夢會

35 牛津版註：格拉本大街是維也納市中心的主要商店街。

立即與來自某個童年經驗的許多聯想連結起來。我已經舉了幾個這樣的夢例，有機會時我會再多舉幾個例子。我要報告一、兩個自己的夢例，它們的來源包含了近期事件與久已遺忘的童年經驗，這將會是結束這一節討論最好的方式。

（一）

我在一次旅行之後，疲倦而且飢餓，我上床睡覺，但是這些基本需求在睡夢中仍持續地影響著我，於是我做了如下的夢：

我走進廚房找一些布丁，廚房裡站著三個婦女，其中一個是旅店女主人，手中正搓著東西，彷彿正在做湯圓，她說我必須等她做好（這句話聽不清楚），我感到不耐煩，覺得受到侮辱，便走開了。我穿上大衣，但是我穿的第一件大衣太長，我脫了下來，驚訝地發現它鑲有毛皮。我穿的第二件大衣上嵌有繡著土耳其式圖案的長條，一個長臉短鬚的陌生人走了進來，阻止我穿上大衣，並宣稱這大衣是他的。我讓他看這件大衣上繡滿了土耳其式花紋，他問道：「土耳其（圖案、條紋……）跟你有什麼關係？」但是接著我們又變得互相友好。

當我開始分析這個夢時，我意外地想起我讀過的第一本小說（大約在十三歲時），事實上，我是從第一卷的結尾處讀起的。我從不知道這本小說的書名和作者，但對結尾情節有著生動的回憶。主角發瘋了，不斷高喊著帶給他一生中最大的快樂和憂傷的三個女人的名字，其中一個名叫貝娜姬。[36]我仍不知道這段回憶會將我們的分析引向何方。這三個女人讓我想起了三位掌管人類命運的女神，我還知道其中一個——夢中的女店主——就是賦予人類生命的母親，而且（如我的夢境一樣）給予人類最初的滋養。我暗想：愛情和飢餓匯合在女性的乳房上。一個崇拜女性美的年輕人談到曾經哺育過他的美麗乳母時，他說：「我很遺憾我沒有好好地把握我的機會。」我經常利用這件軼事來解釋精神神經症機制中的「延遲行動」因素。三位命運女神中的一位正合攏雙手搓揉著手掌，好像正在製做湯圓：對一位命運女神而言，這是一個奇怪的活動，因而需要加以解釋。這可由我另一個更早的童年記憶來解釋：在我六歲的時候，母親給我上了第一堂課，她要我相信人類都是來自塵土，因而最後也必定歸於塵土。這話不合我的心意，因而我表達了懷疑。於是我的母親合攏雙手搓揉手掌——就像在製作湯圓一樣，只是手掌間沒有生麵團——並把摩擦所造成的表皮鱗屑讓我看，用以證明我們來自塵土。我目睹了這個證據，大為驚訝，後來我也接受了這句話：「生命終歸死亡。」[37]因此，我走進廚房時所看到的真的是

36 牛津版註：葛林斯坦認為這本小說是查爾斯．金斯萊（一八一九～一八七五）的作品《希帕提亞》（*Hypatia*, 1853）。故事發生在基督亞歷山大港，書中主角費拉蒙修士愛慕博學的異教徒海沛提亞，卻又受名妓貝娜姬吸引，然而貝娜姬其實是費拉蒙的妹妹。

37 佛註：依附於這些童年場景的兩種情感——驚訝和對無可避免的命運的屈服——已在我之前不久所做的一個夢中出現，它先讓我回想起這段童年經驗。牛津版註：此句「you owe Nature a death」或許是佛洛伊德記錯了莎士比亞《亨利四世》第五幕第一場一二六行的台詞「thou owest God a death」。一八九九年二月六日致弗利斯的信件中，佛洛伊德也

命運女神——在我童年時，每當我覺得飢餓的時後，我就會走進廚房，我的母親往往站在火爐旁，告誡我一定要等晚餐準備好了再吃。現在來談談**湯圓**（Knödel）吧！提起**克諾德**（Knödel）這個人名，至少使我想起大學時的一位老師，正是他為我講授了**組織學**的知識（有關**表皮**的知識），他控告克諾德**剽竊**了他的著作。剽竊的涵義是把屬於別人的東西據為己有，因此清楚地把夢引向了第二部分，在這部分的夢境中，我被當成了常在演講廳犯案的**偷衣賊**。當我寫下「**剽竊**」這個詞時，並沒有任何特定的目的，只因為它浮現在我的腦海，而我現在注意到，它能夠形成夢的顯意的各個不同部分間的橋樑。這一系列的聯想——**貝娜姬**（Pélagie）—**剽竊**（plagiarizing）—**鯊魚**（plagiastomes）[38]—**魚膘**（Fischblase）——把昔日的小說與克諾德事件和外套（Überzieher：套衫、大衣、保險套。）連結起來，這明顯地意味著一種性用具（參見莫瑞的押頭韻的夢，頁一三七）。這確實是一系列牽強且無意義的聯想，但若不是夢的工作已經將它們創造出來，則我在清醒生活中也是無法創造這些聯想的。事實上，對於我想要創造這種牽強連結的衝動而言，似乎沒有什麼事情是神聖不可侵犯的，一個崇高的名字**布呂克**（Brücke，橋樑）[39]（參見上文的詞語**橋樑**）使我想起了那所學院，我在那裡度過了快樂的學生生活，免於所有其他欲望的折磨：「所以，匍匐在那智慧的**胸膛**（Brüsten），你每日都會發現無窮的狂歡。」[40]這又與夢中**折磨**（plaguing）我的欲望形成了鮮明的對比。最後我又想起了一個非常可敬的老師——他的名字叫**費歇**（Fleischl，意為「肉」）[41]。與克諾德一樣，這名字的發音聽起來像什麼可吃的東西——還想起了一個不幸的場景，在其中**表皮鱗屑**扮演了一定的角色（我的母親與女店主），以及瘋狂（小說）和從藥房（Lateinishe Küche，拉丁廚房）買來解除**飢渴**的那種藥：古柯鹼。

我還可以沿著這個錯綜複雜的思想系列進一步追蹤下去，並且完整地解釋這個夢我還未加以分析的部分。但是我必須打消這個念頭，因為這將付出太大的個人代價。因此我只選出其中的一條線索，直接把我們引向隱藏在混亂思想下的某個夢念。阻止我穿大衣的那位長臉短鬚的陌生人，長得很像一位斯巴拉多商人，[42]我妻子曾向他購買很多**土耳其**布料，他叫波波維奇（Popovi）。這個名字有著曖昧不明的意義（Popo，屁股），**幽默作家斯特頓海姆**[43]曾藉此開玩笑地說：「他告訴了我他的名字，握手時，他漲紅了臉。」我發現我又一次濫用了人名，與我曾濫用過**貝娜姬**、**克諾德**、**布呂克**、**費歇**等名字一樣。不可否認，用名字開玩笑是一種兒童時代的惡作劇，但是若我自己耽溺於此，這必是一種報復行為，因為我的名字曾無數次地成為別人開這種愚蠢玩笑的對象（Freude，喜悅）。我記得**歌德**（Goethe）曾在某處談起人們對自己名字的敏感性：我們如此緊密地依附著自己的名字，正如我們的皮膚一樣。他曾說過一行**赫爾德**用他的名字寫的詩句：

38 佛註：我故意不去延伸這個字的解釋，因為它讓我回想起一段不愉快的回憶——我在這位大學老師面前顏面盡失。用了這句話。
39 牛津版註：此指佛洛伊德的老師恩斯特・布呂克（一八一九～一八九二）。
40 牛津版註：摘自歌德《浮士德》第一部第二景中，梅菲斯特與學生的對話。
41 牛津版註：見頁一八三註譯。
42 牛津版註：斯巴拉多，即今克羅埃西亞的史畢利特，當時是達爾馬希亞的奧地利王室領地，為一個居民兩萬人的重要城鎮。
43 牛津版註：朱理亞斯・斯特頓海姆（一八三二～一九一六），猶太裔記者及諷刺作家，活躍於漢堡及柏林。

你們是諸神（Göttern）、野蠻人（Gothen）或是糞肥（Kothe）的子孫。[44]——
即使你們是神聖的人物，最後仍將歸於塵土。[45]

我注意到我這些離題的有關濫用姓名的話不過是引向這句抱怨之詞，但讓我們就此打斷吧！我的妻子在斯巴拉多的買賣讓我聯想起另一筆在卡塔羅的交易，[46]那次我太過謹慎，以致失去了一次有好賺頭的機會（參見：未能把握與乳母親近的機會）。由我的飢餓感引發的一個夢念是：

一個人不應坐失良機，應把握每一個機會，即使犯下小錯也在所不惜，別讓機會溜走，生命苦短，死亡無所遁逃。

因為這種「及時行樂」的觀點帶有性的意味，又因為它所表露的欲望並不會在即將犯下錯誤時停止下來，因此它不能不懼怕稽查作用，而必須將自身隱藏在夢境背後，而且所有對立於這種欲望的思想就在夢境中出現了：夢者對於那段滿足於精神食糧的時期的記憶、各式各樣的限制思想，甚至是關於最可憎的性懲罰的恫嚇。

（二）

第二個夢需要一段相當長的前言：

我驅車前往西站乘火車前往奧西湖度假。當我到達月台時，應於較早開往伊希爾[47]的火車尚未開出。我在那裡看到了圖恩伯爵[48]，他又要前往伊希爾晉見皇帝。儘管下著雨，他仍搭乘一輛敞篷車來到車站，他直接走向區間車的入口，入口的驗票員不認識他，向他索取車票，但他未做任何解釋就傲慢地將他推開。在開往伊希爾的火車開出之後，我應當離開月台再回到候車室裡，費了一番脣舌之後，我才被允許留在月台上。我把時間消磨在注意是否有人運用特權而取得保留的包廂，如果有這種情況，我將會大聲抗議，也就是說，將會要求得到同等的待遇。同時，我一直在哼著一首曲子，自以為是《費加洛婚禮》[49]中的費加洛詠嘆調：

44 牛津版註：引自歌德自傳《詩與真實》(*Aus meinem Leben: Dichtung und Wahrheit*, 1811-1833)第二部（一八一二），歌德接到他朋友約翰·葛特福瑞德·赫爾德（一七四四～一八〇三）的信，以古典式嘲諷韻文寫成，信中商借一本書，並用歌德的名字作雙關語。可以想見，歌德被冒犯了，他回應：「允許在自己的名字上開玩笑的確是不得體的；人的名字不只是像披在身上的斗篷一樣可以被拉扯，更像一件合身的衣服，像自己的皮膚，隨著年歲而增長，不能因為非傷害的因素而有所受損。」

45 牛津版註：引自歌德劇作《托利斯的伊菲格涅》(*Iphigenie auf Tauris*, 1787)第二章頁二。伊菲格涅獲悉有多少希臘英雄在特洛伊戰爭中被包圍後，說了這句話，進而引導出劇情中曖昧不明的因子，及神的雕像本身神聖形象與神的形象所賦予人對「神聖形象」的描述。

46 牛津版註：卡塔羅，即今日克羅埃西亞的科特爾，位於杜波洛夫尼克的東南方。當時是奧地利海軍基地，靠近蒙特內哥羅的邊防要塞。

47 牛津版註：伊希爾為一時尚之溫泉浴場及假日旅遊勝地，位於薩爾茲堡東南方，神聖羅馬帝國皇帝每年七月至九月常留駐於此。

48 牛津版註：法蘭茲·安東·圖恩伯爵（一八四七～一九一六），波希米亞某大封建家族之一員，一八九八年三月出任奧地利首相，對燃起德國民族主義的捷克讓步和解；一八九九年十月下野。

49 牛津版註：《費加洛婚禮》是莫札特的歌劇，佐以羅倫佐·達·彭特的歌詞，一七八六年在維也納首度上演；根據博馬榭（一七三二～一七九九）的喜劇《費加洛婚禮》（一七八一）寫成。

如果我的伯爵想跳舞，想跳舞，
他會付錢給吹笛人，
我會點好曲子。

（我很懷疑別人是否能聽出我所哼的曲調。）

我整晚都心浮氣躁，不斷地和僕人和車伕抬槓——但願不要傷了他們的感情。各種傲慢和革命的念頭現在都湧入腦海，配著費加洛的歌詞，讓我回想起我在法蘭西劇院所看的博馬榭的喜劇。我想起他評論那些尊貴的貴族們——他們不辭勞苦地被生了出來，想起阿爾瑪維瓦伯爵要對蘇珊娜行使領主的初夜權。我又想到惡意的反對派記者如何利用圖恩伯爵（Count Thun）的姓名開玩笑，稱他為「不做事伯爵」（Count Nichtsthun, do-nothing）。我並不羨慕他，他正戒慎恐懼地晉見皇上，而我正在度假，我才是真正的不做事伯爵！接著我愉快地計畫著各式各樣的假期活動。這時月台上來了一位紳士，我認得他是醫學生考試的政府監考官，他在這個職務上的表現為他贏得了這個阿諛的綽號：「政府同枕人」（他總是在睡覺，而不是在監考）。他運用他的官員特權，要求給他一間頭等的半包廂，我聽見一位站務員對另一位說：「我們要把這位持頭等半票的先生安置在哪裡呢？」我暗想：這真是一個特權的例子，我可是付了頭等全票的金額啊！事實上我的確得到了一間包廂，但卻是在沒有走廊的二等車廂中，因此我將一整夜沒有廁所可以使用。我向列車長抱怨此事，但卻毫無結果，我於是報復性地建議他應該在包廂地板上打一個洞，以備旅客急需之用。事實上，我真的在凌晨兩點四十五分時因尿急醒來，醒前做了如下的夢：

一群人，一個學生集會——圖恩（Thun）或塔弗（Taaffe）伯爵[50]正在演講。他被要求講一些與德國人有關的事，他輕蔑地說他們最喜歡的花是款冬，並把一個像是一片枯萎的葉子的東西——實際上是一片葉子壓碎了的葉骨——插進了他的鈕扣孔內。我暴跳如雷——我暴跳如雷，[51]雖然我對自己會有這樣的心態感到驚訝。接下來的夢境較不清楚：我好像置身在大學的禮堂中，入口擠滿了人，而我們必須逃走。我闖進一排陳設華麗的房間，顯然是部長級的房間，擺放著棕紫色的家具。最後，我來到一條走廊，那裡坐著一位管家，一個肥胖的老婦人。我避免和她說話，但她顯然認為我有權通過，因為她問我她是否應該持燈為我引路。我用手勢或用話語，向她表明要她留在樓梯上。當我這麼做時，自己覺得非常地狡猾，因為這樣我在離開時，就不會有人看到了。我下了樓梯，發現一條窄而陡的上坡小路，我就沿著它離開了。

夢境又變得不清楚了……我的第二個問題似乎是逃出城鎮，就跟第一次逃出房子一樣。我坐在一輛出租馬車裡，吩咐車伕送我到火車站。車伕埋怨了幾句，好像我已經把他累壞了似的，

50 牛津版註：愛德華・塔弗伯爵（一八三三～一八九五）於一八七九年出任奧地利首相，連任至一八九三年；自由派成員旋即離開其內閣，加入反對黨，留下保守派、神職人員、與親斯拉夫派。因此，塔弗的首相生涯終結了奧地利自由黨的時代。

51 佛註：這句重複的話悄悄地出現在我寫下來的夢紀錄中，顯然是出於疏忽。我保留了這句話，因為分析證明了它的重要性。（德文fahren〔跳〕也有「駕駛」和「乘行」的意義，這兩種意義在夢中反覆出現。）

我說：「我不能和你一起駕車在鐵軌上走。」好像我已經和他一起駕車走了一大段路程，而這樣的路程一般人會選擇搭火車的。火車站戒備森嚴，我考慮著去克雷姆斯還是去贊尼姆，但是考慮到宮廷可能在那裡，所以決定去格拉茨或類似的地方。[52]我現在正坐在火車包廂裡，包廂很像郊區鐵路的客車廂。在我的鈕扣孔內有一個奇特的長形辮狀物，旁邊有一朵用堅硬材料做的紫棕色的紫羅蘭，很引人注目。至此夢境中斷了。

我又一次到了火車站前，但是這一次有一位老紳士跟我在一起。為了不要讓人認出我來，我想了一個計畫，而緊接著這個計畫已經實現了，彷彿思考和經驗是同一回事。他假裝瞎了，至少瞎了一隻眼，我遞給他一個男用玻璃尿壺（我們必須或已經在城裡買來）。這樣我就成了一個護士，而必須為他遞尿壺，因為他瞎了。如果查票員看見我們這個樣子，他肯定會放我們過去而不加注意，同時我看見這位老紳士的姿勢和解尿的陰莖鮮明地呈現在我的眼前。我在這時帶著尿意醒來。

整個夢給人的印象是一種想像，把我帶回了一八四八年的革命時代。讓我回想起有關那一年的記憶的是一八九八年的五十週年紀念活動，以及我到瓦休[53]的短暫旅行。在這次旅行中，我拜訪了愛默斯多夫——學生革命領袖費肖夫的隱退地，而顯夢中的某些元素暗喻著這位領袖。[54]我的聯想又把我引向英格蘭和我兄弟的住所，他常常用「五十年前」[55]（丁尼生爵士的某首詩的標題）這句話來嘲笑他的妻子，而孩子會接著把它更正為「十五年前」。這個革命想像——它來源於看見圖恩伯爵所引發的意念——很像是義大利式教堂的門面，與其背後的結構並沒有有機的連繫。但它與教堂門面不同之處在於它雜亂無章，充滿缺隙，而且在許多地方有著內部結構突破出來的成分。夢中第一部分的情境是好幾個場景的混合物，我能逐一地分辨出來。夢中伯爵的輕蔑態度是我十五歲時一幕發生在學校的場景的翻版，我們密謀反對一個不得人心且無知的男老師，主謀是我們的一位同學，那時他常以英格蘭的亨利八世自許。[56]我負責領導主要的攻擊，而有關多瑙河（瓦休！）對奧地利的重要性的討論則是我們動手的信號。我們這些陰謀分子中有一位是全年級唯一的貴族子弟，他由於身高太高而被同學們戲稱為「長頸鹿」。[57]他被學校裡的暴君——德文老師——叫去解釋這件事時，站在老師的面前，姿勢很像夢中的伯爵。最喜歡的花和插入鈕扣孔內的某種像花的東西（它使我想起我同一天送給一位女友的蘭花，以及一種耶利奇玫瑰）特別使我想起莎士比亞歷史劇中的一幕場景，描繪了紅白玫瑰

52 牛津版註：克雷姆斯是維也納北方多瑙河流經的一個古城。贊尼姆是摩拉維亞的一個城鎮，現為捷克共和國的史諾伊摩，位處奧地利邊陲。格拉茨是奧地利主要城市之一，史蒂里亞省首府。

53 牛津版註：瓦休位於維也納以北多瑙河畔，風景如畫，河水流經狹窄的岩石隘口，由梅爾克延伸至克雷姆斯。愛默斯多夫是位於瓦休的一個村莊，以中世紀晚期的教堂聞名。

54 牛津版註：阿道夫・費肖夫（一八一六～一八九三），醫生，維也納的一八四八年革命領導人之一，後來成為奧地利自由主義備受尊崇的領袖。

55 牛津版註：葛林斯坦認為佛洛伊德指的是丁尼生的作品〈露台上的玫瑰〉(The Roses on the Terrace)，此詩開頭為「玫瑰花，五十年前在這露台上」，其後佛洛伊德還提及玫瑰戰爭。

56 牛津版註：海因里希・布朗恩（一八五四～一九二七），為改變信仰的猶太人，後為德國重要的社會主義政治家。參見一九二七年十月佛洛伊德致其遺孀茱莉・布朗恩-佛格爾史坦因的信件。由於茱莉是他的第四任妻子，佛洛伊德似欲將布朗恩與亨利八世比較，指出他們的性欲性欲與抵抗威權的力量相當。

57 牛津版註：梅克葛瑞斯確認此人為羅伯特・艾德勒・馮・斯本羅克。

戰爭的開啟（亨利八世開啟了通往這段回憶的路徑）。[58]由此點出發，距離紅白康乃馨只有一步之遙了。（在這一點上，有兩段詩句，一段為德文，一段為西班牙文，悄悄地進入了分析之中。）

玫瑰、鬱金香、康乃馨：
每一種花都不免凋謝。

伊莎貝拉，不要
為花兒凋謝而哭泣。

（第二段西班牙文詩來自《費加洛婚禮》。）在維也納，白康乃馨已成為反猶主義的象徵，紅康乃馨則代表社會民主黨人。在這之後隱藏著一段回憶：我在美麗的薩克遜鄉間（盎格魯－薩克遜）搭火車旅行時遇見的一次反猶挑釁。構成夢中第一個情境的第三幕場景來自我學生時代的早期，在一個德國學生俱樂部裡有一場有關哲學和自然科學的關係的討論。我還是一個毛頭小伙子，深信唯物主義理論，冒失地提出一種極為偏激的觀點，於是有一位比我優秀的高年級學生[59]站了起來，他那時已展現出他作為一位領袖以及一些大型團體的創辦者的能力（順便提及，他也有一個來自動物界的名字），他狠狠地責備了我們一頓。他說他年輕時也養過豬，之後才有所悔悟，回到了父母身邊。我暴跳如雷（像夢中那樣），粗魯地（Saugrob，字面意義為「豬般地粗魯」）回答說，既然我知道他在年輕時養過豬，我就不會再對他說話的方式感到驚訝了（在夢中，我對自己德國民族主義者的心態感到驚訝）。接著就是一陣騷動，很多人都要求我收回我所說的話。我拒絕了。受我侮辱的那位同學非常明理，不把這個意外事件看成一種挑釁，才讓這場衝突平息下來。

這第一部分情境的其餘元素來自更深的層次。伯爵談到的款冬意味著什麼呢？為了尋找答案，我進行了一系列的聯想：款冬（Huflattich）—萵苣（Lettuce）—沙拉（salat）—占著茅坑不拉屎的人（Salathund）。此處有著一整系列侮辱人的詞語：「長頸鹿」（Gir-affe，德文意為「猿猴」），「豬」（Schwein），「狗」（Hund）。而且若我由另一個名字進行迂迴的聯想，我還能想到「驢」，這是嘲笑另一位大學老師。此外，我還把款冬（不管是對是錯）譯成法文「pisse-en-lit」（真正的意思是蒲公英），這個字是從左拉的《萌芽》[60]中學來的，書中有一個小男孩被告知可摘一些蒲公英做成沙拉。「狗」的法文——「chien」——讓我想起身體的一種主要功能（「chier」，大便，對比於「pisser」，小便）。接著我想到，我應該已經在三種物理狀態（固體、液體、氣體）中分別收集到了一些粗魯詞語的例子，因為在這同一本書中——《萌芽》，其中有很多對即將到來的革命的

58 牛津版註：見《亨利六世》第一幕第一景第三行。

59 牛津版註：維克多·阿德勒（一八五二～一九一八），奧地利社會民主黨奠基者，海因里希·布朗恩之連襟。阿德勒說，雖然佛洛伊德是急進主義者，最後仍會像聖經浪子回頭的故事一樣，回到父親住處（見路加福音十五章）。「阿德勒」（Adler）在德文中為「老鷹」之意。

60 牛津版註：埃米爾·左拉（一八四〇～一九〇二）的作品《萌芽》（*Germinal*, 1885）陳述法國北部地區的礦工罷工事件，其標題即為法國革命曆的第七個月份。此一關聯或可解釋為《土地》（*La Terre*, 1887）的替換。

描寫——敘述到一種特殊的競爭，比喻的是製造一種氣體的排泄物，也就是「屁」（flatus）。[61]我現在才看到引向「屁」的路徑早已準備妥當：從「花」，經過西班牙文詩句，伊莎貝拉，《伊莎貝拉和斐迪南》，亨利八世，英國史，以及與英國抗衡的西班牙艦隊，在無敵艦隊全軍覆沒之後，英國人在一塊勛章上刻著：「祂把他們吹得潰不成軍」[62]，因為暴風雨吹垮了西班牙艦隊。我曾半開玩笑地想，如果我有時間寫出一本有關我對歇斯底里症的概念與治療方法的詳盡說明，我就用這句話作為「治療」那一章的標題。

我現在轉到夢的第二個情境，由於稽查作用的緣故，我無法分析得如此詳盡，因為我把我自己放在那段革命時代的一位崇高人物的位置上，他也有一段與鷹（Adler）有關的冒險經歷，並且據說有大便失禁[63]的毛病等等。我暗想在這一點上我將無法正當地通過稽查作用，雖然這個故事大部分是由一位宮廷樞密官（Hofrat：a consilarius aulicus，Aula〔宮廷、禮堂〕）告訴我的。夢中那一排房間（Zimmer）來自那位大人物的特等車廂，我曾有幸得見。但是「房間」在夢中經常代表著女人（Frauenzimmer）——在這個夢中就是「名女人」。在女管家的形象中，我忘恩負義地對待一位風趣的老婦人，以惡意回報了她的好客以及從她那兒聽來的許多好聽的故事。燈則暗指著格里巴澤爾，他將一段有著類似動人情節的親身體驗，寫進一齣有關希羅和李安達的悲劇中。[64]

我也不能詳盡地分析夢的其餘兩段情節，我將只選取那些引向兩個童年場景的元素，這是我討論這個夢的唯一原因。人們會合理地假定性材料是讓我產生這樣的壓抑的原因，但這種解釋也未必盡然。畢竟，一個人會有許多不能讓別人知道的事情，但卻不必對自己隱諱。此處的問題並不在於我為什麼要隱瞞解答，而是要探討內部稽查的動機，它隱瞞了夢的真正內容，不讓我自己知道。因此我必須說，分析表明夢的這三段情節都是一些不切實際的吹噓，是一種荒謬的自大狂，它在我的清醒生活中被長期壓抑著，它的某些枝節甚至表現在顯夢之中（如「我覺得自己非常狡猾！」），而且它也說明了我在做夢當晚的高亢情緒。這種自大已經擴及每一個領域：因此提到格拉茨就暗指著一句諺語：「格拉茨值多少錢！」這表露了一個人覺得自己非常富有時的那種自滿心情。人們如果記得偉大的拉伯雷對高康大和他的兒子龐塔格呂埃的生涯與功績的無與倫比的敘述，[65]就可理解夢的第一段情節所包含的那種狂妄自大了。以下的敘述與我所允諾讀者的兩個童年場景的材料有關：為了這次旅行，我買了一個棕紫色的新皮箱，這種顏色在夢中出現了好幾次：一朵用一種堅硬材料製成的棕紫色紫羅蘭，在它旁邊有一個被稱為「madchenfanger」（字面直譯為：少女－耙子，此處似乎指某種鈕扣孔的通用語）的東西。部長級房間的家具。兒童們一般都相信新的東西可以吸引人們的注意。曾有人向我描述過下述這一個來自我

61 佛註：事實上，這些內容不在《萌芽》，而是在《土地》一書中。我在完成分析之後，才發現這個錯誤——注意「Haflatrich」和「Flatus」兩字相同的字母。

62 牛津版註：原文為Flavit et dissipati sunt.

63 牛津版註：原文為incontinentia alvi.

64 牛津版註：弗朗茲・格里巴澤爾（一七九一～一八七二），奧地利劇作家。其悲劇作品《海與愛的波浪》（*Des Meeres und der Liebe Wellen*, 1831）之中，主角希羅的情人李安達為前往她所在的高塔，必須橫渡黑拉龐德海峽。在途中，指引李安達的高塔燈火熄滅，李安達失去方向以致溺斃。

65 牛津版註：法蘭柯斯・拉伯雷（約一四八三～一五五三）的作品《巨人傳》（*Gargantua*, 1534）第十七章描寫巨人高康大得意洋洋地遊覽巴黎。

的童年的場景，而我對描述的記憶取代了我對這個場景本身的記憶。據說我兩歲時仍偶爾會尿床，當我因此受到責備時，我會安慰我的父親，答應到最近的城鎮買一張可愛的新紅床送給他（這就是夢中這句插話「我們必須或已經在城裡買尿壺」的來源：一個人必須遵守諾言）（也要注意男用尿壺與女用皮箱或箱子在象徵上的並列），我的這種諾言展現了我童年時所有的自大狂。在先前某個夢的分析中，我們已經發現兒童在解尿上所遭遇的困難在夢中所扮演的重要角色（參見上文頁二六二）。

我還能清楚記得在我七、八歲時所發生的另一個家庭場景。某天晚上睡覺前，我不遵守規定，而要在我父母親都在的時候與他們共睡一房。父親譴責我時說：「這個小孩將來一定沒有出息。」對我的野心而言，這一定是可怕的一擊，因為這個場景不斷地出現在我的夢境中，而且總是連結著對我的成功與成就的列舉，好像我打算說：「你看，我還是有出息的。」這個童年場景也提供了夢中最後一個意象的材料。當然，為了報復起見，夢中的角色對換了。這個老人（顯然是我父親，因為他的一隻眼睛瞎了指的是我父親的單側青光眼）[66]現在正在我的面前小便，正如我小時候在他面前小便一樣。青光眼又讓我想起了古柯鹼，它在他動手術時幫了他的忙，彷彿我因此實現了自己的諾言。而且我還開他的玩笑：因為他瞎了，我一定要遞尿壺給他，這也是一個暗喻，表明我發現了歇斯底里症理論，而我對此感到自豪。[67]

這兩個來自我的童年的小便場景無論如何都與自大狂這一主題有關，但是它們在我前往奧西湖的旅程中出現，還進一步得到來自下述偶然情況的協助：我的包廂沒有盥洗室，而我可預期自己將會陷於無處解手的困境，事實上這種情況也在清晨時發生了，我帶著這種生理需求的

66 佛註：還有另一種解釋：他只有一隻眼睛，像眾神之父奧丁一樣。我安慰我的父親我將會買一張新床送給他，就是《奧丁的安慰》。牛津版註：《奧丁的安慰》（*Odhin's Consolation*, 1880）是菲利克斯．丹恩（一八三四～一九一二）的小說。此君著作等身，以德國古老的歷史與傳說為寫作題材，此類小說曾風靡一時。

67 佛註：此處還有一些可供進一步解釋的材料。玻璃（尿壺）讓我想起了一個農大在眼鏡店的故事，他試了一副又一副，還是認不得字。「Bauernfänger」（字面直譯為農夫-耙子，意指騙子。）——夢的前一部分的「Mädchenfänger」——在左拉的《土地》中，農夫對待已變得低能的父親的方式（牛津版註：小說《土地》中，老農夫佛安遭到粗暴的兒子虐待。）——我在父親過世的前幾天，親眼看見他像小孩子般地大小便失禁，這成了我對他的悲劇性的報復，因此在夢中我成了他的男看護——「彷彿思維和體驗是同一回事。」這使我想起奧斯卡．潘尼查的一本有著強烈反叛精神的劇本，劇中天父被屈辱地寫成一個癱瘓的老人，他的意志和行動是同一回事，因而不得不受一位大天使（一個神祇侍酒者）的約束，不許他詛咒和發誓，因為他一詛咒立刻就會變成事實（牛津版註：奧斯卡．潘尼查（一八五三～一九二一），慕尼黑諷刺作家，離經叛道的戲劇作品《愛的議會》（*Das Liebeskonzil*, 1895）背景為文藝復興時期，年老衰弱的上帝因為人類的罪惡，決定懲罰人類的罪惡，命令撒旦發明梅毒，製造一個深具魅力的女人來散播病菌，頭一個對象就是教皇。）——我在夢中制定計畫是一種對我父親的指摘，來自一個較晚的時期。事實上，夢的所有反抗內容，諸如大革命和對權威的嘲弄，都可追溯到我對我父親的反叛。國王是一國之父，對小孩而言，父親是最古老、最早也是唯一的權威，在人類文明的歷史過程中，其他社會權威均由父親的專制威權發展而來（至於「母權社會」則另當別論）——「思維和體驗是同一回事。」這一句話也與歇斯底里症症狀的解釋有關，而男用尿壺也與此有所關聯。對於維也納人，我無須解釋什麼是「Gschnas」原則，它是指用瑣碎的、可笑的和沒有價值的材料做成罕見的名貴物品，例如在維也納藝術家們的宴會上，他們最喜歡的消遣是用平底鍋、幾束稻草和巧克力棒做成甲冑和武器。我注意到歇斯底里症患者也正是這樣做的：他們除了真正遇到的事情之外，還無意識地利用他們經驗中一些最為無害且平凡的材料構成可怕的或反常的想像性事件。他們的症狀便依附於這些想像物，而不依附於真實事件的回憶，不論這些症狀是嚴重的或也同樣是無害的。這　啟示幫助我解決了許多困難，而帶給我很多快樂。我可以用這一點來解釋「男用尿壺」這一夢元素，因為我曾聽說在最近一次的「Gschnas」之夜，展出了盧克麗霞．波姬亞服毒用的高腳酒杯，其主要的製作材料正是醫院中用的男用尿壺。

感覺醒來。我想，或許有人會認為這些感覺才是夢的真正誘因，但我卻寧願採取另一種觀點：夢念先引發了解尿的欲望。我在睡眠時很少受到任何生理需求的干擾，尤其像這一次被喚醒的時間——凌晨兩點四十五分，更是少見的經驗。我還能反駁進一步的反對意見：在我其他更為舒適的旅行中，當我很早醒來時，也幾乎未曾有尿急的感覺。不管怎樣，將這一點懸置，留待以後爭論，並不會有任何的壞處。

我的釋夢經驗使我注意到一個現象：即使是一眼望去便可完全解釋的夢，也可經由聯想，追溯到最早的童年，因為我們並不難發現它們的來源和激發夢境的欲求。因此我不得不追問自己：這個特徵是否構成了做夢的本質條件。如果這種說法可以普遍成立，它就會有如下的意義：每個夢的顯意都與近期的經驗有關，而其隱意則與最早的經驗有關。事實上，我在歇斯底里症的分析中已能證明，一直到現在，這些最早的經驗在某個嚴格意義上仍是近期的。這種假設仍極難加以證實，在下文中（第七章）我將從另一個角度來探討最早的童年經驗在夢的形成中可發生的作用。

在本章開頭即已列舉的夢的記憶的三個特徵中，第一點——夢內容多半為不重要的材料——已由追溯到夢的偽裝而獲得了滿意的解釋。我們還能證實其他兩個特徵的存在——夢強調近期的和幼兒的材料——但是我們還不能由做夢的動機說明這兩個特徵。我們必須記住，這兩個特徵的解釋和評價還有待發現，必須在別的地方為它們找到適當的位置——也許是睡眠狀態的心理學，也許是精神機構的構造。當我們了解釋夢就像一個可以窺視精神機構內部的窗口之後，我們將會開始這部分的討論。

但是，我想要再一次強調從最後這幾個夢的分析中所可得出的另一個推論：夢往往具有多重意義。正如我們所舉的夢例表明，夢不僅可以包含著好幾個並列的欲求滿足，而且夢的意義或欲求滿足也可以彼此重疊起來，而最底層的欲求滿足正是來自童年的最早期。然而此處又有著同樣的問題：如果把這種現象的發生說成是「一定地」而不是「經常地」，是不是更為正確？

三、夢的軀體來源

如果我們想讓一個有教養的一般人對夢的問題產生興趣，並因此問他什麼是夢的來源時，我們往往發現他相信自己知道這一問題的答案。他立即會想到消化障礙或困難，或身體偶然採取的姿勢，或睡眠期間偶然發生的一些瑣事對夢的形成的影響。他們似乎從未想到，就算把這些因素通通考慮在內，也還有某些事情仍待解釋。

我在第一章第五節中已詳盡討論了科學文獻對於軀體刺激來源在夢的形成中所扮演的角色的看法，因此我們在此只需回想一下上述回顧的結果。我們發現軀體刺激來源可分為三類：來源於外界事物的客觀感覺刺激、僅有主觀基礎的感官刺激、以及來自身體內部的軀體刺激。我們還注意到，相對於這些軀體刺激，這些專家不重視任何可能的夢的精神來源，甚至把它們完全排除（參見上文頁一一三～一一二）。我們考察有關軀體刺激來源的主張，得出了以下的結論：客觀感官刺激（一部分來自睡眠時的偶發刺激，一部分來自睡眠時必不可免的刺激）的重要性，已由無數觀察所確認，且有實驗加以證實（參見上文頁一〇五～一〇六）。主觀感官刺激所起的作用似乎可由睡前感覺意象在夢中的再現加以證實（見上文頁一一一～一一二）。最後，雖然我們無法證明所有夢中出現的意象和意念都可以追溯到內部軀體刺激，但是消化、排泄和性器官的興奮狀態對夢所產生的明顯影響，可以支持這一來源的重要性。

因此，「神經刺激」和「軀體刺激」似乎是夢的軀體來源，而且被許多專家認為是夢的唯一來源。

另一方面，我們已經發現有許多人對此表示懷疑，其中有一種批評並不是針對軀體刺激理論的正確性，而是懷疑它的充分性。

不管這一理論的支持者認為該理論的事實根據有多麼地穩固——特別是那些偶發的與來自外界的神經刺激，因為它們可以輕易地追溯到夢的內容——他們似乎都承認，夢中大量的意念材料不可能只來源於外界神經刺激。瑪麗·惠頓·卡爾金斯小姐曾為此問題考察了自己和另一個人的夢達六個星期之久，她發現可以追溯到外界感知覺元素的夢內容分別只占了百分之十三點二和六點七，在其所收集的夢中，僅有兩例來源於器質感覺。【12】這種統計數字更加證實了我根據自己經驗而產生的懷疑。

不少人建議將夢分為「源於神經刺激的夢」和其他形式的夢，這方面已有詳盡的研究，如斯皮塔就將夢分為**源於神經刺激的夢**和**源於聯想的夢**。【64】然而，只要它無法證實夢的軀體來源和意念內容之間的連繫，這種解決方式仍不能讓人感到滿意。因此，除了第一種反對意見——外界刺激來源並不多見——之外，又出現了第二種反對意見：這種來源並無法充分地解釋夢。

我們有權要求這個理論的支持者對以下兩點做出解釋：第一，為什麼外界刺激在夢中不是以其真正特性被感知，而總是被誤解（如頁一〇八～一〇九鬧鐘的夢）。第二，為什麼感知的心靈對這些被誤解的刺激的反應，會產生如此變化莫測的結果。斯特魯佩爾對這個問題的回答是：因為心靈在睡眠時已脫離了外部世界，無法對客觀感覺刺激做出正確的解釋，因而不得不在許多方面都不確定的印象基礎上建構錯覺。用他自己的話說：

「在睡眠中，由於外界和內部刺激的作用，在心靈中產生了一種感覺或感覺複合物、一種情感或任何一種精神過程。而只要心靈感知到這一精神過程，它便從留存下來的心靈清醒經驗中喚起感覺意象，也就是說，喚起了或是伴有適當精神價值，或是已被剝奪了原有價值的那些較早的知覺。這個過程彷彿在自身周圍聚集了或多或少的這一類意象，於是來自神經刺激的印象便由此獲得了它們的精神價值。此處我們所談到的是睡眠心靈在**解釋**神經刺激所造成的印象（正如我們在清醒行為中所做的一樣），這種解釋的結果正是我們所謂的**源於神經刺激的夢**，也就是說，夢的成分決定於在心靈中依照再現法則產生其精神效果的神經刺激。」【66】（頁一〇八）

馮特的學說基本上與這一學說相同，他主張夢中出現的意念至少大部分源於感覺刺激（特別包括整體身體感覺），因此這些意念主要是一些想像性錯覺，只有一小部分是純粹記憶意念受到強化而形成的幻覺。【76】斯特魯佩爾曾根據這種理論做出適當的比喻，說明夢內容及其刺激之間的關係：「就像一個不懂音樂的人的十根手指在鋼琴鍵盤上亂彈。」（上文頁一五四）根據這個觀點，夢就不是一種源於精神動機的精神現象，而是一種生理刺激的結果。這種生理刺激由於受其影響的機構找不到其他表現方式，遂以精神症狀表現出來。梅勒特曾根據同一假設舉了一個著名的比喻，企圖解釋強迫性意念：「就好像在一個鐘面上，某些數字比其他數字突出。」

不管夢的軀體刺激理論如何廣為人知，也不管它多麼有吸引力，人們仍不難看出它的弱點。夢的每一種軀體刺激，由於需要睡眠中的精神機構藉由形成錯覺來對它進行解釋，因而可以產生無數這一類解釋的嘗試——也就是說，刺激在夢內容中可以表現為很多不同的意念。但是斯特魯佩爾和馮特的理論並不能提供任何動機，可以支配外界刺激與被選來解釋刺激的夢中意念之間的關係，也就是說，不能解釋如立普斯所描述的：這些刺激「在其再現過程中常做出的奇特選擇」（立普斯，《精神生活的實際理由》，頁一七〇）。還有一種反對意見針對的是整個錯覺理論所依據的假設，以及睡眠心靈不能辨識客觀感覺刺激的真正性質。生理學家布達赫早已向我們表明，即使在睡眠中，心靈仍能對感覺印象進行正確的解釋，並能依據這些解釋做出反應。[8]因為他注意到，某些對於睡眠者而言特別重要的印象，可以預期將不會像其他一般印象那樣在睡眠中受到忽視（如保母和小孩的例子）。他還注意到，人們在睡眠中很容易因聽到自己的名字而驚醒，而對其他任何無關緊要的聽覺印象則不會有如此的反應——所有這一切都表明了，心靈在睡眠時也可辨別感覺。（頁三六）布達赫根據這些觀察繼續作出推論，認為我們必須假定：我們在睡眠狀態中並不是無法解釋感覺刺激，只不過是對它們缺乏興趣而已。布達赫於一八三〇年做出的推論，在一八八三年被立普斯原封不動地引用來批評軀體刺激理論。這樣一來，心靈就好像是某件趣聞中的那位睡著的人，當有人問他是否睡著了時，他回答說：「我並未睡著。」但是當那個人繼續說：「那你借給我十個弗洛林吧！」時，他卻藉口推託說：「我睡著了。」

夢的軀體刺激理論還可以從其他方面證明其不足。觀察證明，雖然在我做夢時，這一類外界刺激會出現於夢的內容之中，但它並不一定會強迫我做夢。假設我在入睡時受到了一個觸覺刺激，對此我可以產生各種不同的反應：我可能置之不理而一直到醒來後才發現，譬如說，我的大腿裸露在外，或我的手臂受到了某種擠壓。病理學提供了無數的例子，表明了睡眠時所受到的強烈興奮感覺和運動刺激可以不發生任何影響。其次，我可以在睡眠中察覺到某種感覺——如人們所說的，我可以察覺到它「侵入」了我的睡眠——（這種情況一般發生於痛覺刺激），但是我並沒有把這種感覺編入夢境之中。第三，我的反應也可以是因此清醒過來，以排除這個刺激。第四種可能性才是神經刺激導致我做夢。然而，發生其他可能性的機會至少與最後這一可能性——形成夢境——相同，而除非做夢的動機來自軀體刺激來源以外的地方，否則夢是不會發生的。

其他一些作者，如施爾納[58]以及贊同施爾納觀點的哲學家沃爾克特[72]，對於我在上文中所指出的夢源於軀體刺激這一解釋所出現的漏洞，也做出了公正的評價。他們企圖更精確地規定出一種精神活動，這種精神活動從軀體刺激中創造出變幻莫測且五彩斑斕的夢象。也就是說，他們試圖再次把做夢視為一種本質上是精神的現象——一種精神活動。施爾納不僅以一種生動且富有想像詩意的方式描述了夢的形成中所展現的各種心理特徵，並認為自己已經發現了心靈處理刺激的原則。在他看來，當想像擺脫了白天的桎梏，夢的工作便試圖以象徵形式表現發出刺激的器官的特性和刺激本身的性質。他於是提供了一種「夢書」以指導夢的解釋，以便能從夢象中推論出軀體感覺、器官狀態以及刺激的性質。「因此，貓的意象代表怒氣衝天，而一片光滑淺色的麵包則代表赤身裸體。」在夢想像中，人的整個身軀被描繪為一幢房子，身體的不同器官則表現為房子的各個部分。在「牙痛的夢」中，有著高、拱圓形屋頂的大廳象徵口腔，一段樓梯則象徵從咽喉下降到食道，「在頭痛引起的夢中，爬滿令人厭惡的蜘蛛的天花板象徵頭部。」（沃爾克特，頁三九）夢可以運用各種不同的象徵來表現同一器官，「因此，呼吸中的肺以烈火嘶吼著的火爐為象徵，心臟以空盒或空籃為象徵，膀胱以圓形袋狀物或——更經常地——以中空的物體為象徵。」「特別重要的是：在夢的結尾處，往往明白地揭露出相關的器官或其功能，而且通常與夢者自己的身體有關，因此一個牙痛的夢往往以夢者從自己嘴中拔出一顆牙齒結束。」（頁三五）這個解釋理論並未得到其他作者的認同：這個理論似乎太過誇張了，因而不容易看出其中所包含的某些（在我看來）合理論點。我們不難看出，這種理論引領我們回復至象徵性的釋夢方法，也就是古代採用的那種方法，所不同的只是其用來解釋的範圍僅限於人體。施爾納的理論缺乏任何科學性的解釋技術，因此必然大大地限制了它的應用性，它似乎為任意性解釋敞開了大門——特別是它認為同樣的刺激可以用各種不同方式在夢內容中表現出來。因此，甚至連施爾納的學生沃爾克特也發現他無法證實人的身體可以表現為一棟房子這個論點。另一種反對意見則是：在這種理論中，夢的工作對心靈而言是既無功用也無目的的活動，因為按照這種理論，心靈將滿足於以創造想像物來處理其所遭遇的刺激，而沒有任何要去移除刺激的跡象。

對於施爾納的軀體刺激象徵化理論還有一個致命的批評：這些刺激在任何時刻都存在著，而且一般認為，它們——與清醒時比較起來——更容易在睡眠時進入心靈之中，因此我們很難理解心靈為什麼不是整夜夢見或每夜夢見所有的器官。如果為了避開這個批評而提出進一步的限制條件：若要喚起夢的活動，必須要有來於眼、耳、手、腸等器官的特別的興奮，但仍難以證明這種刺激的增強的客觀性——只有在極少數的夢例中才有可能加以證明。如果夢中飛翔是肺葉開闔的象徵表現，則如斯特魯佩爾所指出的，要麼這一類夢會更頻繁地出現，要麼就必須證明在做夢過程中呼吸活動變得更為急促。然而還存在著第三種可能性，也是最大的一種可能性，即有某些特殊動機間歇性地發生作用，將夢者的注意力引向平時恆定存在的內臟感覺，但這種可能性已遠遠超出施爾納的理論範圍。

施爾納和沃爾克特所提出的觀點，其價值在於它們讓人們注意到夢內容中若干有待解釋的特徵，其似乎能帶給我們新的發現。夢包含著身體器官及其功能的象徵表現，夢中的水往往暗指排尿的刺激，男性生殖器常表現為直立的棍棒或柱子等等，這些都是完全正確的觀點。相較於單調乏味的夢，某些夢呈現出多變的視野與明亮的色彩，我們很難不把它們解釋為「視覺刺激的夢」，對於某些包含著噪音與不清楚的話語的夢，我們也很難否定錯覺的作用。施爾納曾報告過一個夢：兩排金髮秀麗的孩子面對面地站在橋上，他們互相攻擊，之後又回到原來的位置上，最後夢者夢見自己坐在橋上，從自己的嘴中拔出一顆長牙。沃爾克特也報告過一個類似的夢，夢境中包含著兩排櫥櫃抽屜，最後也以拔出一顆牙齒結束。這兩位作者記錄了很多這一類夢例，因此我們不能斥責施爾納的理論是毫無根據的發明，而不去尋求其真諦。因此，我們所面臨的任務，就是要為這種所謂的牙痛刺激的象徵作用尋求另一種解釋。

在探討夢的軀體來源理論的過程中，我一直未曾利用奠基於我對夢的分析的論點。如果我們可以運用一種（其他作者一直未曾將其運用在對夢的研究上的）方法，證明夢本身具有精神活動的價值，證明欲求滿足是建構夢境的動機，以及證明前一天的經驗為夢內容提供了直接的材料，則對於任何其他夢的理論——它們忽視了這種重要的研究方法，而認為夢是一種對軀體刺激無用且難以理解的精神反應——我們都可以無須進行特定批判而直接予以否定。否則的話——這似乎是極不可能的——就會存在兩類不同的夢，一類是我所觀察的夢，另一類則是早期專家所觀察的夢了。因此，我們現在所必須做的，就只是在我的夢理論中，為夢的軀體刺激來源這一流行理論所根據的事實尋找適當的定位。

在這個方向上我們已經踏出了第一步，我們提出了這個論點，認為夢的工作必須將所有同時活動的致夢刺激結合為一個統一體。我們發現，如果前一天遺留下來兩個或兩個以上能夠構成印象的經驗，則由這些經驗產生的欲求可以結合在一個單一的夢中（上文頁二四〇）。同樣地，具有精神價值的印象與那些來自前一天的無關緊要的經驗，只要它們之間能夠建立起某些中介意念，它們就會結合在一起，成為夢的材料。因此，夢乃是一種對每一件同時存在且正活動於睡眠心靈之中的事物的反應。就我們迄今對夢的材料所做的分析來看，我們已經知道夢的材料是精神殘留物和記憶痕跡的集合，而且我們（由於其對近期和幼兒期的材料的偏愛）必須賦予它們一種迄今還未能明確定義的「當前活動著的」特性。由此我們不難預測，如果這些當前活動著的記憶在睡眠中增添了來自感覺的新材料，將會發生什麼樣的變化。由於這些感官刺激也是當前活動著的刺激，因此對夢而言，它們也具有重要性，它們與其他當前活動著的精神材料結合，為夢的形成提供了材料。換句話說，在睡眠期間發生的刺激，與我們所熟知的日間生活經驗的精神殘留物，共同完成了欲求的滿足。這種結合並不是非發生不可，我們已經說過，對於睡眠中的軀體刺激的反應並非只有一種方式，當它確實發生時，就意味著可以找到某種意念材料作為這種夢的內容，而使其得以同時表現出夢的軀體和精神兩種來源。

夢的本質並不因軀體刺激加入其精神來源而有所改變：一個夢——不論其欲求滿足的表現方式如何受到當前活動的材料的影響——仍代表著欲求的滿足。

有幾個特殊因素可以影響外界刺激對夢的重要性，我準備在此加以說明。我已經說過，在任何給定的情境中，某些個人——生理的和偶發的——因素的結合，決定了一個人在睡眠中受到比較強烈的客觀刺激時，將採取什麼樣的行動。個人習慣性的或偶發的睡眠深度，結合刺激的強度，使得一個人有可能壓抑刺激，不讓它干擾到睡眠，但另一個人卻可能因此被迫醒來，或得設法克服刺激並將其編織入夢境之中。依據各種可能的結合情形，外界客觀刺激表現於夢境中的頻率，在不同人身上也會有所不同。就我自己來說，由於我是一個嗜睡者，頑強地排除任何干擾睡眠的事物，因此外界興奮來源很少進入我的夢中。然而，精神動機顯然讓我非常易於做夢。事實上，我只曾記錄下一個夢，其中可以辨識出一種客觀的痛苦的刺激來源，而考察在這個特殊的夢中，外界刺激如何產生影響，將會帶給我們相當多的啟示。

我正騎在一匹灰馬上，開始時顯得膽怯和笨拙，好像我只是掛在馬身上一樣。我遇見我的一位同事P，他高坐在馬上，穿著一身粗花呢制服，而且提醒了我一件什麼事情（也許是：我的馬鞍不好）。我現在發現自己騎著我的極為聰明的馬，越騎越穩當，也越來越舒適，而且我注意到我在馬背上覺得安然自在。我的馬鞍是一種軟墊，覆蓋了從馬頸到馬屁股之間的整個空間。坐在這樣的坐墊上，我穿過了兩輛運貨車之間狹窄的空間。在街上騎了一段路之後，我掉過頭來準備下馬，起初想在臨街的一間開著門的小教堂前下馬，實際上我是在它附近的另一間小教堂前下馬的。我的旅館就在同一條街上，我本可以讓馬自己走過去，但我卻比較想要牽著它走到那裡，我彷彿覺得騎著馬到旅館很丟臉。一個旅館小廝正站在旅館前，他遞給我一張他發現的我的便條，並就此嘲笑我。便條上的字下面畫了雙線，寫著：「沒有食物」，然後又寫了一句話（不很清楚），像是：「沒有工作」，於是出現一個模糊的意念，我彷彿正置身於一個陌生的城市，我在這裡沒有任何工作可做。

乍看之下，並不能認為這個夢的出現是受到一種痛苦刺激的影響，甚或強迫。但在做這個夢的幾天前，我由於長了疔瘡而時刻受著疼痛的折磨，最後在陰囊基部長了一個蘋果大的疔瘡，使我每走一步都痛苦不堪。發燒引起的疲憊、食欲不振，以及繁重的工作負擔，所有這些痛苦加在一起讓我感到沮喪。我實際上已無法再繼續我的醫療工作，然而這種不適的性質和部位，讓我想起另一種活動——一種我現在最不適合從事的活動：騎馬。我的夢正是讓我在夢中從事這項活動：這是對我的疾病所能想像到的、最強烈的否認。事實上，我並不會騎馬，而且除了這一次以外，也從未夢到過騎馬。我一生中只坐在過馬背上一次，沒有馬鞍，而我並不喜歡那次的經驗。但是在夢中我騎著馬，好像會陰處完全沒有疔瘡，或不如說：因為我不想要生疔瘡。從所描述的夢境看來，我的馬鞍是一種泥敷劑，它讓我得以入睡，在它的紓解疼痛的影響下，我在睡眠的前幾個小時或許並不感到疼痛。之後那疼痛感覺不斷出現並試著把我喚醒，於是這個夢就出現了，並安慰我說：「不要醒來，繼續睡吧！沒有醒來的必要，你並沒有長疔瘡，因為你正騎在馬上，如果你那特殊部位長了疔瘡，你一定沒有辦法騎馬的。」於是夢取得了勝利，疼痛被抑制了下來，我又繼續沉沉入睡。

但是夢並不滿足於藉由固執地堅持一個與病情不符的意念，而將我的疔瘡「敷衍了事」——像失去孩子的母親與失去錢財的商人所產生的幻覺性妄想——一樣。[68]在夢中被否認的感覺的細節，以及用來潛抑這種感覺的意象，也都成為夢的一種工具，把其他當前活動著的材料與夢中情境連結起來，而使該材料得以表現於夢境之中。我正騎在一匹**灰色**的馬上，它的顏色正好對應於我最後一次在鄉間看見同事P時，他所穿的**椒鹽色**制服。我長疔瘡被認為是因為我吃了**加太多調味品**的食物——這種病因至少比另一種病因「**糖**」（糖尿病）要好上一些。我的朋友P自從接替我治療一位女病人以來，就喜歡像**騎在高馬上**那樣對著我耀武揚威，其實我對這位女病人的治療已有了顯著的**功績**（Kunststücke）（在夢開始時，我斜坐在馬上，就像個特技騎士〔Kunstreiter〕）。但是實際上，這個女病人就像傳說中的週日騎士的馬一樣，[69]引領著我去她想要去的任何地方，因此，馬就象徵性地意指著這位女病人（在夢中是一匹**極其聰明**的馬）。**我在馬背上覺得安然自在**是指在P接替我以前，我在女病人家中的地位——不久前，本城較有影響

68 佛註：參見葛利辛格《心理疾病的病理與治療》的某些篇章，以及我在第二篇論防衛的神經精神症的論文中所報告的觀察。牛津版註：實際上參考的似乎是佛洛伊德論這個題目的第一篇論文（*S.E.*, 3, p. 43）。

69 牛津版註：參見佛洛伊德於一八九八年致弗利斯的信，其中有一隨筆：「完全是無意識的口述，有關大家所熟知的週日騎士伊齊希的原則。『伊齊希，你要往哪裡去？』『我哪知道？不如問馬吧。』」

力的醫生中少數幾位我的支持者之一，曾與我談到這個家庭，他說：「**我覺得你在那裡的地位是非常穩固的**。」而我忍著這樣的病痛，每天仍從事八至十小時的精神治療工作，這也是一大功績。但是我知道，除非我保持身體健康，否則我將無法長久從事如此艱難的工作，我的夢中充滿著抑鬱的暗喻，暗指著這一即將發生的困境（便條紙，就像精神官能症患者寫的並出示給醫生看的那種便條紙一樣）：「**沒有工作、沒有食物**。」在進一步解釋過程中，我發現夢的工作已成功地開闢出一條路徑，從騎馬的欲求情境連結到了幼年時我與比自己大一歲的姪兒的吵架場面，而我那姪兒現正住在英格蘭。此外，夢中的一些元素來自義大利：夢中的街道就是由維羅納和錫耶納的印象所組成。更深一層的解釋可引向性的夢念，我想起在我一位從未到過義大利的女病人的夢中，有關義大利的暗喻是指：「去義大利」（gen Italien）—生殖器（Genitalien），而這與那個家庭——我先於我的朋友P在那兒行醫——以及長疔瘡的位置都有所連繫。

在上一章所引證的夢例中，有幾個可用來作為研究所謂的神經刺激的例子。我的大口飲水的夢就是一例，**軀體刺激顯然是這個夢的唯一來源**，而來自感覺的欲求（即口渴）顯然是它唯一的動機。這個夢與其他一些簡單的夢類似，**軀體刺激本身似乎就能夠構成欲求**。那位在夜晚扔掉頰上冷敷器的女病人所做的夢表現出一種不尋常的方法，以欲求滿足來對痛苦刺激做出反應：病人似乎暫時成功地免除了自己的疼痛，而把痛苦推到了別人身上。

我的關於三位命運女神的夢顯然是一個感到飢餓的夢，但是它成功地轉移對營養的渴望，回到兒童對母親乳房的渴求，而且用一個天真無邪的欲求掩蓋了另一個不能公開的重要欲求。我的關於圖恩伯爵的夢，表明了一個偶發的身體需求如何能與最強烈的（同時也是最受壓抑的）

精神衝動結合起來。加尼爾敘述了一個夢，提到拿破崙一世在被炸彈爆炸聲驚醒之前，將爆炸的聲響編入了一個戰爭的夢中，這清楚地表明了睡眠中精神活動對肉體感覺所產生的真正動機。

讓我們比較拿破崙一世（順便提及，他也是一個嗜睡者）的夢與那位嗜睡大學生的夢。女房東叫喚他，並告訴他已到了去醫院的時間，他卻夢見自己已睡在醫院的病床上，並繼續睡下去，他的藉口是：他已經到了醫院，所以無須再起床去醫院了。後一個夢顯然是一個便利性的夢，夢者不加掩飾地承認自己做夢的動機，但與此同時，他也揭露了做夢的一個普遍的祕密動機。在某一種意義上，所有的夢都是**便利性的夢**：它們可以延長睡眠，而使夢者不需醒來。**夢是睡眠的保護者而不是睡眠的干擾者**。我們將有機會在其他地方，就其與喚醒睡眠者的精神因素的關係，證明這個觀點。但是我們已能證明這個觀點可以適用於外界客觀刺激所發生的作用：心靈也許根本不理睬在睡眠中引發感覺的原因——只要它有辦法做得到，而不管感覺的強度與（它所了解的）感覺所代表的意義。也許利用夢去否定這些刺激，或者第三種方法是，由於不得不承認這些刺激，只好尋求某種解釋，能把當前活動著的感覺編織成某一情境的一部分，而這個情境則是被欲求的，且與睡眠並行不悖。**為了剝奪當前活動著的感覺的現實性**，故將其編織入夢境之中。拿破崙深信企圖干擾他的睡眠的刺激不過是夢中一段對阿科拉槍砲聲的回憶，所以能繼續酣睡下去。[70]

70 佛註：我從兩個不同的地方得知這個夢，它們對這個夢的描述並不完全一致。牛津版註：一七九六年十一月十六日，拿破崙在義大利北部的阿科拉擊敗奧地利軍隊，在霧月十八日（即一七九九年十一月九日）政變，擔任第一執政。

因此在每一個夢中，我們都必須認為睡眠欲求是夢的形成的動機之一，而且每一個成功的夢都是這種欲求的滿足。關於這個普遍的和不變的睡眠欲求與其他輪流在夢內容中得到滿足的欲求之間的關係，我們將在別處加以討論。但是我們在睡眠欲求中發現了一些因素，可以彌補斯特魯佩爾和馮特的理論的不足，並可說明對外界刺激解釋的反常性和任意性。對外界刺激的正確解釋——睡眠心靈絕對有能力做出這樣的解釋——需要我們主動的興趣關注，因而將會要求睡眠告一結束。正因為如此，在所有可能的解釋中，只有那些與睡眠欲求所施加的絕對稽查作用一致的解釋，才能得到認可。「它是夜鶯，不是雲雀。」[71]因為如果是雲雀，就意味著這對戀人的美好夜晚的結束。在所有被認可的解釋中，被挑選出來的解釋，是最符合於潛藏在內心的欲求衝動的一個，因此，每一件事都被明確地決定了，並不帶有絲毫任意性。錯誤的解釋並不是錯覺，而可說是一種遁詞。但是，正如受到夢的稽查作用的影響，而藉由置換作用產生一種替代時一樣，我們不得不承認此時發生的現象，也偏離了正常的精神過程。

當外界神經刺激和內部軀體刺激的強度足以引起心靈對它們的注意時，它們——如果它們導致了做夢，而未將睡眠者喚醒——就成為夢的形成的一個固定點，成為夢的材料中的一個核心。接著將會尋找一個與這個核心相應的欲求滿足，正如在兩個精神性夢刺激間尋找中介意念一樣。在某種程度上，確實有許多夢的內容受到了軀體因素的支配，在這種極端的夢例中，為了要建構夢境，甚至會喚起某種並非當前活動著的欲求。不管怎樣，夢必須表現欲求的滿足，夢所面臨的任務似乎就在於發現某種欲求，而可藉由當前活動著的感覺得到滿足。即使這種活動著的感覺是令人苦惱的或痛苦的，也不一定代表它不能用來建構夢境。在心靈可支配的欲求中，有一些欲求在得到滿足時會帶來痛苦，這看起來似乎自相矛盾，但是當我們考慮到存在著兩種精神動元以及兩者之間存在著一種稽查作用時，這種矛盾就變得完全可以理解了。

我們已經知道，心靈中存在著某些被潛抑的欲求，這些欲求屬於第一系統，它們的滿足會受到第二系統的反對。當我談到「存在著某些欲求」時，並不是在做一種歷史性的敘述，彷彿認為它們曾一度存在，而後來被廢棄了。相反地，潛抑理論——這是研究精神神經症的基礎——認為這些被潛抑的欲求仍持續存在著，雖然也同時存在一種抑制作用壓制著它們。我們在語言使用中說到：對這些衝動的「壓抑」，這確實使用了正確的詞語。能讓這些衝動突破抑制而得到實現的精神機制，始終存在且維持著工作狀態。然而，如果這種被壓抑的欲求真的得以實現，而第二系統（可進入意識的系統）的抑制作用被克服了，這種失敗就會表現為痛苦。總之，如果在睡眠時出現一種來源於軀體的痛苦感覺，夢的工作就會利用這種感覺以表現某種原來受壓抑的欲求的滿足，雖然這種滿足在一定程度上還受著稽查作用的約束。

這種事態可以說明一組焦慮夢——不符合欲求理論觀點的夢構造，而另一組焦慮夢則有著不同的機制。因為夢中的焦慮可能是精神神經性的焦慮：它可能起源於心理性興奮——在這種情況下，焦慮相當於被潛抑的原欲。果真如此，這種焦慮就和所有焦慮夢一樣，具有精神官能症症狀的意義，而我們也就來到了一個邊界，在此夢的欲求滿足意向將會瓦解。但也有一些焦

71 牛津版註：摘自《羅密歐與茱麗葉》第三幕第五景一～三行：「你就要走了？天還沒亮，還早呢，那是夜鶯呀，不是雲雀在一聲聲叫。直鑽進你耳朵，讓你擔驚受怕。」

慮夢，其焦慮的感覺是由軀體決定的——例如由於肺病或心臟病而引起呼吸困難——在這種情況下，它可以被用來幫助那些受到強烈壓抑的欲求在夢境中獲得滿足，雖然這些欲求若是因精神理由進入夢境之中，也將會引發同樣的焦慮感。然而，要調和這兩組顯然不同的焦慮夢也非難事，在兩組焦慮夢中都牽涉到兩種精神因素：情感的傾向和意念內容，而兩者是密切相關的，如果其中一種因素當時正在活動，它甚至可在夢中喚起另一個因素。在一種情況下，受軀體決定的焦慮感喚起了被壓抑的意念內容，而在另一種情況下，則是伴有性興奮的意念內容，由於從潛抑中獲得解放，而引發了焦慮感。我們可以說，在第一種情況下，由軀體決定的情感得到了精神性的解釋，而在另一種情況下，雖說都是由精神決定的，但受壓抑的內容可輕易地用一種與焦慮感相符合的軀體解釋來加以取代。我們在理解這一點上所遭遇的所有困難，都跟夢無關：這些困難的產生，乃是因為我們在此討論的是焦慮生成和潛抑的問題。

在內部軀體刺激當中，無疑包括了整體身體感覺，它能支配夢的內容。這並不是說它本身能提供夢的內容，而是說它能強迫夢念在選擇將要表現在夢內容中的材料時，選取較適合其特性的部分，而捨棄其他部分。此外，從前一天遺留下來的整體身體感覺很可能與精神殘餘物有所關聯，而這種精神殘餘物對夢有著重要的影響。

因此在我看來，除非睡眠中的軀體刺激來源（也就是說，睡眠時的各種感覺）有著不尋常的強度，否則在夢的形成中，其所發生的作用與前一天遺留下來的那些近期而無關緊要的印象並無不同。我認為它們只有在切合於來自夢的精神來源的意念內容時，才有助於夢的形成，否則便無所助益。它們就像某種便宜的材料，總是隨手可得，而可以隨時加以利用。它們不同於珍貴的材料，材料本身就限定了使用的方式。打一個譬喻，就像藝術贊助者請一位藝術家將一塊罕見的寶石——譬如一塊條紋瑪瑙——雕成一件藝術品，這時寶石的大小、色澤和紋理將會有助於藝術家選擇表現的主題和場景。然而如果只是一塊標準而常見的材料，如大理石或砂岩，則藝術家只須憑他自己心中出現的意念就可以進行加工了。在我看來，只有以這種方式，我們才能解釋為什麼由普通強度的軀體刺激所提供的夢內容，並不會在每一晚或每個夢中都有所表現。

為了說明我的意思，最好還是舉一個夢例並加以解釋。有一天，我一直努力想要了解運動受抑制、動彈不得、力不從心等等感覺的意義，這些感覺經常出現於夢中，與焦慮感非常相似。當晚我就做了下面的夢：

> 我幾乎衣不蔽體，正從公寓的一樓爬樓梯到樓上。我上樓梯時，一次跨了三級階梯，我為自己的矯健步伐感到高興。突然我看到一位女僕從樓梯走下，也就是說，迎面向我走來，我感到羞愧難當，而想要加快步伐。就在此時我覺得受到了抑制：我的雙腳動彈不得，而無法離開原地。

分析

夢中的情景來自日常生活中的事實。我在維也納有一棟兩層樓的樓房，兩層樓間只有一個公用樓梯；樓下是診療室和書房，樓上是起居室。我每天深夜在樓下做完工作後，便爬樓梯回到臥室。在我做夢的當晚，我確實衣冠相當不整地走過這段短短的路——也就是說，我已經取掉了硬領、領帶和硬袖。在夢中，這種情況變成了更嚴重的衣衫不整，但就像通常的情況，夢境並不清楚。我平時上樓時總是一步兩級或三級，而這在夢境本身中就被認為是一種欲求的滿足：我輕鬆地做到這一點，讓我對自己心臟的功能感到放心。此外，這種上樓的方式正好與後半段夢中受抑制的感覺形成鮮明的對比。它向我表明——其實並不需要證明——夢可以毫無困難地表現出完美進行的運動動作。（只需想想飛翔的夢就行了！）

但是，我爬上的那段樓梯並不是我家中的樓梯，開始時我認不出它，而只有那個迎面向我走來的人才讓我明白它所指的是什麼地方。那個人就是我每天登門兩次為她打針的那位老婦人的女僕，而那樓梯正是我在她家一天必須爬兩次的樓梯。

為什麼這段樓梯和女僕的形象會進入我的夢境之中呢？那種因衣衫不整而產生的羞愧感覺無疑帶有性的色彩，但是我遇見的這位女僕比我老，既粗魯又不動人。對於這個問題，我所想到的唯一答案是：每當我早晨去拜訪這戶人家時，我在上樓時總有一種想清喉嚨的欲望，於是就把痰吐在樓梯上。這兩層樓都沒有擺放痰盂，所以我認為，如果樓梯無法保持清潔，那不能歸咎於我而只能歸咎於沒有痰盂。那位女管家——同樣也是一個粗魯的老婦人（但我得承認她有愛清潔的習慣）——對這件事則持有不同的看法。她會暗中窺視我，看我是不是又糟蹋了樓梯。如果她發現我吐痰，我就會聽見她大聲地抱怨，之後的好幾天，我們碰面時她會連招呼都不打。做夢的前一天，這位女管家在女僕那兒找到了結盟者。我和往常一樣，匆忙地看完了女病人的病，未料到女僕在大廳裡攔住我說：「醫生，你今天進房間以前本可以擦擦靴子的，你的腳又把紅地毯全部弄髒了。」這就是樓梯和女僕出現在我夢中的唯一原因。

我跑上樓梯與我在樓梯上吐痰，這兩件事情之間有著一種內在連繫：咽喉炎與心臟病都被認為是對吸煙惡習的懲罰。而且由於吸煙的習慣，我自己的女管家對我清潔習慣的評價，並不會比另一位女管家的評價好，所以兩者在夢中是合而為一的。

我必須暫緩對這個夢的進一步解釋，直到我能解釋衣衫不整的典型夢的起源為止。我現在只能從這個夢中得出一個暫時的結論：夢中運動被抑制的感覺，只有在特定情節需要時才會產生。夢的這一部分產生的原因，不能歸於睡眠時我的運動能力所發生的特殊變化，因為僅僅在不久以前，我還看到自己（似乎就是為了證明這個事實）輕快地跑上了樓梯哩。

四、典型的夢

一般說來，如果別人不願意與我們交流其隱藏在夢背後的無意識思想，我們便無法解釋他的夢，我們釋夢技術的實際可用性當然也會因此受到嚴重的限制。我們知道，每個人通常都以他自己的特定方式來建構他的夢境世界，因而使得別人難以理解。但是，現在我們發現了一些與此完全相反的夢：每個人所夢見的夢境都大致相同，而我們常認為這種夢對每個人而言必定有著相同的意義。這些典型的夢之所以特別有趣，是因為不論誰做這種夢，大概都出於同一來源，因而我們覺得這種夢似乎特別適合用來研究夢的來源。

在處理這些典型的夢時，我發現我受到了下述情況的阻礙：在我自己的經驗中，我未曾接觸過夠多的這一類夢例，因此我只能就這個領域中某些典型的例子，提供較為充分的評估。我將選擇我們稱之為赤身裸體的窘迫夢，與摯愛親人死亡的夢來作為研究的對象。

有些人夢見自己在陌生人面前赤身裸體或衣衫不整，卻毫無羞愧之感。但我們在此討論的夢，卻是夢見自己裸體而且確實感到羞愧和窘迫，卻在想要逃開時又發生一種奇特的抑制，感到寸步難行，無法改變這種尷尬的場面。只有伴隨這種現象的夢才算是典型的夢，否則這種內容便可發生在各種不同的情節中，並且因人而異了。這種典型的夢的本質，在於伴有一種窘迫的羞愧感，在於存在著一種想要——通常是以某個動作——掩蔽裸體的欲求，但又力不從心，動彈不得。我相信大多數讀者都曾在夢中發現過自己處於這種窘迫的困境。

這種衣衫不整的性質和種類通常不是很清晰，夢者可能說：「我穿著內衣」，但很少有一個清晰的意象。這種衣著不整的狀態通常非常模糊，所以描述起來也是模稜兩可的：「我穿著內衣或襯裙。」一般說來，夢者的衣著不整通常不會嚴重到讓人感到羞愧的程度，在穿著皇家軍服的男子身上，往往以違反軍隊風紀的穿著代替了裸露：「我沒戴佩刀在街上行走，正好看見幾位軍官迎面走來」，或者是「我沒有繫領帶」、「我穿著一條方格便褲」等等。

一個人感到羞愧時，在場的旁觀者總是一些陌生人，很難認出他們的面貌。在典型的夢中，夢者因衣著不整而感到窘迫時，旁觀者從未反對或注意到夢者的服裝。相反地，他們往往表現出無所謂的態度，或是一副嚴肅而呆板的神情（如我在一個特別清晰的夢中觀察到的），這一點是值得我們思考的。

夢者的窘迫和旁觀者的漠不關心湊在一起，構成了夢中經常出現的一種矛盾。如果旁觀的陌生人表現出吃驚、嘲弄或憤怒，一定會更加符合夢者的情緒。但是我認為，這種表達反對的特性已被欲求的滿足所移除了，而其他特性卻因某種力量而被保留下來，結果導致了夢的兩個部分之間的不協調。我們有一個有趣的例證，可以證明這一類的夢——由於欲求的滿足而受到了部分的偽裝——還沒有真正為我們所理解。正是根據這一類的夢，漢斯・安徒生寫出了他那家喻戶曉的童話，[72]而最近路德維希・弗爾達在他的童話劇《吉祥物》中也做了詩意的運用。[73]安徒生在《國王的新衣》中告訴我們，兩個騙子如何為國王織了一件貴重的長袍，而且說只有具有高貴品德和忠誠的人才能看得見。國王穿上了這件看不見的長袍走了出來，所有的旁觀者害怕這件長袍真的擁有測試他們忠誠的能力，竟假裝未注意到國王赤身裸體。

我們夢中的情境也正是如此。我們不妨假設，當不可理解的夢內容存在於記憶中時，會讓自身接受一種重塑，以使這個不可理解的情境具有某種意義，因此這種情境會失去它原有的意義，而被運用在其他的目的上。我們在後文中將看到，第二精神系統的意識思維活動以這種方式曲解夢內容乃是一種常見的現象，而且這種曲解必定得被視為是決定夢的最後形式的因素之一。此外，我們還將發現，類似的曲解（也存在於同一精神人格中）在形成強迫意念和畏懼症

72 佛註：即《國王的新衣》。牛津版註：漢斯・克利斯提安・安徒生（一八〇五～一八七五），丹麥童話故事作家。

73 牛津版註：路德維希・弗爾達（一八六二～一九三九），當時極受歡迎的德國劇作家。《護身符》（*Der Talisman*, 1893）改編自《國王的新衣》，標題「護身符」（Talisman）代表「說出實話的勇氣」（der Mut der Wahrheit）。

中也起著重要的作用。在我們的夢中，還可以指出什麼是引起曲解的材料。騙子就是夢境，國王就是夢者本人，而夢的道德傾向則透露出夢者隱約知道下述事實：夢的隱意與被禁止的欲求有關，而這個欲求已成為潛抑的犧牲品。在我對精神官能症患者的分析過程中，從這一類夢出現的脈絡來看，它們無疑是以最早童年時期的記憶為基礎。只有在我們的童年時期，我們才會讓家庭成員和陌生人——保母、女僕和客人——看到我們衣衫不整的樣子，也只有在那時，我們才不會因自己的赤身裸體感到羞愧。[74]我們可以看到，有很多小孩甚至在長大了一些之後，還是以裸露身體為樂，而不會感到羞愧。他們笑著跳著，拍打自己的身體，這時他們的母親或任何其他在場的人，就會喝斥他們說：「咳，真糟糕，不准再這樣了！」兒童總有一種裸露的欲望，不論你走到世界上的哪一個農村，你總可碰見幾個兩、三歲的小孩，當著你的面掀起他的小衣裳——也許是正在向你致敬呢！我的一位病人還能有意識地記起他八歲時的一幕情景：在他準備上床睡覺而只穿著內衣的時候，他想跳著舞闖進隔壁妹妹的臥室，但被保母攔住了。在精神官能症患者早年的生活史中，對異性兒童裸露自己起了重要的作用。在妄想症中，脫衣穿衣時都覺得有人窺視這一妄想，也可以追溯到這一類經驗。而在停留在性變態階段的那些人中，有一類人的這種幼兒衝動已達到了症狀的程度——暴露狂。

當我們回過頭去看這段沒有羞恥心的童年時期，它就像是天堂，而天堂本身也不過是一個對自己童年的集體想像物（group phantasy），這就是為什麼人類在樂園中彼此袒裎相處而不感羞愧的原因。羞愧和焦慮一旦覺醒，人們便被逐出了樂園，性生活和文化活動的任務也就開始了，[75]但是我們每晚仍能返回天堂。我大膽揣測最早童年時期（從出生前到滿三歲）的印象，不管它們的實際內容為何，會在本質上力求再現，而且這些印象的重現構成了一種欲求的滿足。因此赤身裸體的夢就是**暴露夢**。

暴露夢的核心在於夢者本人的形象（不是兒童時的形象，而是現在本人的形象）和他的衣衫不整，後者總是表現得模糊不清，這也許是由於後來無數衣衫不整的記憶的重疊，也許是由於稽查作用的結果。此外，還要加上那些使夢者感到羞愧的在場的人的形象。就我所知，在夢境中從未出現過真正兒時的旁觀者，因為夢很少是一個簡單的回憶。奇怪的是，我們童年性興趣所關注的對象都不會再現於夢、歇斯底里症和強迫症中；只有在妄想症中，這些旁觀者才會再度出現，雖然仍看不見，但卻在幻想中確信他們存在。在夢中代替他們的人——「一群陌生人」，他們並不注意這個場景——事實上是對夢者在他面前裸露自己的那一個熟悉的人的一種**所欲的倒反**。順道一提，「一群陌生人」經常在夢的許多其他脈絡中出現。作為一種有所欲的倒反，他們總是意味著「一個祕密」。我們注意到，即使在妄想症中，當情境回復到它們原初的狀態時，也可以看到這種倒反的傾向。患者覺得自己不再是獨自一人，他無疑被人窺視著，但窺視者是「一群陌生人」，形象模糊，難以辨識真面目。

此外，在暴露夢中，潛抑也起著一定的作用。夢中窘迫的感覺是第二系統對於裸露場景的

74 佛註：小孩也出現在這個童話故事中，因為在故事裡，有一個很小的孩子突然喊道：「但是他什麼衣服都沒穿！」

75 牛津版註：此處佛洛伊德對複數名詞使用單數動詞，可見他幾乎把這兩項東西在文化發展中視為一體，在後來的版本中亦如此。

反應，儘管它禁止這些場景，但是它們仍然再現了出來。如果要避免這種窘迫的感覺，這些場景也就不會再現了。

關於受抑制的感覺，我們在後文中還會討論。在夢中，受抑制的感覺巧妙地表現了意志及其否定的衝突，無意識的目的要延續這一裸露場景，稽查作用則竭力加以中止。

典型的夢與童話及各種創造性文學的素材之間存在的連繫絕不是出於偶然或巧合。作家一般只是這種轉化過程的工具，但有時某位眼光犀利的作家能分析性地認識到這種轉化的過程，而以相反的方向，將其作品回溯到夢境之中。我的一個朋友要我注意歌特弗里德・凱勒的《年輕的海因里希》中的一段文字：「親愛的李，我希望你永遠不會在自己的親身體驗中，了解奧德賽渾身泥土，赤裸裸地出現於瑙西卡和她的女伴眼前的那種妙趣橫生的困境的真正情形。你想知道在這個情境中發生了什麼樣的事情嗎？我們可以來分析這個例子。如果你漂泊異鄉，遠離家鄉和親人，如果你歷盡人世滄桑，飽經憂患，孤苦伶仃，你總有一晚會夢見你將回到久別的家園，你將看到它閃耀著迷人的光彩，許多你最摯愛的人朝著你走來。接著你猛然發現自己身上只有一片破布，赤裸裸而且滿布塵土，你將陷於一種莫名的羞愧與恐懼中，慌亂地想尋件衣服蔽體，或找個地方躲藏起來，而後大汗淋漓地驚醒過來。只要一息尚存，一個悲傷的異鄉遊子就免不了要做這個夢。荷馬就是從最深邃的永恆人性中，找尋到這一個困窘的情境。」[76]

最深邃的永恆人性——詩人會在讀者的內心深處喚醒它們——就是根源自已不復記憶的童年時期的內心衝動。在遊子不受責備的欲求背後——這一欲求可以進入意識中——隱藏著那些被壓抑和被禁止的童年欲求，它們藉此突破束縛而進入夢境之中。這就是為什麼在瑙西卡傳說中得到了具體的表現的這一類夢，總是會變成焦慮夢的緣故了。

我那跨步上樓，過了一會兒，又發現自己動彈不得的夢（上文頁二九九～三〇〇），同樣也是一個暴露夢，因為它具有相同的基本元素。所以它應該也可以追溯到我的童年體驗，如果我們能發現這些體驗，就能幫助我們判斷這個女僕對我所做的行為（罵我弄髒了地毯）能在何種程度上有助於她處於夢中所處的地位。事實上，我能夠提供解釋所需的細節。人們已經從精神分析中知道，時間上的接近可以解釋為題材之間的連繫，兩個並無明顯連繫的思想接續著出現，它們事實上都屬於一個有待發現的統一體，正如我寫了a馬上寫b，它們就必須讀成一個音節ab，夢也是如此。我所說的上樓梯的夢來自某一系列的夢，而且我也深知這一系列中其他夢的解釋。既然這個特殊的夢與這個系列中其他的夢有所連繫，則它所處理的必定也是同一題材了。這些其他的夢的根源是我對一位保母的記憶，她從我嬰兒期到兩歲半一直照顧著我。我的母親不久前告訴我，她又老又醜，但卻精明能幹。我從自己的夢中可以推斷出，她並非總是以和善的態度對待我，如果我達不到規定的清潔標準，她會非常苛刻地加以責備。因此，由於這位女僕負起了繼續這一教育工作的職責，她就有資格在我的夢中作為早年那位保母的化身。我們還

76 牛津版註：荷馬史詩《奧德賽》第六卷一開頭，瑙西卡公主發現遭到海難的奧德修斯被沖到費埃克斯的海灘上。偉大的瑞士小說家歌特弗里德・凱勒（一八一九～一八九〇）寫下他的大作《年輕的海因里希》（*Der grüne Heinrich*），有兩種版本，分別出版於一八五四～一八五五及一八七九～一八八〇。故事主人翁海因里希・李，接受他的美術老師羅彌兒這句忠告，後來果然印證了兩次，首先是羅彌兒在巴黎精神異常不幸死亡，後來是海因里希未完成美術學業，從慕尼黑一路窮困潦倒回到故鄉。

能假定，儘管保母會苛刻地責備他，這個孩子卻仍然喜歡這位教導他的老女人。[77]

另一組典型的夢則是父母、兄弟姊妹和子女等至親死亡的夢。親人死亡的夢可區分為兩類：在第一類夢中，夢者對親人的死亡無動於衷，清醒後也對自己缺乏感情感到驚訝；在第二類夢中，夢者則對親人的死亡深感悲慟，甚至在夢中哭泣不已。

我們不必考慮第一類的夢，因為它們算不上「典型的夢」。如果我們進行分析，當可發現它們有著不同於顯夢的意義，而且意圖掩飾某種其他欲求。看見她姊姊的小兒子躺在棺材裡的那位阿姨的夢（上文頁二二〇～二二一）便屬此類。那個夢並不意味著她希望小外甥死去，如我們所知的，它不過是隱藏著一種欲求，希望能夠在闊別多時之後，再度看見一位她所鍾情的人——她曾在另一位姪子的棺材旁，與這個人久別重逢。這個欲求才是夢的真正內容，根本沒有為其悲哀的理由，夢中當然也就沒有悲慟之情了。值得注意的是，夢中的情感屬於隱意而不屬於顯意，夢的意念內容雖然受到了偽裝，但是夢的情感內容卻未受到此一偽裝的影響。

第二類夢則大不相同，在這些夢中，夢者想像一位至親的死亡，同時深感悲慟。正如夢的內容所表明的，這一類夢的意義乃是一種希望這位親人死去的欲求。既然我可以預期所有我的讀者以及所有做過這種夢的人必然會反對我的解釋，因此我必須在最廣泛的基礎上證明我的論點。

我們已經解釋過一個夢，它讓我們了解，在我們的夢中得到滿足的欲求，並非總是當前的欲求，它們也可以是過去的欲求，而已經被捨棄、被掩蔽或被潛抑了，但是我們仍必須承認它們的持續存在，只因為它們會在我們的夢中重現。就我們對死去的定義而言，它們並未死去，而是像《奧德賽》中那些幽靈一樣，一喝到鮮血又會以某種生命形式甦醒過來。[78]在那個箱子中的死去的小孩的夢中（上文頁二二二），就存在著一個十五年前的欲求，而且夢者也坦承那時確曾存在過這個欲求。我還要補充一點——這一點對於夢的理論也不無意義——甚至在這個欲求的背後，還潛藏著夢者最早童年時期的記憶。當她很小的時候（時間不能確定），她曾聽說她的母親在懷她時曾陷入嚴重的憂鬱之中，因此渴望腹中的胎兒死去。當夢者本人長大也懷孕時，她不過是追隨母親的腳步罷了。

如果任何人夢見自己的親人如父母或兄弟姊妹中有人死去，而且心中充滿了傷慟，我絕不會引用這個夢來證明夢者**現在**希望親人死去。夢的理論並不會做這樣重大的質問，而只會推論出夢者在童年某段時期曾經希望他們死去。然而我擔心這種保留說法還不足以平息反對的意見，他們會否認他們**曾**經有過這種想法，如同他們堅稱現在沒有這種欲求一樣。所以我必須在現在仍存在著的證據的基礎上，重新建構一部分已經消失了的兒童精神生活。

讓我們首先考慮兒童與其兄弟姊妹的關係。我不懂我們為什麼會認為這一定是一種互相友愛的關係，因為在每一個人的經驗中，都有著一些存在於成人手足之間的敵意的例子，而且我

77 佛註：此處是這個夢的多重解釋：既然「spuken」（鬼魂出沒）是一種鬼魂（spirits）的活動，則「吐痰（spucken）在樓梯上」可大致翻譯為：「esprit d' escklieo」；而這後一短語相當於缺乏急智——這是我自己必得承認的缺點，我懷疑我的保母是不是也缺乏這方面的能力。

78 牛津版註：《奧德賽》第十一卷中，奧德修斯宰殺羊群，讓靈魂喝下羊的鮮血，以此召喚死者的靈魂。

們往往發現這種不和起源於童年，或是一直存在著。但是也有許多成人，他們在童年時一直與手足們保持敵對的關係，今日卻能和睦相處，和衷共濟。年長的兒童虐待年幼的兒童，謾罵他，搶奪他的玩具，年幼的兒童敢怒不敢言，又害怕又嫉妒，或是以第一次爭取自由的衝動和正義感來對抗這個壓迫者。父母總是抱怨孩子不和，但不知是什麼原因。其實不難看到，即使是一個好小孩的性格，也不同於我們期待在成人身上見到的性格。兒童是完全自我中心的，他們強烈地感受到自己的需要，不顧一切地尋求滿足，特別是會犧牲他的對手——其他兒童——而首當其衝的就是自己的兄弟姊妹。但是我們並不因此稱他是「壞」孩子，只說他「頑皮」。在我們的判斷中，或是在法律上，他都不須為他的不良行為負責。這種看法是正確的，因為我們可以期待，在我們所謂的兒童期結束之前，利他衝動和道德感將會在這個小利己主義者的心中覺醒，而（如梅勒特所說的）續發性自我將掩蓋和抑制原發性自我。當然，並不是各個方面的道德都同時發展，而且無道德期的長短也因人而異。如果這種道德未能得到發展，我們便稱之為「退化」，儘管它實際上是一種受阻的發展。在原發性格被後來的發展掩蓋之後，它至少仍能部分地在歇斯底里症中再現出來，在我們所謂的歇斯底里性格與頑皮兒童之間，存在著驚人的相似性。相反地，強迫症則相應於一種過度的道德，當原發性格蠢蠢欲動時，它會強化對於原發性格的壓制。

因此，許多人頗有手足之情，其中如有人死去，其餘的人將會感到傷慟。但是在他們的無意識中，仍存在著來自童年的邪惡欲求，並能在夢中得到實現。然而，觀察兩、三歲或稍大一點的兒童對待其弟妹的態度，將會特別有趣。例如，有一個小孩一直是獨子，現在他聽說鸛鳥為他帶來了一個新的嬰兒，他審視著這個新嬰兒，然後用很堅決的口氣說：「讓鸛鳥再把他帶回去吧！」我深信兒童能正確地預估這位陌生人即將帶給他的損失。我認識一位婦人，她與比自己小四歲的妹妹現在相處得很融洽。她告訴我，她聽到她妹妹出生的消息時很高興，但有保留地說：「但不管怎樣，我不能把我的紅帽子給她。」即使兒童要到後來才會了解這種不利的情況，但他從那時起就會開始產生敵意了。我知道有一個不滿三歲的小女孩曾試圖把一個嬰兒掐死在搖籃裡，因為她覺得讓嬰兒繼續生存下去對她沒有好處，這個年紀的兒童已能出現明顯和強烈的嫉妒心。或如果這個嬰兒真的夭折了，較大的小孩將會發現自己又成為全家關愛的焦點，如果之後鸛鳥又送來了另一個嬰兒，這位小寵兒自然希望他的新競爭者遭遇與前一個嬰兒相同的命運，那自己就會像在弟妹未出生或死亡之後時一樣快活了。當然，在正常情況下，兒童對其弟妹的態度純粹受到年齡差異的決定，如果年齡差異較大，女孩對於孤立無助的新生兒就開始感到母性本能的驅動了。

兒童期對弟妹的敵對情緒，其頻繁一定遠超出不夠敏感的成人們的觀察。

我自己小孩的出生一個緊接著一個，以致我失去了觀察他們這方面現象的機會。現在我觀察我的一個小外甥，以彌補這種疏失。他專橫統治了十五個月之後，由於一個小女孩對手的出世而遭到了挫折。據說這位小男生對他那小妹妹頗有騎士風度，吻她的小手，撫摸她。但是我敢相信，甚至在他還不到兩歲時，他便運用他的語言能力來批判這個他認為是多餘的人了。當大人的話題觸及她時，他總是插進來大聲喊：「她太小！她太小！」最近幾個月，這個嬰兒已逐漸長大，不能再罵她太小了，於是這個小男孩又找了另一個理由，認為她不值得受到這麼多的注意：一有機會他就要大家注意她還沒長牙齒。我們都記得我的另一位姊姊的大女兒，她在六歲的時候花了半個鐘頭纏著她的阿姨逐一地詢問：「露茜還不懂那件事，是嗎？」要大家都贊同她的看法。露茜是比她小兩歲半的敵手。

例如，在我所有的女病人中，我都發現了這種兄弟姊妹死亡的夢，都切合於這種增強的敵意。我只發現過一個例外，但可輕易地加以解釋，並作為這一規則的佐證。在一次分析中，我向一位女病人解釋了這個主題，因為從她的症狀來看，我覺得這一方面的討論似乎是值得的。使我驚訝的是，她自己從未做過這一類的夢。但是她曾做過一個表面上與這一主題無關的夢，那是在她四歲的時候，當時她是全家最小的孩子，此後這個夢反覆地出現：一大群兒童——都是她的哥哥姊姊和堂哥堂姊——在一個操場上嬉戲。突然，都長出了翅膀，飛上了天，就此消失不見。她不知道這個夢是什麼意思，但是不難看出，這個夢的原型是她的所有兄弟姊妹死亡的夢，只稍微受到稽查作用的影響。我敢大膽提出如下的分析：有一天，這群孩子中的某個孩子死了（在這個例子中，兩兄弟的孩子一起被撫養，就像一個家庭似的），於是這個還不到四歲的夢者就去問一個聰明的大人：孩子們死了是怎麼回事？回答想必是：「他們長了翅膀，變成小天使。」聽了這話之後，夢者的兄弟姊妹在夢中就都長上天使般的翅膀，並且——這是主要的一點——飛走了。只有我們這位小小天使製造者[79]被單獨留了下來——想想這種情況！——一群人中唯一的倖存者！在操場上嬉戲而後飛走的那群兒童無疑是指蝴蝶，這孩子似乎發生了與古代人相同的聯想，他們所描繪的靈魂有著蝴蝶般的翅膀。

這時或許會有人打斷我的話反駁說：「即使兄弟姊妹之間存在著敵對衝動，但怎麼能設想一個孩子竟然壞到這種地步，希望他的對手或比他強的玩伴死去，好像一切罪過都只能用死來懲罰。」凡是講這種話的人都沒有注意到兒童關於死的概念與我們對這個字的概念毫無共同之處。小孩了完全不理解腐化的可怕、冰冷的墳墓以及無盡虛無的恐怖。大人則對這些概念感到難以忍受，這可從種種關於未來世界的神話中得到證明。小孩根本不懂對死亡的恐懼，因此他可以把這句可怕的話當作兒戲，並且用來嚇唬玩伴：「如果你再做，你就會死，像弗朗茲那樣！」可憐的母親聽了這話會嚇得發抖，因為她或許會想到，有一大部分的人活不過兒童期。一個八歲大的兒童在參觀自然歷史博物館後，很可能對他母親說：「我是多麼愛您！如果您死了，我就會把您製成標本放在房裡，讓我可以隨時看到您！」孩子和我們之間關於死亡的概念竟有如此天壤之別。

此外，對於從未看見過死亡前痛苦情景的兒童來說，「死去」意味著「走開」——不再打擾活著的人。小孩弄不清這種不在場是如何造成的：他們不知道這是否是由於旅行、解僱、疏遠或是死亡。如果在一個小孩的最早童年時期中，他的保母被解僱了，不久後他的母親又死了，在分析中可以發現，這兩件事情會在他的記憶中重疊在一起。許多母親感到很傷心，因為當她們在暑假時離家旅行幾個星期之久，回到家之後問起孩子的反應，她們會聽到：「孩子從未問起媽媽，一次都沒有。」如果母親真的到了那「未知的國度，未曾有旅人歸來的國度」，[80]小孩

79 牛津版註：「Engelmacherin」是稱呼「助人墮胎者」的粗俗字眼。
80 牛津版註：摘自《哈姆雷特》第三幕第一景八一～八二行。

最初似乎忘記了她，只有到了後來才會開始思念亡母。

因此，如果一個小孩有理由期望另一個小孩不在的話，並沒有什麼事情可以阻止他用其他小孩死亡的形式來表達他的欲求。而且對於包含著死亡欲求的夢的精神反應證明了，儘管兒童的欲求有著不同的內容，它們仍然在某個方面上與成年人的類似欲求相同。

然而，如果一個小孩希望他的兄弟姊妹死去的欲求，可以用這個小孩的自我中心加以解釋，他因此把對方視為競爭的對手，那我們要如何解釋他對自己父母的死亡欲求呢？父母把他撫養長大、愛他、滿足他的需要，即使是從自私的動機來看，他也不應該期望自己的父母死去吧！

這個困難可以由考察父母死亡的夢得到解決，死亡的父母多半為夢者的同性：也就是說，男子一般夢見父親死去，女子則夢見母親死去。我雖然不敢說所有的夢都是如此，但我所指出的這種傾向非常地明顯，因此需要一個具有普遍重要性的因素才能做出解釋。大致說來，人們似乎在很小的時候就存在著一種性偏好：男孩彷彿把父親當作情敵，女孩則把母親當作情敵，而排除對手必定會對自己有好處。

在把這種看法斥為邪說之前，大家最好考慮一下父母和兒童之間的真實關係。我們必須要把孝道文化標準對這種關係的要求與我們日常觀察到的真實情況區分開來。在父母和兒童的關係中，經常隱藏著敵意——這種關係提供了大量的機會，而創造出某些無法通過稽查作用的欲求。首先讓我們考慮父子之間的關係。我認為我們對於「十誡」的尊崇，已經影響了我們觀察真實事物的能力，我們似乎不敢承認大多數人已公然違背了第四誡律。[81]在人類社會的最底層和最高層，孝順的優先性已被其他利益所取代。原始人類社會的神話和傳說向我們模糊地呈現出來的，只是一幅父親專制霸道且冷酷無情的不愉快場景：克羅諾斯吞食了他的孩子，就像公野豬吞食了母豬的仔豬一樣，而宙斯則閹割了他的父親，並取代了父親統治者的地位。在古代家庭中，父親的統治越嚴厲，作為法定繼承人的兒子就越會發現自己對父親充滿了敵意，越發迫切地期望父親死去，而使自己變成統治者。甚至在我們的中產階級家庭中，父親通常也反對兒子獨立，拒絕支持他們，從而滋長了彼此之間固有的敵意。一個醫生經常得以站在特別的位置上，觀察到這個現象：在父親死去時，兒子的悲慟並無法抑制住因最終獲得自由而感到的滿足心情。在我們今日的社會中，父親往往緊抱著早已過時的「父性權威」的殘跡不放，而像易卜生那樣的作家，則把古老的父子衝突寫入他的創作中，這必然會造成一定程度的影響。母女之間表現的又是另一種衝突，當女兒已開始發育並渴望著性自由時，卻發現自己處於母親的監督之下。另一方面，目睹女兒含苞待放，母親驚覺自己的年華已逝，而必須放棄對性滿足的要求了。

所有這一切都是有目共睹的，但是它們仍無法讓我們解釋：對於那些把孝道視為天經地義的人而言，怎麼會出現父母死亡的夢呢？然而以上的討論已經為我們做好了準備，提示我們回到童年初期尋找對父母死亡欲求的解釋。

對精神神經症患者的分析確切地證實了上述的假設。我們從這些病例中認識到，小孩的性

81 牛津版註：佛洛伊德的第四誡律與天主教會、路德教派一樣採用聖．奧古斯丁的說法，指的是「榮耀你的父親和母親」；但是改革宗和英國國教則依循《出埃及記》第二十章，將其歸為第五誡律。

欲求——如果在其萌芽階段就可以這樣描述的話——很早就覺醒了。女孩的最初感情指向她的父親，男孩最初的幼稚欲望則指向母親。因此，父親和母親便分別成了干擾男孩和女孩的對手。在兄弟姊妹的情況中，我已經證明了這一類感情多麼容易變成死亡欲求。父母一般也明顯地表現出他們的性偏愛，通常看到的自然傾向是：父親多半溺愛小女兒，母親則寵愛兒子。然而只要性的魔力還沒有干擾到判斷力，父母還是能夠嚴格管教子女的。兒童對這種偏愛非常敏感，常會反抗父母中不喜歡他的一方。對兒童而言，為成人所愛不僅意味著他的某一特定需要得到了滿足，也意味者他在其他各方面的需要將可獲得滿足。因此，他追隨著自己的性本能，而且如果他的選擇與父母的選擇一致，他同時也會強化父母的這一傾向。

這些幼稚感情的徵兆大部分被人忽視了，而其中一部分甚至在童年早期之後仍能看得出來。我所認識的一個八歲女孩，每當她的母親有事離開餐桌時，她便馬上乘機取代了她的位置說：「我現在就是媽媽了！卡爾，你還要一點蔬菜嗎？好，你自己拿吧！」等等。有一個特別聰明伶俐的四歲女孩，毫不隱瞞這種兒童心理，她公開地說：「媽媽現在可以走了，然後爸爸一定得娶我，我就成為他的太太了。」小孩的這種欲求與她溫順地依戀母親一點也不矛盾。如果一個男孩在父親離家時可以睡在母親身旁，而一旦父親回來他又得回到幼兒室，回到一個他較不喜歡的人的身邊，他當然會希望他的父親永遠離開，以便能夠常躺在親愛的母親身旁。而滿足這個欲求的一個方法就是讓父親死去，因為兒童從經驗中了解，凡是「死」人，譬如說爺爺，總是會離開而且再也不會回來了。

雖然這種對幼兒的觀察完全符合我所提出的解釋，但是對於醫生而言，它們並不像對成人精神官能症患者所做的精神分析那樣具有說服力。當精神官能症患者訴說這一類的夢時，就它們所處的脈絡來看，很難不把它們解釋為欲求的夢。有一天，我的一位女病人痛苦地哭泣著說：「我再也不想看到我的親戚了，他們必定會認為我是一個可怕的人。」她接著告訴了我她所記得的一個夢，當然她自己並不知道這個夢的意義。她在四歲時就做了這個夢：一隻山貓或狐狸在屋頂上走來走去，然後一件東西掉了下來，或是她跌了下來，然後她的母親被抬出屋外，死了。她哭得很厲害，我告訴她，這個夢的意思必定是她在小時候曾經期望她的母親死去。正是由於這個夢，她才覺得親友認為她非常可怕。我剛剛說完，她又補充了一些有關這個夢的材料：「山貓眼」是她很小的時候街上一個小頑童罵她的話，她在三歲時，屋上掉下一塊瓦片打中了她母親的頭，鮮血直流。

我曾有機會對一位經歷了各種不同精神狀態的年輕女子進行了詳盡的研究，她的疾病一開始處於一種混亂的興奮狀態，對她的母親表現出特別的厭惡，只要她的母親一走近床邊，她就又打又罵，與此同時，她對於比自己大兩歲的姊姊則百依百順。接著出現一種神智清醒但相當冷漠的狀態，睡眠極不安穩。我就是在這一階段為她進行治療並分析她的夢。在這些夢中，有許多夢——接受了不同程度的偽裝——跟母親的死亡有關：她有時夢見去參加一位老婦人的葬禮，有時夢見與姊姊一起穿著喪服坐在桌旁。這些夢的意義是不言而喻的。當她的疾病逐漸好轉時，又出現了歇斯底里性恐懼症，在各種恐懼的事物中，最讓她感到害怕的是她母親會突然發生意外。她不論在什麼地方，總是強迫自己匆忙回家，以確定母親仍然活著。這個病例，加上我從其他地方得到的了解，具有高度的啟發性：精神機構以不同的方式對同一刺激意念做出反應，就好像是用不同的語言來加以翻譯一樣。我認為在混亂狀態中，是平時受到壓抑的第一精神動元壓倒了第二精神動元，她對母親的無意識敵意得到了一種強烈的「運動性表現」。當安靜狀態開始時，反叛已經平息，稽查作用又重新建立起來，只剩下做夢這個領域，可以讓她的敵意實現希望母親死亡的欲求。當這種正常狀態更為穩固時，作為一種歇斯底里性的對立反應和防衛現象，又會使她產生對母親的過度關心。因此不難理解，為什麼患歇斯底里症的女孩總是表現出對母親的強烈依附感情了。

另有一次，我曾對一位年輕男子的無意識心理獲得了深入的理解。他患了一種強迫症，幾乎活不下去了。他有不敢上街的苦楚，因為他害怕自己會殺害每一個他所碰見的人。他整天設想著各種證據，如果城內發生殺人案件，他可以證明自己並不在場，因而絕不是殺人兇手。無須多說，他是一個道德高尚和受過高等教育的人。分析證明，（順道一提，這也讓他獲得痊癒）這種痛苦不堪的強迫意念乃是一種謀殺他那過分嚴厲父親的衝動，而令他大為吃驚的是，這種衝動在他七歲時便已有意識地表現出來了。當然，其來源還可追溯到更早的童年時期。當他父親身患重病痛苦地死去以後，病人的強迫性自責便產生了——那時他已三十一歲——而以一種恐懼症的形式轉移到了陌生人身上。他覺得，一個想把自己父親從山頂推入深淵的人，怎麼能相信他會尊重其他與自己無關的人的生命呢？於是他把自己反鎖在房裡，就是理所當然的了。

根據我的豐富經驗，所有後來變成精神神經症患者的兒童，他們的父母在其精神生活中占有主要的地位。在童年形成的精神衝動中，愛戀某一位父母並憎恨另一位是其中的主要成分，也是決定後來精神官能症症狀的重要因素。然而我從來不相信精神官能症患者在這方面與其他人有什麼明顯的區別，也就是說，我不相信他們能創造出絕對創新或獨具特色的東西。更為可能的是——這已從偶爾對正常兒童所做的觀察得到了證實——他們不過是表現出心中對父母強烈的愛與恨，而在大多數兒童的心靈中，這種感情則較不明顯和強烈。這種發現可以由古代流傳下來的一個傳說加以證實：只有我所提出關於兒童心理的假說普遍有效，我們才能理解這個傳說深刻而普遍的感染力。

我想到的就是伊底帕斯王的傳說和索福克勒斯以此命名的劇本。[82] 伊底帕斯是底比斯國王拉伊厄斯和王后伊厄卡斯忒的兒子，他生下來就被拋棄，因為神諭曾警告拉伊厄斯說，這個尚未出世的嬰兒將會是弒父的兇手。嬰兒被人救活，並在異邦做了王子。後來他懷疑自己的身世，又去求取神諭，神諭警告他一定要離開家，因為命運注定他要弒父娶母。他離開了自以為是自己的家後，途中遇到了拉伊厄斯王，在突發的爭吵中殺死了他。他隨後來到了底比斯城，而且解開了攔住他的去路的斯芬克斯向他提出的謎語。底比斯人非常感激他，就推舉他為王，並與伊厄卡斯忒結了婚。他在位很久，國泰民安，受人尊敬，而且和他不知道為其母的王后先後生下兩男兩女。最後底比斯城瘟疫橫行，底比斯人再次去求取神諭，索福克勒斯的悲劇就是由此開始的，使者帶回神諭說，只有把殺死拉伊厄斯的兇手驅逐出境，瘟疫才會終止。

82 牛津版註：伊底帕斯王是索福克勒斯（西元前四九六～四〇六）所寫的戲劇《伊底帕斯王》和《伊底帕斯在科羅諾斯》的主角。

但是他，他在何處？何處去尋找
這古老罪惡的蛛絲馬跡？[83]

這齣戲劇演出的只限於揭示罪惡的過程，巧妙的延宕，一環扣一環，高潮迭起——這個過程很像精神分析——伊底帕斯本人就是殺死拉伊厄斯的兇手，但是他又是被殺害的人與伊厄卡斯忒的親生兒子。由於發現了這個令人厭憎的不幸罪惡，伊底帕斯極度震驚，他刺穿了自己的雙目，遠離家園，神諭終於實現了。

《伊底帕斯王》是所謂的命運悲劇，人們認為它的悲劇效果來自神的最高意志與人類無力逃脫厄運之間的對比。這齣悲劇之所以深深打動觀眾，乃是由於從劇中獲得了人力不能戰勝上天意志的教訓。近代許多劇作家編寫了相同的對比情節，以期得到類似的效果，但是觀眾對於劇中那些無罪的人雖然盡了最大的努力，而詛咒和神諭依然實現了的情節卻無動於衷。這些現代的命運悲劇全然達不到預期的效果。[84]

如果說《伊底帕斯王》這齣悲劇，像它感動當時的希臘人一樣，也感動了現代的觀眾，其唯一可能的解釋只能是：這種效果並不出於命運與人類意志之間的衝突，而是出於其用來表現這一衝突的題材的特性。在我們的內心中必定也有某種呼喊，隨時與《伊底帕斯王》命運中那股強制力量發生共鳴，而對於《女祖先》或其他現代有關命運的悲劇中所虛構的情節，我們卻斥之為無稽之談。在伊底帕斯王故事中確實存在著一個因素，可以解釋我們內心的呼喊。他的命運能打動我們，只因為它也是我們大家的命運——我們和他一樣，在出生以前，神諭已把同樣的詛咒加諸我們身上了。我們所有人的命運，也許都是把最初的性衝動指向自己的母親，而把最初的仇恨和原始的殺戮欲求指向自己的父親。我們的夢證實了這種說法。伊底帕斯王殺死了他的父親拉伊厄斯，並娶了自己的母親伊厄卡斯忒為妻，不過是讓我們看到我們自己童年欲求的滿足。但是，我們比他幸運，只要我們並未成為精神神經症患者，我們就能成功地擺脫對母親的性衝動，同時也淡忘了對父親的嫉妒。我們動用了全部的潛抑力量，以讓自己不要滿足這些古老的童年欲求，而這些欲求就此深藏在我們的內心深處。詩人洞悉了過去而揭露了伊底帕斯的罪惡，同時也強迫我們認識自己的內心生活，在我們的內心深處仍然存在著受到壓抑的相同衝動。結尾的合唱讓我們看到了這個對比：

……看吧！這就是伊底帕斯
他解開了黑暗之謎，位至九尊，聰慧過人，
他的命運人人稱羨，光華賽過星辰，
而現在驀地沉入苦海，被狂浪噬呑。（頁六八）

83 牛津版註：此段及之後的引文來自瓦特林翻譯的版本。
84 牛津版註：佛洛伊德指的是十九世紀早期德語戲劇，描寫詛咒慢慢實現。例如格里巴澤爾的作品《女祖先》（*Die Ahnfrau*, 1817），雖然大受歡迎，卻不夠成熟。

這對我們和我們的傲慢，對我們這些從童年時就自以為聰慧過人且能力無與倫比的人，不啻敲了一記警鐘。與伊底帕斯一樣，我們在生活中對這些大自然強加在我們身上且違背道德的欲求一無所知，等到它們被揭露後，我們對自己童年的這些場景又閉上雙眼，不敢正視。

在索福克勒斯的悲劇正文中清楚地指出，伊底帕斯傳說來源於遠古的某段夢材料，它的內容包括了：兒童與其父母之間的關係，由於初次出現的性欲衝動而產生痛苦的紊亂。當伊底帕斯還不知道自己的身世時，他會因回想起神諭而感到不安。伊厄卡斯忒為了安慰他，提到了一個許多人都做過的夢，雖然她認為它並沒有什麼意義：

以前許多人在夢中，夢見
與自己的母親成婚。他仍無憂無慮，
從未因此預兆而憂心如焚。（頁五三）

今日和當時一樣，許多人也夢到與自己母親發生性關係，但談到此事時會表現出強烈的憤怒和震驚。這顯然是悲劇的關鍵，而且與父親死亡的夢互補。伊底帕斯傳說是對這兩類夢的一種想像性反應，就像當成人夢見這些夢時伴有厭惡的感情一樣，傳說中也必定包含了驚恐與自懲。進一步的改變也是來自一種對材料的誤解性的潤飾作用，並被用來達到神學的目的（參見暴露夢的題材，頁三〇四～三〇五）（在這個題材上，與其他題材一樣，任何試著協調神的萬能與人類責任的企圖，都注定要失敗）。[85]

85 佛註：另一部偉大的悲劇，莎士比亞的《哈姆雷特》，與《伊底帕斯王》根源自相同的土壤。但是對相同材料的不同處理方式，反映了兩個相距遙遠的文明在心理活動上的差異：反映了潛抑作用在人類情緒生活中的增長。在《伊底帕斯王》中，它所根據的兒童欲求性想像被公開地表現出來，並加以實現，就如同在夢中一樣。而在《哈姆雷特》中，欲求仍然受到潛抑——正如在精神官能症患者身上一樣——而只能從它所產生的抑制性結果中窺見其存在。奇怪的是，這一近代悲劇所產生的顯著效果竟與人們摸不透劇中主角的性格並行不悖：劇中主要的內容就是哈姆雷特面對著復仇任務時的猶豫不決，但從劇情看來，看不出這些猶豫的動機或理由何在，而各種想要解釋這種猶豫的嘗試都不能令人滿意。根據歌德提出的一種至今仍然流行的觀點，哈姆雷特代表了某一類人，他們的直接行動能力因高度的智慧發展而陷於麻痺（他因「蒼白的思考而神情露出病容」）（牛津版註：此句引自《哈姆雷特》第三幕第一景八七行。歌德的小說《威廉·邁斯特的學習生涯》(*Wilhelm Meisters Lehrjahre*, 1795-1796）如此詮釋「偉大行動的影響力，在於人類靈魂本身無法完成這樣的任務」，而哈姆雷特的靈魂具有「可愛、純潔、最有道德的本質，缺乏英雄的膽識，卻承受人所不能承受之重負。」）。

另一種觀點則認為，戲劇家全力描繪的是一種病態性的缺乏決斷力的性格，可稱之為「神經衰弱」。然而，戲劇的情節表明，哈姆雷特絕不是一個不敢行動的人物，我們在兩個場景中可以看清這一點：第一次是他在暴怒之下，揮劍刺殺了掛毯後的竊聽者，第二次是他蓄意地、甚至可說是巧妙地，以文藝復興時代王子的無情，處死了兩位謀害他的朝臣。然而他為什麼會對於自己父王鬼魂交付給他的任務如此地猶豫不決呢？這個答案只得又一次歸之於該任務的特殊性質。哈姆雷特什麼事都能做得出來——除了向那個殺了他父親、娶了他母親、那個實現了他的童年欲求的人復仇。於是驅使他進行復仇的憎恨為內心的自責所取代，而出於良心上的不安，他覺得自己實際上並不比殺父娶母的兇手高明。在此，我是把在哈姆雷特內心中必然仍是無意識的內容，轉譯為意識的言語，如果有人認為他是一個歇斯底里患者，我只能說這是一個可以從我的解釋中得出的推論。哈姆雷特與奧菲莉亞對話中所表現的對性欲的厭惡，也完全符合這種推論：同樣的厭惡盤據在詩人的心中，與年俱增，終於在《雅典的泰門》(*Timon of Athens*）中得到充分的表達。當然，我們在《哈姆雷特》中所看到的只是莎士比亞自己的心理狀態。我曾經看過一本喬治·朗狄斯論莎士比亞的著作，其中談到《哈姆雷特》寫於莎士比亞的父親死後不久（一六○一年），也就是說，是在失去親人的衝擊下寫成的，而且當時——我們可以合理地假設——他童年時對自己父親的感情又重新復活了。（牛津版註：丹麥評論家喬治·布朗狄斯（一八四二~一九二七）生前聞名世界各國，一八九六年以德文出版《威廉·莎士比亞》。）

對於親人死亡的典型夢我必須再補充幾句話，以表明它對於夢的普遍理論的重大意義。在這些夢中，我們發現一種極不尋常的情況：其中有一個由被潛抑的欲求所構成的夢念避開了稽查作用，未加改變地進入了夢中。這種情況必須要在特殊條件下才有可能發生，而我認為，下面兩個因素有助於這一類夢的產生。首先，這個欲求必須是距離我們最為遙遠的欲求，以致我們認為「我們甚至做夢也不會夢到」這件事。因此，夢的稽查作用並不會防範這樣的怪物，正如梭倫刑事法典上沒有包含弒父罪一樣。其次，在這種情況下，這個受潛抑的、未受懷疑的欲求特別常與前一天殘存意念在中途匯合，而採取了一種對親人安危的憂慮的形式。這種憂慮只有利用這種相應的欲求才能進入夢中，而欲求則將自身隱藏在曾於白天活動過的憂慮的背後。我們很可能認為這個問題並沒有那麼複雜，不過是日有所思才夜有所夢，然而，這等於是阻斷了對於摯愛親人死亡的夢的解釋，把一個本來可以完全解決的問題，毫無必要地錯認為是一個難解之謎了。

考慮一下親人死亡的夢與焦慮夢的關係是有啟發性的。在親人死亡的夢中，受潛抑的欲求已發現了一個逃避稽查作用——及其所強加的偽裝——的手段，而夢中總是伴隨著痛苦與悲傷的感情。同樣地，只有當稽查作用完全或部分地被壓制了時，焦慮夢才會產生。而在另一方面，如果此時已存在著因軀體來源而引起的焦慮感覺，則稽查作用就更容易被壓制了。因此，稽查作用執行其本身職責並促成夢的偽裝，其目的是一目瞭然的，其目的就在於防止焦慮以及其他形式的痛苦情感的發生。

上文中我已經談到了兒童心理的自我中心特質，現在我還可以指出這一特性與夢的連繫，因為夢也具有自我中心的特點。所有的夢都是完全自我中心的：所有的夢都可發現所愛的自我，雖然它可能已被偽裝了。夢中滿足了的欲求毫無例外都是自我的欲求，如果一個夢看起來是由利他主義的興趣所引起的，我們只不過是受到了外表的蒙蔽。下面分析幾個看來似乎與這種說法互相矛盾的夢例。

(一)

一個不滿四歲的男孩，報告他夢見了：他看見了一個大盤子，裝了蔬菜和一大塊烤豬腳。突然那一塊肉被吃掉了——整塊吃掉而未切開。他沒看見吃肉的人是誰。[86]

又據說莎士比亞有一個早年夭折的兒子叫作「哈姆涅特」，與「哈姆雷特」可說同名。（牛津版註：史特拉福教區戶籍簿記錄了莎士比亞之子哈姆涅特的死亡登記，日期是一五九六年八月十一日，年僅十一歲。莎士比亞之父約翰．莎士比亞的葬禮在記錄中為一六○一年九月八日。《哈姆雷特》一書出版登記的日期為一六○二年七月二十六日，據說「最近曾由宮務大臣的僕人演出」；牛津版認為莎士比亞是一六○○年左右寫下此劇後修訂再版，因此，布朗狄斯推測的情形似乎不太可能。）

正如《哈姆雷特》處理了兒子與父母的關係一樣，《馬克白》（約寫於同一時期）則關注了沒有子嗣的主題。（牛津版註：《馬克白》是否處理沒有子嗣的主題？參見布萊德雷，《莎士比亞的悲劇》（*Shakespearean Tragedy*, 1904）註解EE。此書遭人嘲弄，但並不公平。）但是，正如所有精神官能症症狀（甚至包括了夢）一樣——它們能夠接受「多重解釋」，而且如果要充分地了解它們，也必須如此——所有真正有創造力的作品都不是詩人心靈中單一動機或衝動的產物，所以不會只有一種單一解釋。而我在此處所做的，只是試著解釋這位富有創造力的作家心靈最深處的衝動。

86 佛註：夢中出現的物體表現出巨大、大量及誇張的性質，這是一個幼兒的特徵。兒童最熱烈的欲求莫過於變大、長在這個小男孩夢中貪吃這塊烤肉的陌生人究竟是誰呢？他在做夢當天的體驗必定對我們有所啟發。醫生規定他最近幾天只准喝牛奶，做夢當晚，他因為調皮而被罰不准吃晚餐。他曾接受過這種飢餓處罰而且勇敢地表示不在乎，他知道自己得不到東西吃，但不讓自己說出任何一句肚子餓的話。教育已經開始對他產生效果了，它表現在這個夢中，展現出夢的偽裝的萌芽。毫無疑問地，夢中對這美味佳餚饞涎欲滴的人就是他自己，但是他知道自己被禁止吃肉，所以在夢中不敢像飢餓的小孩一樣坐下來大吃（參見我女兒安娜吃草莓的夢，頁二〇一），於是進餐的人就成了匿名的了。

（二）

有一晚我夢見在一家書店的櫥窗中看見一本新書，它屬於一套為行家出版的叢書中的一個新的系列，我經常買這套叢書（有關偉大的藝術家、世界史、著名城市等的專輯）。這一新的系列叫：「著名演說家」或「著名演講集」，它第一卷的標題為雷樹爾博士。[87]

當我分析這個夢時，我覺得我似乎不可能在夢中去關心雷樹爾博士——一個德國國會反對黨長篇大論演說家——的名望。事實是這樣的，前幾天我開始為幾位新病人進行心理治療，於是不得不每天與病人進行十到十一個小時的會談，所以那滔滔不絕的演說家正是我自己。

（三）

另一次我夢見一位我的大學同學對我說：「我的兒子是近視眼。」[88] 接著是一段簡短問答的交談，然後在第三段夢景中出現了我和我的大兒子。就夢的隱意而言，M教授和他的兒子不過是稻草人，代表了我和我的長子。後文談到這個夢的另一特性時，我將再加以討論。

（四）

從下面這個夢例，可以看出一種真正卑劣的利己主義感情如何隱藏在虛偽的關懷背後。

我的朋友奧托帶著病容，他的臉色發黃，眼球突出。

大、像大人一樣地吃得很多。他們難以滿足，他們不懂什麼叫「滿足」，而且貪得無厭地反覆索取好玩好吃的東西。只有在受了文明教育之後，才能學會謙虛、適度和退讓。每個人都知道精神官能症患者是誇大而不謙讓的。

87 牛津版註：奧托．雷榭爾博士，在野的自由黨員，曾於一八九七年十月二十八日至二十九日發表一篇長達十二小時的演講，旨在反對政府援助捷克人在波希米亞及摩拉維亞就學、工作。雷榭爾本人即為摩拉維亞布爾諾的代表。

88 牛津版註：這個夢在第六章「荒謬的夢」一節將有更完整的分析。德文單字「Myop」和「Cyclop」聽起來比相應的英文單字「myope」和「cyclops」更加相似。

奧托是我的家庭醫生，我對他深為感激。他多年來照顧我孩子們的健康，每當他們生病，他總能把他們治好，而且，只要一有機會，他還會帶給他們一些禮物。做夢那天他拜訪了我，我的妻子曾說，他看上去緊張而疲倦。當晚我就做了這個夢，夢中他有一些巴塞多氏症的徵兆。[89]任何人如不遵循我的釋夢規則，都會認為我在關心著朋友的健康，並且在夢中表現出這種憂慮。這不僅與我所主張的夢是欲求的滿足相矛盾，而且也不符合我所說的夢只表現利己主義的衝動。但是我得請問任何用這種方式釋夢的人，何以我的擔憂會與巴塞多氏症連結在一起——我朋友的真正面容絕不會讓人懷疑這個病症。我的分析從另一個方向把我引向六年前發生的一件事情：我們一行人，包括R教授在內，在漆黑的夜晚乘車穿過N森林，這裡距離我們避暑地點還有幾小時路程。當時司機並不十分清醒，連車帶人翻到山坡下，幸好我們都沒有受傷，但是當晚我們不得不在附近一間小旅店住宿。一位有著明顯巴塞多氏症症狀的紳士——與夢中一模一樣，只有面色發黃與雙眼突出，而沒有甲狀腺的腫大——盡力安頓好我們，並問我們還需要他做些什麼，R教授直接了當地說：「沒什麼事，只需借一件長睡衣。」這位有禮貌的男子回答說：「對不起，我沒有睡衣。」說完就走開了。

當我繼續分析下去時，我想起巴塞多不僅是一種病名，而且也是一位著名的教育家。[90]（在我清醒時，我不是那麼確定這一點）。我曾請託我的朋友奧托，萬一我出了什麼事，請他負責我的孩子們的健康教育，特別是在青春期時（所以才提到長睡衣）。我在夢中把那位慷慨助人者的症狀加在奧托身上，無疑是說：「萬一我出了什麼事，他將和那位L男爵一樣，儘管樂於助人，但對孩子們毫無助益。」夢中這一條利己主義的線索，似乎已足夠清楚了。

但是這個夢的欲求滿足在哪裡呢？它並不在我對我的朋友奧托的報復上——他在我的夢中似乎注定要受我的虧待——而是在下述的聯想中。當我在夢中用奧托來取代L男爵時，我同時以另外一個人，即R教授自居了。因為正如在我所說的那段往事中，R對L男爵有所請求一樣，我也對奧托有所請求，這就是關鍵所在了。我不敢在其他方面自比為R教授，但我和他有一個相似點：他在學院之外走出了一條獨立的道路，而且直到晚年才得到他應得的榮譽頭銜。因此，這再一次說明了我渴望成為一位教授！事實上，「晚年」這個詞本身就是一種欲求的滿足，因為它意味著我將活得很久，足以親自照看孩子的青春期。

其他一些典型的夢，如夢見自己愉快地在空中飛翔或焦慮地跌下，我都沒有親身的體驗，我對這類夢所要說的東西都來自於精神分析。從分析所提供的材料來看，我們必得斷定這些夢也重現了童年的印象，也就是說，這些夢涉及了對兒童具有吸引力的運動遊戲。沒有一個叔叔不曾舉起雙臂帶著小孩在房中衝來衝去，告訴他們如何飛翔，或是讓他們騎在自己的膝蓋上，然後突然伸直雙腿讓他們「滾下來」，或是把他們高舉過頭，然後猛然地假裝讓他們跌下。兒童非常喜愛這些體驗，但是他們夢見自己離開了支撐的雙手，結果懸在空中或因沒有支撐而掉

89 牛津版註：巴塞多氏症的症狀包括喉嚨部位甲狀腺腫脹，產生甲狀腺腫或淋巴腺結核，以及文內所述症狀。

90 牛津版註：約翰·伯恩哈德·巴塞多（一七二三～一七九〇），為一博學教育改革家，在狄叟市為博愛主義奠基。他是歌德的朋友，《柯布倫茨的晚餐》（*Diner zu Koblenz*, 1774）一詩曾提到他。

下來。大家知道，兒童很喜歡盪鞦韆和坐翹翹板這一類遊戲，當他們看見了馬戲團的雜技表演，便引發了這一類遊戲記憶的再現。男孩的歇斯底里症發作有時只包含這一類動作的再現，他們具有高度的技巧。這一類遊戲本身雖然很純真，卻常常引起情欲。[91]如果我可以用一個共同字眼來涵蓋這一類遊戲，則在飛翔、跌落、暈眩等夢中重現的正是童年的「嬉笑蹦跳」(Herzen)，而依附於這些體驗的快感則變成焦慮了。每一個母親都知道，兒童間的嬉笑蹦跳實際上常以吵架和啼哭告終。

因此我有充分理由反對這種理論，即認為引發飛翔和跌落的夢的原因是睡眠中發生的觸覺或肺部的運動感覺等等。我的主張是：這些感覺是夢所追溯的記憶的再現，也就是說，它們是夢內容的一部分而不是夢的來源。

每一位完成中學學業而且通過入學考試的人，都曾抱怨自己被落榜的夢或重考的夢所糾纏。而在已經獲得大學學位的人身上，這種典型的夢採取的又是另一種形式，他們夢見自己未能通過大學學位考試，儘管他們甚至連在睡夢中都會反對說：他們早已行醫多年，或已在大學裡當上講師，或已成為某一政府部門的首長了。我們在童年時因惡作劇所受的懲罰永遠根植於我們的記憶之中，這種記憶在我們學生時代兩次關鍵性考試的「苦難日子」[92]裡，再一次變得活躍起來。精神官能症患者的「考試焦慮」也是因為同樣的童年恐懼而受到了強化。當我們結束學校生活以後，我們所受到的懲罰不再是來自於我們的父母、撫育者或後來的學校老師，現實生活中的殘酷因果關係負起了進一步教育我們的責任。每當我們做錯事或有所缺失時——我們可以預期自己將會受到懲罰——或是當我們感受到責任的壓力時，我們便夢見了入學考試和學位考試。（即使已有了充分的準備，誰又不對考試戰戰兢兢呢？）

但是我必須坦白承認，我還無法充分地解釋這一類典型的夢。當我試圖去解釋這些夢時，我的材料使我陷入了困境。然而我還是要堅持我的主張：這些典型夢中出現的觸覺和運動感覺，只有當某一精神動機需要它們時，才會立即被喚起，假如沒有這種需要，它們便被忽略了。我還認為，根據我對精神神經症患者所做的分析，這些夢肯定與幼兒期經驗有著某種關係。我還不能斷定，在人生發展過程中，這些感覺回憶會附加上什麼樣的意義——儘管仍然表現為典型的夢，也許其意義因人而異。我很希望能藉由某些夢例的詳盡分析來彌補這個缺隙。有些人或許覺得奇怪，儘管飛翔、跌落、拔牙這一類夢經常發生，而我卻偏要抱怨缺乏這一類材料。所以我必須加以解釋：自從我注意到釋夢這一主題以後，我自己從來沒有做過這一類夢。此外，我本可利用精神官能症患者的夢，但是這些夢並非都能得到解釋，而無法讓我們完全了解其所隱藏的意義。有一種精神力量，它促使了精神官能症的形成，也阻礙我們深入探究這一類夢的祕密。

91 佛註：一位沒有任何精神疾病的年輕醫生曾經提供我這方面的材料：「從我的親身體驗中，我發現我小時候盪鞦韆時，特別是盪到最頂點的時候，我的生殖器便產生一種特別的感覺。雖然這種感覺並不是真的很舒服，但我肯定它是一種快感。」——病人常告訴我，他們生殖器第一次的勃起是發生在童年爬行的時候——精神分析可以肯定，第一次性衝動經常發生於童年蹦跳嬉戲和扭打時。

92 牛津版註：摘自切拉諾的湯瑪士的中世紀讚美頌歌，開頭為「在憤怒的那日，世界將化為灰燼」，預言審判之日「唯有正義者倖免於難」。這三行詩引用於《浮士德》第一部「大教堂」一景。

第6章

夢的工作
The Dream-Work

迄今為止，我們在解決夢的問題上所做的努力，一直都是直接處理呈現於我們記憶中的夢的顯意，並且以夢的顯意作為釋夢的基礎，或是（不經過解釋）根據夢的顯意判斷夢的性質。我們現在要討論的是另一類現象，我們在夢的顯意和我們所探究的結論之間，引入一類新的精神材料，也就是夢的隱意；或如我們所說的：憑藉我們的方法所獲得的夢念。正是從這些夢念，而非夢的顯意，我們才得以解析出夢的意義。因此，我們面臨著一個前所未有的任務，即研究夢的顯意與潛隱的夢念之間的關係，以及追溯後者如何轉變為前者的過程。

夢的隱意和顯意就像同一內容的兩種版本，以兩種不同的語言表現相同的內容。更確切地說，顯夢好似夢念的譯文，以另一種表達模式呈現夢念。我們的任務就在於比較原文和譯文，以求發現其符號和文法規則，只要掌握了這些符號和規則，就不難理解夢的隱意了。顯夢好似一篇象形文字手稿，其符號必須個別轉換成夢念的語言，如果我們根據其圖像價值而不是根據其象徵意義理解這些符號，顯然會誤入歧途。

例如我看到一幅猜字的畫謎，畫中有一間房屋，屋頂上有一艘船，一個字母，還有一個被砍掉頭的人在奔跑之類的。我可能會提出反對的意見，認為畫的整體及其組成部分都不合邏輯：一艘船怎會在屋頂上？無頭的人怎能奔跑？此外，這個人比房子還大，而且如果這是一幅風景畫，畫面上就不應該出現字母，因為自然界絕不會發生這種現象。但是如果我們拋開這些針對整個畫面及其組成部分的批評，相反地，用適當的音節或單字去代替單獨的成分，就能正確地判斷這幅畫謎，以適當方式組合起來的字句就不再沒有意義，而可以構成美麗且寓意深遠的詩句。夢就是這樣一種畫謎，有些釋夢的前輩錯把畫謎當成美術作品，因而認為它們沒有意義且毫無價值。

一、凝縮作用

任何人在比較夢的顯意和隱意時，首先注意到的就是夢的工作中包含著大量的凝縮作用：顯意簡短貧乏，而且內容精煉，隱意則範圍廣泛，有著豐富的內容。寫出一個夢，也許只需要半頁，對夢的隱意的解析卻可能需要六倍、八倍或十二倍的篇幅。這個比例雖然因夢而異，但就我的經驗看來，顯意與隱意之間的這種關係從未改變。一般說來，我們會低估夢中所發生事件的壓縮量，因為人們傾向認為已知的隱意就是全部的材料。然而當釋夢工作繼續下去時，我們可以發現在夢的背後還藏有更多的隱意。我已在前文中指出，事實上一個人絕不能確定他已徹底地解釋了一個夢，即使解釋結果似乎令人滿意而且無懈可擊，這個夢仍可能包含著另一種意義。所以嚴格說來，凝縮作用的分量是無法確定的。在夢的形成過程中，由於精神材料經歷了廣泛的凝縮過程，以致夢內容與夢念之間有著懸殊的比例。關於這個問題的爭論，有一種反對意見，乍聽之下還頗有道理：我們經常有一種印象，覺得一整晚夢見了許多東西，之後卻遺忘了大部分的內容。根據這個觀點，我們清醒時記得的夢境，不過是整個夢的工作殘存下來的片斷，假使我們能記住夢的全部內容，則其可能與夢念同樣廣泛。這種說法無疑也有幾分道理，如果我們剛醒來便盡力回憶夢境，必然能再現出最正確的內容，隨著時間的流逝，對夢的記憶自然就越來越不完全了。但是另一方面我們可以證明，我們之所以會有這樣的感覺——認為相較於記憶所及的夢境，自己夢見了多得多的內容——往往是基於一種錯覺，其來源我們以後再討論。其次，有關夢的工作中有凝縮作用的假設，並不受夢有遺忘的可能性的影響，因為與留存下來的片斷相關的意念數量，已可證實這個假設是正確的。即使假定大部分的夢境已不復記憶，這僅僅使我們無法接近另一群夢念，而且我們也沒有理由推想，被遺忘的部分與我們由留存的片斷所得的那些意念有關。

鑑於夢的內容中的每一個別元素都能產生大量的聯想，讀者不免懷疑：所有這些在後來分析中發現的聯想，我們是否有足夠理由認為它們都是夢念的一部分——也就是說，我們是否有充分的理由假設，所有這些意念在睡眠時都已非常活躍，且在夢的形成中發生了作用？如果這些新的思想連結是在分析過程中產生，其實並沒有參與夢的形成過程，豈不是更有可能嗎？對於這種看法，我只能給予有條件的贊同。不錯，某些聯想確實是在分析過程中才初次發生，但是我們必須確信，在所有這種情況中，只有在夢念中已經以某種方式連繫起來的意念，才能在彼此之間建立新的連結。這些新的連結就好像是環路或短路，只有存在著其他更深層的連結通路，它們才有可能形成。我們必須承認，在分析中所揭示出來的大量想法，已經活躍於夢的形成過程中，因為我們在對一系列似乎與夢的形成無關的想法進行分析之後，可以突然發現某個與夢內容有關而且為夢的解釋所不可或缺的意念，但是只有透過那一系列特定想法，我們才能得到這個意念。就此我們可以參考植物學論著那個夢，即使我未對它做出完全的分析報告，它已包含了令人吃驚的大量凝縮作用。

那麼，我們該如何來描繪做夢前這一段睡眠期間的精神狀態呢？所有的夢念是並列出現，或是相繼發生呢？或是數個系列的意念同時從不同的中心出現，然後又匯合而成一個整體呢？在我看來，目前並無必要對於夢的形成過程中的精神狀態構成任何造作的概念。然而我們不應忘記，我們現在探討的是一種無意識思考過程，其與我們意識伴隨下的目的性思考過程可能有著很大的不同。

不管怎樣，夢的形成以凝縮過程為基礎仍然是無可懷疑的事實。然而這種凝縮作用又是如何實現的呢？

當我們考慮到，在揭示出的一切夢念中，只有極小部分以其意念元素表現於夢境中時，我們可以斷定，凝縮作用是透過**省略**而實現的。也就是說，夢並不是對夢念的忠實翻譯或原封不動的投射，而不過是對夢念殘缺不全且支離破碎的複製。我們不久即可發現，這個觀點只說明了極小的部分，但是為了進一步探討這個問題，我們可以此作為臨時出發點。如果夢念中只有少數元素可以進入夢的內容，那麼選擇它們的決定性條件是什麼呢？

為了弄清楚這個問題，我們必須注意夢的內容中必然已滿足了這些條件的元素。用於這個研究最方便的材料，莫過於是那些在其形成過程中出現特別凝縮作用的夢，為了這個目的，我首先選擇在頁二二八～二三八已經記錄下來的植物學論著的夢。

（一）

夢的內容：我曾寫過一本關於某種（未特定的）植物的論著，這本書正擺在我的面前，我翻閱到一頁摺疊起來的彩色插圖，這本書中釘著一片此種植物的枯乾標本。

這個夢最突出的元素是**植物學論著**，這是由做夢當日的印象引起的：事實上是我在一家書店的櫥窗中看到了一本**論「櫻草科植物」的論著**。夢內容中並沒有提到該植物的科屬，而只留下論著及其與植物學的關係。「植物學論著」立刻顯示出它與我曾經寫過的**論古柯鹼的著作**的連繫。從「古柯鹼」一方面聯想到《**紀念文集**》和在大學實驗室內發生的幾件事情；另一方面則聯想到我的朋友**科尼史坦因醫生**，這位眼外科醫生在介紹古柯鹼方面也有他的貢獻。科尼史坦因醫生的形象進一步使我想起昨晚與他一段被打斷的談話，並想起了同事之間如何付醫療費用的種種考慮。這段談話才是真正有力的夢刺激，論櫻草科植物的論著也是一個活動著的印象，但其性質卻無關緊要。在我看來，夢中的**植物學論著**在前一天的兩個經驗之間，變成了一個**中介的共同因素**，它原封不動地來自無關緊要的印象，透過大量的聯想而與深有精神意義的事件連繫起來。

然而，除了植物學論著這個複合意念之外，它個別的組成部分：植物學和論著，也可以各自透過無數的連繫通路，一層一層地深入到錯綜複雜的夢念之中。植物學牽涉到加特納（Gärtner，園丁）教授、他妻子的「動人」（blooming，開花）容貌、我的病人弗洛娜（Flora，花神），以及我曾談到的忘記買花的故事中的那位夫人。加特納又使我聯想起實驗室，以及我與科尼史坦因的談話，我的兩位病人就是在這次談話中提及的。從與花有關的少婦又使我聯想到我妻子最喜愛的花，然後引出我在白天看到的那本論著的書名。此外，植物學還使我回憶起我中學時代的一段插曲，以及我在大學時的一次考試。在我與科尼史坦因的談話中觸及的一個新主題（我最喜愛的嗜好）也透過了我戲稱為我最喜愛的花——洋薊這個中介環節，而與忘記送花的一系列意念連繫起來。在「洋薊」背後，一方面使我想起了義大利，另一方面則使我回想起童年時初次與書發生密切關係的情景。因此，植物學在夢中成了交接點，無數的聯想匯集於此，且我敢保證所有聯想都可以在我與科尼史坦因醫生的談話中發現。這時，我們當可發現自己置身於一個思想工廠之中，正如看見一幅織工的傑作：

一踏足就牽動千絲萬縷
梭子飛一般來去匆匆
紗線目不暇給地流動
一瞬間就接好千頭萬緒。[1]

夢中的**論著**也涉及兩個題材：一是我的研究的專門性，一是我喜愛的嗜好的昂貴代價。

這一初步探究可以使我們得出如下的結論：「植物學」和「論著」這兩個元素之所以能夠進入夢的內容，乃是因為它們與大部分的夢念具有豐富的連繫。也就是說，它們構成了一些**交接點**，大量的夢念匯集於此，而且因為它們在釋夢時可以具有**多種意義**。對於這一基本事實的解釋還可用另一種方式表達：夢內容的每一元素都受到**多重決定**——可以在夢念中多次出現。

如果我們仔細考察夢的其餘成分與夢念的關係，我們將會有更多的發現。摺疊起來的**彩色插圖**把我引向一個新的主題（上文頁二三三）：我的同事對我的研究活動的批評，以及另一個已經在夢中表現出來的主題——我最喜愛的嗜好。此外，它還把我引向童年的記憶：把一本有彩色插圖的書撕成碎片。枯乾的植物標本使我想起中學時代的植物標本冊，而且特別強調了那個記憶。因此，我們可以理解夢內容與夢念之間究竟存在著什麼樣的關係：不僅夢的各個元素取決於其在夢念中的**多次出現**，而且每一個夢念也可以表現為多個元素。聯想道路可以從夢的一個元素通向數個夢念，也可以從一個夢念通向夢的數個元素。因此，夢並不是由一個一個，或一群一群的夢念所構成，像分選區選舉國會議員那樣，（以簡縮的方式）在夢內容中挑選個別的代表。相反地，夢乃是由一整群夢念所構成，並服從某種操縱的過程。在這種過程中，就像複式投票一樣，那些得到最多數和最強大支持的元素獲得進入夢內容的權利。每一個我曾以這種

1 牛津版註：亦引用自《浮士德》第一部第二幕，梅菲斯特與學生的對話。

方法進行分析的夢，都證實了這個基本原則：夢的各個元素都是從一整群夢念中建構出來的，在其與夢念的關係中，每一個元素似乎都受到多重性的決定。

確實有必要再用一個例子來說明夢內容與夢念之間的連繫。下述夢例的特色是它們之間的關係交織的特別錯綜複雜，這是我一位病人的夢，我正在治療他的幽閉畏懼症。不久後你就會明白我為什麼會把這個特別巧妙的夢例命名為：

(二)「一個美夢」

他正與一群人一同前往X街，街上有一家不起眼的旅社（事實上並沒有），裡面正在演戲。他一會兒是觀眾，一會兒又是演員。戲演完以後，大家必須換裝以便回城裡去。一部分的人被帶到樓下的房間內，另一部分的人則被帶到樓上。之後發生了一場爭吵，樓上的人大發脾氣，因為樓下的人還沒換好衣服，他們無法下樓。他的哥哥在樓上，他在樓下，他對哥哥感到氣惱，因為他們太急了。（這部分模糊不清。）他們抵達這裡時，已經決定和安排好誰在樓上、誰在樓下了。之後他獨自沿著X街的上坡朝城鎮方向走去，舉步艱難，疲倦不堪，似乎停留在原地而無法動彈。一位年長的紳士向他走來，開始謾罵義大利國王。走完這段上坡，他走起來就輕鬆多了。

爬這段上坡時所感到的困難非常地清晰，以致醒來之後，過了好一會兒他仍在懷疑這究竟是在做夢，還是確有其事。

這個夢的顯意不足稱道。我將一反常例，從夢者認為最清晰的部分開始解釋。他夢見的以及可能在做夢時實際體驗到的困難——辛苦地爬一段上坡，伴有呼吸困難[2]的情形——是幾年前確曾出現在他身上的一個症狀，加上其他一些症狀，當時被診斷為「肺結核」（看上去可能像歇斯底里症）。我們從暴露夢中已經熟知了這種運動受抑制的特殊感覺，再一次發現這類材料在任何時候都可用來達到任何其他的表現目的。在夢的內容中，有一段敘述開始爬上坡時如何地困難，爬完這段上坡就變得輕鬆了。我聽見時就想到了阿爾方．都德的《薩福》中一段著名而精彩的引文，其中描述一個年輕的男子抱著他的情人上樓，起初她輕如鴻毛，但是越往上爬，她的身體卻越來越重，整個情景暗示著他們愛情的進展。[3]都德的用意是警告年輕男子不要輕率地與出身卑微而過往可疑的女子私訂終身。雖然我知道我的病人曾經熱戀過一位女演員，而且最近斷絕了關係，但我並不指望我的解釋是正確的。而且《薩福》中的情節正好與夢中的情節相反，夢中的爬坡開始時舉步維艱，後來才變得輕鬆自如，而小說中的象徵則是開始時覺得輕鬆，後來才變成沉重的負擔。但是出乎我意料之外，我的病人回答說，我的解釋完全符合他前一晚在戲院中所看到的劇情，該劇名叫《維也納巡禮》，描寫一位最初受人尊

2　牛津版註：原文為 dyspnoea.

3　牛津版註：《薩福》（*Sappho*, 1884）為法國小說家都德的作品，描述一位年輕人與一位以希臘女詩人「薩福」為名的高級妓女有曖昧關係，並以她為模特兒塑一雕像；見葛林斯坦的簡述，頁二五七～二六〇。

敬的少女後來淪為娼妓，並與上流社會的男士們勾搭，因而在社會上「爬了上去」，但最後仍然「跌了下來」。這齣戲又使他想起幾年前看過的另一齣戲，叫作《步步高昇》，當時廣告上畫的就是一段樓梯。[4]

繼續解釋下去，最近與他勾搭的那位女演員就住在X街。這條街上根本沒有什麼旅社，但是當他為了這位女演員而在維也納消磨了一段夏日時光時，曾經住宿（abgestiegen，有停留、走下之意）在附近的一間小旅館裡。他離開旅館時曾對司機說：「我很幸運，沒發現跳蚤。」（這碰巧是另一個他畏懼的事物）司機回答說：「誰會住在這種地方！這兒算不上旅館，只不過是間旅社！」旅社這個意念立刻使他想起一句詩：

最近我寄宿在一間旅社，
店主特別地和善！

不過在烏蘭德的詩中，店主是一棵蘋果樹。[5]由此他又聯想到另一段詩句：

浮士德（與年輕的魔女共舞）
我曾有過一個美夢，
看見一顆美麗的蘋果樹，

兩顆美麗的蘋果高掛在樹上閃爍著耀眼的光芒
如此地迷人，我攀爬枝椏想要摘取它們。

美麗的魔女

你們男人都為蘋果瘋狂，
從伊甸園來就是如此。
我的園中也有它們的生長
能令你開心我真是覺得高興異常！[6]

蘋果樹和蘋果意味著什麼是毋庸置疑的，此外，那位女演員吸引夢者的魅力，也包含了她那美麗的乳房。

從分析的脈絡中，我們有充分的理由假定：這個夢可以追溯到夢者的童年印象。果真如此，這個印象一定涉及夢者（他現在已經三十歲了）的奶媽，對一個嬰兒來說，奶媽的雙乳恰似旅

4 牛津版註：《步步高昇》（*Von Stufe zu Stufe*）是在一八六九年或更早之前首演的一齣戲劇，由德國演員兼導演雨果・繆勒演出。《維也納巡禮》（*Rund um Wien*）的詳細資訊仍不明。

5 牛津版註：路德維希・烏蘭德（一七八七～一八六二），浪漫派後期詩人，擅長敘事詩。

6 牛津版註：摘自《浮士德》第一部「瓦爾普吉斯之夜」一景，描寫浮士德幾乎無法抵抗色情的誘惑，直到他忽然看見他所拋棄的情人葛麗卿的幻影。

社。奶媽以及都德筆下的薩福似乎都隱指最近被病人所遺棄的情人。

夢者的哥哥也出現於夢中，哥哥**在樓上**，病人自己**在樓下**，這又是實際情況的倒反。因為就我所知，病人的哥哥已經失去了社會地位，病人則仍保持著自己的地位。夢者陳述夢的內容時，儘量避免說他的哥哥「在樓上」而他自己「在樓下」，那會把社會地位清楚地顯示出來。因為在維也納這個地方，如果我們說某人「**在樓下**」，大家都會明白他失去了金錢和地位，換句話說，就是在社會上「**跌下來了**」。此處必定有某種原因使這部分的夢內容以**倒反**的方式表現，此外，這種倒反必定也適用於其他某些夢念與夢內容之間的關係。而關於要到何處去找尋這種倒反的關係，我們已得到某些提示，顯然這必定存在於這個夢的結尾處，此處上坡的困難再一次是《薩福》中描寫的上樓梯的困難的**倒反**。由此我們就可輕易地了解夢者所渴望的是什麼樣的倒反關係：在《薩福》中，一個男子抱著與他有性關係的女人，而在夢念中，位置**倒反**了過來，就成了一個女人抱著一個男人。既然這種情形只能發生於童年，因此此處再一次指涉手中抱著嬰兒的奶媽。這樣一來，夢的結尾就同時指涉了薩福和奶媽。

正如小說作者選擇「薩福」這個名字乃是暗指著女同性戀傾向，夢中談到的「**樓上**」和「**樓下**」，也暗指著盤據在病人心中的性幻想。而且這個性幻想作為被壓抑的欲望，與他的精神官能症也不無關聯。（夢的解釋本身並不能告訴我們：哪些意念是想像物，而不是真實事件的回憶。分析只提供我們思想的內容，留待我們去決定它的真實性。乍看之下，真實和想像的事件在夢中具有相同的價值，且不僅在夢中如此，在更為重要的精神產物中也是如此。）我們已經知道，「一群人」意味著一個祕密。他的哥哥不過是他後來所有情敵的代表（由一種「回溯性想像」引入童年情境)。紳士斥罵義大利國王那段插曲，乃是藉由一個本身無意義的近期經驗，再一次連繫到下等人闖入上流社會這個主題，此處恰似正在警告一個仍在吃奶的小孩，就像都德筆下對那位年輕男子的警告一樣。[7]

為了有第三個機會來研究夢的形成過程中的凝縮作用，我將提供另一個夢例部分的分析結果。這個夢例來自一個正在接受分析的老婦人，她處於嚴重的焦慮狀態，由此可以預期她的夢中包含著大量與性有關的思想，這個發現使她驚慌失措。因為我不能對夢做出全部解釋，所以夢的材料顯得有些支離破碎，缺乏清楚可見的連繫。

(三)

夢的內容：她記起她把兩個金龜子[8]放在一個盒子裡，她必須把牠們放掉，否則就會悶死。她打開了盒子，金龜子已精疲力盡。一隻金龜子飛出了窗外，當她應某個人要求關上窗戶時，另一隻金龜子在窗扉上被壓碎了(厭惡的表情)。

7 佛註：與夢者奶媽有關的情境，其想像性質已由客觀事實所證實：夢者的奶媽就是他的母親。這使我記起了在頁二六七提到的那個年輕男人，他後悔自己沒有更好地把握與奶媽相處的機會，同樣的後悔無疑是本夢的來源。

8 牛津版註：德文為「Maikäfer」，直譯即「五月甲蟲」。分析此夢時必須與「五月」拉上關聯，因夢者在五月出生，也在五月結婚。

分析

她的丈夫暫時離家外出，她十四歲的女兒與她同睡一床。傍晚時，女孩要她注意有一隻飛蛾掉進了水杯，但她沒有把牠取出。次日早晨，她對這可憐的小生物感到很抱歉。晚間她讀的一本書中講到幾個男孩把一隻貓丟進沸水中，並描寫了貓的痙攣動作。這就是做夢的兩個誘因，其本身並沒有什麼重要的意義。然而她沿著對動物殘忍這個題材進一步探索：幾年前她們在某地度假時，她的女兒對動物非常地殘忍，她捉了一些蝴蝶，並向母親要了些砒霜來殺死這些蝴蝶。有一次，一隻身上被別針戳穿的飛蛾在室內飛了好長的一段時間；另一次，她把一些正在化蛹的毛蟲活活地餓死。在更幼小的年紀時，這個女孩常常撕下甲蟲和蝴蝶的翅膀。但是她現在會對這些殘忍的舉動感到驚恐——她已經長大，心腸變得仁慈了。

這位病人思考著這個矛盾，它又使她想起了外表和性格之間的矛盾，正如喬治·艾略特在《亞當·貝德》中所描寫的那樣：一位美麗的女孩，但卻愛慕虛榮而愚蠢，另一位女孩外表醜陋，但卻性格高尚。[9] 一位貴族勾引愚蠢的女孩，一個工人卻有著高尚的品德。她說，真不能以貌取人！誰能從她的外表看出她正承受著肉欲的煎熬呢？

就在那小女孩開始捕捉蝴蝶的那一年，她們的住處發生了嚴重的金龜子蟲害。兒童對金龜子感到憤恨，毫不留情地把牠們壓碎。那時我的病人看見一個男人撕掉了金龜子的翅膀，並把牠們的身子吃掉。她出生於五月，也是在五月結婚的。婚後第三天，她寫了一封信給家中父母，說她非常地愉快，但事實並非如此。

做夢的當晚，她仔細檢查了一些舊信——有些是嚴肅的，有些是戲謔的——大聲讀給她的孩子聽。其中最有趣的一封信是一位鋼琴教師的求婚信，那時她還是一個年輕的姑娘。還有一封信則是來自一位出身貴族的愛慕者。[10]

她因自己的女兒讀了莫泊桑的一本壞書而自責。[11]女孩向她索取砒霜使她想起都德的《富豪》[12]中讓莫拉公爵返老還童的砒霜藥丸。

「把牠們放掉」則使她想起《魔笛》[13]中的一段：

雖然我不強迫你愛我，
但是我不會放你自由。

9 牛津版註：《亞當・貝德》（*Adam Bede*, 1859）的作者是英國小說家喬治・艾略特（真名為瑪麗・安・伊凡斯，一八一九～一八八〇），書中漂亮卻愚蠢的海蒂・莎洛受到亞瑟・約尼梭恩的引誘，而擁有高潔之心的工人亞當・貝德則娶了姿色平凡但純潔可敬的衛理公會傳教士迪娜・茉莉。

10 佛註：這是這個夢的真正誘因。

11 佛註：說得更明白些：她認為，這一類書對女孩有毒，當病人還是一個女孩時，她曾翻閱過很多禁書。牛津版註：基・德・莫泊桑（一八五〇～一八九三）的某些作品描寫賣淫（《德利列妓院》〔*La Maison Tellier*, 1881〕）或通姦（《漂亮朋友》〔*Bel-Ami*, 1885〕），很有理由被認為是不道德的。

12 牛津版註：都德的小說《富豪》（*Le Nabab*, 1877）描寫巴黎第二帝國時期的生活，特別著眼於一位在埃及發跡致富，並投靠莫拉公爵的政治家兼金融家。

13 牛津版註：《魔笛》（*The Magic Flute*）是莫札特的歌劇，佐以艾曼紐・席克奈德的歌詞，一七九一年在維也納首演。此處引用劇中明智的薩拉斯托對養女帕米娜所說的話。

金龜子又使她想起了克萊斯特的作品《海布龍城的凱西》[14]：

你像甲蟲般瘋狂地愛戀著我。[15]

而在上述的聯想中，她又想起了《唐懷瑟》[16]：

因為你的靈魂充滿著邪惡的欲望……

她持續地擔憂著外出的丈夫，從她清醒時大量的想像中，可以看出她擔心他在旅途中發生不測。不久前的分析，發現在她的無意識中存在著對她丈夫「變得衰老」的抱怨。隱藏在這個夢背後的欲求大概可從我下面提到的事情推測出來：做夢的前幾天，她正忙於家務，忽然想到一句針對丈夫的命令：「你上吊去吧！」而感到驚恐。這是因為幾個小時前她在某個地方讀到，當男人上吊時，就會產生強而有力的勃起，在這種恐懼的掩飾下，對於勃起的欲求從潛抑中釋放出來。「你上吊去吧」其實就是意味著「你不惜一切代價盡力勃起吧！」《富豪》中詹金斯醫生的砒霜藥丸在此也切合脈絡。但是病人也很清楚，最有力的春藥——斑蝥（俗稱「西班牙金蒼蠅」）是由壓碎的甲蟲製成的，這正是夢內容中主要成分的要旨。

打開和關上窗戶是她和她丈夫爭吵的主要內容：她睡覺時已習慣於要有充足的空氣，她的丈夫卻不喜歡空氣流通。**精疲力盡**則是她在做夢那段期間的主要症狀。

在上述三個夢中，我已用黑體字標示出在夢念中反覆出現的顯夢元素，從而可以清楚地看出夢念與夢內容之間的多重連繫。但是這三個夢的分析都不完整，因此我們若能考察一個已接受詳盡分析的夢例，也許可以得到更豐碩的成果，並以此表明夢內容的多重決定性。為此我選擇了伊爾瑪打針的夢，從這個夢例中不難看出，在夢的形成中，凝縮作用運用了一種以上的方法。

顯夢中的主要人物是我的病人伊爾瑪，她以她真實生活中的面貌在夢中出現，因此她首先代表了她本人。但是我在窗旁替她做檢查時的位置來自另一個人，如夢念所示，來自另一個女子，我希望能以她來取代伊爾瑪。伊爾瑪看上去患了白喉，這讓我回想起我對大女兒的憂慮，

14 牛津版註：《海布龍城的凱西》（*Das Käthchen von Heilbronn*, 1810）是海因里希・馮・克萊斯特（一七七七～一八一一）的劇作。出身卑微的女主角凱西對一位貴族極為忠誠，最後終於與他墜入情網。第四幕第二景中，凱西在睡夢中對伯爵說的話，揭露了伯爵之前沒有意識到的愛：「你像甲蟲般瘋狂地愛戀著我。」某些地區將德文「Käfer」（甲蟲）用作暱稱。

15 佛註：進一步聯想引向同一位作者筆下的《潘瑟西里亞》（*Penthesilea*）：對戀人的殘忍念頭。（牛津版註：《潘瑟西里亞》是克萊斯特於一八〇七年所作悲劇，一八〇八年發表；主角是位情緒起伏不定的亞馬遜女王，她與阿基里斯是戀人，卻覺得自己相形見絀，於是放出狗群啃噬阿基里斯的血肉。）

16 牛津版註：《唐懷瑟》（*Tannhäuser*）是華格納的歌劇，一八四五年首演。此處佛洛伊德引用教宗斥責唐懷瑟的話有誤，原文應為：「如果你分享過如此邪惡的欲望。」唐懷瑟屈服於異教神維納斯的肉欲享樂，當他向教宗祈求寬恕時，得到的答案卻是他的罪行無法被赦免，除非教宗的權杖能夠開花；聖潔的伊莉莎白為了唐懷瑟而犧牲自己，於是奇蹟出現，維納斯幻滅了，唐懷瑟也得到赦免。

她便代替了我那個孩子。由於與我女兒的名字相同，其中又隱藏了一位中毒致死的病人的形象。在夢的發展過程中，伊爾瑪在夢中的面貌一直未曾改變，但她的形象獲得了一些其他的意義。她變成了我們在兒童醫院神經科檢查的一位病童，在那裡，我的兩位朋友顯示了他們不同的性格，我自己小孩的形象顯然成了這個轉變的踏腳石。而同一個伊爾瑪，她不願意張口接受檢查的情節，暗指著我曾經檢查過的另一位婦女，而且透過這個連繫，也暗指著我的妻子。此外，我在她喉部所發現的病變，隱含著一系列其他人的形象。

我追隨夢中伊爾瑪而聯想起的許多人，沒有一個人的形象出現在夢中，他們都隱藏於夢中「伊爾瑪」形象的背後，因此「伊爾瑪」乃是一個集合意象。必須承認，她一身兼有許多互相矛盾的特徵，伊爾瑪變成了凝縮工作所省略的其他一切人物的代表，因為我所想起的這些人的事情，一點一滴地歸結到了她的身上。

還有另一種方式可以運用於夢的凝縮作用。夢中可以產生一種**集合形象**，把兩個或兩個以上的人的實際特徵，結合為一個單一的夢象。我夢中的M醫生就是以這種方式構成的，他有著M醫生的名字，言談舉止也像M醫生，但是他的身體特徵和疾病則屬於另一個人——我的大哥。只有他那蒼白臉色這一特徵是雙重決定的，因為在現實生活中他們兩人都有這個特徵。在有關我那黃鬍子叔叔的夢中，R醫生是一個類似的複合形象，但是他的夢象又是以另一種方式構成。

我不是把一個人和另一個人的特徵結合起來，而在結合過程中省略了記憶圖像中每個人的某些特性。我用的乃是高爾頓製作家族肖像的方法，把兩個影像拍在同一張底片上，使兩者共有的特性得以突出，而那些不相符合的特性則彼此抵銷，在相片上變得模糊不清。在這個夢中，漂亮的黃鬍子在兩個人所共有的面孔上十分地突出，其餘的部分反而因此模糊不清。順道一提，經由逐漸變灰這個中介意念，鬍子也進一步地暗指我的父親和我自己。

構成集合形象和複合形象是夢中凝縮作用的主要方法之一，下文我將從另一個方面的連繫加以闡述。

在伊爾瑪打針夢中出現的「痢疾」（dysentery）這個意念也有多重決定：首先，它的發音與「白喉」（diphtheria）相似，其次，它與我送到東方去的那位病人有連繫，他們未能診斷出他的歇斯底里症。

這個夢中的另一個凝縮作用的有趣例子是夢中提到了「丙基」（propyls），夢念中所包含的不是「丙基」而是「戊基」（amyls）。我們猜測在構成夢的這一點時，發生了一個單獨的置換作用。情況確實如此，但是透過對夢的進一步分析，證明了置換作用也能用來達到凝縮的目的。我如果讓自己的注意力在「丙基」這個字上多逗留一會兒，它聽起來就像「神殿入口」（Propylea），[17]但是不是只有雅典有神殿入口，在慕尼黑也有。此夢發生的前一年，我曾去慕尼黑探望一位病重的朋友，在夢中緊接著「丙基」出現的「三甲胺」（trimethylamine）這個詞所提示的正是這位朋友。

我將先略過一個在這個以及其他夢的分析中皆可發現的顯著事實：重要性各不相同的聯

17 牛津版註：希臘建築中，「Propylea」是聖殿的入口處由柱子支撐起的門廊，例如古代雅典衛城的入口大殿；許多新古典主義的作品也取名為「Propylea」，如一八六二年完工的慕尼黑宏偉城門。

想，在建立思想連繫時，似乎具有同等的價值。而我將讓自己恣意地以想像的方式，建構夢念中的**戊基**在顯夢中被**丙基**取代的過程。

一方面，我們看到一組關於我的朋友奧托的意念：他不了解我，他不支持我，他送給我一瓶雜醇油（戊基）味的酒。另一方面，我們看到一組關於我的柏林朋友的意念，與前一組意念正好相反：他十分了解我，支持我，我感謝他為我提供了有關性過程化學作用一些富有價值的訊息。

最近的一些興奮來源——這是這個夢真正的誘因——決定了在「奧托」組中哪些元素會吸引我的注意力，**戊基**就是被選定的元素之一，它預定要形成夢的部分內容。而在「懷赫姆」組中，大量的元素因為與「奧托」組有著相反的性質而被喚起，而且強調了其中與「奧托」組被喚起的元素相呼應的部分。在整個夢中，我不斷地把使我感到惱火的人轉變成為與他截然相反而使我感到高興的人，一點一滴地，我求助於這位朋友去反對我的對手。因此，「奧托」組中的「戊基」就喚醒了另一組中同屬化學範圍的「三甲胺」的回憶，而「三甲胺」受到幾個方面的支持而得以進入夢的內容。「**戊基**」本身原本可能原樣進入夢內容中，但受到了「懷赫姆」組的影響，因此就在「戊基」一詞所涵蓋的整個記憶範圍內搜尋，以發現某個可以為戊基提供雙重決定的元素。「**丙基**」(propyls) 與**戊基**有密切連繫，而「懷赫姆」組的慕尼黑則以「**入口**」(Propylea) 與丙基（propyls）結合起來，這兩組意念匯合而成為「**丙基-入口**」。於是，好像藉著一種折衷作用，這個中間元素就找到了進入夢內容的道路，一個容許多重決定的**中介共同實體**遂在此形成。因此很清楚地，多重決定必定有利於一個元素進入顯夢之中，而為了構成這樣一種中介環節，必須毫不猶豫地將注意力從真正的目標轉向某個鄰近的聯想。

我們從對伊爾瑪打針這個夢的解釋已能對夢形成時的凝縮過程有了一定的理解。我們已看到作為凝縮過程的某些細節，例如為什麼某些元素總是在夢念中反覆出現，一些（以集合形象和複合結構的形式表現的）新的統一體如何形成，以及一些中介共同實體又是如何構成的。至於凝縮作用的目的及其決定因素的問題，留待我們討論精神過程在夢的形成中的作用時再行提出。目前我們可暫時滿足於認識這一事實，即夢的**凝縮作用**乃是夢的顯意與隱意的關係中，一種顯著的特徵。

夢中凝縮工作當其以詞彙和名稱為對象時表現得最為清楚。一般說來，夢中處理詞彙往往和處理事物一樣，因而其組合的方式與事物的表現完全相同。這種夢可以提供我們最有趣的和最古怪的新詞。

（一）

有一次某位同事送來他寫的一篇論文，在我看來，他未免高估了某個近期生理學發現的重要性，而且論文的內容華而不實。次晚我夢見了一個明顯指涉這篇論文的句子：「**它以一種極其norekdal的風格寫成**。」一開始，我對這個詞彙的分析碰到了一些困難，它肯定是對「colossal」（巨大的）和「pyramidal」（拔尖的）等最高級形容詞的拙劣模仿，但是我猜不出它的字源。最後我看出了這個怪字是由「**Nora**」（諾拉）和「**Ekdal**」（埃克達爾）兩個名字所組成，也就是易卜生的兩部名劇中的主角。[18]不久前，我在報上讀到一篇論易卜生的文章，我在夢中批評的論文，正是同一位作者最近的一篇著作。

（二）

我的一位女病人告訴我一個短夢，結尾是一個無意義的複合詞。她夢見與她的丈夫一起參加一個農民的喜宴，並說：「這將以一般的Maistollmütz為結果。」她在夢中模糊地感到它是一種用玉米做成的布丁——一種玉蜀黍粥。經過分析，這個詞可以分成為Mais（玉米）、toll（瘋狂）、mannstoll（女性色情狂）和Olmütz（奧爾繆茲[19]），所有這些字都出現在她進餐時與親戚們的談話中。Mais一詞的背後（除了指涉）隱藏有下列各詞：Meissen（麥森，產自麥森的鳥形瓷器），Miss（她的親戚的英文女教師正前往奧爾繆茲），Mies（一個猶太字眼，俚語「令人厭惡的」），這些字詞令人想到最近開始的五十週年展覽會。[20]從這個大雜燴字的每一個音節都引申出一大串思想和聯想。

（三）

有一個深夜，一位年輕人家中的門鈴響了，這是他的一位朋友來訪，留下了一張名片。他當晚做了如下的夢：一個人一直工作到深夜，修理家用電話。他離開以後，電話仍然不停地響——不是持續不斷地，而是間歇地鳴響。他的僕人把那個人找了回來，那個人說：「這真是可笑，即使是經常tutelrein的人也無法處理這樣的故障。」

可以看出，這個夢中無足輕重的事件只涵蓋了夢內容中的一個元素，只有當夢者將這個事件與某個先前經驗歸納在同一系列時，它才具有某種重要性。而這個先前經驗雖然也無關緊要，但是他的想像賦予這個經驗其他的意義。當他還是一個小孩時，和他的父親住在一起，有一次他在半睡狀態中把一玻璃缸的水潑翻在地板上，家用電話的電線濕透了，電話持續不斷的響聲打斷了他父親的睡眠。既然持續不斷的響聲相當於弄濕了，間歇的響聲就被用來代表滴下的水。「Tutelrein」一詞可以從三個不同的方向加以分析，從而引向夢念中的三個主題：「Tutel」可以說成「Curatel」，這是一個法律名詞，表示「監督」的意思；「Tutel」（或許是「Tuttel」）也是一個粗俗字眼，指女人的乳房；剩下的部分「rein」（乾淨），加上「Zimmertelegraph」（家用電話）這個詞的前一部分構成了「zimmerrein」（家務訓練），則與把地板弄濕有著密切的關係。而且，它的讀音聽起來很像夢者家庭中某個成員的名字。[21]

18 牛津版註：「諾拉」是《玩偶家族》（*A Doll's House*, 1879）的女主角，「埃克達爾」則是《野鴨》（*The Wild Duck*, 1884）主角家族的姓氏，兩劇作者皆為亨利克・易卜生（一八二八～一九〇六）。

19 牛津版註：奧爾繆茲即今日的歐羅莫克，當時是摩拉維亞的駐軍重鎮，居民約兩萬人。

20 牛津版註：一八九八年的展覽會，慶祝法蘭茲・約瑟夫皇帝即位五十週年。

21 佛註：在清醒生活中，音節的分析和綜合——其實是一種音節遊戲——在許多笑話中起著作用。「要得到銀子（Silber）的最簡便方法是什麼？你沿著一條銀楊（Silberpappeln，德文Pappeln其義可為「楊樹」或為「沙沙聲」）林蔭道走下去，而且要求寂靜，當沙沙聲停止時，銀子也就釋放出來了。」本書的第一個讀者（牛津版註：「本書的第一個讀者」即懷赫姆・弗利斯。此處佛洛伊德以註解回應弗利斯的批評（見一八九九年九月十一日信件）：《詼諧及其與無意識的

(四)

在我的一個比較長而混亂的夢裡，它的中心內容似乎是航海，下一個碼頭叫Hearsing，再下一個碼頭叫Fliess，後者是我的一位住在B地[22]的朋友的名字，我常去那裡旅行。Hearsing是一個複合詞，它的一部分取自維也納近郊鐵路沿線的地名，其結尾往往加上ing，如Heitzing、Liesing、Mödling（古米提亞語，「meae deliciae」是其舊名，亦即「我的快樂」(meine Freud)）。另一部分則來自英文字hearsay，它表示誹謗，並與前一天一件無足輕重的夢刺激發生連繫：在《飛頁》[23]上刊登了一首有關好誹謗他人的侏儒「Sagter Hatergesagt」（Sez-he He-sed）的詩。如果把音節「ing」與Fliess這個名字連結起來，我們就得到了「Vlissingen」（佛利辛恩）一詞，這是一個真實的港口，每次我的兄弟從英格蘭來看我們時，總要經過此處。但是Vlissingen的英文名稱是Flushing，在英文中意思是「臉紅」，因而使我想起了我曾治療過的「臉紅焦慮症」患者，而且想到了別赫切烈夫最近所寫的一篇有關這種精神官能症的論文，我對這篇論文感到有些惱怒。

(五)

有一次我做了一個夢，似乎由兩個片斷組成。第一段是我記起了一個字「Autodidasker」，印象非常鮮明。第二段是我前幾天的一個短而無害的幻想的確切再現，大意是：如果我下次看見N教授，我一定要對他說：「我最近向你請教病情的那位病人，正如你所說的，事實上只患有精神官能症。」因此「Autodidasker」這個新詞必須滿足兩個條件：第一，它必須具有或代表一種複合意義，第二，這個意義必須與在清醒生活中我想向N教授致意有著牢固的連繫。

「Autodidasker」一詞很容易分析為Autor（作家）、Autodidakt（自學者），以及Lasker（拉斯克[24]），後者又使我想起Lassalle（拉薩爾[25]）這個名字。以上第一個詞是致夢的誘因，就做夢的這段時間而言，是有一番意義的。我為我的妻子買了幾本奧地利知名作家大衛的著作，這位作家是我兄弟的朋友，而且據我所知，還是我的同鄉。[26]有一晚，她告訴我一個她在大衛書中讀到的悲慘故事，說的是一位有才能的人的不幸命運，留給她極深刻的印象。由此我們的話題轉移到我們

關係》一書將進一步探討夢境與笑話的相似之處。）和批評者——他的追隨者可能與他有著同樣的想法——抗議說：「夢者似乎太天真可笑了。」這句話如果只涉及夢者則相當地正確，但若將其用在釋夢者身上就變成了一種反對的意見。在現實生活中，我並不想被視為一個詼諧的人，如果我的夢看起來可笑，原因不在我本人，而是由於夢構成時所處的一些特殊心理條件使然，而且這一事實與有關笑話和滑稽的理論有著密切的關係。夢之所以天真可笑，那是因為夢中思想表達最直接精確的方式受到了阻礙，迫使它不得不採取這樣的方式。我可以向我的讀者保證：我的病人的夢和我的夢一樣——甚至還要更多——充滿了笑話和雙關。

22 牛津版註：B地即柏林。

23 牛津版註：*Fliegende Blätter*，一份在德國極受歡迎的畫報。

24 牛津版註：愛德華·拉斯克（一八二九～一八八四），德國猶太裔的卓越政治家，曾協助創立國家自由黨。

25 牛津版註：費迪南·拉薩爾（一八二五～一八六四），德國猶太裔社會主義政治家，父親為猶太商人；在決鬥中被暗殺。

26 牛津版註：雅各·朱理亞斯·大衛（一八五九～一九〇六），與佛洛伊德同樣生於摩拉維亞，不過是在威斯克欽這個地方。他成長於福勒奈附近，靠近奧地利西利西亞邊陲。當時，大衛以描寫村莊生活的寫實主義故事著稱。

在自己孩子身上發現的天資徵兆，在這個故事的影響下，她表達了她對孩子的憂慮。我安慰她說，她所設想的這些危險可以用良好的教養來避免。當晚我的思路走得更遠，我把我妻子的憂慮與所有其他事情編織在一起了。作者與我兄弟一次有關婚姻的談話把我的思想在夢中引入了旁道，這條思路引向布雷斯勞，我們很要好的一位女子在那裡結婚並定居下來。[27]從布雷斯勞，我發現了拉斯克和拉薩爾兩個例證——這是我的夢念的核心，即擔心我的孩子可能毀在女人身上，而且同時呈現了兩種可能造成毀滅性影響的方式。[28]這些思想可以歸結為「追逐女人」這句話，而這句話在另一層意義上又使我想到我那還沒有結婚的弟弟，他的名字叫Alexander，我們簡稱他為Alex。我發覺這與拉斯克（Lasker）的迴文（將一字的字母次序顛倒而成的字）聽起來幾乎同音，這個因素對於把我的思想經由布雷斯勞引入旁路必定起了一定的作用。

然而此處我在名字和音節上所做的遊戲還有更深一層的意義，它表示了一個欲求：我希望我的兄弟可以獲得幸福的家庭生活。這是以下列方式表示出來的：左拉在他描寫一位藝術家生活的小說《作品》中，其題材必定與我的夢念有相似之處。[29]眾所周知，作者也是以插曲形式，介紹了自己及其幸福的家庭生活。他假託的名字為Sandoz（桑多茲），這個名字可能是這樣變化而來的：如果把Zola倒寫（兒童們常常喜歡這樣做），就得到了Aloz，這似乎不夠隱蔽，他於是將Al——這是Alexander的第一音節，改成了sand——同一字的第三音節，結果形成了Sandoz。我的Autodidasker的形成方式大體與此相同。

現在我必須解釋，我告訴N教授我們兩人共同檢查的那個病人患的只是精神官能症這個幻想如何進入夢境之中。在我那一年的工作快結束時，我開始治療一個新病人，我的診斷技巧完全被這個病人給難倒了。他的病情很像是一種嚴重的器質性疾病——或許是某種脊髓的退化性疾病——但無法確立診斷。我本可將其診斷為精神官能症（這樣一切的困難就迎刃而解了），但由於患者極力否認自己曾有與性有關的過去病史，因而我不願意將其診斷為精神官能症。在我左右為難之際，我前去請教這位大家都非常欽佩的醫生。他是我最為敬服的權威。他聽了我的懷疑之後說：這些懷疑也有道理，然後提出了他的意見：「繼續觀察下去，它一定是一種精神官能症。」由於我知道他不贊同我對於精神官能症病因學的觀點，我雖然沒有直接反駁他的意見，卻也掩飾不住內心的懷疑。幾天以後我告訴這個病人我真的無能為力，並請他另請高明。出乎我的意料之外，他開始請求我的原諒，因為他一直對我隱瞞真相。他覺得十分羞愧，隨即詳盡地報告了自己與性有關的病因。這正是我所期望的病因，沒有它，我就不能確立精神官能症的診斷。我感到欣慰，但也同時覺得有些羞愧。我必須承認，這位醫生畢竟比我高明，沒有被病史引入歧途。因此我決心在下次見面時告訴他：他是對的，而我是錯的。

這正是我在夢中做的事情，但是自己承認錯誤又怎麼會是欲求的滿足呢？然而，犯錯正是我真正的欲求，我希望我的擔心是錯誤的，或說得更確切些，我希望我的妻子——我已在夢念

27 牛津版註：布雷斯勞即今日波蘭勒斯拉夫市，當時為德國西利西亞省首府。

28 佛註：拉斯克死於脊髓癆，即由於與女人接觸而得的一種感染（梅毒）所造成。至於拉薩爾，大家都知道，他為了女人死於一場決鬥中。

29 牛津版註：左拉《作品》（*L'Œuvre*, 1886）為描寫藝術家的小說。主人翁克勞德・藍提耶是以左拉之友保羅・塞尚為雛形，左拉自己則以小說家皮耶・桑多茲的形象在書中出現。

中採用了她的擔心——是錯誤的。而且夢中這個與正確或錯誤有關的主題，並非與夢念中真正關心的主題全然無關。在由女人所引起的——或更確切地說，由性所引起的——器質性或功能性損害之間，也存在著同樣非此即彼的情況：是脊髓癆，或是精神官能症呢？（拉薩爾之死的性質大概可歸之於後一類。）

在這個交織緊密而詳細分析後又非常清晰的夢裡，N教授所起的作用，不僅是因為這種類比而促成我希望自己是錯誤的，也不僅是因為他與布雷斯勞以及我們一位婚後在那裡定居的朋友的家庭偶然的連繫，而且還因為我們在會診病情時所發生的一段插曲。當他表達意見並結束我們的醫療討論之後，他轉入了私人的話題：「你現在有幾個孩子？」「六個。」他做了一個羨慕和關心的姿勢問：「男孩還是女孩？」「各三個，他們是我的驕傲和財富。」「那好，但你可得小心！女孩沒有什麼問題，男孩的教養以後會碰到一些困難。」我辯護說：直到現在為止，他們的行為舉止都沒有什麼問題。顯然地，與他的第一個診斷——認為我的病人是精神官能症——一樣，他這第二個診斷也讓我覺得不愉快，因此這兩個印象就經由它們的接近性——同時被體驗——而被連繫了起來。而且當我把這個精神官能症的故事帶入夢中時，正是用它來代替這一段與教養有關的談話，這段談話與夢念有著更多的連繫，因為它與我妻子後來所表達的擔憂有更密切的關係。因此，甚至我的擔心——擔心N教授所說的，男孩子在教養上會碰到困難這番話可能是正確的——也在夢中有所表現，因為它隱藏在我但願我自己的擔心是錯誤的這一欲求的背後。於是同一個想像本身並未改變，卻同時代表了兩種對立性的選擇。

夢境中字句的扭曲，與我們所熟悉的妄想症中的情形非常類似，但也出現於歇斯底里症與強迫症中。兒童所玩的語言遊戲，有時把詞彙當成真實的事物，有時還會創造新的語言和不自然的語法，它們是夢和精神神經症的這一類現象的共同來源。

當夢境中出現與思想截然不同的言語時，這些在夢中說出的字句都可以追溯到夢的材料中所記得的言語。這些言語的內容可以保持不變，也可以稍有變動，而且經常由記憶中的各段言語拼湊而成。其字句雖然原封不動，但可表達數種意義，或一種與原義完全不同的意義。夢境中的言語往往只暗指這段言語發生時的情境。

二、置換作用

當我們蒐集凝縮作用的夢例時，另一種可能與凝縮作用一樣重要的關係，已經清楚地浮現出來。我們可以看到，作為顯夢主要成分的元素，在夢的隱意中卻扮演著完全不同的角色。作為一種推論，這個說法也可以倒過來講：很明顯作為夢念核心的意念，根本不需要在夢境中表現出來。夢境似乎有著與夢念不同的核心——夢內容可以以不同的元素作為它的中心點。例如在植物學論著的夢中，夢內容的中心點顯然是「植物學」這個元素，而夢念所關注的卻是同事之間由於彼此提供醫療服務引起的責任方面的糾紛和衝突，以及我對於自己常因嗜好而犧牲太多的自責。「植物學」這個元素，除了出於對照而與夢念核心有著鬆散連繫之外，在夢念的核心中根本不具任何地位，因為植物學並不是我所喜愛的學科。在我病人的「薩福」夢中，其中心內容是走上坡和下坡以及身在樓上和樓下，然而其隱意關心的卻是與社會階層較低的人發生性關係的危險。所以似乎只有一個夢念元素進入夢內容之中，但卻擴張到極其誇張的程度。同樣地，在金龜子的夢中，夢的主題是性欲與殘忍之間的關係。殘忍這個因素確實出現於夢的顯意之中，但是它表現了另一種連繫，而根本沒有提到性欲，也就是說，它擺脫了原有的脈絡而變成了某種不相干的內容。再如在有關我的叔叔的夢中，作為夢的中心點的漂亮鬍子，似乎與我的野心欲求毫無關聯，而我們知道，我的那些野心欲求才是夢念的核心。這一類的夢合理地帶給我們一種**置換作用**的印象。與這些夢完全相反，伊爾瑪打針的夢表明：在夢的構成過程中，各個元素也能夠維持其在夢念中的地位。起初，夢的隱意和顯意之間這種在意義和方向上變幻莫測的關係，很容易使我們感到驚訝。如果在我們正常生活中有一種精神過程，在其若干組成意念中，有一個意念被挑選出來而在意識中顯得特別地鮮明，我們通常就會認為，這種效果可以證明這個占優勢的意念具有特別高的精神價值，[30]即人們對它產生了某種特別濃厚的興趣。但是我們現在卻發現，在夢的形成過程中，夢念中各個元素的精神價值並未得到延續，或竟被置之不理。在夢念中，哪一個元素具有最高精神價值是不容置疑的，我們可以直接判斷出來；但在夢的形成過程中，這些享有強烈影響力的主要元素卻被當成只具有少量精神價值的元素來處理，在夢中的地位也可以被其他在夢念中顯得無足輕重的元素所取代。這個事實首先帶給我們如下的印象：在選擇各種意念用以形成夢境時，似乎完全沒有考慮其精神強度，而只考慮它們多重決定的程度。我們可以假定，夢中出現的並不是夢念中的重要意念，而是在其中出現次數較多的意念。但是這種假設對於我們理解夢的形成並沒有很大的幫助，因為從事情的本質來看，具有多重決定和具有固有精神價值兩個因素，必然在同一個意義上發生作用。在夢念中具有最高價值的意念必然也是在夢念中出現次數最多的意念，因為不同的夢念就是從它們輻射出來的。儘管如此，夢還是可以拒絕那些本身被強調且被多方面強化的元素，而選擇比較不具價值或不被強化的其他元素作為夢的內容。

為了解決這個難題，我們將利用探討夢內容的多重決定而得的另一個印象。也許有些讀者會認為夢元素的多重決定算不上是什麼重要的發現，因為它是不證自明的：我們對夢的分析總是從夢的若干元素出發，並記錄其各自發展的聯想，所以在由此而獲得的夢材料中，這些同一元素的頻繁出現並不足為怪。我不能接受這種反對意見，但是我自己要說，聽起來也不無相似之處。從分析所揭示出來的想法當中，有許多距離夢的核心已相當遙遠，且看起來好像是為了某一特殊目的而被插入的造作元素，其目的並不難推測。正是這些元素在夢的顯意和隱意之間形成了連繫，而且往往是一種強制性的勉強連繫。假如這些元素在分析時被刪除，其結果往往是：夢內容的某些成分不僅得不到多重決定，而且甚至得不到任何適當的決定。因此我們不得不做出這樣的結論：決定什麼元素可以進入夢境的多重決定，通常並不是夢的構成中的主要因素，而往往是我們迄今為止尚未了解的一種精神力量的副產物。然而在選擇哪些特殊元素得以進入夢境，多重決定作用一定仍不失其重要性，因為我們可以看到，有一些不具有多重決定性而孤立無助的夢材料，必須經過一番努力，才能獲得多重決定性而得以進入夢境之中。

因此，我們似乎可以合理地假定，在夢的工作中有一種精神力量在發生作用，它一方面減

30 佛註：一個意念的精神強度、價值或興趣程度，當然與感覺強度或所表現的意象強度有所區別。

弱那些具有高度精神價值的元素的強度，另一方面則藉由多重決定，從具有低度精神價值的各個元素中創造出新的價值，然後各自尋找途徑進入夢內容之中。如果真是這樣，則在夢的形成過程中必定產生了一種精神強度的轉移和置換，構成了夢的顯意和隱意之間的差異。我們所假設的這種過程也是夢工作中的必要部分，值得我們將其稱為夢的置換作用。夢的置換作用和凝縮作用是夢工作中兩個占支配地位的因素，夢境所採用的形式大部分可以歸因於它們的活動。

我認為要看出在夢的置換作用中顯現出來的精神力量也不是難事。置換作用的結果是夢內容不再與夢念核心相似，夢所表現的不過是存在於無意識之中的夢欲求的偽裝。但是我們已很熟悉夢的偽裝，可以由此追溯到一種精神動元對另一種精神動元的稽查作用。夢的置換作用是完成偽裝的主要方法之一。Is fecit cui profuit。[31] 所以我們可以假定：夢的置換作用的產生，受到行使內心防衛的同一稽查作用的影響。

在夢的構成中，置換作用、凝縮作用和多重決定作用之間的交互作用，以及哪一個是主要因素、哪一個是次要因素等問題，都留待後面再討論。我們現在要提出的是，夢念中得以進入夢境的元素，必須具備第二個條件：它們必須逃脫由阻抗所施加的稽查作用。此後在釋夢中，我們將把夢的置換作用視為無可置疑的事實。

三、夢的表現方法

夢的顯意在向隱意的轉變過程中，我們發現有兩個因素在其中起了作用：夢的凝縮作用和

置換作用。如果繼續探討下去，還會碰到另外兩個決定因素，它們對於選擇什麼材料進入夢境具有無可置疑的影響。但在繼續探討之前，即使冒著中斷研究的危險，我還是認為必須先對釋夢的過程做一個初步的介紹。我毫不懷疑的是，要把釋夢過程弄清楚並使批評者心悅誠服，最有效的方法就是採用某個特定的夢作為範例，進行詳盡的分析（如我在第二章對伊爾瑪打針的夢所做的分析），然後蒐集我所發現的夢念，並用它們重建夢的形成過程——換言之，就是以夢的綜合完成夢的分析。事實上，在我的研究過程中，我已經根據此種方法詳盡地解釋過好幾個夢例，但在此處我卻不能採用這些夢例，因為一些與精神材料的性質有關的考量，讓我無法這樣做——這些考量是多方面的，但是任何公正的人都會承認它們確有道理。在夢的分析中，這類考量並不會產生很大的影響，因為夢的分析可以是不完全的，即使我們只進到夢的淺層結構，分析仍能保有其價值。但是對夢的綜合而言，我了解只有完整的綜合才能使人深信不疑。我只能對不為讀者所知的人所做的夢進行完整的綜合——而且我只能以我的精神官能症患者所做的夢作為綜合的材料——因此我必須暫時擱下這部分的說明，直到我能在另一本書中把我對精神官能症患者的心理學闡述與本問題結合起來討論時再加以說明。

在我藉由夢念的綜合來建構夢境的嘗試中，我發現在釋夢過程中出現的材料具有不同的價值。一部分的材料是由基本夢念所組成，也就是說，那些完全取代夢境的夢念，而且如果不存在夢的稽查作用，這些基本夢念本身就足以取代整個夢。另一部分的材料可被統稱為「**附屬材**

31　牛津版註：一句古老的法律格言：從中得益者，必定就是做這件事情的人。

料」，整體而言，它們代表夢念中的真實欲求在轉變為夢境中所表現的欲求的過程中，所經過的路徑。在這些附屬材料中，有一組材料是由與真實夢念有關的聯想所組成，對應於由基本夢念到無足輕重的夢念的置換作用。另一組材料則是由在這些材料中——曾經無足輕重，但藉著置換作用成為重要的夢念——形成連結的思想所組成，而這些材料從而建構出我們的夢境。第三組材料則包括了某些思想連結與意念，出現在我們的釋夢過程之中，使我們得以發現這些中介的附屬材料。但是並非所有的意念和思想連結都必然與夢的形成有關。

在現在這一點上，我們只關注基本夢念。這些基本夢念通常是思想和記憶的複合物，具有最複雜的結構，具有清醒生活中我們所熟悉的思想系列的一切屬性。它們經常是由一個以上的中心出發的思想系列，但是彼此間有著一些接觸點。每一系列的思想幾乎都伴隨著與其矛盾的對立思想，而以對比聯想與其連結起來。

這個複雜結構的各個部分，彼此間當然具有最多元的邏輯關係，它們能代表前景、背景、離題、說明、條件、例證和反駁。當這一整群夢念處於夢工作的壓力之下，夢念的元素就會像碎冰那樣地翻轉、破碎，以至擠壓在一起——由此而引起的問題是：迄今為止形成其架構的邏輯關係發生了什麼樣的變化。「如果」、「因為」、「正如」、「雖然」、「不是……就是」，沒有這些連接詞，我們就無法理解句子和言語，夢是如何表現一切的連接詞呢？

最初的答案必然是：夢本身並無法表達夢念之間的這些邏輯關係。大部分的夢都不理會這些連接詞，只表達和操縱夢念的實質內容。恢復夢的工作所破壞的種種連繫，乃是釋夢過程所必須完成的任務。

夢之所以不能表達這些關係，原因在於構成夢的精神材料的性質。與能夠利用言語的詩歌相較，繪畫和雕刻等造型藝術確實有著類似的侷限性，基於相同的理由，它們尋求表達的努力同樣受到材料性質的限制。繪畫藝術在創立其表達法則之前，也曾企圖彌補這種缺陷。在古代的繪畫中，畫中人物的嘴邊都掛著一段小小的說明，寫上藝術家難以用圖畫表達的言語。

關於夢不能表現邏輯關係的這種說法，也許有人會加以反對，因為有些夢表現出極複雜的智力操作。夢中的各種陳述，可以荒謬也可以合乎理性，可以不顧邏輯也可以表明類比，與清醒時的思想並無不同。但是這種表面現象是騙人的，如果我們對這一類夢進行深入解析，當可發現，所有這類思想都屬於**夢念材料的一部分，而不是夢中智力活動的表現**。夢中表面上像是思維的東西，重現的只是夢念的題材，不是**題材之間的相互關係**，而只有後者才構成思維。我將提出幾個這方面的夢例，但是這方面最易於確定的一點是：在夢中說的所有話語，而且在描述夢境時特別強調其言語性質的話語，都是存在於夢念回憶材料中的話語——也許未經更改，也許稍加改變——的再現。這一類話語往往只暗指夢念中的某個事件，夢的意義可能與此完全不同。

我不否認，批判性思想活動並不只是夢念材料的重現，它確實也在夢的形成中起了一定作用。關於這個因素所起的作用，我將在結束本部分討論時再做闡述，那時我們將會清楚地看到，這種批判性思想活動並不是夢念的產物，而是夢本身——在某個意義上已經完成之後——的產物。

所以我可以暫時這麼說：夢念之間的邏輯關係在夢中並沒有獲得任何特定的表現。例如夢中出現一種矛盾，它不是夢本身的矛盾，就是來源於某個夢念題材的矛盾。夢中的矛盾只能以最間接的方式與夢念之間的矛盾相呼應。

但是，正如繪畫藝術終於發現了一種方法，用不同於口中掛著小小說明的方式，至少表達出了畫中人物的話語中所帶有的意圖——柔情、恐嚇、警告等等，所以夢也可能藉著適當地修改夢所特有的表現方法，而發現一種可以表達夢念之間的邏輯關係的方法。經驗已經表明，不同的夢在這一點上有很大的差異，有些夢完全不顧本身材料的邏輯順序，有些夢則盡可能地將它們表現出來。這樣一來，各個夢偏離其可操縱的材料的程度，就有很大的差異。順道一提，如果夢念之間的時間順序已在無意識中建立（如伊爾瑪打針的夢），則各個夢對時間順序的處理也有著類似的差異。

然而，夢的工作究竟能運用什麼樣的方法，以表現夢念中這些如此難以表現的關係呢？我將試著把它們列舉出來。

首先，夢藉由將所有材料組織成一個單一的情境或事件，將夢的各個部分之間無疑存在著的各種連繫納入考量，藉由同時性再現出材料的邏輯關係。這就像某位畫家一樣，他將所有的哲學家或詩人畫在同一幅畫中，以表現雅典學派或巴納索斯詩壇。[32] 雖然事實上他們從未聚集於某座大廳或山頂，但從概念上來說，他們確實構成了一個團體。

夢將這種再現方法運用在各個細節上。只要夢呈現出兩個緊密相連的元素，我們就可以肯定相應的夢念之間存在著某種特別密切的連繫。在我們的書寫規則中也是如此，ab代表著一個音節中的兩個字母，而如果a與b之間留有空隙，那就表示a是一個字的最後一個字母，而b

則是後一個字的第一個字母。因此，夢中元素的並列並非由夢材料中任何隨機且無連繫的部分組成，而是由那些在夢念中也有著密切連繫的部分所組成。

夢有兩個在本質上相同的方法以表現**因果關係**。假使有這樣一個夢念：「因為有這樣的……，所以必然會發生那樣的……。」夢中比較常用的表現方法就是用從屬子句作為序夢，主要子句作為主夢。如果我的解釋是正確的，這個順序也可能顛倒過來，但是主要子句總是對應於夢中比較詳盡的部分。

我的一位女病人曾經以這種方法絕妙地表現出因果關係。這個很好的夢例我將在後文詳加描述。它包括了一段簡短的序夢和一段精巧複雜的夢，內容明顯地集中於一個主題，可稱之為「花的語言」。序夢是這樣的：她走進廚房找她的兩個女僕，責備她們還沒有把她的那「一口食物」準備好。同時她看見廚房內很多瓶瓶罐罐被倒立地放著，以便讓水流乾，它們被雜亂地堆疊在一起。兩個女僕出去取水，而且必須涉足於直接流到房子或院子裡的那條小河之中。

接著就是主夢，開始時是這樣的：她爬過一些樣式奇特的木柵或籬笆，從高處走下來。她很高興，因為她的衣服沒有被勾絆住……等等。序夢與夢者父母的住所有關。她很可能常從母親的口中聽到夢中出現的話語。那一堆家用陶器則來自位於同一棟建築物內的一家普通雜貨店。夢的另一部分則與她的父親有關，他常常調戲女僕，最後在一次洪水時（因為住宅靠近河岸）患重病死去。因此隱藏在序夢背後的思想是：「因為我出生於這個家庭，地位低下，處境惡劣……」

32 牛津版註：拉斐爾（一四八三～一五二〇）於一五〇九～一五一一年間在梵蒂岡畫的一幅壁畫。

主夢接續同一個思想，但轉而將其表現為欲求滿足的形式：「我出身高貴。」因此，其真正的思想是：「因為我出身如此卑微，所以我的一生只好如此了。」

就我所知，夢分成兩個不相等的部分，並非總是意味著與其相應的意念之間存在著因果關係。我們經常碰到的情形是：兩個夢似乎是以不同的觀點表現相同的材料，或兩個夢來源於夢材料中的不同中心，它們的內容可能重疊，以致在一個夢中表現為中心的內容，在另一個夢僅為一種暗示，反之亦然。但是在許多夢中，這種劃分——較短的序夢和較長的續夢——確實意味著兩段夢之間存在一種因果關係。另一種表現因果關係的方法，適合材料不多的夢。它藉著從一個意象（不管是人或物）轉變到另一個意象來表現因果關係，但是只有當這種轉變確實發生在我們眼前，而不僅僅是注意到一個人或物代替了另一人或物時，我們才可以認真考慮這兩個意象之間存在著因果關係。我已經說過，表現因果關係的兩種方法實質上是同一種方法。在兩種情況下，因果關係都是以時間順序表現：第一種情況是用夢的順序來表示，第二種情況則利用了一個意象到另一個意象的直接轉變。我們必須承認，在大多數情況下，因果關係已消失於做夢過程中各元素之間不可避免的混亂之中，根本無法表現出來。

沒有任何一種方式可以在夢中表現「不是……就是……」這種二者擇一的形式，兩種選擇通常穿插在夢的脈絡中，好像具有同等的有效性。在伊爾瑪打針的夢中包含了這方面的一個經典範例，它的隱意顯然是：「我不能對伊爾瑪持續的痛苦負責，其責任要不是在於她不願意接受我的解答，就是她的性生活不順遂，而我不能加以改變。或是她的痛苦實際上根本不是歇斯底里症，而是器質性病症。」另一方面，夢在滿足了所有這些可能性（它們幾乎是互相排除的）

之後，毫不猶豫地又根據夢的欲求加上了第四種解釋。只有在釋夢之後，我才進一步把「不是……就是……」加到夢念的脈絡之中。

然而，在複述一個夢時，敘述者經常喜歡使用「不是……就是……」的形式，如「它要不是一座花園，就是一間起居室」，但在夢念中其所代表的並不是二者擇一的形式，而只是一個「和」(and)，一個簡單的附加。「不是……就是……」大多被用來描述具有某種模糊性的夢元素——但這種模糊性是能獲得解決的。在這種情況下，解釋的規則通常是：將兩個選擇元素視為同等有效的部分，然後用一個「和」把它們連接在一起。舉例來說，有一次我的一位朋友在義大利逗留，我有相當長的時間不知道他的住址，於是我夢見我收到了一份附有他的地址的電報。電報用的是藍色字體，第一個字模糊不清，或是「Via」(經過)，或是「Villa」(別墅)，或是「Casa」(房子)，第二個字則很清楚是「Sezerno」。第二個字聽起來很像某個義大利人名，這讓我想起了我和他之間一段有關詞源學的討論，它也表達了我對他長期保守住址祕密的憤怒。另一方面，第一個字的三種選擇在分析時都各自可以同等有效地作為一系列思想的出發點。

我在父親安葬的前一晚，[33]夢見一張告示、招貼或海報——就像鐵路候車室貼的禁止吸煙的告示一樣。上面印著的若不是：

請你閉上雙眼

33 牛津版註：摘自一八九六年十一月二日佛洛伊德致弗利斯信件，據佛洛伊德說，此夢發生在葬禮後的夜晚。

就是

請你閉上一隻眼

我通常把它寫成如下的形式：

請你閉上一雙 隻眼

兩種不同的版本各有其本身的意義，而在釋夢時引向不同的方向。我選擇了最簡單的葬禮，因為我知道這是先父的意願，但有的家庭成員卻無法贊同這種清教徒的簡樸做法，認為會被參加葬禮的人瞧不起。因此就出現了「請你閉上一隻眼」這句話，意思是說：「請你睜一隻眼閉一隻眼。」此處特別容易看出表現為「不是……就是……」的模糊性的意義。夢的工作無法創造出一個統一的字眼以表達模稜兩可的夢念，因此兩條主要的思路在顯夢中就以不同的方式表現。

在一些夢中，是以把夢分成相等的兩部分來解決二者擇一的表現困難。

夢處理對立和矛盾的方式非常引人注目，它乾脆置之不理。就夢來說，「不」這個字似乎是不存在的。夢特別傾向於把對立部分結合為統一體或把它們表現為同一事物。再者，夢還喜歡任意地把一個元素表現為夢所欲求的對立面，所以任何具有對立面的元素，乍看之下，並無法決定它在夢念中代表的是正面或反面的意義。在剛剛提到的夢中——我們已經解釋了它的序夢（「因為我的出身如此低微……」）——夢者夢見她自己跨越一些木柵走下，手裡拿著盛開花朵的樹枝。她由這個意象聯想到天使手持著百合花枝條向聖母瑪利亞宣報耶穌誕生的那幅畫面（她自己的名字也叫瑪利亞），隨後又聯想到穿著白袍的少女，穿過用鮮綠樹枝裝飾的街道，參加基督聖體節遊行的景象。因此夢中盛開花朵的樹枝無疑暗示著貞潔。但是樹枝上開的是紅花，很像一朵朵的山茶花。當她走到終點時（夢仍在繼續進行），大部分盛開的花朵都凋謝了，因而此處無疑暗示著月經。因此這同一根樹枝，好似一位天真無邪的少女手持的百合花，但也同時暗指著**茶花女**。[34]我們知道，茶花女通常戴一朵白茶花，但在月經期便戴上一朵紅茶花。同一根盛開花朵的樹枝（參見歌德的〈磨坊主女兒〉一詩中的「少女之花」[35]）既代表貞潔又代表其反面，而這同一個夢既表現了夢者對自己潔白無瑕的生活所感到的欣慰，同時也在某些點上（如花的凋謝）透露了相反的聯想，為自己童年時期在貞潔上所犯的過錯感到內疚。在分析夢時，很可能會區分出兩條不同的思路，安慰自己的思路似乎呈現於表面，自責的思路則藏在底層，兩條思路截然相反，但是它們相似卻又相反的元素都由顯夢中的同一個元素表現出來。

34 牛津版註：此指法國小說家小仲馬（一八二四～一八九五）所著《茶花女》（一八五二），威爾第最著名的歌劇《茶花女》（一八五三）即以這部小說為腳本。

35 牛津版註：歌德的敘事詩〈磨坊主女兒〉（Der Müllerin Verrat, 1798）描述一位自己也是背叛者的戀人，抱怨他的女友如何背叛了他，為家庭而出賣了他們的愛情。

夢的形成的機制最喜愛的邏輯關係只有一種，那就是相似性、一致性，或是近似性，亦即**恰似的關係**。這種關係與任何其他關係不同，在夢中可用各種不同的方式表現。夢念材料中固有的平行關係或「恰似」關係構成了夢的建構的原始基礎，而有一大部分的夢的工作是在創造新的這種平行關係。如果由於受到阻抗作用的稽查的影響，既存的夢念無法進入夢中，夢工作的凝縮傾向則有助於相似關係的表現。

夢通常藉由形成一個**統一體**來表現**相似**、**一致和具有共同屬性**等關係。這個統一體可能已存在於夢念材料之中，也可能是新的創造。第一種可能性可稱為**認同作用**，第二種則可稱為**複合作用**。「認同作用」用之於人，「複合作用」則用之於事物，然而複合作用也可用之於人，地點則往往以與人相同的方式來處理。

認同作用就是在所有由某個共同元素連繫起來的人物之中，只有一個人在顯夢中出現，第二個或其餘的人則似乎受到了壓抑。但是這個人在夢中表現出所有的關係和情境——也許指涉他自身，也許指涉他所涵蓋的其他人。複合作用則是在牽涉到好幾個人物時，由某個夢中意象涵括了各個人物獨有的特性，因此這些人物就結合在一起，成為一個新的統一體——一個複合人物。複合作用的實際過程可用各種不同的方式予以實現。一方面，夢中人物可以採用其所指涉的某人的姓名——於是我們就可以直接知道我們所認定的人是誰，就跟清醒時一樣——但卻有著另一個人的外貌。另一方面，夢中人物的外貌特徵，可能實際上一部分屬於某個人，其他部分則屬於另一個人。再者，夢象中第二個人所參與的成分也可以不在外貌特徵上，而是表現於我們所賦予他的姿勢、姿態、言語，以及所處的情境中。在最後一種情況中，認同作用與複合作用之間的區別便不是那麼清楚了。

兩個人之間用以證明其有足夠理由結合——或是說，引起其結合——的共同元素，可以出現也可以不出現在夢內容之中。一般說來，產生認同作用或構成複合人物的目的，就是要避免共同元素的出現。為了避免說「A仇視我，B也仇視我」，我便在夢中創造出一個A和B的複合人物，或是想像A表現出B所特有的某種動作。如此構成的夢中人物以某種新的連繫在夢中出現，而其同時表現A與B兩者的情形，使我可以在釋夢過程將兩者所具有的共同元素——對我的仇視態度——加到適當的地方。以這種方式，往往可以在夢內容之中完成大量的凝縮作用。我不再需要直接表現與某個人有關的極其複雜的情況，只要我能找到另一個人，而這些情況也同樣適用在他身上。我們並不難看出這種利用認同作用的方法，能夠多麼有效地逃避阻抗作用的稽查對夢的工作所施加的嚴苛條件。稽查作用所反對的對象，可能正是在夢念材料中與某個特定的人有關的某些意念。因此我繼續尋找第二個人，他也與所反對的材料有關，但只是部分有關，這兩個人在這一稽查點上的連繫使我有理由利用這兩個人其他一些無關緊要的特徵構成一個複合人物。這個由認同作用或複合作用構成的人物，便可不受稽查作用的影響，而被允許進入夢內容之中。因此，藉由夢的凝縮作用，我滿足了夢的稽查作用的要求。

當夢中表現出兩個人之間的某個共同元素時，通常就是暗示我們去尋找受稽查作用的影響而不可能在夢中出現的另一個共同元素。此處發生了對這個共同元素的置換作用，這似乎是為了促進這個共同元素的表現。由於夢中出現的複合人物總是具有一個無關緊要的共同元素，我們可以由此推斷出：在夢念中必定還隱伏著另一個重要的共同元素。

因此，認同作用或構成複合人物有著多重的目的：第一，表現與二人有關的某個共同元素；第二，表現某個置換了的共同元素；第三，則是表現某個僅為心中所欲求的共同元素。由於希望兩個人之間有一個共同元素經常就等於將兩個人互換，所以在夢中就利用認同作用表現了這個關係。在伊爾瑪打針的夢中，我希望把她換成另一個病人，也就是說，我希望另一個女人像伊爾瑪一樣成為我的病人。夢滿足我這個欲求的方式是呈現一個名叫伊爾瑪的人，但她接受我檢查時的位置則是我曾經見過的另一個女病人所處的位置。在有關我叔父的夢中，這種交換成為夢境的核心：我藉由這段情節——我自己對同事的態度和判斷並不比部長好——而以部長自居。

我從自己的經驗中毫無例外地發現，每一個夢都涉及夢者自己，夢是完全自我中心的。只要夢內容中出現的不是我自己的自我，而是一個陌生人，我敢斷定我的自我必定以認同作用隱藏在這個人的背後，因此我可以將我的自我加到夢的脈絡之中。在另一些夢中，如果我的自我確實出現於夢中，則其所發生的情境，可能會讓我發現有另一個人利用了認同作用隱藏在我的自我背後。這種情況的夢不啻警告我：我在釋夢時，必須把與這另一個人有關的共同元素移轉到我自己身上。還有一些夢，其中我的自我與他人同時出現，當認同作用弄清楚之後，會在那個人身上再次表現出我的自我，因此這些認同作用能夠使我的自我與這些被稽查作用禁止的意念發生連繫。由此看來，我的自我在一個夢中可以表現好幾次，時而直接地表現，時而則藉由與他人之間的認同作用來表現。透過這種認同作用的數次發生，夢便可以凝縮大量的思想材料。[36]

認同作用運用於地點名稱，甚至比運用於人物更易於理解，因為此處沒有來自在夢中占有主要地位的自我的干擾。在我有關羅馬的一個夢中（上文頁二五六），我發現自己置身於我稱之為**羅馬**的一個地方，但我驚奇地發現在某個街角竟有大量的德文廣告。這一點乃是我的一個欲求的滿足，它立即使我想起**布拉格**。這個欲求本身也許可以追溯到我在少年時代作為一個德國民族主義者的那段時期，但早已成為過往。做夢那段期間我曾與我的朋友約在**布拉格**相會，所以羅馬與布拉格兩者之間的認同作用可以用一個所欲求的共同元素加以解釋：我希望在**羅馬**而不希望在**布拉格**與我的朋友見面，也就是我希望把這次聚會的地點從**布拉格**換成**羅馬**。

創造複合結構的可能性，是讓夢具有想像特性的因素中最為突出的一個因素，因為它為夢的內容引入了從來不是真實知覺對象的元素。構建夢中複合意象的精神過程，與我們在清醒生活中想像或描繪半人半馬的怪獸或龍的精神過程，無疑有著共同之處。其唯一的區別僅在於：在清醒生活中創造想像形象的決定因素，是我們想要用這個新結構本身來表現的視覺印象；而在複合結構的形成中，其決定因素與實際形狀無關，是由夢念中所包含的共同元素所決定。夢中複合結構可以透過各種不同的方式形成，最簡樸的形式只表現出某一事物的屬性，但同時知道這些屬性也適用於另一事物。比較費周折的技巧則是把兩個事物的特徵結合

36 佛註：當我猜測在夢中究竟要到哪一個人背後去尋找我的自我時，我遵循這一法則：在夢中感受到我入睡時的情緒體驗的那個人，就是隱藏了我的自我的人。

為一個新的意象，且在這樣做時，巧妙地利用這兩個事物在現實中所具有的任何相似之處。依據材料及其拼合的靈巧度，新結構可以表現得荒謬絕倫，也可以巧奪天工。如果有待凝縮為單一統一體的各個事物之間太不協調一致，夢的工作往往只滿足於創造這樣一種複合結構：它具有一個相對清晰的核心，但伴以若干不太清晰的特性。在這種情況下，統一成為單一意象的過程可說已經失敗了。這兩種表現彼此重疊而產生出某種事物，類似兩個視覺意象之間的競爭。如果我們想要表明若干個別知覺意象如何組成一個整體概念，我們可以用類似的方式在圖畫中將其呈現出來。

夢中當然充斥著一大堆這類複合結構，我已經在分析過的夢中舉出了幾個例子，現在我再舉幾個。在三七三頁所報告的那個夢中，以「花的語言」描述了病人所走過的人生歷程。夢中的自我手持一根盛開花朵的樹枝，我們已經知道，它代表貞潔，也代表著性的罪惡。由於花朵在枝條上的排列位置，夢者也想起了盛開的**櫻花**。這些盛開的花，個別看上去就像一朵朵的山**茶花**。而整體印象則像是一種**外來**植物。存在於這個複合結構的各個元素間的共同因子，可從夢念中得到證實：盛開花朵的枝條是由為了博取她的歡心而送給她的禮物所組成的。因此，她童年得到的是櫻桃，後來是山茶花，而「外來」植物則暗指一個到處旅行的自然科學家，他曾畫了一幅花試圖博取她的歡心。我的另一位女病人夢見一棟介於海灘的**更衣室**、鄉村的**戶外廁所**和城市住屋的**頂樓**之間的建築物，前兩個元素都與裸體和脫衣的人有關。兩者與第三個元素的結合可以使我們得出如下的結論：（在她的童年時期）頂樓也曾經是她更衣的地方。另一位女病人在她哥哥答應請她吃一餐魚子醬之後，夢見她哥哥的腿上布滿了**黑色魚子醬顆粒**。這個

（道德意義上的）**傳染病**元素和有關她童年時曾患過**皮疹**的回憶（她雙腿布滿了**紅色**而不是**黑色**的斑點），再加上魚子醬顆粒，結合而成為一個新概念——「**她從哥哥那裡得到的東西**」。在這個夢中，與其他的夢一樣，人體的各個部分被當作物品來處理。

我在上文中曾認為夢並沒有表達矛盾或對立關係——也就是「不」——的方法，我現在要開始初步地反駁這種說法。我們已經看到，在那些可以歸結在「對立的夢」這個標題下的夢中，有一類只藉由認同作用來表現對立——也就是說，在這些夢中，對立可以與某種交換或取代發生連繫，在這方面我已舉了不少例子。夢念中的另一類對立——可歸屬在「**相反地**」或「**正好相反**」的範疇中——以下述醒目的方式進入夢境之中，幾乎可以把它當成笑話來講。「正好相反」並不直接呈現於顯夢之中，而不過是利用夢內容中某個已經建構好而又（由於其他原因）碰巧與其相鄰的片斷，將這個片斷——彷彿是一種事後回想——**變成反面**表現出來。對於這樣一種過程，舉例證明會比單純的描述更易於理解。在那有趣的「上和下」的夢中，夢中向上爬的表現內容正好與夢念中的原型——都德《薩福》中的序幕——相反：在夢中是先難後易，在都德筆下則是先易後難。此外，夢者與他的哥哥的「上」、「下」關係，在夢中也正好以相反的內容表現出來。這表明兩部分夢念材料之間存在一種顛倒和相反的關係，而我們可在下述材料中發現這個關係：夢者在童年時幻想被奶媽抱上樓，正好與小說中主人翁抱著他的情婦上樓的情形相反。在歌德抨擊M先生的夢中（見下文頁四二〇～四二三），也存在著這種「正好相反」，所以要成功地解釋這個夢，必須先使其恢復原狀。夢中是歌德抨擊一個年輕人M先生，真實生活中則是一位不知名的年輕作者抨擊一個有地位的人物——我的朋友弗利斯。在夢中我根據歌德去世的日期[37]計算時日，真實生活中卻是從癱瘓病人出生的那一年算起。夢念中成為決定性思想的是：對於歌德應被當作瘋子看待這個看法的駁斥。夢（的潛藏意義）在說：「正好相反，如果你不理解這本書，那是你的低能，而不是作者。」我還認為，所有這一類使事物變成反面的夢都暗藏著「**掉頭不理睬**」的輕蔑之意（如薩福夢中兄弟關係的倒反）。

如果我們希望進一步研究夢的顯意和隱意之間的關係，最好的辦法莫過於從夢本身出發，探索夢中表現方法的形式特徵——就其與夢念的關係而言——代表了什麼樣的意義。在這些形式特徵當中，讓我們留下最深刻印象的特徵是各個特定夢象之間感覺強度的差異，以及夢中各特定部分或各個夢之間在互相比較時所發現的清晰度的差異。各特定夢象之間的差異，範圍相當廣泛：從我們覺得——無疑是不合理的——勝過現實的清晰度，到令人心煩的模糊性。我們常認為這種模糊性是夢所特有的，因為其並無法完全類比於真實知覺對象的不清晰程度。此外，我們通常以「飛逝的」描述夢中不清晰的對象，同時認為那些較清晰的夢象在我們的知覺中出現了較長的時間。現在要提出的問題是：夢內容中各特殊片斷的清晰度差異，究竟是決定於夢材料中的什麼因素？

我們必須從駁斥某些必定會發生的預期著手。既然睡眠時所體驗到的真實感覺也可以成為夢的材料，於是便可能假設：這些元素或由其衍生的元素將會以特殊的強度在夢內容之中表現出來。反之，凡是特別清晰的夢象都可以追溯到睡眠時的真實感覺。但是我自己的體驗卻從未證實這個假設，如果說由睡眠時的真實印象（如神經刺激）所衍生的各個元素與來自記憶的其他元素，兩者在清晰度上有所區別，那絕不是事實。在決定夢象的強度上，現實因素並不是一個決定因子。

人們可能預期：特定夢象的感覺強度（即清晰度）與夢念中相應元素的精神強度有關。就後者而言，精神強度相當於精神價值，強度最大的元素便是最重要的元素，正是它們構成了夢念的核心。我們已經知道，正是這些元素受到稽查作用最強力的防堵而無法進入夢內容之中，但是代表它們的直接衍生物仍可能在夢中獲得很大的強度，雖然——作為衍生物——不一定成為夢境的核心。然而，透過對夢與夢的材料的比較研究，這個預期也無法成立。此方面的元素強度與彼方面的元素強度毫不相干。事實上，夢念材料和夢之間發生了「**一切精神價值的重新估計**」。[38] 夢念核心元素的直接衍生物，受到更強力的意象的掩蓋，往往只表現為某個短暫的過渡元素。

夢中各元素的強度是由兩個互相獨立的因素決定的：第一，不難看出，凡是表達欲求滿足的元素都具有特殊的強度。第二，我們從分析中可以發現。夢中最清晰的元素乃是能產生最豐富聯想的出發點，也是其本身擁有最多決定因素的元素。如果我們以如下的方式陳述後一個

37 牛津版註：歌德去世於一八三二年。

38 牛津版註：此處佛洛伊德借了菲德里希・尼采（一八四四～一九〇〇）常用的一句話。譬如在《道德系譜學》（*The Genealogy of Morals*, 1887）中，尼采曾說他正在準備一部著作，名為《權力意志：重估一切價值的嘗試》（*The Will to Power: An Attempt at a Transvaluation of all Values*, Part 3, sec. 27）。結果以此為書名的作品是由尼采的朋友彼得・加斯特及其妹伊莉莎白・弗斯特-尼采從他的筆記本中共同彙編而成。一九〇一年作者死後出版。

經驗性主張，並不會改變它的意義：夢中表現強度最大的元素，乃是那些在其形成過程中發生了最大量和最複雜的凝縮作用的元素。我們期望最終可用一個單一公式表達出這個決定因素和（與欲求滿足有關的）另一個因素。

我剛才探討的問題——夢中特定元素的強度和清晰度的決定因素——可不能與整個夢或夢中各個段落的清晰度差異問題混為一談。前一個問題的清晰度是對比於模糊性，後一個問題則是對比於混亂程度。然而毫無疑問地，這兩種尺度在質的增減上是互相平行的，一段清楚的夢通常包含著強度較大的元素；反之，一個含糊的夢總是由強度較小的元素所組成。但是從清晰到含糊或混亂這一問題，則比夢元素的清晰度差異問題要複雜得多。由於後文中將要提到的理由，在此還不能針對前一個問題進行討論。在某些夢例中，我們驚訝地發現，我們覺得某個夢清晰或模糊這個印象完全與夢本身的構造無關，而是來自於夢念材料，而且就是夢念的組成分之一。我自己曾做過一個夢，醒來以後仍覺得它結構完整、鮮明清晰而且毫無瑕疵，以致當我還未完全清醒時，我就想介紹一類新的夢，它們不受凝縮和置換機制的影響而可稱之為「睡眠時的幻想」。然而細加觀察之後，證實這一類稀有的夢仍然與任何其他夢一樣，具有結構上的漏洞和毛病，因此我就放棄了「夢幻想」這個範疇。這個夢的主要內容是我向我的朋友[39]提出一個困難且經過長期探索的雙性戀理論，而夢的欲求滿足的力量則使這個理論——順道一提，夢境中並未提到這個理論的內容——在夢中看起來如此地清楚和完整。因此，我對整個夢所做的判斷——認為它是完整的——實際上乃是夢內容的一部分，而且確實是核心的部分。在這種情況下，夢的工作彷彿侵入我剛睡醒時的思想，將一部分它未能在夢境中清楚表達的夢念材料，以**對夢做出判斷**的形式向我呈現出來。有一次我在分析一位女病人的夢時，遇到了與此完全相反的情況。起初她不肯講她的夢，只是說：「因為它如此地混亂模糊。」終於，在她反覆宣稱她覺得自己所說的不一定正確之後，她告訴我：她夢見了幾個人——她自己、她的丈夫、她的父親——而且她似乎搞不清她的丈夫是否就是她的父親，或誰是她的父親，或其他諸如此類的問題。這個夢與她在分析過程中所產生的聯想結合起來，可以證明這個夢無疑與這個常發生在女僕身上的故事有關：她不得不承認她想要一個小孩，但是不知道「這個小孩真實的父親是誰」。[40]因此在這個夢中，缺乏清晰性再次是夢的刺激材料的一部分，也就是說，這一部分材料表現於夢的**形式**之中。而就我的經驗來看，我們很少有機會利用夢材料中確定和懷疑的意念來解釋夢境的清晰與混亂。在後文中我必須揭示夢的形成中的某個因素——迄今尚未提到，它對於夢境中清晰和混亂的程度具有決定性的影響。

有時，在一個同樣的情境和背景已持續一段時間的夢中，會出現中斷，並用這樣的話來描述：「但是之後它好像同時是另一個地方，在那裡發生了這樣的事。」稍後也許又會回到夢的主要脈絡，而使插入的內容成為夢材料中的附屬子句——一個插入的思想。在這樣的夢中，夢念中的條件子句以同時性表現出來：「如果」變成了「當……之時」。

在夢中經常出現並且近似焦慮的那種運動受抑制的感覺究竟是什麼意思呢？在夢中，一個

39 牛津版註：指懷赫姆・弗利斯。
40 佛註：伴生的歇斯底里症症狀是：月經停止和重度憂鬱（這是她的主要症狀）。

人想往前走但發現自己無法移動，企圖完成某事但遇到重重阻礙。火車將要啟動，他卻無法搭上車；受到侮辱想要揮拳報復，但發現無能為力，等等。我們在暴露夢中談到了這種感覺，但沒有認真地解釋。一個簡便但不成熟的答案是：睡眠中普遍會出現運動癱瘓，因而就產生了運動受抑制的感覺。但是人們不免會問：為什麼我們不能持續地夢到這種受抑制的運動呢？因而我們可以合理地假定，這種感覺——雖然在睡眠中可以隨時被喚起——可以促進某種特殊的表現，但也只有在夢念材料需要以這種方式表現時，它才被喚起。

這種「無能做任何事」並非總是作為一種感覺在夢中出現，有時只是夢內容的一部分。我認為有一個夢例似乎特別能夠說明這種特性的意義，下面是此夢的摘錄。我在夢中顯然受到了不誠實的指控：

這個地點是一間私人療養院和其他幾棟建築物的混合物，出現一個男僕叫喚我去接受檢查。[41]在夢中我知道有人丟掉了某件東西，而檢查是因為我被懷疑偷走了這件東西（分析表明檢查有雙重意義，包括了身體檢查）。考慮到我是無辜的而且是這個機構的顧問，我靜靜地隨著這個僕人。我們在門口遇見另一個僕人，他指著我說：「你為什麼帶他來呢？他是一位受人尊重的人。」然後我獨自走進一間大廳，廳內豎立著許多機器，使我想起地獄及其恐怖的刑具。我看見一位同事平躺在一台機器上，他一定注意到了我，但是他假裝沒看到。然後我被告知我可以走了，但是找不到我的帽子，因此我還是無法離開。

這個夢的欲求滿足顯然是：我被認為是一個誠實的人並且被告知我可以走了。因此在夢念中必定存在著各種材料，包含著與此欲求相反的意念。我可以走了是赦免的表現，因此，如果在夢的結尾處發生了某件事阻止我走開，則似乎可以合理地假定：包含著相反意念的受壓抑的材料，此時正力求自身的表現，因此我找不到帽子乃是意味著：「你終究不是一個誠實的人。」而此夢中的「無能做某事」是一種**表達反對的方式**，即表示「不」的方式。所以這符合我之前的說法——夢不能表示「不」字。[42]

在其他一些夢中，「無能做某事」不只作為一種情境，而且作為一種感覺出現。這是同一矛盾更為強力的表達，它表現了一個受到反對意志所反對的意志，因此運動受抑制的感覺代表一種**意志的衝突**。我們在後文中將會了解，睡眠時所伴隨的運動癱瘓，正是做夢時精神過程的基本決定因素之一。而現在可以了解的是，沿著運動路徑傳導的衝動不過是一種意志，而我們

41 牛津版註：德文「Untersuchung」有兩個意思，一是（醫療）檢查，二是（司法）調查。

42 佛註：在完整分析中，這個夢牽涉到我的一件童年往事，可藉由下述聯想發現這件事：「摩爾人已經完成了他的責任，**摩爾人可以走了**。」接著是一個開玩笑的問題：「摩爾人完成他的責任時幾歲？」——「只有一歲，因為那時他已經可以走路了。」（可能因為生下來就有一頭捲曲的黑髮，所以我年輕的母親戲稱我是摩爾人。）找不到我的帽子，是發生在做夢當日的一件事，有著多重的意義，我們的女僕是一個藏東西的能手，她把它藏起來了。這個夢的結尾還隱含著一種對死亡的幽暗思想的反抗：「我還未完成我的責任，所以我一定還不能走開。」生與死，就像不久之前我夢見歌德和癱瘓病人一樣（見上文頁四二〇～四二二）。（牛津版註：摩爾人一段摘自劇作家暨哲學家菲德里希·席勒（一七五九～一八〇五）的作品《費斯克》（*Fiesco*, 1784），描述陰謀者費斯克將他的共犯摩爾人奴隸穆雷·哈森解僱，被哈森認為忘恩負義。〔德文gehen可同時有「走」〔go〕和「走路」〔walk〕之意。〕）

在睡眠中必定會感覺這種衝動受到了抑制，這個現象使得這整個過程非常適合用來表現一種意志行動以及與之對抗的「不」字。根據我對焦慮的解釋，也不難理解為什麼意志受抑制的感覺會與焦慮如此近似，而且在夢中常與焦慮結合在一起。焦慮是一種原欲衝動，它源於無意識並受到前意識的抑制，所以當抑制感與焦慮在夢中結合在一起時，它必定與某個能引發原欲的意志行動有關，也就是說，一定與性衝動有關。

四、表現力的考慮

直到現在為止，我們研究的範圍還只限於夢如何表現各夢念之間的關係。然而在這一研究過程中，我們已經不只一次接觸到這個更進一步的主題：夢的改造的一般性質，即為了夢的形成，夢念材料所必須經歷的改造。我們已經知道，夢念材料被剝奪了大部分的連繫，受制於一種壓縮過程，同時在各元素之間進行了精神強度的置換作用，使夢念材料必然發生一種精神價值的重新評價。我們迄今所討論的置換作用，是由下述的過程所組成：某個特定意念為另一個與其有密切連繫的意念所取代，而只要利用這種方法使介於兩者之間的一個共同元素（而非兩個元素）進入夢境，置換作用便可以促成凝縮作用。我們還沒有談到其他種類的置換作用，我們的分析表明，還存在著另一種置換作用，它表現為**相關思想在言語表達上的改變**。在上述兩種情況中，都有置換作用沿著一系列聯想發生，但是同樣的過程可以發生在不同的精神領域。而置換作用的結果可能是某個元素為另一個元素所取代，或是某個元素的言語形式為另一個言語形式所取代。

在夢的形成中所發生的這第二類置換作用，不但具有高度的理論意義，且特別適合用來解釋夢的偽裝所呈現的奇特荒謬性。置換作用採取的方向通常是將夢念中單調而抽象的表現轉換成為具體形象的表現，這種轉換的好處及其目的是一目瞭然的。一個形象化的事物，從夢的觀點來看，是一個**能夠表現出來的事物**。當抽象表現面臨表現上的困難，就像報紙上的政治標題難以用插圖表現一樣，它能夠被引入夢中，以解決這個難題。這種轉換，不僅促進了表現力，而且凝縮作用和稽查作用也從中受益不淺。以抽象形式表現的夢念很難加以利用，但是只要它轉變為形象化語言，則在這種新的形式和夢的其餘材料之間，就會比先前容易建立夢的工作所需要的對比和認同（如果不存在，也可自行創造出來），這是因為每一種語言的發展史都表明了具體詞彙比抽象詞彙更富於聯想。我們可以設想夢在形成時所進行的中介工作，力求將分散的夢念簡化為簡潔而單一的表現，很大一部分就是沿著為個別思想尋求適當的言語轉換的路線而進行的。任何一個思想，如果它的表現方式因其他原因而固定下來，將會對其他思想所選擇的表現方式施加一種決定性和選擇性的影響，而且很可能從一開始就有如此的影響。就像在詩的創作中一樣，如果一首詩要押韻，則兩行詩句的後一句必定受到兩個條件的限制：它必須表達一個適當的意義，而表達這個意義的文字又必須與第一句押韻。人們在最好的詩中無疑看不出刻意求韻的痕跡，其中兩個思想，由於互相影響，從一開始就選定了表達的文字，其後只須稍加變動，韻律便出來了。

在某些夢例中，這種表現方式的改變甚至直接有利於夢的凝縮作用。它以一個模稜兩可的詞語就可以表達出多個夢念，夢的工作就以這種方式利用所有的雙關語。我們無須對詞語在夢的形成中所起的作用感到驚奇，既然詞語是無數意念的交匯點，原本就必然是模稜兩可的。精神官能症（如在構成強迫性意念和恐懼症時）也不亞於夢，毫不猶豫地利用詞語提供的好處，以達到凝縮作用和偽裝的目的。我們也不難看出，夢的偽裝同樣從表現方式的變換中得到好處。如果以一個模稜兩可的詞語取代兩個意義明確的詞語，我們自然容易對其產生誤解。如果形象化表現取代了我們日常審慎的表現方式，我們的理解就會遇到阻礙，特別是一個夢從不告訴我們它的元素是按字面的還是按圖像的意義來解釋，或這些元素是直接與夢念材料發生連繫還是透過某些插入的中介詞語來發生連繫。我已經舉了好幾個夢例，它們的表現只有藉著模稜兩可的詞語才能組合在一起（例如，在伊爾瑪打針的夢中：「她張大了嘴」，以及我剛才在頁三八四引證的夢：「我還是無法離開。」）現在我再記錄一個夢，其中抽象思想轉換為圖像起了相當大的作用。這種釋夢方法與象徵性釋夢之間的區別仍然非常地清楚。在象徵性釋夢中，解釋象徵的線索由釋夢者任意選擇，而在我們的言語偽裝的夢中，其解釋的線索一般已為我們所知，且以已確立的一般語言用法為基礎。如果一個人在適當時機有了正確的想法，他就有可能完全地或部分地解釋這種夢，甚至不必仰賴夢者所提供的信息。

一位我熟悉的婦人夢見：

她在歌劇院中，正在演出華格納的歌劇，結束時已是早晨七點四十五分了。劇院正廳後面擺設了桌子，人們正在那裡吃喝。她剛度完蜜月回來的表哥和他年輕的妻子坐在一張桌子旁，旁邊還坐著一位貴族。據說她表哥的妻子度完蜜月回來時，相當公開地帶了某件禮物送給這位貴族，就像從蜜月中帶回一頂帽子似的。正廳中央有一座高塔，塔頂有一個四周圍著鐵欄杆的平台，樂團指揮高高地站在台上，他的面貌很像漢斯·李希特。[43]他沿著欄杆不斷地跑著，揮汗如雨，指揮著聚集在塔下的樂團。她自己和一位朋友（我所認識的一位女士）坐在包廂內，她的妹妹想從正廳遞給她一大塊煤炭，因為她不知道它會有那麼長，所以現在一定凍壞了（好像在長時間演奏中，包廂需要保持溫暖似的）。

儘管這個夢的場景集中於一個情境中，但在其他方面仍然缺乏意義。例如，高塔位於正廳的中央，指揮從塔頂指揮樂團。最不可思議的是妹妹向上遞給她的那一大塊媒炭。我故意不要求分析這個夢，但是因為我對夢者的某些私人關係有所了解，我不需仰賴她就能分析這個夢的某些部分。我知道她非常同情一個音樂家，他因發瘋過早地結束了他的音樂生涯，所以我決定把正廳中的高塔當作一種隱喻，她希望那個音樂家站在李希特的位置上，**傲然俯視樂團的其他成員**。這個塔可說是藉由**並列方式所組成的一個複合圖象**，塔的下半部代表這個人的偉大，而塔頂的欄杆——他在後面不斷地跑著，就像一個囚徒或一隻籠中困獸（這也暗指著這個可憐的

43 牛津版註：漢斯·李希特（一八四三～一九一六）為一指揮家，曾任華格納的助理。一八七六年，他所指揮的《尼伯龍根之戒》（*Ring*）在拜魯特首演；此外，他也經常在倫敦擔任指揮，一九〇〇年至一九一一年間則在曼徹斯特擔任哈雷管弦樂團的指揮。

人的名字[44]）——代表他最終的命運，而這兩個意念可能藉著「Narrenturm」（瘋人塔）[45]這個詞語結合在一起。

我們既已發現這個夢所採取的表現方式，便可嘗試用同一線索去解釋第二個明顯的荒謬性，即夢者的妹妹遞上來的煤炭。「煤炭」必定意味著「祕密的愛」。

沒有**火**、沒有**煤**
能夠燃燒得如此熾熱
就像**祕密的愛**那樣
永遠無人曉得[46]

她和她那位女友一直**乾坐著**（即「沒有結婚」），她的妹妹——她仍有望結婚——向上遞給她一塊煤，「因為她不知道**它會有那麼長**」。夢中並未指出什麼會有那麼長，如果它是個故事，我們就會說這是指「演出」，但是因為它是一個夢，我們可以把這個短語當作一個獨立的實體來看待，斷定它是模稜兩可的，並可以加上「在她結婚之前的時間」這句話。夢中提及夢者的表哥和他的妻子在正廳坐在一起，加上夢為他的妻子編造了**公開的情史**，更加支持了我們所做的「祕密的愛」的解釋。這個夢的重點是祕密的和公開的愛之間的對比，以及夢者自己的愛火和年輕妻子的冷酷之間的對比。此外，在兩個人的情況中，都有「**高高在上**」的人，這個詞同樣適用於那位貴族和那位被寄予厚望的音樂家。

從以上的分析中，我們終於發現了第三個因素，我們絕不能低估它在隱意轉變為顯意中的作用：**對夢所利用的特定精神材料的表現力的考量**。其中，大部分為視覺意象的表現力。在依附於主要夢念的各種從屬思想中，能以視覺形象的方式表現出來的思想常被優先地選擇出來。與此同時，夢的工作還力求將那些無法以視覺形象表現的思想重新改造成一種新的言語形式，即使是一種不尋常的形式也在所不惜，只要這種過程能夠促成夢的表現，並因而能夠釋放侷限的思考方式所引起的心理壓力。把思想內容改造成另一種形式，同時還可以為凝縮作用服務，而且還可以與另一個思想形成原本不會出現的連繫。這第二個思想，因要與第一個思想在半途中會合，很可能已預先改變了它原先的表現形式。

鑑於笑話、引語、歌曲和諺語等在有教養者的精神生活中所起的作用，我們有充分的理由預期這一類偽裝會非常經常地被用來表現夢念。例如有一個夢，數輛兩輪運貨車上裝滿了不同種類的蔬菜，這是什麼意思？這些貨車代表著一種欲求，與「Kraut und Rüben」（字面上直譯為「青

44 牛津版註：一九二五年的修訂版編入此人姓名：雨果・沃爾夫（Wolf，意為「狼」）。沃爾夫（一八六〇～一九一六）為作曲家，作品包括歌劇《縣太爺》（*Der Corregidor*, 1896），及以歌德、莫里克、艾興多夫的文字所譜成的歌曲。一八八四至一八八七年間，他是維也納《沙龍報》（*Salonblatt*）的樂評，成為狂熱的華格納迷，與布拉姆斯敵對。一八九七年，沃爾夫罹患精神衰弱，曾有段時間短暫復原，然而曇花一現，一八九八年十二月被送往精神病患收容所，住到死去為止。

45 牛津版註：為瘋人院的古名。

46 牛津版註：民謠〈祕密戀情的痛苦〉（Heimlicher Liebe Pein），作者佚名。收錄於著名的德國民謠集《男孩的神奇號角》（*Des Knaben Wunderhorn*, 1806-1808），此書由艾辛・馮・阿爾寧與克萊門斯・布倫塔諾合編。

菜蘿蔔」）——即「亂七八糟」，亦即「混亂」——形成對立。使我感到驚訝的是，這種夢我只聽過一次。一個普遍有效的夢象徵只出現於某些題材中，它以普遍為大家所熟悉的隱喻和言語替代物為基礎。此外，大部分這類象徵也為精神神經症、神話和習俗所共有。

的確，當我們更深入地考察這個問題時，我們必定會發現，夢的工作在進行這一類替代時，並無創新之處。為了達到它的目的——在這個夢例中，表現的可能性受到稽查作用的阻撓——夢僅利用無意識中已經形成的路徑，並偏愛使用那些能以笑話和隱喻的形式在意識中出現的方式，來轉換受潛抑的材料。同樣的轉換也充斥於精神官能症患者的幻想之中。在此我們對施爾納的釋夢突然有所理解，我已在別處為其基本正確性做過辯護。一個人的想像固著於自己的身體，並不是夢所特有，也不僅是夢的特徵。我的分析表明，它經常表現於精神官能症患者的無意識思想中，而且起源於對性的好奇心。正在成長中的少年，對於異性和自己的生殖器就充滿了好奇心。正如施爾納和沃爾克特所正確堅持的那樣，房屋並不是唯一用來象徵身體的意念，這在夢和精神官能症患者的無意識幻想中都是如此。我確實知道有些病人利用建築物作為身體和生殖器的象徵（其對性的興趣已遠遠超出外生殖器的範圍），在這些病人看來，柱子和圓柱代表大腿（如在《雅歌》中那樣[47]），每一道門都代表身體上的某個開口（「洞」），每一條水管都代表泌尿器官等等。但是與植物和廚房有關的意念也常被選來作為隱藏性的意象。語言使用本身以其可追溯到遠古的想像性比喻的積累，已為前者提供了很多的材料，如上帝的葡萄、種子、《雅歌》中的少女的花園[48]等。而性生活中最醜惡和最神祕的部分，則可以在思想和夢境中以看來無邪的廚房活動表現出來。如果我們忘記了性的象徵能以最普通和最不明顯的地方作為最好的藏身之所，便永遠不能解釋歇斯底里症的症狀。兒童精神官能症患者見不得鮮血和生肉，看見雞蛋和通心麵就嘔吐，精神官能症患者極度地誇大人類怕蛇的天性——所有這一切都肯定隱藏有性的意義。精神官能症利用這一類偽裝，正是沿著人類在最早期的文明中曾走過的道路，而且直至今日，我們仍可在語言慣用法、迷信和風俗中，輕易地找到其存在的證據。

我現在要插入我的一個女病人所做的「花」的夢，在前文中我已承諾要將此夢記錄下來。凡是可加以性的解釋的元素都加了重點。在聽了解釋以後，夢者便對這個美麗的夢感到興味索然了。

（一）序夢：她走進廚房找她的兩個女僕，責備她們還沒有把她的那「一口食物」準備好，同時她看見廚房內很多瓶瓶罐罐被倒立地放著，以便讓水流乾，它們被雜亂地堆疊在一起。後來又加上：兩個女僕出去取水，而且必須涉足於直接流到房子或院子裡的那條小河之中。[49]

（二）主夢：[50]她爬過一些樣式奇特的木柵或籬笆，從高處[51]走下來，這些木柵或籬笆由編成

47 牛津版註：《雅歌》第五章第十五節：「他的腿好像白玉石柱，安在精金座上。」
48 牛津版註：《雅歌》第四章第十二節：「我妹子，我新婦，乃是關鎖的園。」
49 佛註：為了解釋這個序夢，可以把它當作一個原因從屬子句來解釋，見上文頁三六九～三七〇。
50 佛註：描寫她的生命歷程。
51 佛註：高貴的出身：與序夢相對立的欲求。

小正方形的枝條組成，連結在一起而成為一個個很大的菱形。[52]這可不是一個用來攀爬的地方，她費了很大的功夫才找到落腳的地方。她很高興，因為她的衣服沒有被勾絆住，所以她能保持體面地走下來。[53]她手裡正拿著一根大樹枝，[54]它真像一顆樹，上面盛開著紅花，枝椏交錯地向外延伸。[55]她想它們是櫻花，但它們看起來也像盛開的山茶花，當然山茶花並不長在樹上。她走下來的時候，一開始手裡拿著一根樹枝，然後忽然變成兩根，後來又變成一根。[56]當她走下來時，下半截樹枝的花朵很多都已經凋謝了。她走下來以後，看見一個男僕正在——她覺得想說成——梳理一棵跟她手上同樣的樹，也就是說，他正用一片木頭把從樹上垂下來像苔蘚般的一束束濃密的髮狀物拖出來。其他一些工人已從一個花園中砍下了相同的樹枝，並把它們拋到道路上，亂七八糟地擺著，因此許多人拿走了一些。但是她想著這樣做究竟對不對——她是否也可以取走一枝呢？[57]花園中站著一位年輕男人（某個她認識的人，一個外國人），她上前問他這種樹枝怎麼樣才能移植到自己的花園中。[58]他擁抱了她，她掙扎著並問他在想什麼，難道他以為別人可以這樣隨便地擁抱她嗎？他說這沒有什麼害處，這是被允許的。[59]他接著說他願意和她到另一個花園去，告訴她如何種樹，並講了一些她聽不懂的話：「無論如何我要三公尺（後來她又說是三平方公尺）或三噚地。」他好像要求她為了他願意陪她到花園給予某種報答，好像想要在她的花園中得到補償，或好像希望避開某條法律，由此得到好處而又不傷害她。至於他是否真的告訴她些什麼事，她就想不起來了。

我必須提到另一個意念領域，就像在精神官能症中一樣，它經常用於掩蓋夢中與性相關的內容。我指的是涉及**改變住處**。搬出公寓可以很容易的替代為**脫掉（某人的衣服）**，[60]也就是說，用一個服裝意念領域的曖昧字眼加以替代。如果夢中還有個升降機，那麼我們會回想起作為一個英文動詞，它也意味著要**掀起某人的衣服**。

我自然可以處理這一類的豐富材料，但將其報告出來將會使我們太過深入地思考到與精神官能症有關的問題，反正得到的是同一個結論：我們沒有必要假設在夢的工作中有任何特殊的心靈象徵活動發生作用，夢所利用的不過是任何在無意識思維中已經存在著的象徵作用，因為它們本身所具有的表現力比較適合於夢的構成的需要，也因為它們通常能夠逃避稽查作用。

52 佛註：兩個地點所組成的複合圖像：一是她家中的「頂樓」，她常與她的兄弟——她後來的幻想對象——在那裡玩耍，另一地點則為常逗弄她的一個壞叔叔的農場。
53 佛註：這是一個與她在叔叔農場中一段真實回憶對立的欲求，她在那裡時經常脫光衣服睡覺。
54 佛註：正像天使報喜圖中手持一束百合花的天使。
55 佛註：這一複合意象的解釋見上文頁三六一～三六二：貞潔、月經、茶花女。
56 佛註：指她的幻想涉及的人數。
57 佛註：她是否可以拉下一個，即手淫。牛津版註：「拉下一個」的德文是 sich einen herunterreißen，也可指「手淫」。
58 佛註：樹枝長久以來就一直暗指男性生殖器，正好也暗指她的姓。
59 佛註：這句話以及下面的話與婚姻中應提防的事情有關。
60 牛津版註：「auszichen」為一雙關語，同時有「搬出（房子）」和「脫掉（衣服）」之意。之後的版本略去了此段。

五、一些夢例：夢中的計算和言語

在提到支配夢的形成的第四個因素的合理地位以前，我要引證自己所蒐集的一些夢例，一方面是為了證實三個已知因素之間的交互作用，另一方面則是為了替一些迄今尚未獲得充分支持的主張提供證據，或為了指出從中必然得出的結論。在說明夢的工作時，我發現很難舉例來支持我的見解，要使支持特定命題的例子具有說服力，只能將它們放在整個夢的解釋脈絡之中；如果脫離了原有的脈絡，它們也就失去了作為證明的價值。另一方面，即使是粗淺的釋夢也會很快地變得千頭萬緒，結果使我們失去本想用來作為證明的聯想線索。如果我在下文中將各式各樣事物結合在一起，只以它們與本章前幾節內容的相關性作為共同點，那我也只好說是由於這種技術上的困難了。

首先我將舉幾個夢中特殊或不尋常的表現方式。一位女士夢見：一位女僕正站在梯子上，就像在擦窗戶一樣，身旁有一隻黑猩猩和一隻猩猩貓（gorilla-cat）（夢者後來更正為angora cat，安哥拉貓）。她把牠們朝著夢者猛擲過來，黑猩猩擁抱了夢者，讓她感到十分厭惡。這個夢以一種極其簡單的方法達到了它的目的，即利用了言語字面意義上的形象，而且精確地表現了所使用的字眼。「猴子」和動物的名稱一般被當作罵人的話，夢中的情境正意味著「投擲毒罵」。我們在這一系列的夢中還可以看到，在許多其他夢的工作中也利用了這個簡單方法。

另一個夢採取了極其相似的方法：一個婦人有一個顱骨明顯畸形的男孩，夢者聽說這是由於胎位不正而引起的，醫生說施加壓力可以使頭顱形狀變得好看些，但會損傷孩子的腦部。她想他是個男孩，畸形也無太大的妨礙。這個夢包含了對「童年印象」這個抽象概念的具體表現，這個概念是夢者在治療期間逐漸熟悉起來的。

在下面的夢例中，夢的工作採取了稍微不同的方法。這個夢的內容是一次到格拉茨附近的希爾姆泰克[61]的旅遊：外面的天氣異常可怕，這是一間破舊的旅館，雨水沿著房間的四壁滴下，床單都弄濕了。（夢的後一部分表現得不如我所說的那麼清楚。）夢的意義是「過剩」，這個夢念中的抽象意念最初有些被迫地被扭曲了，表現為諸如「氾濫」、「淹沒」或「液體」等形式——之後則表現為若干類似的圖像：外面的水，裡面牆上的水，弄濕床單的水——每一幕景象都在流動，或是氾濫。[62]

蒐集這類表現的種種方式，並依據它們的基本原則加以分類，其本身就是一件獨立的工作。夢的工作常常利用罕見的聯想，成功地表現出不容易表現的材料，如某個姓名。在我的一個夢中，我以前的教授布呂克（Brücke）指定我進行一個解剖工作。我準備切片的時候，從裡面找出了某種揉皺了的銀色紙張似的東西。（後面我還會提到這個夢。）與此有關的聯想（我不無困難地才做到這一點）是「stanniol」（銀色錫箔紙），然後我才發覺我想的名字是「Stannius」，是我少年時代非常敬佩的一位論述魚類神經系統解剖的學者。我的老師指定給我的第一次科學作業，

61 牛津版註：希爾姆泰克為格拉茨市郊一大池塘，可雇船，附近有餐館。
62 牛津版註：德文Überflüssig指「過剩、多餘」；überfließend指「淹沒、滿溢」；flüssig指「液體」；überflüssig指「過剩的、多餘的」。

實際上與一種叫「七鰓鰻」的魚的神經系統有關，在畫謎中顯然不可能利用這種魚的名稱。[63]

當我們考慮到夢中出現的數字和計算時，夢的工作的性質及其運用材料——即夢念——的方式便可以很具啟發性地被表現出來。此外，夢中的數字被迷信地認為具有與未來有關的特別意義，所以我要從自己的記憶中挑選出幾個這樣的夢例：

（一）

摘自一位女士在其治療即將結束時所做的一個夢：

她正要去付某些費用，她的女兒從她（母親）的錢包中取出了三個弗洛林和六十五個克魯斯。[64]夢者問她：「你要做什麼？它只值二十一個克魯斯。」由於我了解夢者的情況，無須她進一步解釋我便能理解這個短夢。這位女士來自國外，她的女兒正在維也納上學，只要她的女兒留在維也納，她就能繼續接受我的治療。這女孩的學年還有三個星期就要結束了，這也意味著這位女士的治療即將告終。做夢的前一天，女校長來問她是否考慮讓她的女兒再讀一年，從這個暗示出發，她當然會想到：在這種情況下，她也可以繼續她的治療。這就是這個夢的真正意義，一年等於三百六十五天，該學年和治療都剩下三個星期即二十一天（雖然治療的時數比這少）。這些數字在夢念中指的是時間，在夢境中則是指錢的總額——這並沒有什麼更深的意義，因為「時間就是金錢」[65]。三百六十五克魯斯等於三個弗洛林和六十五個克魯斯，而夢中出現的金額如此少顯然是欲求滿足的結果，夢者的欲求把治療的費用和一年的學費都減少了。

（二）

另一個夢中出現的數字包含了更為複雜的情況。一位雖然年輕但已結婚多年的婦女得到消息，一位與她年紀相仿的女友愛麗絲剛訂了婚，她於是做了如下的夢：她和她的丈夫正在劇院，正廳的座位有一邊完全空著，她的丈夫告訴她，愛麗絲和她的未婚夫也想來看戲，但是只能買到不好的座位——三張票只值一個半弗洛林——他們當然不能買這種票。她想就算他們買了，也不會有什麼真正的損失。

這**一個半弗洛林**的來源何在呢？它來源於前一天實際發生的一件無關緊要的事，她的嫂嫂收到她丈夫給的**一百五十弗洛林**，便匆忙地花光了這筆錢，買了一件珠寶。值得注意的是一百五十弗洛林是一個半弗洛林的**一百倍**。三張戲票的**三**這一數字又從何而來呢？此處唯一的連繫就是她那位剛訂婚的女友年齡正好比她小三個月。等到空蕩蕩的正廳的意義被發現了以後，整個夢的意義便迎刃而解了，它們未加改變地被用來暗指一件小事，這件事讓她的丈夫有了一個嘲笑她的好藉口。她曾計畫去看預定於次週上演的一齣戲，而且在好幾天前便不怕麻煩地買好

63 牛津版註：佛洛伊德論七鰓鰻脊椎神經起源的短文，於一八七七年在維也納科學院的會刊發表。
64 牛津版註：「弗洛林」和「克魯斯」是奧地利在一八九二年採用金本位之前所使用的舊制貨幣。後來弗洛林被克朗取代，二克朗可兌換一弗洛林。十二弗洛林約等於一英鎊。
65 牛津版註：此處原文為英文。

了票，因而不得不多付了一些預約費。等到他們到了劇院，才發現劇場的一邊幾乎完全空著，看來她根本無須如此著急。

現在我可以發現這個夢背後的夢念了：「結婚這麼早真是荒唐，我根本無須如此著急。由愛麗絲的例子看來，我最終會得到一個丈夫的。我確實應該得到一個比現在好上一百倍的（寶貝[66]），只要我等待（與她那嫂嫂的匆忙相對比），我的錢（嫁妝）就能買到三個這麼好的男人！」比起上一個夢來，可以看出，這個夢中數字的意義和前後關係的變動程度要大得多，此處改變和偽裝的過程更深入了一層。這一點可解釋為，這個夢的夢念在其能夠獲得表現以前，必須克服一種特別強大的內部精神阻抗。我們更不應該忽視夢中的荒謬成分，即兩個人要三個座位。我將把夢的荒謬性討論稍稍提前，指出夢內容中這個荒謬細節乃是在強調這一夢念：「這麼早結婚真是荒唐。」荒謬性必須在夢中找到一個位置，而三這個數字便巧妙地滿足了這個要求，其本身來源於兩個人之間的一個很不重要的差別——她們的年齡相差三個月，而一百五十弗洛林減少為一個半弗洛林則符合夢者在受壓抑的思想中對她的寶貝的輕視。

（三）

下一個夢顯示了夢中的計算方法，它使夢變得如此聲名狼藉：一個男子夢見他坐在B家的椅子上（他以前就認識這個家庭）對他們說：「你們不讓我娶瑪莉是一個大錯誤。」他接著問那女孩：「你多大年紀了？」她回答說：「我生於一八八二年。」「哦，那你是二十八歲囉。」

因為此夢的發生日期是在一八九八年，這顯然是一個誤算，除非另有解釋，否則夢者計算能力之差可說只能與患全身麻痺的病人相比擬了。我的病人屬於這一類男人：只要一看見女人便在思緒中割捨不下。幾個月以來他按時前來就診，在我的診察室內，排在他後面的經常是一位年輕女子。他不斷打聽她的情況而且急於要留給她一個好印象。他估計她大約二十八歲，這就足以解釋夢中偽裝的計算結果了。碰巧一八八二年又正是他結婚的那一年——我還要補充一點，他在進入我的診所時，總忍不住要和另外兩個女人交談——兩個女僕（兩人都不年輕了），其中總有一個會為他開門請他進去。他解釋說她們之所以沒有反應，是因為她們把他看成一個上了年紀而**穩重的**（settled）[67]紳士。

當我們把這些夢以及後文中將要提到的夢放在一起，我們便可以肯定地說：事實上，夢的工作完全不進行任何計算，也無所謂正確與否的問題。它不過是利用一種計算的形式來表現夢念中的數字，並暗指著無法用其他方法表達的主題。在這方面，夢的工作乃是把數字當作表達意向的媒介，與夢運用任何其他意念的方式並無不同——後者包括了姓名和在夢中以可辨識的口語方式出現的言談。

夢的工作實際上不能創造言談，不管有多少言談或對話在夢中出現，也不管其正確與否，分析總是表明：夢中所做的一切就是從夢念中抽取真正講過或聽過的言談片斷，用極其任意的

66 牛津版註：德文Schatz字面上是「寶物」的意思，引申為對人的暱稱「寶貝」，因此在夢中構成寶石與丈夫之間的連結。
67 譯註：亦指「已有歸宿的」。

方式加以處理。夢不僅把這些片斷從它們的脈絡中抽取出來，把它們加以割裂，吸收其中某些部分，排斥其他部分，而且往往以一種新的順序將它們加以整合。所以夢中一段具連貫性的言談，在分析中就可發現其包含了三、四個獨立的片斷。為了完成這個新的版本，夢往往放棄詞語在夢念中的原有意義，而賦予它們一種新的意義。如果我們仔細考察夢中出現的一段談話，將會發現它一方面包含著相對上比較清晰而緊湊的部分，另一方面也包含著一些用來連接的材料，很可能是後來才加上去的。正像閱讀一樣，我們可以填上一些偶然遺漏的字母或音節。因此夢中言談的結構就像角礫岩一樣，各種不同的岩塊被一種接合的介質黏合在一起。

嚴格說來，這種描述僅適用於夢中帶有感覺性質且為夢者本人描述為言談的那些「談話」。其他種類的言談，若沒有讓夢者有聽見或說出來的感覺（即在夢中不伴有聽覺或運動感覺），就只不過是思想，正如我們清醒思想活動中所產生的思想一樣，而且往往不加改變地進入我們的夢中。這類未明確分化的言談的另一個豐富來源，雖然難以追溯，但似乎是由閱讀素材所提供的。不管怎樣，夢中明顯表現的言談，都可以追溯到夢者曾經說過或聽過的真實內容。

在我為了其他目的而引證的夢的分析過程中，所舉的例子已經表明了夢中的言談具有這樣的來源。因此，頁二四四～二四五報告的那個「天真單純」的市場夢中，「**那再也買不到了**」這句話，乃是為了將我等同於屠夫。而另一段言談的一部分：「**我不知道那是什麼，我不想買。**」實際上使夢成了一個「天真單純」的夢。要記住，前一天夢者已從她的廚子那裡得到某些暗示，並回答說：「**我不知道那是什麼，你行為要檢點些！**」這段話的第一部分聽起來天真單純，在夢中卻被用來暗指它的第二部分，巧妙地滿足了潛藏在夢中的想像，但同時也將它洩漏了出來。

以下是另一個夢例，我將以這個夢取代許多夢，而這些夢都可歸結出相同的結論。

> 夢者在一個大院子裡，正燒著幾具死屍。他說：「我要離開，看見這樣子我受不了！」（這並不確定是講話）當時他遇見屠夫的兩個兒子，他問：「味道好嗎？」一個孩子回答：「不，一點也不好——它像人肉似的。」

這個夢天真單純的起因如下：夢者和他的妻子晚飯後去拜訪他們的鄰居，他們都是些好人，但卻不太合夢者的**胃口**。一位好客的老婦人正在吃晚飯，並企圖**強迫**（男人之間有一句帶有性色彩的玩笑話用以表達這個意念——Notzüchtige, Nötigen）他嚐菜的味道，他拒絕了，說他不覺得餓。她回答說：「**來呀**，你吃得下的。」或諸如此類的話。他不得已試了一口，而且恭維地說：「**味道確實很好**。」但當他和妻子又單獨在一起時，他就抱怨起那位鄰居的固執，也抱怨菜的味道不好。「看見這樣子我受不了」這一思想——其在夢中並不確定是以言談的形式出現——暗示著那位請吃菜的老婦人的外貌，意思一定是他不想看見她的外貌。

另一個夢更富有啟發性，我在此提出報告是因為這個夢的核心是由非常清晰的言談所構成，但要充分解釋它則須等到討論夢中情感的時候。我做了一個非常清晰的夢：

> 我在晚上去布呂克的實驗室，在聽到一陣輕輕的叩門聲後，我為（已故的）費歇教授開了門。他帶了一群陌生人進來，在交談了幾句之後，他便坐在他的桌子旁。接著又是第二個夢：

我的朋友弗利斯悄悄地在七月抵達維也納，我在街上碰見他和我（已故的）朋友P在交談。[68]然後我和他們一同走到一個地方，他們面對面地坐著，好像是擠在一張小桌子旁，我坐在桌子窄的那端。弗利斯談到了他的妹妹，並且說她在三刻鐘內就死去了，又說了「這就是極限（Schwele）[69]」這句話。當P無法理解他的話時，弗利斯轉身問我曾告訴過P多少關於他的事情。這時我心中充滿著某些莫名其妙的情緒，努力向弗利斯解釋，P（當然不能了解任何事情，因為他）已經不在人世了，但是我實際上所講的是——而且我自己也注意到了這個錯誤——「Non vixit」。我接著狠狠地望著P，在我的凝視下，他臉色發白，他的身形變得模糊起來，他的眼睛變成不健康的藍色——最後他消失不見了。我對此特別高興，而且我現在了解厄斯特・費歇也不過是一個幽靈，一個「遊魂」。我又覺得，這種人很可能只因某個人的高興而存在，也能因他人的期望而消失。

這個巧妙的夢包含了許多夢的特徵——包括我在夢中所運用的批判能力，我自己知道自己所犯的錯誤，即不說「Non vivit」，而說「Non vixit」。[70]我對待死人和在夢中被認為已死的人的那種不在乎的態度，我的最後推論的荒謬性，以及這個推論所帶給我的極大滿足等等，這個夢表現出這麼多謎一般的特性，如果要得到所有這些難題的答案，勢必要花費很多時間。但事實上，我不能這麼做——不能做我在夢中所做的事情，不能為了自己的野心而犧牲我極尊重的人。然而，任何的隱瞞都會破壞我已了解的夢的意義，因此我只能在此處及下文中選擇幾個夢的成分加以解釋。

這個夢的主要特點是我用目光消滅P的那個場景，他眼睛的顏色變成一種奇異怪誕的藍色，然後他就消失不見了。這個場景是我曾實際經歷的另一個場景的重現。我記得當我在生理研究所當助教時，一大清早就得開始工作，布呂克聽說我出席學生實驗時遲到了好幾次，一天早晨他在開門時準時到達並等著我。他對我所說的話雖然簡短但正中要害，但是我對這些並不在意，使我驚慌失措的是他那對注視著我的藍色眼睛，使我無地自容——正如夢中的P那樣，幸運的是角色調換了。任何記得這位偉人的眼睛——即使到了老年仍保持著它們的美麗——的人，任何看過他發怒的人，都不難想像那位犯錯年輕人的心情。

但在許久之後，我才發現我在夢中所做的「Non vixit」這一判斷的來源。我最後想起夢中這兩個非常清晰的字，並不是我曾聽過或說過的話，而是曾看過的文字，於是我立刻就知道它們的來源了。在維也納霍夫堡皇宮內的約瑟夫二世紀念碑的基腳上刻著如下動人字句：

Saluti patriae vixit（他為了國家的利益而活，）
non diu sed totus（雖然不長，但卻全心全意。）[71]

68 牛津版註：弗利斯與約瑟夫．帕內（一八五七～一八九〇）是佛洛伊德在維也納生理學院的朋友、同事兼後輩。

69 牛津版註：此處佛洛伊德用的字眼「Schwele」並不存在，發音聽起來像schwelen（痛苦鬱積）或Schwelle（門檻）。

70 牛津版註：Non vivit意為「已經死了」，Non vixit意為「未曾活過」。

71 牛津版註：約瑟夫二世是奧地利的啟蒙專制君主，自一七六五年與母親瑪麗亞．德蕾莎共同治國，一七八〇年開始單獨治理，直到一七九〇年逝世為止。名家澤納為他塑造的騎馬像位於霍夫堡（維也納市中心的國王居所）附近的

我自這段碑文中摘引的內容，正好符合夢念中一系列的敵意意念，表明：「這傢伙不足掛齒——畢竟他已經死了。」而這又使我想起這個夢是發生在費歇的紀念碑在大學走廊上揭幕幾天之後，那時我又看到了布呂克的紀念碑，而且必定（在無意識中）為我那位才華四溢的朋友P的早逝感到婉惜。他一生獻身於科學，卻不能在這個地方豎立紀念碑，所以我就在夢中為他豎立了這個紀念碑。附帶提及，我還記得他的名字也叫**約瑟夫**。[72]

根據釋夢的規則，即使在現在，我還不能將**未曾活過**——來自我記憶中的**凱撒**．約瑟夫紀念碑——轉換成夢念的意義中所需要的**已經死了**。在夢念中必定還存在著其他一些元素有助於這個轉換的發生。於是我不禁注意到，在夢的場景中，有兩種對於我朋友P的感情匯合在一起：一種是敵意的，一種是柔情的。前者溢於表面，後者則隱而不露，但是兩者都表現在「**未曾活過**」這個句子中。由於他對科學有所貢獻，我為他豎立紀念碑，由於他不該懷著邪惡的欲求（表現於夢的結尾），我就消滅了他。我注意到最後這個句子有一種特殊的韻味，我必定已先在心中有了一個模式，從什麼地方可以找到這樣的對立：對一個人有兩種並列的對立感受，這兩者既完全正確但又互不相容呢？只有文學上的一段話——但這一段話卻給讀者留下了深刻的印象，那是莎士比亞的《凱撒大帝》（*Julius Caesar*）中布魯特斯一段自我辯護的談話：「因為凱撒愛我，我為他哭泣；因為他幸運，我為此而高興；因為他英勇，我對他尊重；但因為他野心太大，我才殺了他！」[73]這些句子的形式結構及其對立意義不正和我在夢念中所揭示的句子完全相同嗎？所以我一直在夢中扮演著布魯特斯這個角色，但願我在夢內容中能找到另一個證據來證實這個令人驚訝的間接連結！我想這個連結很可能是「我的朋友弗利斯七月抵達維也納」，這個細節實際上毫無根據，就我所知，弗利斯從來沒有在七月到過維也納，但是七月（July）是因凱撒大帝（Julius Caesar）而命名的，所以這很可能就是我所期望的暗示，而成為我扮演布魯特斯這個角色的中介思想。

說來也奇怪，我確實有過一次扮演布魯特斯這個角色的經驗，我曾在一群孩子們面前，根據席勒的作品演出布魯特斯和凱撒間的一場戲。[74]那時我才十四歲，與比我大一歲的姪兒共同演出，他從英國來看望我們。他也是一個遊魂（revenant）[75]，因為在他身上，我感受到我最早的玩伴回來了。我們在三歲以前從未分離，我們彼此相愛，也互相鬥毆，這段童年關係——正如我已經提到的那樣——對於我日後與年齡相近的人的關係有著決定性的影響。從那時起我的姪兒約翰就有了很多化身，有時表現他這方面的人格，有時表現另一方面的人格；因為他的性格存在於我的無意識記憶中，所以一直都固定不變。他一定曾虐待過我，在這個暴君面前我也一定表現得很勇敢，因為後來長大以後，他們告訴我說，當我的父親（同時也是約翰的祖父）責

約瑟夫廣場，上面的銘文是：「他為了公眾的福祉而活，他的生命雖然不長，但卻全心全意。」佛洛伊德在一九二五年注意到原文應該是「Saluti publicae⋯」（為了公眾的福祉⋯⋯）。

72 佛註：作為多重決定的例子，我還可以補充如下的事實：當時我去實驗室遲到的藉口是我夜間工作得太晚，而早晨又必須走過凱瑟·約瑟夫大街到瓦林柯大街這一段長路。

73 牛津版註：摘自《凱撒大帝》第三幕第二景二八二～二八四行。

74 牛津版註：摘自席勒的劇作《強盜》（*Die Räuber*, 1781）第五卷，主角卡爾·摩爾以魯特琴自彈自唱。

75 譯註：就字面的意義而言為「回家的人」。

問我：「你為什麼打約翰？」我總用一句話回答：「我打他，因為他打我。」——那時我還不到二歲。必定是來自童年的這個場景使我把「已經死了」變成了「未曾活過」，因為在童年後期的語言中，wichsen這個字（發音類似vixit）就是「毆打」的意思。夢的工作並不羞於利用這種關聯。實際上，我毫無理由敵視我的朋友P，他比我優秀得多，單憑這一點就有足夠資格變成我的早年玩伴的新版本。這種敵視一定得追溯到我和約翰複雜的童年關係。

如我所言，後文中我還是要談到這個夢。

六、荒謬的夢、夢中的理智活動

我們在釋夢的過程中，常常碰到荒謬的成分，因而我們再也不能拖延對其來源和意義的探討了。我們當可記得，那些否認夢的價值的人已把夢的荒謬性作為一個主要論據，從而認為夢是一種功能下降且支離破碎的心靈活動的無意義產物。

我先從幾個夢例開始，其中的荒謬性僅僅是表面現象，只要更深入地考察夢的意義，這種荒謬性便煙消雲散了。下面是兩、三個關於夢者過世的父親的夢，乍看之下就像是個巧合。

（一）

這是一個六年前失去父親的病人所做的夢：

他的父親遇到一場嚴重的災難，他正乘夜間火車旅行，不幸火車出軌，車廂內的座位擠成一團，他的頭被夾在中間。然後夢者看見他躺在床上，左眉上方有一道垂直的傷口。他對父親遇到車禍感到驚訝（他在對我講這個故事時補充說：因為他已經死了）。他的眼睛多麼地明亮！

根據夢的流行理論，我們對這個夢的內容應該解釋如下：開始時我們應該假設，當夢者正想像這件意外時，他必定已經忘記他的父親已死去好幾年了，但是夢在繼續進行時，他又記起了此事，因此使他在睡夢中對自己的夢境感到驚愕。然而分析告訴我們，這一類解釋顯然無濟於事。夢者請了一位雕塑家為他父親塑造一座胸像，就在做夢的兩天前他第一次看到這座塑像，而正是這座塑像讓他視為**一場災難**——雕塑家從未見過他的父親，只好根據照片來雕塑。就在做夢的前一天，他出於孝心，派了一個老僕人到工作室，看他是否對這座大理石胸像持有相同的看法：**兩顳之間**太窄。他現在又繼續在回憶中找尋構成此夢的素材，他的父親每當因經商失敗和家庭困難而感到苦惱時，總習慣於用雙手緊壓前額的兩邊，好像他的頭部太寬了，他必須把它壓窄些。這個病人在四歲時曾親眼目睹手槍不慎走火，弄瞎了父親的眼睛（**他的眼睛多麼地明亮！**）。他的父親生前在沉思或憂鬱的時候，在他的前額上，也就是夢中出現傷痕的地方，總會出現深深的皺紋。這道皺紋在夢中被傷痕取代的現象引領我們找到這個夢的第二個誘因。夢者曾為他的小女兒拍過一張照片，底片從他的手指間滑下，撿起時，發現小女兒的前額上有一道垂直的裂縫，直抵眉毛。他對此不禁產生了一種迷信的擔憂，因為在他母親死去的前幾天，他也把她照片的底片弄破了。

因此這個夢的荒謬性，不過是因為在言語表達上的漫不經心，沒有把胸像及照片與真人區分開來所致。我們（在看一張照片時）總會說：「你不認為父親有些什麼不對勁嗎？」夢中出現的荒謬性應該是可以輕易避免的，而如果單就這個夢例來說，我們應該認為，這種明顯的荒謬性是可以接受的，甚至是故意設想出來的。

（二）

下面是從我自己的夢中想到的另外一個極其相似的例子（我的父親死於一八九六年）：

我的父親死後在馬扎爾人[76]間扮演了某個政治角色，使他們在政治上團結起來。（此時我看到一張小而不清楚的圖片）：一群人聚集在一起，彷彿是在國會大廈內一樣，有個人站在一張或兩張椅子（Stühlen）上，其他人圍繞著他。我記得他在床上過世時多麼地像加里波底，[77]我對它終於能實現感到高興。

還有什麼比這更為荒謬呢？做夢的時間正值匈牙利因國會故意阻礙議案而陷入無政府狀態的危機中，而卡爾曼．賽爾又將他們拯救出來。[78]夢中這個情景的細節表現為如此小的圖片，與對此夢的解釋不無關係。我們的夢念往往以視覺圖像表現出來，其大小與真實情況大致相同。然而我在夢中看到的圖片，乃是再現了一本有關奧地利歷史的書內的一頁木刻插圖，畫中的內容是在那有名的「我們誓死效忠女王」事件中，瑪麗亞・德蕾莎[79]出席普雷斯堡議會時的情景。[80]與圖中的瑪麗亞・德蕾莎一樣，夢中我的父親也被群眾圍繞著，但是他是站在一張或兩張椅子上（Stühlen），因而成了一位主席，或一位主法官（Stuhlrichter）（充當兩者連繫的是一句德國諺語「我們不需要法官」）。而事實上當我的父親死在病床上而我們圍繞著他時，確實有人說過他在床上看起來很像加里波底。他死後體溫上升，雙頰越來越紅……我一想起這個景象，便不由

76 譯註：匈牙利的主要民族。

77 牛津版註：朱賽貝・加里波底（一八〇七～一八八二），義大利愛國的共和主義者。率領紅衫軍征服西西里島及那不勒斯，促成義大利的統一。

78 牛津版註：一八九八～一八九九年的匈牙利政治危機起始於一八九七年十一月奧地利巴德尼伯爵政府垮台。匈牙利獨立運動的擁護者企圖以分離出口關稅為由，取代匈牙利及二元君主國另一方的奧地利之關稅同盟，拒絕接受首相班菲男爵所做的妥協。後繼者卡爾曼・賽爾組成聯盟治理期間為一八九九～一九〇三年。

79 牛津版註：瑪麗亞・德蕾莎為奧地利一七四〇～一七八〇年間在位的女王。普魯士腓特烈大帝在一七四〇年侵略奧地利西利西亞省時，年輕的女王在一七四一年普雷斯堡（現為布拉提斯拉伐）議會中，懇求匈牙利的援助。她得到的回答是「我們將為我們的統治者而死。」

80 佛註：我記不得哪一位作者或哪本書曾記錄了一個夢，夢中的人物特別細小，其來源原來是夢者白天看了雅各・卡洛的一本蝕刻版畫。版畫中有許多非常細小的人物，其中有一組描繪了三十年戰爭的恐怖情景。（牛津版註：卡洛〔一五九二～一六三五〕有許多蝕刻版畫作品，描繪的人物包括朝臣、乞丐、僂背者，他的系列作品《戰爭之苦難》〔*Les Grandes Misères de la guerre*, 1633〕記錄了三十年戰爭的恐怖，部分靈感來自法國侵襲洛林。）

自主地想到：「在他的身後，在空洞的幻影中，存在著主宰我們每個人的東西——共同命運。」[81]

這些提升了的思想為某件事物——它在另一層意義上也是「共同」的——的出現鋪平了道路。我的父親死後體溫的上升符合於夢中的在他死後等字眼，他死時最大的痛苦是他在最後幾個星期內腸道完全麻痺（阻塞），而一切大不敬的思想都由此而起。我的一位同學在中學時便失去了父親——此事深深觸動了我，促使我與他成為朋友——有一次他略帶嘲諷地談到他的一位女性親戚的一段痛苦經歷：她的父親在街上暴斃，被抬回家中，當他的衣服被解開時，人們發現他在臨死時或死後排出了大便（Stuhl）。他的女兒對此事非常不快，以致在她對父親的回憶中，這一醜陋細節竟揮之不去。此處我們已觸及這個夢中所體現的欲求：「一個人死後在孩子面前要保持偉大和聖潔。」——誰不想這樣呢？夢中的荒謬性是如何產生的呢？夢的明顯荒謬性不過是由於這樣一個事實：賦予一個完全合法的言語形象——我們已習慣於忽略它的各部分之間的矛盾所造成的荒謬性——一幅根據其字面意義而形成的圖像。在這個夢例中，我們必然會再次地感覺到，它的明顯荒謬性是故意的，而且是精心製作的。

（三）

在下面提出的夢例中，我能指出夢的工作在蓄意製造荒謬性，而這種荒謬性完全不存在於夢的材料之中。下面這個夢是我在動身度假時遇見圖恩伯爵後所做的：我正坐（fahre）在一輛出租汽車內，吩咐司機送（fahren）我到火車站；他提出某種反對意見，好似我已使他疲憊不堪，我接著說：「當然，我不能和你一道駕（fahren）車沿著鐵路路線走。」好似我已經和他驅（gefahren）車走了一般人會選擇搭火車旅行（fährt）的一大段路程。這個混亂而無意義的故事，從分析中得出如下的解釋：前一天，我搭一部出租汽車去多恩巴赫的一條偏僻街道，司機不認識路，他就像一般司機那樣，漫無目標地向前開著，直到最後我發覺了，才指出了正確的路線，同時諷刺了他幾句。從這位司機到貴族，有著一系列的聯想，我將在稍後的分析中提及，在此處我只須提到：貴族給予中產階級平民最深刻的印象是他們喜歡自己開車，事實上圖恩伯爵就是奧地利國家汽車的司機。夢境的下一句指涉我的兄弟，因此我就把他與汽車司機等同了。那年我取消了和他一道去義大利的旅行（「**我不能和你一道駕車沿著鐵路路線走**」），這次取消是對他的懲罰，他老是抱怨我常常在這些旅行中讓他感到**疲憊不堪**（這一點在夢中並沒有改變），因為我堅持要儘速地從一地趕到另一地，好在一天內欣賞更多的美麗事物。在我做夢的那一天傍晚，我的兄弟陪我到火車站，但是當我們快抵達火車站時，他在鄰近主線終點的郊區火車站下了車，以便乘郊區火車去伯克斯多夫。[82]我對他說，他可以不要搭乘郊區線，乘主線去伯克斯多夫，這樣就可以和我多相處一會了。這就導致了夢中那一段：我**驅車走了一般人會選擇搭火車旅行的一大段路程**。在現實中，事情正好顛倒過來（而「Umgekehrt ist auch gefahren」——不同方向的旅行仍然是旅行），我對我的兄弟是這樣說的：「你可以陪我乘主線走你要乘郊區線的那段旅程。」

81 牛津版註：摘自歌德的詩〈席勒的大鐘歌尾聲〉（Epilog zu Schillers "Glocke", 1815）。

82 牛津版註：伯克斯多夫是維也納西方約八英里的小城，位居主要鐵路線上。

在夢裡，我用「出租汽車」代替了「郊區線」，就把整個事情弄亂了（順道一提，這個混亂對於把汽車司機和我兄弟的形象連結在一起有很大的幫助。）這樣一來，我就成功地在夢中製造了某段無意義的內容，似乎很難理解，而且幾乎和同一個夢中我自己先前的說法直接矛盾（「我不能和你一道駕車沿著鐵路路線走」）。然而，既然我沒有必要混淆郊區鐵路和出租汽車，我必定是在夢中有目的地安排了這整個謎一般的事件。

然而這是為了什麼目的呢？我們現在就來探索夢中荒謬性的意義，以及認可甚至創造荒謬性的動機。上述夢中的神祕性是這樣解決的：在這個夢中我需要有某件荒謬而無法理解的事物，而與fahren[83]這個字有所連繫，因為在夢念中有一個尚待表現的特定判斷。有一天晚上，在一位聰明好客的女士家中（她在同一個夢的另一部分中以「女管家」的身分出現），我聽到了兩個我解不出的字謎，因為在場的其他人都熟悉這兩個字謎，所以我猜不出的樣子一定使人覺得有些荒唐可笑。這兩個謎題是依Nachkommen和Vorfahren這兩個詞的雙關語創造出來的，我相信字謎原文如下：

主人吩咐，
司機照辦。
每個人都有，
安躺在墳墓中。（謎底是：「Vorfahren」——「往前行駛」和「祖先」）

特別使人困惑的是第二個謎語的前半段，與第一個謎語的前半段完全相同。

主人吩咐，
司機照辦。
不是每個人都有，
安躺在搖籃中。（謎底是「Nachkommen」——「開車跟隨」和「後裔」）

當我看到圖恩伯爵開車來時，印象如此深刻，而不免陷入了費加洛的心境，他說偉大紳士的唯一美德就是不辭辛苦地被生了出來[84]（變成了「後裔」），因此這兩個字謎就被夢的工作當成中介思想。因為貴族與司機的這兩個字容易混淆，又因為有一個時期我們把司機叫作「Schwager」（「法定的兄弟」，即連襟[85]），於是夢的凝縮作用就能把我的兄弟引入同一場景之中。

83 牛津版註：「Fahren」為一基礎語意單位，廣泛運用於各種複合字當中，佛洛伊德的雙關語「Vorfahren」（往前行駛）即為一例，他描寫夢境時常用此字。譯註：「Fahren」這個字有「駕」（車）和「乘」（車）等意思，必須視上下文不同而定。

84 牛津版註：引自博馬榭《費加洛的婚禮》：「因為您是偉大的領主，所以您相信自己是個大天才！……您不辭勞苦來到這個世界，這樣就夠了。」

85 牛津版註：佛洛伊德所喜愛的這種用法，亦見於歌德早期詩作〈馬車伕克洛諾斯〉（An Schwager Kronos）。此詩乃歌德於一七七四年搭乘馬車旅行時寫成。

然而在這一切背後的夢念是這樣的：「**為自己的祖先而驕傲，是荒謬的，不如本人成為開創的典範。**」正是因為這個判斷——某件事情「是荒謬的」——才產生了夢中的荒謬性，同時也解答了夢中這個模糊部分最後一個難解之謎：我夢見以前**已經與這個司機駕駛過一段路程了**（vorhergefahren「以前駕駛過」—vorgefahren「往前駕駛」）。

因此，如果夢念元素中包含著某件事物是「荒謬的」這樣的判斷，也就是說，如果任何一位夢者的無意識思想系列中存在著批判的或嘲笑的動機，夢就成為荒謬的了。因此荒謬性乃是夢的工作表現對立的方法之一——其他的方法則是在夢內容中將夢念中某種材料的關係加以倒反，或是利用運動受到抑制的感覺。然而，夢中的荒謬性並不能被譯成一個簡單的「不」字，它旨在表達夢念的心境，它把嘲笑或笑聲與對立結合起來，僅僅出於這個目的，夢的工作才創造出荒唐可笑的事物。此處，夢的工作又一次**為一部分的隱念創造了顯夢的形式**。[86]

實際上，我們已經碰過一個荒謬夢的好例子，其中就帶有這樣的意義：夢中演奏華格納歌劇，一直演奏到早晨七點四十五分，夢中的樂團是從塔上指揮的等等（上文頁三八八～三八九）。我未經分析便解釋了這個夢，這個夢的意義顯然是說：「這是個雜亂無章的世界，是一個瘋狂的社會。應有所得的人毫無所得，毫不在乎的人卻享有一切」——此處是夢者在比較她自己與她表嫂的命運。我們前面所舉的第一個荒謬夢與死去的父親有關，也絕不是一種巧合，在這類例子中，我們發現用以製造荒謬夢的條件具有著相同的特性。父親施行權威很早就引起孩子的批評，父親對孩子的嚴厲要求，使他們出於自衛而密切地注視著父親的每一個弱點。但是父親的形象喚起了他們的孝心，特別是在父親死後，於是稽查作用便加強地抑制，不讓它在意識中表現出來。

(四)
此處又是一個關於已死父親的荒謬夢。

我接到家鄉市議會一張某人於一八五一年住院的費用通知單，那時他在我家突然發病而不得不住院。我覺得這件事真有趣，因為：第一，一八五一年我還未出生，第二，我的父親可能與此事有關，但是他已經死了。我到隔壁房間內去看他，他正躺在床上，我把這件事告訴了他。使我吃驚的是，他想起在一八五一年有一次他喝醉了酒，而且被關或是被拘留了，那時他正在一家公司工作。我問他：「那麼你也常常喝酒囉？你是否不久後就結婚了呢？」我算

86 佛註：因此，夢的工作模仿著被認為荒唐的思想，其所用的方法是製造與此思想有關的荒謬事件。海涅諷刺巴伐利亞國王所作的一些歪詩中，就用了同樣的方法，他寫出了更為荒唐的句子：

路德維希伯爵是一個出色的吟遊詩人
只要他一吟唱，阿波羅
就向他苦苦哀求：
「停止吧！你快要把我逼瘋了！」

牛津版註：此註詩句摘自海因里希．海涅（一七九七～一八五六）的作品〈路易國王的讚美頌歌〉（Lobgesang auf König Ludwig），海涅是佛洛伊德最喜愛的作家之一。此詩作於一八四四年二月，發表於卡爾．馬克思的《德法年度書選》（*Deutsch-Französische Jahrbücher*），目的是反對巴伐利亞國王路易一世。

了一下，當然，我是在一八五六年出生的，那一年好像緊接在所說的那年之後。

我們從上述討論中可以得出一個結論：這個夢之所以不斷展現其荒謬性，只能說明在夢念中存在著一段特別痛苦和熱烈的爭論。而且更使人驚訝的是，在這個夢中，爭論是公開進行的，而我的父親是公開被嘲笑的對象。這種公開性似乎和我們的假設——認為夢的稽查作用與夢的工作有所連繫——互相矛盾。然而，當我們認清在這個夢中我的父親只不過是一塊擋箭牌，而爭論乃是指向一位暗喻著的人物時，情況就會變得比較清楚了。雖然夢表達對某人的反抗時，背後隱藏的通常是夢者的父親，這個夢卻正好相反，我的父親被當作一個稻草人，用來掩飾另一個人。這個夢之所以被允許以毫不掩飾的方式處理平時儼然神聖不可侵犯的人物，只是因為與此同時，我明確知道他不是我真正指涉的對象。之所以會有這樣的情形必須追溯到此夢的起因：我有一位年長的同事，他的判斷被認為是無可指摘的。我聽說他對我有一位病人的精神分析治療已進入了**第五個年頭**，表達了驚訝和不贊同的看法，此夢就是在上述事件之後發生的。夢的最初幾個句子是在一種明顯的偽裝下暗示著，這位同事一度接替了我父親不再能夠履行的責任（**繳交費用**、**住院**）。當我們的關係變得不友好時，我陷入了一種情緒衝突中，這種情緒衝突——正如父子之間產生誤解時一樣——由於父親所處的地位及其過去的恩情而無法避免。夢念激烈地抗議著關於**我為什麼不快一點**的指責，這個指責起初是指我對病人的治療，後來又擴及其他事物。我暗想，難道他不知道任何人都不能比我更快嗎？**四**、**五年**與一生相較又算得了什麼呢？更何況病人在治療期間又覺得生活變得輕鬆多了呢？

這個夢的荒謬性能給人很深的印象，乃是因為把夢念中不同部分的句子不經任何轉變就拼湊在一起。因此，「**我到隔壁房間內去看他**」這句話，以及其他句子，與前面句子所涉及的主題失去了連繫，而正確地再現了我即將訂婚而未徵求父親意見時的種種情境。所以這個句子使我記起了這位老人這一次所表現的寬宏大量，並和某人——還有另一個人——的行為形成了對比。我們還可以注意到，這個夢允許我諷刺我的父親，乃是因為他在夢念中被視為當之無愧的典範人物。在被禁止的事物當中，稽查作用的本質容許那些不真實的事物被表現出來，而不能表現那些真實的禁忌。下一句話的大意是，他記起「**有一次喝醉了酒，而且被關了起來**」，實際上與我的父親已毫無關係，此處所代表的人物正是偉大的梅勒特。[87]我對他極其尊敬並以他為學習榜樣，但他在賞識我一段時間之後，態度突然轉變，轉為對我的公開仇視。這個夢使我想起，他曾親自告訴我，他在年輕時曾一度耽溺於**吸用過量氯仿**的惡習，並因此**被送進了一家療養院**。它還使我想起在他死前不久，我和他曾就男性歇斯底里症進行了一場激烈的筆戰，他否認有男性歇斯底里症的存在。當我在他病危期間去看望他並詢問他的病情時，他詳細地談到了他的病情，最後說了這樣的話：「你要曉得，我真算得上是男性歇斯底里症的一個典型病例了！」他這般承認自己一直在固執反對的事，使我感到滿足同時**也感到了驚訝**。但是我為什麼在夢中會用父親代替梅勒特呢？在這兩個人物之間我看不出有任何類似之處。這個夢很簡短，但完全足以表現出夢念中的一個條件子句，這個句子充分展開後便是：「如果我是一位教授或

87 牛津版註：提奧多．梅勒特（一八三三～一八九二），維也納大學精神病學教授。

樞密顧問的第二代，是他的兒子，我就肯定會進展得快一些。」在夢中我把我的父親變成樞密顧問和教授了。夢中最惹人注目和令人迷惑的就是對一八五一年這個日期的處理了，在我看來，它與一八五六年似乎沒有什麼區別，好像五年的差距毫無意義可言，而最後這一句話正好就是夢念所要努力表達的意念。四、五年是我享受這次分析中早先提到的那位同事對我的支持的時間，也是我讓我的未婚妻等待婚期的時間，而且說來也是一種巧合——夢念迫切尋求的巧合，它也是我那些期待完全康復的病人曾等待過的最長時間。夢念在問：「五年是什麼呢？」「對我來說，五年不算什麼，不值得考慮。我的未來還有足夠的時間。即使你不相信，最後我還是完成了那件事，所以我也會完成這件事的。」此外，除去前面表示世紀的數字，五十一這個數目本身確實是由另一個相反的意義決定的，而這也是它在夢中出現好幾次的原因。對男人來說，五十一似乎是一個特別危險的年齡，[88]就我所知，就有好幾位同事猝死於這個年齡，其中一位在他逝世的前幾天，才剛得到等待許久的教授頭銜。

（五）

此處又是另一個玩弄數字的荒謬夢。

在一篇文章中，我的一位朋友M先生受到了不合理的——我們都這麼認為——激烈抨擊，抨擊他的人肯定是歌德。M先生被抨擊後自然受到了某些衝擊，他在餐桌旁向幾個人放肆抱怨，然而他對歌德的尊敬並未受到這一個人經驗的影響。我企圖弄清楚日期，但似乎不大可能，歌德死於一八三二年，既然他抨擊M先生的時間必定在那之前，所以M先生那時一定還是一個年輕人，很可能他那時只有十八歲。然而我不敢確定我們實際上是在哪一年，所以我的整個計算都變得模糊不清了。附帶提及，抨擊是包含在歌德那篇著名的〈論自然〉的文章中。[89]

我們很快就會發現解釋這些胡言亂語的方法。M先生是我在餐桌上認識的幾個朋友中的一個，不久前他請我替他的弟弟進行檢查，他有癱瘓性精神病的跡象。這個懷疑是正確的。在這次檢查時發生了一段尷尬的插曲，因為在談話過程中，病人無緣無故地談起了他哥哥年輕時的荒唐事。我詢問了病人的出生年份，並要他做幾道簡單的加法以測試他記憶上的障礙——雖然他仍能回答得不錯。我已明白我自己在夢中很像一個癱瘓的病人（我不敢確定我們實際上是在哪一年）。夢的另一部分材料來自另一個近期經驗：我的一位朋友是一本醫學雜誌的編輯，他刊登了一篇對我的柏林朋友弗利斯的一本近著極不友好的「毀滅性的」批評，批評的作者是一位非常年輕的評論家，他並沒有足夠的判斷能力。我認為自己有權干預，於是上門找編輯談論此事，他對於刊出

88 牛津版註：此指懷赫姆·弗利斯根據二十三和二十八這兩個數字（相加等於五十一），致力於尋找生命中有意義的週期數字以及時間表。

89 牛津版註：〈論自然〉一文長久以來被認為是歌德的作品，但事實上是由其瑞士友人特伯勒牧師所寫。他曾於一七八一年赴威瑪訪歌德，兩人談到自然科學及自然神學，討論結果發表於一七八二～一七八三年冬的《泰弗期刊》（*Tiefurt Journal*）。

這篇評論深表歉意，但不答應做任何更正。我因此與該雜誌脫離了關係，但我在辭職書中表明，希望我們的私人關係不要因此事而受到影響。夢的第三個來源，是我剛從一個女病人那裡聽來的一些有關她兄弟疾病的事情，他如何在瘋狂中高呼：「自然！自然！」[90] 醫生相信他的呼喊是由於閱讀了歌德的卓越論文，也表明他研究自然哲學有勞累過度的情形。但我想到的卻是，即使是未受過教育的人，在使用「自然」一詞時也不免帶有性的意義。我的這種想法至少未被下述的事件所否定：這個不幸的青年後來割掉了自己的生殖器，他發瘋時正是十八歲。

我還能做下述補充，我朋友那本受到嚴厲批評的書（另一個評論家說：「人們不知道是作者還是他們自己瘋了。」）處理的是有關生命的時間表的主題，並表明歌德的壽命是一個具有生物學意義的數字的若干倍數。所以不難看出，夢中我正處於我朋友的位置上（我企圖弄清楚時間）。但是我的行為卻像一個癱瘓病人，而夢中也是一大堆荒謬的材料。因此夢念便諷刺地在說：「自然啊，他是一個發瘋的傻瓜，你們是天才，知道的更多。但是你們能確定事情不可能正好相反嗎？」在這個夢中，這種倒反的例子不勝枚舉。例如，歌德抨擊年輕人，這是荒謬的，然而年輕人批評不朽的歌德倒是很有可能的。又如，我計算歌德的死期，卻用了癱瘓病人的歲數。

但是我也曾經表明，任何夢都由利己主義的動機所驅使，因此我必須解釋在此夢中我為什麼為我的朋友受過，並取代了他的位置。我在清醒時的批評不足以使我這麼做，然而那位十八歲病人的故事，以及對他高喊「自然」的不同解釋，暗示著我發現自己已站到大多數醫生的對立面，因為我信仰精神神經症有其性的病因。我可以對自己說：「對你朋友的那種批評同樣也可以用在你身上——在某種程度上，這種情形確實已經發生了。」所以夢中的「他」可以用「我們」來取代：「是的，你們是對的，我們才是傻瓜。」夢中又因提及歌德的卓越短篇論文，而使我清楚地回想起「我所關心的事」[91]。因為我在中學畢業時，對職業的選擇猶疑不決，正是在一次演講中聽人朗讀這篇論文，才使我下定決心攻讀自然科學。

(六)

在前文中我曾提到了另一個夢，其中並沒有出現我自己的自我，然而它也是利己主義的。在頁三二六我報告了一個短夢，大意是L教授說：「我的兒子是近視眼……」[92]我解釋說：這不過是一個序夢，準備引出另一個我是主角的夢。以下就是省略了的主夢，它包括了荒謬而難以理解的言語形式，需要詳細的解釋：

由於羅馬城發生了某些事件，必須把孩子送到安全地區，這一點我做到了。接著夢景是在一座樣式古老的雙扇大門前（夢中我認出是西恩納的羅馬之門），我正坐在一個噴泉的旁邊，

90 牛津版註：此舉極像年輕時的歌德；參見其隨筆〈在莎士比亞的生日〉（On Shakespeare's Birthday, 1773）：「因此，我叫喊著『自然！自然！再也沒有什麼比莎翁筆下的人物更加自然了。』」
91 牛津版註：原文為mea res agitur.
92 牛津版註：見頁三二七註釋。

感到非常憂鬱，幾乎流下淚來。一位婦女——侍者或修女——帶來兩個小男孩，把他們交給他們的父親（但又不是我自己），較大的孩子顯然是我的大兒子，我並沒有看見另一個孩子的面孔。帶孩子來的女人要大兒子和她吻別，她有一個引人注目的紅鼻子。男孩拒絕和她親吻，只是揮手告別，對她說：「Auf Geseres」，然後又對我們兩人（或其中的一人）說：「Auf Ungeseres」。我認為後一個句子表示了某種偏愛之意。

這個夢由一大堆混亂的思緒所構成，而這些思緒是由我所看的一齣名叫《新猶太人區》的戲劇所引起的。[93]這是個猶太人的問題，既關係到孩子的前途——我們不能給他們自己的國家；也關係到一種教育方式——使他們能自由地跨越疆界，所有這一切在有關的夢念中都不難辨識出來。「在巴比倫的河邊我們坐下來啜泣。」[94]西恩納和羅馬一樣，以它的美麗噴泉聞名於世。如果羅馬出現在我的夢中，我就必須從某些我所知道的地點去發現它的代替物（見上文頁二五四～二五五）。在西恩納的羅馬之門附近有一座巨大而燈光耀眼的建築物，我們知道那是manicomio（瘋人院）。在做這個夢前不久，我聽說有一個宗教信仰與我相同的人，被迫辭去了他在一間公立瘋人院中辛苦得到的職位。

我們的興趣集中於Auf Geseres（此夢的情境在這一點上會讓我們期待聽到Auf Wiedersehen）以及和它相反而無意義的Auf Ungeseres這兩個短語上。

根據我從哲學家那裡獲得的知識，Geseres是一個真正的希伯來詞語，來源於動詞goiser，最好翻譯成「受苦」或「厄運」。這個詞在諺語中的用法會使我們認為它的意義是「哭泣和哀悼」。而Ungeseres則是我自己杜撰的一個新字，而且是第一個引起我注意的字。開始時我弄不清楚它的意義，但是夢的結尾那句短語——Ungeseres意指一種勝過Geseres的偏愛——卻打開了我的聯想之門，同時也闡明了這個詞的意義。在魚子醬的情況中有著類似的關係，無鹽的（ungesalzen）魚子醬要比有鹽的（gesalzen）魚子醬受到更高的評價。「常人不解的魚子醬」[95]——滿懷期望，在這背後還隱藏著對我某位家庭成員的玩笑式暗喻，因為她比我年輕，我希望她將來能照料我的孩子。而這也符合夢中的另一個現象，我的另一個家庭成員，我家那位能幹的的保母，很像夢中的女侍者或修女。然而在gesalzen-ungesalzen（有鹽的－無鹽的）和Geseres-Ungeseres之間仍然缺乏過渡的意念，這可以從Gesaüert-Ungesaüert（發酵－不發酵）中找到。以色列的子民在逃離埃及時來不及使麵團發酵，為了紀念這件事，他們在復活節後的一週內只吃不發酵的麵包。[96]這裡我要插入在分析這一部分時突然發生的一些聯想，我記得上一個復活節時，我和我的柏林朋友在陌生的布雷斯勞這個小城的街道上漫步。有一小女孩問我到某某街要怎麼走，我不得不告訴她我不認識路。於是我對我的朋友說：「但願那個小女孩長大以後，在選擇指引她的人方面能有更好的鑑別力。」不久之後，我看見一塊招牌上寫著：「海羅

93 牛津版註：《新猶太人區》（*Das neue Ghetto*）為猶太民族復國運動發起人提奧多·赫茨爾（一八六〇～一九〇四）的劇作，劇中一位表面上同化在非猶太社會中的高潔猶太律師，發現自己受人排斥，被監禁在看不見的（「新」的）猶太貧民區。

94 牛津版註：《詩篇》一三七篇。

95 牛津版註：《哈姆雷特》第一幕第二景四三七行。

96 牛津版註：見《出埃及記》第十二章第十七節。

德（Herodes）醫生，診病時間……」我說：「希望我們這位同行不要碰巧是兒科醫生。」與此同時，我的朋友對我講起了**兩側對稱性**在生物學上的意義，並且這樣說：「如果我們像**獨眼巨人**（Cyclops）那樣，一個眼睛長在前額中間……」這句話引出了夢中那位教授說的話：「**我的兒子是近視眼**（Myope）……」這時我想起了**Geseres**這個詞的主要來源。許多年以前，當M教授的兒子（今天已成為一個獨立思想家）仍然是一個**坐在課桌前**的學生時，他患了眼疾。醫生的說明讓他們覺得很擔心，他說只要眼疾**侷限於一側**，就沒有關係，但如果傳染到**另一隻眼睛**，那就是嚴重的問題了。這一隻眼痊癒了，但不久後另一隻眼又發現了感染的跡象。孩子的母親怕極了，連忙把醫生叫到鄉間住所。但是這次醫生卻有不同的說法，他對孩子的母親喊道：「**你怎麼能把這看成一個『Geseres』**（厄運）**呢**？如果**一邊**好了，**另一邊**也會好的。」結果他說對了。

現在我們必須考慮這一切與我和我的家庭有什麼關係。L教授的兒子剛上學時的**書桌**，後來被他的母親當作一件禮物送給了我的大兒子。我在夢中藉他的口說出了再見的話，不難猜出這個轉送所引發的一個欲求。但是書桌的構造也希望能使孩子避免**近視**和**單側視力**，因此夢中出現了「**近視眼**」（以及隱藏在它後面的「**獨眼巨人**」），並提到了「**兩側性**」。我對於一側性的關注不只一個意義，它不僅指身體的一側性，而且也指智力發展的一側性。難道不正是這種關注以其荒謬的形式而為夢中景象所否定嗎？當孩子轉到**一邊**說了再會的話以後，他又轉到**另一邊**說著相反的話，好像要恢復平衡似的，**按照兩側對稱性在行動**！

因此當夢表現得最荒唐時，往往意義也最為深邃。歷史上任何時代，凡是有話想說而又怕招惹風險的人，無不急於想戴上一頂蠢人的帽子。如果聽眾把那些針對他們且犯忌諱的話，看作胡言亂語而大笑不已，他們就易於容忍這些話了。戲中的王子不得不裝瘋賣傻來掩飾他自己，其所作所為就像現實生活中的夢境。所以我們可以用哈姆雷特說的話來談論夢，用機智和晦澀難解的外衣來掩飾真相，他說：「我不過是瘋狂的西北風，當風向南吹去時，我能分辨出手鋸與蒼鷹。」[97]

因此，我已經解決了夢中荒謬性的問題，因為夢念絕不是荒謬的——在心智正常的人的夢中絕不會如此——夢的工作只有在要表達存在於夢念中的任何批評、取笑和嘲弄時，它才製造荒謬的夢或在夢中包含個別荒謬的元素。我的第二個任務在於表明夢的工作包含的不外是已經提及的三個因素與將要提到的第四個因素的結合，從而表明夢的功能不過是依據這四個限制它的條件將夢念翻譯出來。而有關我們的各種心智官能是否全部或僅僅一部分參與夢的活動這個問題，其本身就是錯誤的而沒有考慮事實。然而，因為夢內容中常常出現做出判斷、提出批評、表示欣賞，對夢中某個特殊元素感到驚奇，並企圖加以解釋、進行辯論。所以我必須選擇一些夢例，來澄清這些現象所產生的誤解。

我的答覆如下：**任何在夢中出現的表面上的判斷活動，都不能視為夢的工作的理智成就，它不過是屬於夢念的材料，以一種現成的結構形式從隱意不斷上升而進入夢的顯意之中。**我

97 佛註：這個夢也為一個普遍的真理提供了一個好例子，這個真理是：同一晚所做的夢，即使回憶起來是分開的，也來源於同一夢念。順道一提，我在夢中要把孩子安全地移出羅馬城這一夢景，因與我童年時發生的一件類似的事有所連繫而受到了扭曲：我嫉妒我的一些親戚，他們在很多年以前，就有機會把自己的孩子送到國外去了。牛津版註：此句引自《哈姆雷特》第二幕第二景三七九行。

甚至還能對這個主張做進一步的說明：醒後對一個記得的夢所做的判斷，以及因重現這個夢而在我們心中引起的情感，在很大程度上形成夢的隱意的一部分，而應該包括在對這個夢的解釋中。

（一）

對此，我已經引證了一個引人注目的例子。一位女病人拒絕告訴我她的一個夢，因為它是那麼地**令人搞不清楚**。她在夢中見到了一個人，但分不清**是她的丈夫還是她的父親**。接著她又夢見一個垃圾箱（Misttrügerl），而這引起了如下的回憶：當她剛剛成家時，有一次對一位來訪的年輕親戚開玩笑地說，她的下一件事就是弄到一個新的垃圾箱，第二天她收到了一個，但是裡面裝滿了山谷中的百合花。這一段夢用來表示一句諺語：「這不是從我自己的肥料長出來的。」[98]當分析完成之後，發現夢念原來與夢者幼年時聽到的一個故事所產生的影響有關。這個故事講的是一個女孩已經懷孕，但**搞不清楚小孩真正的父親是誰**。因此，此處夢的表現已溢出並流入清醒思想中，即用清醒時對整個夢的判斷來表現夢念中的一個元素。

（二）

下面是一個類似的夢例。我的一個病人做了一個他覺得很有趣的夢，因為他醒後立即對自己說：我一定要把它告訴醫生。此夢經過分析之後，明顯地暗指著他在治療期間開始的戀愛，而且他已決定不將這件事告訴我。

（三）

第三個夢例是我自己的經驗。

我和P正經過一個有著許多房屋和花園的地方到醫院去，同時我覺得以前常常在夢中看見這個地方。我不大知道怎麼走，他指給我一條路，轉一個彎便到餐廳（在室內，不在花園中）。我在那裡打聽董妮夫人，知道了她和三個小孩住在後面一間小屋內。我向小屋走去，但在到達之前遇到一個模糊不清的人影帶著我的兩個小女孩。我和她們一起站了一會兒就把她們帶在自己身邊，我對妻子不無抱怨，因為她把她們丟在那裡。

98 牛津版註：「垃圾」在此為Mist（肥料），為了合埋地精簡「Misttrügerl」和「Nicht auf meinem eigenen Mist gewachsen」英文的語氣較德文更加溫和。譯註：「Mist」原意為肥料，在俗語中指垃圾，而以這種意義用於維也納話中的垃圾箱「Misttrügerl」。「這不是從我自己的肥料長出來的」即「Nicht auf meinem eigenen Mist gewachsen」，意指：「這不是我的責任」或「這不是我的孩子」。

我醒了以後，感到非常滿足，我向自己解釋說，滿足的原因是因為透過這一分析我能發現「我以前夢見過這地方」的意義。[99]事實上，分析並沒有告訴我這一類夢的意義，它向我表明的不過是，「滿足」屬於夢的隱意，而不是指任何對夢的判斷。我之所以感到滿足是因為我的婚姻為我帶來了孩子。P這個人曾有一段時期與我有著相近的生活經歷，後來社會地位和物質條件都超越了我，但是他婚後卻無子嗣。下面兩件事已足以說明夢的意義而不必再對夢進行全盤分析：前一天我在報上看到董娜夫人的訃聞（我在夢中把她變成了董妮），她死於分娩。我的妻子告訴我，照料死者的助產士正是替我們最小的兩個孩子接生的那一位。董娜這個名字引起我的注意，因為我不久以前才在一本英文小說中第一次看見它。夢的第二個起因是做夢的日期，那是在我大兒子生日的前一天——這孩子似乎有些詩人的天賦。

（四）

當我從我父親死後還在馬扎爾人間扮演了一個政治角色那個夢中醒來之後，也有這樣一種滿足的心情。我認為我之所以感到滿足，是因為它延續了這個夢最後一段所帶有的情感：我記得他在床上過世時多麼地像加里波底，我對它終於能實現感到高興……（夢的後續部分我已經忘了）。分析使我能夠填補夢中這一空隙，這是指我的第二個兒子，我替他取了一個歷史上的偉人的名字，這個人在我童年時期對我具有強大的吸引力，特別是在我去過英國以後。[100]在這孩子出生的前一年，我已下了決心，如果生的是個男孩，我一定取這個名字，而且我以極大的滿足心情用這個名字迎接他的誕生（不難看出，父親受壓抑的誇大狂在他們的思想中是如何轉移到孩子身上，而這也很可能就是壓制這種感情——在現實生活中，這是必要的——的方式之一）。小孩子之所以能在這個夢的脈絡中出現，是因為他也容易犯下把屎拉在床單上的過失——兒童和垂死的人都容易被人原諒。在這方面可以將「仲裁者」與夢中想在自己孩子面前表現出**偉大和聖潔**的形象的欲求相比較。

（五）

我現在轉而考慮出現於夢內容本身，未延續或轉移到清醒生活中的判斷。在尋找這些夢例時，我如果利用因其他目的而已經記錄下來的夢例，將大大地有利於我的工作。歌德抨擊M先生的夢似乎包含了許多判斷行為。「**我企圖弄清楚年份，但似乎不大可能。**」這極像是關於歌德竟然會對我認識的一位年輕人進行文字攻擊這一荒謬意念的批評。「很可能他那時只有十八歲」這聽起來又很像是計算的結果，儘管出自糊塗的腦筋。最後，「**我不敢確定我們實際上是在哪一年**」似乎是夢中所感到的不確定或懷疑的一個例子。

99 佛註：最近幾卷《哲學評論》在「夢中的記憶錯誤」這個標題下，對這個主題有長期的討論。

100 牛津版註：佛洛伊德次子名為奧立佛，乃根據英國一六五三～一六五八年間的護國主奧立佛·克倫威爾（一五九九～一六五八）的名字而來。

因此，乍看之下，這些句子都是夢中的判斷行為。但是分析表明，這些句子都有其他的意義，而且是夢的解釋所不可或缺的。與此同時，一切荒謬跡象也可因此消除。「**我企圖弄清楚年份**」這句話，把我和我的朋友的位置對調了，事實上是他正在尋求解釋生命的時間資料。這樣一來，這個句子就失去了反對前幾個句子的荒謬性的判斷意義了。插入的那句話「**但似乎不大可能**」與接下來這句話「**很可能**」歸屬於同一個範疇。我對那位向我訴說他弟弟病史的女士使用了與此幾乎相同的字句：「在我看來，他高呼『自然！自然！』**似乎不太可能**與歌德有關，我認為這些字**更有可能**代表著你所熟悉的性的意義。」這確實表達了判斷——然而不是在夢裡，而是在現實生活中，只是偶然地被夢念記起且被加以運用了。

夢內容利用判斷與利用任何其他夢念片斷是一樣的，夢中的判斷無意義地連繫到十八這個數字，而這個數字也保留了判斷從其中分離出來的真實脈絡的痕跡。最後，「**我不敢確定我們實際上是在哪一年**。」這句話的目的不過是想進一步實現我對這位癱瘓病人的認同作用，在為他進行檢查時，這一點確曾出現過。

對於夢中出現的表面上的判斷行為的解析，使我們想起了本書開始時確立的，對夢的工作的解釋規則：我們必須不顧夢的各個成分之間的表面聚合，把它們看成非本質的假象。我們應該追溯夢的每一元素的來源，恢復其本來面目。夢是一個聚合物，為了研究的目的，必須再一次把夢分割成片斷。但另一方面又必須看到，夢中有一種精神力量在發生作用，製造了這種表面上的連繫性，也就是說，把夢的工作所產生的材料加以**潤飾**。這使我們又面對一種力量的表現，下文中我們把它的重要性列為夢的建構中的第四個因素。

(六)

下面又是一個我已提及的判斷過程在夢中發生作用的夢例。在從市議會接到通知的那個荒謬夢中，我說：「你是否不久後就結婚了呢？」我算了一下，當然，我是在一八五六年出生的，那一年好像緊接在所說的那年之後。這一切都披上了一套邏輯結論的外衣，我父親在他出事後立刻於一八五一年結婚，當然，我是家中的長子，出生於一八五六年，這一切都準確無誤。我們知道，得出這個錯誤的結論是為了欲求的滿足，而主要的夢念乃是：「四、五年不算什麼時間，不值得考慮。」這一套邏輯結論中的每一步驟，在其內容和形式上，都可用另一種方式加以解釋，即它們都已被夢念決定了。那位我的同事認為分析時間太長了的病人，已經決定治療結束後立刻結婚。夢中我和我父親的交談方式就像一場審問或考試，又使我想起一位大學教授，他常對進修他的課程的學生詳加詢問：「出生年月？」「一八五六年」「父親名字？」學生在答覆這個問題時總是說出自己父親拉丁字尾的名字。我們學生常認為，這位教授能從父親名字中推衍出並非總是能從學生本人的名字中推衍出的結論，[101]因此夢中結論的推衍不過是夢念某段材料中結論的推衍的重複而已。這裡出現的新的東西是：如果在夢內容中出現了一個結論，則這個結論必然來自夢念，不過它在夢念中可以呈現為一段回憶材料，也可以將一系列夢念以邏輯關

101 牛津版註：應是指學生的猶太血統。

係連結起來。但不管如何，夢中的結論總是代表著夢念中的結論。[102]

我們可以由這一點對夢繼續進行分析。那位教授的詢問使我回想起大學生的註冊簿（我們那時用拉丁文填寫），由此再使我想到我的學業。學醫年限規定為**五年**，對我來說太短了，我悄悄地多讀了好幾年。在我的朋友圈子裡，我被認為是個懶蟲，被懷疑是否真能**完成**學業，此後我**很快地**決定參加考試而且通過了，**儘管是有些延遲**。這是對夢念的一個新的強化，促使我挑戰似地面對批評我的人：「儘管我拖延了些時間，你們不肯相信我，但我將會完成。我終將得出結論，從以前開始，事情往往就是這樣的。」

這個夢開頭的幾句話，很難不被視為是一種爭論，這個爭論甚至談不上荒謬，在清醒思考中也可能發生。**夢中我接到家鄉市議會的一個通知，我覺得這件事很有趣，因為：第一，一八五一年我還未出生，第二，我的父親可能與此事有關，但是他已經死了**。這兩個辯解不但本身正確，而且如果我真的接到通知，也會提出與此完全相同的爭論。我前面的分析表明（頁四一八～四一九），此夢來源於深沉痛苦與嘲笑的夢念，如果我們假定有強烈的理由支持稽查作用的活動，我們便會了解，夢的工作自有其動機以包含於夢念中的模式，**對荒謬的意見做出一種完全有效的否定**。但是分析表明，夢的工作並不能自由地構造這種對立物，為了這個目的，只能使用從夢念中得來的材料。就像有一道代數方程式，（除了數字外）還包含著加、減、根、冪等符號，卻叫一個外行人去抄這個方程式，結果把數字和運算符號搞混在一起。這兩個論點還可以追溯到如下的材料：每當我想到第一次聽到我對精神神經症的心理學解釋的某些前提的人，必然會懷疑和嘲笑它們時，就感到痛苦不安。例如，我曾經假定，人生第二年或有時甚至是第一年的印象，在後來患病的那些人的情感生活上留下了永不磨滅的痕跡。而且，這些印象雖然在多方面受到記憶的歪曲和誇大，卻構成了歇斯底里症症狀最初的和最深層的基礎。當我在適當時機向我的病人解釋這一點時，他們往往以嘲弄的語氣模仿這新得的知識說，他們準備去尋找他們還沒有出生時的記憶。我又發現了這些女病人的父親在她們最早的性衝動中扮演了出人意料的角色（見上文頁三一四～三一五討論），也可料到這會遭到相同的對待。然而我深信這兩個假設都是正確的，為了證實，我記起了幾個例子，都是父親在孩子很小的時候就死去了。然而在後來的事件中，雖然以一種隱晦的方式，仍證實了在孩子的無意識中仍然保持著對早年死亡的父親形象的記憶。我知道，我得到這兩個論斷的結論推衍過程，其有效性將會引發爭議，因此當我把我害怕會引發爭議的那些結論，由夢的工作加以運用而獲得無可爭辯的結論時，這就成了一種欲求的滿足。

（七）

在我迄今為止幾乎還未處理的一個夢中，其一開始處對於突然出現的題材，曾清楚地表現出驚訝的感覺。

102 佛註：這些發現證明了我前面某些有關夢中邏輯關係表現的理論（頁三六六～三六七）。前面談的是夢的工作的一般過程，但沒有論及其功能更精微準確的細節。

老教授布呂克必定是規定了某個任務，真夠奇怪，它與解剖我身體的下半部即我的骨盆和腿部有關。我看到它們就在我的眼前，就好像在解剖室內一樣，但沒有注意到我的身體欠缺這些部分，也絲毫沒有厭惡的感覺。N．路易絲站在我的旁邊，與我一道做這個工作。骨盆內的器官已經全部取出來了，現在看到的似乎是它的上半部，又似乎是它的下半部，兩者混合在一起。還能看到一些肥厚的肉色突起（夢中使我想起了痔瘡），覆蓋在它上面的某些東西，看起來像揉皺了的錫箔，[103] 必須小心翼翼地將它們挑起來。我於是重新獲得了雙腿，而且在城堡中不斷走動，但是（由於疲倦）我叫了一部出租汽車。使我驚訝的是，這輛車開進了一棟房屋的大門，那門開著並讓車開過一個通道，開到盡頭轉了一個彎，後來又開到了空地上。[104] 最後，我正和一位替我拿行李的阿爾卑斯山嚮導一同旅行，穿過變化多端的風景，由於考慮到我疲倦的雙腿，他還背著我走了一段路。道路泥濘，我們靠著邊走，人們像印第安紅人和吉普賽人那樣坐在地上，其中有一個小女孩。在此之前，當我在溜滑的路上前進時，總有一種驚訝的感覺，覺得在解剖之後我怎麼還能走得這麼好。最後我們抵達一個小木屋，房屋後側有一扇開著的窗戶，嚮導把我放了下來，取來兩塊現成的木板，搭在窗台上，這樣就可以走過必須從窗戶跨過的陷坑了。這時我真的為我的雙腿感到擔憂了，但是與預料中的跨越不同，我看見兩個成年人躺在緊靠木屋牆邊的木凳上，似乎還有兩個小孩睡在他們身旁。這樣一來，好像能讓我們走過的不是木板而是小孩了。我在一陣內心戰慄中醒了過來。

任何人只要對夢中凝縮作用的作用範圍稍有了解，就不難想像如果要對這個夢進行全面分析，不知要花費多少筆墨。幸而在本文中我只需就其中一點加以討論。這一點表現為插入的句子「真夠奇怪」，而為夢中的驚訝感覺提供了一個例子。下面就是此夢的起因：那位做我實驗助手的N．路易絲曾經拜訪過我，她說：「借些書給我看。」我把萊德．海格德的《她》[105]借給了她，我向她解釋說：「這是一本奇怪的書，但充滿了隱意、永恆的女性、我們感情的不朽……。」[106]她打斷了我的話說：「已經讀過了，你沒有自己寫的東西嗎？」「沒有，我的不朽作品還未寫成呢！」「好，那我們什麼時候才能看到你那本所謂最後的解釋的書，那本你說過甚至我們也會覺得具有可讀性的書呢？」她不無諷刺地問。當時我發現某人正藉著她的話向我提出警告，我就沉默不語了。在自我克制上，我自省到即使只是出版我那本論夢的書也要付出極大的代價，因為在書中我必須大量洩漏自己的私密性格。

最終，你所能貫通的最高真理

103 佛註：錫箔（Stanniol）隱指Stannius所著的魚類神經系統一書（參見上文頁三九七～三九八）。
104 佛註：這地方是我住的那棟公寓的一樓，租戶們在那裡放他們的搖籃車，但它在其他許多方面是多重決定的。
105 牛津版註：《她》（*She*, 1887）是亨利．萊德．海格德（一八五六～一九二五）所著之小說；令人神魂顛倒的女主角是某失落的中非王國的女王，活了兩千年但卻未變老。
106 牛津版註：「永恆的女性」出自《浮士德》第二部最末：「永恆的女性／引我們飛升。」

卻不能對孩子直說出來。[107]

因此夢中指派給我的解剖自己身體的任務，指的是我解釋自己的夢時的自我分析。老布呂克的出現也適逢其時。在我進行科學工作的前幾年中，我也曾把一項發現擱置起來，直到他力勸我出版為止。至於我和N．路易絲的談話所引起的進一步夢念，則由於過於深邃而不能進入意識，而分散到萊德．海格德的《她》這本書在我內心激起的材料中去了。那「真夠奇怪」的判斷要追溯到這本書和同一作者另一本叫作《世界之心》的書，[108]夢中大量元素都源於這兩本想像力豐富的小說。人們不得不跋涉而過的沼澤地帶，他們必須利用木板才能跨越的陷坑，都來源於《她》。印第安紅人、小女孩和木屋則來自《世界之心》。在這兩部小說中，嚮導都是婦女，兩本書講的都是危險的旅程。《她》描寫的是一條過去很少有人走過的險途，通向還未被人發現的地區。[109]根據我為此夢所做的筆記，我雙腿的疲倦感確實是白天的真實感覺，很可能還伴隨著一種倦怠的心境和疑惑的想法：「我的雙腿還能支持我多久呢？」《她》這部小說中冒險的結局是，女嚮導非但沒有為自己和別人找到永生，反而葬身於神祕的地下烈火中。在夢念中無疑有那樣一種恐怖情緒在活動著，木屋肯定是一口棺材，即一座墳墓。但是夢的工作卻以欲求的滿足表現了這一最不可欲的思想，而完成了一個傑作。因為我曾進過一次墳墓，但那是在靠近奧爾維托，一個被挖掘出來的伊特拉斯坎人的墓穴：一個狹窄的小室，沿著牆壁有兩條石凳，上面躺著兩具成人的骷髏。夢中的木屋內部看起來正像這個墳墓，只是用木頭代替了石頭。這個夢似乎是說：「如果你一定要躺在墳墓中，那就躺在伊特拉斯坎人的墳墓中吧！」隨著這種置換，就把最陰沉的期待變成最迫切的渴望了。不幸的是，我們馬上就會看到，夢可以把伴隨情感的意念倒反過來，但往往不能改變情感本身。因此，即使孩子可以做到父親做不到的事這樣的意念都已成功出現——這是對這本奇特的小說的一個新的暗喻，其中一個人的同一性可以世代相傳而達兩千年之久——我仍然在一種**恐懼**中醒來。

（八）

我的另一個夢也包含了對某種體驗表示驚訝，但這種驚訝伴隨著一種明顯的、深遠的甚至可說是卓越的解釋嘗試。因此這個夢除了具有另外兩個吸引我的特點之外，僅就夢本身來說，我也忍不住要將整個夢加以分析。七月十八或十九日的夜晚，我正沿著南方鐵路線旅行，我在夢中：

107 牛津版註：見頁二一一註釋。

108 牛津版註：《世界之心》（*Heart of the world*, 1896）為萊德．海格德所著小說，描述阿茲提克祭司如何在一隱蔽的墨西哥城中求生存。書中描述傳說中一分為二的心形石，結合在一起時，阿茲提克人就能再次征服墨西哥，而性別衝突破壞了這個預言。

109 牛津版註：另一暗喻顯示在《浮士德》第二部〈陰暗的走廊〉中，浮士德為了使特洛伊城的海倫復活，而向梅菲斯特探詢造訪母親的方向（古希臘將母親視為女神來對待），梅菲斯特回答：「沒有路！是去無人去過的地方，那裡無法可去！是一條通向無人求去之境的路，那裡也無法可求！」

聽見有人喊「Hollthurn，停車十分鐘。」我立即想到了holothurians[110]——一所自然歷史博物館——勇敢的人絕望地反抗統治他們的暴君的地方——是的，奧地利的反改造運動——彷彿是在施蒂里亞或蒂羅爾的某個地方。接著我模糊地看見一所小博物館，館裡保存著這些人的殘骸和遺物。我很想走出去，但又猶疑不決。火車站有賣水果的婦女，她們蹲在地上，高舉著籃子，彷彿邀請似的——我猶豫著，因為不敢確定是否還有時間，可是火車仍未啟動——突然我到了另一個車廂，裡面的家具和座位都非常狹窄，人的背部要直接靠在車廂壁上。[111]**我對此感到很驚訝，但我想我可能是在睡眠中調換了車廂**。這兒有好幾個人，包括一對英國兄妹。可以清楚看見牆上書架上的一排書：我看見《國富論》和《物質與運動》（馬克斯威爾著），這是一本厚書，包著棕色紙張。[112]男子問他的妹妹是否還記得席勒寫的一本書[113]……這些書有時好像是我的，有時又似乎是屬於他們的。為了確定或證實，此時我想加入他們的談話……

我醒來時汗流浹背，因為所有窗戶都關上了，火車正停靠在馬爾堡。

在我記錄這個夢時，又想起其中一段夢景，我的記憶曾故意將其遺漏。我（用英語）向那對兄妹提到了一件特殊工作：「這是從（from）……」但是我又更正說：「這是由（by）……」[114]那男子對他的妹妹評論說：「是的，他說得對！」

這個夢以車站的站名開始，這個站名必定把我弄得半醒了，我替換了它的站名，用**霍爾松**（Hollthurn）代替了**馬爾堡**（Marburg）。事實上，我一開始聽到的是**馬爾堡**，這可由後來夢中提到席勒而得到證實，席勒出生於馬爾堡，雖然不是施蒂里亞的那一個馬爾堡。我這次旅行買的是頭等車票，但很不舒服，火車擁擠不堪。在我的車廂中我看到一位女士和一位紳士，貴族派頭，但很不禮貌，而且絲毫未掩飾他們對我的闖入所感到的惱怒，我彬彬有禮的招呼得不到任何反應。雖然這個男人和他的妻子並肩坐著（背對著火車頭），那女人卻當著我的面用一把雨傘占據了她對面靠窗戶的座位。門立即關上了，他們交談了幾句與開窗戶有關的話，他們大概馬上看出我渴望呼吸新鮮空氣。這是一個炎熱的夜晚，窗戶全關的車廂內，空氣令人窒息。我的旅行經驗告訴我，這種傲慢無禮和刻薄的行為，只有持免費票或買半票旅行的人才做得出來。查票員進來了，我出示了高價買來的車票，那位女士則以輕蔑而幾近脅迫的口吻說：「我的丈夫有免費票。」她外貌莊重，神情不滿，已接近女人失去她們美貌的年紀了。那男人則一語不發，端坐不動。我打算睡覺了。在夢中我對這一對令人不愉快的旅伴進行了可怕的報復，沒有人能

110 牛津版註：意為「海參」。
111 佛註：我本人對這番描述也不理解，但是我遵守報告夢的基本原則，把夢見的東西如實記下。字眼的選擇本身就是夢的表現方法的一部分。
112 牛津版註：《國富論》（*Wealth of Nation*）全名為《國民財富的性質與原因之探究》（*An Enquiry into the Nature and Causes of the Wealth of Nation*, 1776），是亞當・斯密（一七二三～一七九〇）的經濟學鉅著。《物質與運動》（*Matter and Motion*, 1877）是詹姆斯・克拉克・馬克士威（一八三一～一八七九）的物理學著作。
113 牛津版註：菲德里希・席勒（一七五九～一八〇五），劇作家及哲學家，出生於內卡河畔司徒加特附近的馬爾巴赫城（Marbach）而非德國中部的馬爾堡（Marburg）。馬爾堡的奧地利城位於格拉茨附近。
114 牛津版註：此處原文為英文。（德文單字「von」亦可表示「from」或「by」，根據上下文而定。）

夠懷疑，在這個夢前半部的片斷後隱藏著多少的輕蔑和羞辱。當這個需要得到滿足以後，又產生了第二個欲求——調換車廂。在夢中，場景經常改變，而且不會引起任何反對，因此若我迅速地從自己的記憶中找一對較為親切的夥伴來代替我的旅伴，並不會讓人有任何驚訝的感覺。但在這個夢中，有某種情況不同意改變場景，並認為需要對它加以說明。我為什麼突然到了另一個車廂呢？我完全記不起調換車廂的事，這只能有一種解釋：**我必定是在睡眠中離開了車廂**——這是一種罕見的現象，然而在神經病理學家的經驗中卻可發現這種病例。我們知道有一種人在朦朧狀態中乘車旅行，看不出有任何不正常的跡象，可是到了某處他神智突然清醒了過來，而且對他記憶中的空白茫然無知。因此，我在夢中正宣布自己是一個**自動漫遊症**患者。

借助分析，我們也可能找到另一個解答。解釋的企圖——當我不得不將這種解釋歸之於夢的工作時，我大吃一驚——原先並不是我自己的企圖，而是複製於我的一位精神官能症病患。我在本書文中已談到了一位受過高等教育而且在現實生活中心地善良的男人，他在自己的父親死後不久，便開始譴責自己有謀殺的意向。為了防止這種可能性，他被迫採取各種預防措施，因此陷於苦惱而不能自拔。這是一個伴有完全自覺的嚴重強迫症病例。開始時，他一上街就有顧慮，他強迫性地注意他遇見的每一個隻身的人在何處消失，如果有人逃離了他注視的眼光，他就會產生一種痛苦的感覺，認為自己或許已經把那個人殺死了。在這種行為背後，除了別的之外，還隱藏著一種「該隱」幻想——因為「所有男人都是兄弟」[115]。由於不可能進行預防措施，他便放棄散步，把自己關在房間內消磨時光。但是外界發生的謀殺案仍不斷透過報紙傳到他的房間，他的良心使他懷疑自己就是被通緝的兇手。幾個星期的足不出戶確實暫時讓他解除了焦慮，但是有一天他突然想到，他也有可能在一種無意識狀態下離開了他的房間，因而可能犯了謀殺罪而自己卻毫不知覺。自此以後，他便把自己房子的前門鎖上，把鑰匙交給老管家，並嚴格吩咐，即使他再三要求也不要把鑰匙交給他。

這就是我企圖解釋自己是在無意識狀態下調換了車廂的起源，夢念中的材料未加改變地進入夢中，而且在夢中明顯是為了要達到我自己認同那個病人的目的。我回想到他是由一個簡單的聯想引起的：幾個星期以前，我最後一次的夜間旅行就是由他陪伴，他的病已痊癒，陪著我到各省去拜訪他的親戚，他們邀請我去。我們占了一個車廂，所有窗戶都徹夜開著，醒著時都覺得非常愉快。我知道他的病源是對他父親的敵視衝動，可追溯到他的童年，而且與性的情境有關。所以就我對他的認同而言，乃是我在尋求與他相似的表白。事實上夢的第二部分是以某種誇大幻想結束的，即認為我的兩個年長旅伴對我抱持冷淡態度的原因，是因為我的闖入妨礙了他們今晚已計畫好的調情。這種幻想可以追溯到童年早期的某個情境，我出於好奇心而闖入父母的臥室，結果被父親趕了出來。

我想無須再多舉例了。這些夢例已足夠證實我前面引證的話，即夢中的判斷行動不過是夢念中某種原型的重複出現，這種重複出現一般並不恰當，而被插入很不相稱的脈絡中。但偶爾也會像我們最後的夢例所示，它運用得很巧妙，以致一開始就使人覺得這是夢中的獨立心智活動。由此我們可以注意到，精神活動雖然不總是伴隨著夢的建構出現，然而一旦出現，就可以

115 譯註：《聖經》中，該隱殺死他的兄弟亞伯。

把夢中不同來源的各個元素融合而為一個整體，使其具有意義而不發生矛盾。然而在探討這個題目以前，我們迫切需要考慮發生在夢中的情感表現，並將它們與分析所揭示的情感加以比較。

七、夢的情感

斯特里克爾的詳盡觀察使我們注意到夢中情感的表達是不容輕視的，我們不能像處理夢的內容那樣，清醒後就將其輕易地忘掉。他說：「如果我在夢中害怕強盜，強盜確實是想像的——但恐懼則是千真萬確的。」如果我在夢中感到快樂，情況也是如此。我們的感覺證明，夢中體驗到的情感絕不亞於清醒時體驗到的同等強度的情感。相較於夢的意念內容，夢本身以更大的努力要求我們將它的情感部分認可為真實的精神體驗。然而，在我們清醒狀態中，如果沒有任何意念材料與情感相連繫，我們事實上並不能以這種方式將情感納入精神體驗中。如果情感和意念在性質和強度上互不相容，我們清醒時的判斷就無所適從了。

夢中的意念內容經常不伴隨著清醒時刻必不可免的心情感受，這是一個令人驚訝的問題。斯特魯佩爾宣稱，夢中的意念被剝奪了精神上的價值；但是也不乏相反的夢例，其中強烈的情感表現連繫著毫不相干的題材。在有些夢中，我可能置身於恐怖、危險或令人反感的情境中，但不感到恐懼和厭惡；相反地，在另一些夢中，我可能會因一件無害的事而感到恐懼，因一件幼稚的事而感到興奮。

只要我們從夢的顯意進入隱意，這個特殊的夢生活之謎，就會比任何其他難解之謎更為突然且更為完全地消失於無形之中。我們無須為夢之謎感到苦惱，因為它已不再存在了。我們的分析表明：**意念材料被置換和替代，情感則仍保持不變**。因此，經過夢的偽裝而改變了的意念材料，自然就不會再與保持不變的情感相應一致。如果在分析之後，把正確的材料放回原來的位置，就沒什麼好感到奇怪的了。

在一個受制於由阻抗所引發的稽查作用的情結中，情感是受影響最小的部分。也是唯一能夠指引我們如何填補失落思想的部分。這種情況在精神神經症中表現得比夢中明顯。精神神經症患者的情感至少在質的方面是適當的，雖然我們並不否認它們的強度可因神經注意力的置換作用而有所增強。如果一個歇斯底里症患者因自己對瑣事感到如此害怕而覺得驚訝，又如果一個強迫症病人因自己無中生有的痛苦自責而感到驚訝，兩者都是迷失了方向。因為他們都錯把意念內容——瑣碎小事或純屬烏有——當成了本質性的東西，而且因為他們以這種意念內容作為其思想活動的起點，所以他們所進行的抗爭是徒勞無功的。然而精神分析可以指出這些情感是合理的，並找出原本屬於這些情感，但已被潛抑或被代替物置換的意念，而把他們引上正途。這一切的必要前提是，情感的釋放和意念內容並未構成不可分割的整體——我們都習慣用這種方式來看待它們——它們只是兩個被接合在一起的分離實體，因而可以用精神分析把它們分離開來。釋夢表明了事實正是如此。

下面我首先舉一個夢例，其中意念內容本應促成情感的釋放，但夢中卻明顯缺乏情感，分析對此進行了解釋：

（一）

她在沙漠中看見了三頭獅子（lions），其中一頭向她大笑，但是她並不感到害怕。後來她必定是逃離了牠們，因為她正試圖攀爬一棵樹。但她發現她的表姊已經捷足先登了，她是一位法文老師……。

分析得出如下材料：此夢無關緊要的誘因是她的英文作文中的一個句子：「鬃毛是獅子的裝飾物。」她的父親的鬍鬚長得像鬃毛，她的英文老師的名字叫**萊昂斯小姐**（Miss Lyons），一個朋友送給她一本**勒韋**（Loewe，獅子）的民歌集：[116]這就是三頭獅子的來歷，她有什麼理由怕牠們呢？她讀了一個故事，講到一個鼓動同伴起來反抗的黑人，被獵犬追逐，他為了逃命爬到一棵樹上。她在興奮之餘，又說出了若干片斷的記憶，如《飛頁》中曾說明如何捉獅子：「將一片沙漠用篩子篩過，獅子就會被留在篩子上了。」還有一則非常有趣但並不得體的故事，有人問一位官員為什麼不想辦法巴結他的部門主管，他回答說，他已盡力去做，但是他的上司已經**捷足先登**了。當我們發現她丈夫的上司在做夢的那天曾來拜訪她，整個夢的內容就變得不難理解了。這位上司對她彬彬有禮，並吻了她的手，**她對他一點也不感到害怕**，雖然他是一個「大亨」（德國俗稱「ein großes Tier」，大動物），而且在她的祖國首都中是一位**社會名流**（lionized）。所以這隻獅子就像《仲夏夜之夢》中的獅子一樣，代表著一個志同道合的人。[117]凡是夢見獅子而不感到害怕的人都屬於這種情況。

（二）

我將援引那個年輕女孩的夢作為第二個夢例。她夢見她姊姊的小兒子死了，躺在棺材裡，但是她絲毫不感到痛苦和悲傷。我們從分析中明白她為什麼不感到悲傷。這個夢不過是她想再看見她所愛的男人這一欲求的偽裝。因此她的情感必須相應於這一欲求，而非相應於欲求的偽裝，她根本沒有悲傷的理由。

在某些夢中，情感至少還與取代其原先依附意念的意念材料維持著某種連繫。在另一些夢中，情結已發生了更進一步的分解，情感完全脫離了其所依附的意念而在夢的其他地方出現，且貼合於夢元素的新布局。這種情況類似我們發現的夢中判斷行動。如果夢念中做出一個重要結論，則夢境也會包含一個結論，但是夢境中的結論可以置換為完全不同的材料。這種置換作用往往遵循對立原則。

下述的夢體現了這個原則，我已對這個夢進行了最為詳盡的分析。

116 牛津版註：卡爾・勒韋（一七九六～一八六九）曾寫下許多通俗敘事詩歌，至今仍廣受家庭娛樂使用。

117 牛津版註：見《仲夏夜之夢》第五幕第一景二二一行。

（三）

近海處有一座碉堡，後來它不再直接位於海岸，而坐落在一條通往海洋的狹窄運河邊。P先生是碉堡的司令官，我和他一道站在一間有三扇窗戶的大接待室內，窗戶前面有拱壁聳立著，上面有著一些垛口般的構造。我屬於駐防部隊，身分類似志願役海軍軍官。我們害怕敵人的艦隊到來，因為我們正處於交戰狀態中。P先生想要離開，他就如果我們擔心的事情發生應當如何應變，對我做了些指示。他病弱的妻子和孩子也在危堡內，如果轟炸開始，大廳就必須撤空。他呼吸轉重，轉身欲走，我拉他回來，問他有必要時如何連繫，他回答了幾句話，但隨即倒地死去，我的問題很可能讓他增加了一些不必要的緊張。在他過世之後——他的死並沒有帶給我更進一步的印象——我考慮他的遺孀是否要留在碉堡內，我是否要把他的死訊向上級司令官報告，我的軍階僅次於他，是否應當接掌碉堡司令。我正站在窗前，看著船隻經過。這是一些商船，疾駛過黑暗的水域，有幾艘船上豎立著幾根煙囪，有幾艘則有凸起的甲板（正如序夢中的車站建築物——此處未做報告）。那時我的兄弟站在我身旁，兩人都注視著窗外的運河。我們看見一艘船，不由驚喊道：「軍艦來了！」結果卻只是我所熟悉的那些船正在返航。現在又來了一艘小船，滑稽地被從中間截斷，甲板上看到一些杯狀和箱狀的東西，我們齊聲喊道：「是一艘早餐船！」

船隻的迅速航行，海水的深藍色，煙囪裡冒出的褐色煙塵——這一切交織在一起，讓人覺得緊張和陰鬱。

夢中的地點是由我幾次到亞得里亞海旅行（米蘭梅爾、[118]杜伊諾、威尼斯和阿奎利亞等地）的印象所組成的。在做此夢的幾個星期以前，我和我的兄弟到阿奎利亞度過了一次短暫而愉快的復活節旅行，記憶猶新。此夢也暗示著美國和西班牙之間的海戰，[119]以及因關心我在美國的親戚的安危而產生的焦慮。夢中有兩處情感是有問題的，第一處本應有情感但未發生，反而將注意力集中在司令官之死（對我一點影響也沒有）。另一處是我以為我看見了軍艦，驚駭萬狀，睡眠中充滿了恐懼的感覺。在這個結構完美的夢中，情感分配得如此巧妙，結果看不出有任何明顯的矛盾。沒有理由認為我看見司令官死去就應當害怕，也有充分理由說明作為碉堡指揮官，我看見軍艦時不免恐懼萬分。但分析結果表明，P先生不過是我自己的一個替身（在夢中，我是他的替身）。我就是那位突然死去的司令官。夢念關心著我早逝後家庭的未來，這是夢念中唯一使我感到痛苦的意念，所以恐懼必定是由此處分離出來的，而在夢境中則與看見軍艦結合在一起。另一方面，分析結果表明，作為軍艦來源的那一部分夢念卻充滿著最令人高興的回憶。一年前在威尼斯，一個神奇的絢麗日子，我們站在位於希爾奧憑尼河岸上的房間內憑窗遠望，

118 牛津版註：米蘭梅爾靠近亞得里亞海的翠斯特，有一莊園，曾隸屬墨西哥的馬克西米連帝國。附近有一城堡，名為杜伊諾，為一九一四年里爾克撰寫《杜伊諾哀歌》（*Duino Elegies*）的背景，亦為阿奎利亞的羅馬城遺跡。

119 牛津版註：此戰爆發於一八九八年。梅克葛瑞斯將此夢與同時代的事件串聯在一起，指出民主化的美國與信仰羅馬天主教的西班牙發生衝突，恰與佛洛伊德對漢尼拔與羅馬交戰的想像成一對照。

那藍色環礁湖湖面上有比往日頻繁的活動，大家盼望著英國船艦到來，並準備給予隆重的接待。忽然我的妻子像孩子般快樂地喊道：「英國軍艦來啦！」在夢境中，我卻對這同樣的話大感驚恐。（我們又一次看到夢中的言語來自現實生活中的言語，下面我將證明，我妻子呼喊中的「英國」這一元素也未能逃開夢的工作。）因此，在將夢念轉變為顯夢的過程中，我已在此處將愉快轉換成恐懼，我只須暗示：這種轉換本身表現了一部分的隱意。這個夢例證明了：夢的工作可以任意地讓夢念中的情感脫離它原有的連繫，並將它置於夢境中它所選擇的任何其他地方。

我想藉此機會對早餐船進行較為詳細的分析。這艘船的出現，使一直保持著合理性的情境，最終竟得出這樣一種毫無意義的結論。後來我更清楚地回想這個夢中事物時，驚訝地發現它竟是黑色的，而且由於它在最寬的中間部分被截斷了，我們所看到的這一端就和伊特拉斯坎城博物館中最引人注目的一套器皿極為相似。它們是一些黑色陶土製成的長方形淺盤，有兩個手把，盤上放著一些像咖啡杯或茶杯的東西，有點像我們現代的早餐盤。從詢問中我們得知這是一位伊特拉斯坎婦女的梳妝用具（toilette），上面放著裝胭脂和香粉的小盒子。我們開玩笑地說，如果拿一個回去給太太用，倒是個好主意。因此，夢中這個事物意味著黑色的服裝（schwarze Toilette），也就是喪服，直接表示死亡。這艘船的另一端則使我想起海葬船（「Nachen」：據一位哲學家朋友告訴我，此詞源於希臘文詞根 υεπυς，屍體），古代人把死屍放在船上，使其葬入海中，這可以用來解釋夢中船隻的返航（Nachen）：

平安地坐在船上，老人靜靜地駛回海港。[120]

這是船隻失事（Schiffbruch）[121]後的返航——早餐船是從中間斷裂的。但是早餐船的「早餐」又是從何而來的呢？它來自「軍艦」前面漏掉的「英國的」這個詞，英文字**breakfast**（早餐）意味著**breaking-fast**（打斷－禁食），**打斷**再一次與「**船隻失事**」（Schiffbruch）發生連繫，而**禁食**則與黑色喪服發生連繫。

但是只有「早餐船」這個名稱是在夢中新造的，這樣的情境確曾發生過，而使我想起最近一次旅行中最快樂的一件事。我們不放心阿奎利亞提供的飲食，便從格里齊亞[122]帶了些食物，並在阿奎利亞買了一瓶伊斯特拉名酒。當小郵輪緩緩駛過代勒密運河，穿過空曠的環礁湖而駛向格拉多[123]時，只有我們兩名旅客坐在甲板上，興高采烈地吃著早餐，這幾乎是我們所吃過最舒服的一頓早餐了。這就是**早餐船**，但是正是在這段最快樂的生之喜悅的記憶背後，隱藏著對不可知且可怕的未來最陰鬱的思想。

情感脫離產生情感的意念材料，這是情感在夢的形成中所發生的最令人矚目的變化。但在從夢念轉變到顯夢的過程中，這並不是唯一的變化，也不是最重要的變化。如果我們比較夢念

120 牛津版註：出自席勒的警句詩〈期待與實現〉（Erwartung und Erfüllung）：「青年帶著千根桅杆出航／平安地坐在船上，老人靜靜地駛回海港。」
121 譯註：字面意義為「船隻斷裂」。
122 牛津版註：格里齊亞位於義大利東北部。
123 牛津版註：格拉多為一小漁港，是亞得里亞海的一個觀光景點。

中與夢中的情感，立即可以發現一個明顯的現象：只要夢中出現一種情感，則我們在夢念中也可發現這種情感，但是反之卻不然。一般說來，夢比產生它的精神材料在情感上要貧乏些，在重新建構夢念時，我往往發現其中最強烈的精神衝動力求為人所覺察，並努力與其他截然對立的力量相抗衡。如果這時再回頭來看夢，它往往缺乏色彩，很少有任何強烈的情緒。夢的工作不僅把思想的內容，而且也把思想的情緒降低到平淡無奇的程度，因此可以說，夢的工作是對**情感的壓抑**。我們可以用植物學論著的夢為例，這個夢的隱意實際上是一種熱情的要求：我要依照自己的選擇自由行動，我要主宰自己的生活，就像它本來就只屬於我一個人一樣。但是由這些夢念產生的夢境卻顯得平淡無奇：「我曾寫過一本關於植物學的論著，這本書正擺在我的面前。它有著彩色插圖，每本書中都釘有一片枯乾的植物標本。」這使我想起了屍橫遍野的戰場被打掃後的和平景象，已看不出兵刃交加的戰鬥痕跡。

事情也能恰恰相反：生動的情緒表現也能進入顯夢之中。然而此時我們要注意的是這個無可爭辯的事實：很多夢看起來平淡無奇，但只要我們深入夢念之中，就不能不深受感動。

關於夢的工作過程中這種對情感的壓抑，我還不能給予理論上的充分闡述，因為要這樣做必須先對情感的理論和壓抑的機制進行艱苦的研究。我只想提出兩點，由於其他一些原因，我不得不把感情的釋放想像為一種指向身體內部的輸出過程，類似於運動和分泌過程的神經分布。正如在睡眠狀態中向外部世界傳導的運動衝動似乎受到了阻撓那樣，由無意識思維所喚起的情感輸出在睡眠中也變得更為困難。在這種情況下，發生於夢念過程中的情感衝動本質上就很微弱，因此進入夢境中的那些情感衝動也就會同樣地微弱。因而根據這種看法，「情感的壓抑」

不過是睡眠狀態的結果，絕不是夢的工作使然。這也許是真的，但還不完全正確。我們還得記住，任何一個比較複雜的夢總是各種精神力量間的衝突所產生的一種妥協：一方面，構成欲求的思想不得不與對立的稽查作用奮力拚搏，另一方面，我們往往發現在無意識思維本身中每一系列的思想都有與之矛盾的對立面。既然所有這些思想系列都帶有某種情感，假使我們認為情感的壓抑，是這些相反力量之間互相抑制，以及稽查作用對這些衝動施行壓抑的結果，大概不會有什麼錯誤。**因此，必須把情感的壓抑視為稽查作用的第二個結果，正如夢的偽裝是它的第一個結果一樣。**

下面我要舉出一個夢例，夢中的平淡情緒用夢念之間的對立加以解釋。它是一個短夢，每一個讀者都會對它感到厭惡。

（四）

一座小山，上面有座像露天廁所那樣的東西：一張很長的板凳，末端有一個大洞。它的後緣厚厚地蓋著一堆堆的糞便，大小和新鮮程度各不相同。板凳後面有一些灌木叢。我對著板凳小便，一道長長的尿流把一切沖洗得乾乾淨淨，糞堆很輕易地就被沖入洞中。似乎在末端仍有些糞便殘留了下來。

在整個夢中我為什麼不感到厭惡呢？

因為——正如分析表明——這個夢是由一些最令人感到愉快和滿足的思緒所組成的。在分析時，我突然想起大力士海克力斯所清洗的**奧吉斯王的牛欄**，[124]這個海克力斯就是我，小山和灌木叢則源於奧西湖，我的孩子目前正在那裡。我已發現精神官能症的幼兒期病因，因此我可以保護我的孩子避免罹患這一類的病。板凳（當然，沒有那個洞）很像一位感激我的女病人送給我的一件家具，因而使我想起我的病人對我是多麼地尊敬。甚至糞的陳列也可以有一種使我感到滿足的解釋，不管我在現實生活中如何厭惡它，在夢中它卻代表著一段對義大利美麗土地的回憶。眾所周知，義大利小城鎮的廁所設施和夢中一模一樣。尿流把一切沖洗得乾乾淨淨，無疑是偉大的象徵，格列佛正是這樣才撲滅了利利普特的大火——雖然這使他無意中失去了小人國皇后的恩寵。[125]但是拉伯雷筆下的巨人高康大，也用這個方法報復了巴黎人，他跨坐在巴黎聖母院上，用尿流灑向這座城市。[126]我正是在昨晚睡前翻閱了加尼爾為拉伯雷所畫的插圖。說也奇怪，這裡還有一點足以證明我就是那位巨人，聖母院的平台正是我在巴黎最喜愛的休憩場所。每個空閒的下午，我總是到那座教堂的塔上，在怪獸和惡魔間上下攀爬。在尿流沖洗下所有糞便很快地消失，使人想起這句格言：**祂把他們吹得潰不成軍**。[127]總有一天我會用這句格言作為歇斯底里症治療方法的章節的標題。

現在來談談這個夢真正的誘因。那是一個炎熱的夏日午後，傍晚我有一場有關歇斯底里症與變態行為之關係的演講。我所要講的內容使我深感不快，對我來說似乎毫無價值，我感到疲倦。在我的艱苦工作中沒有任何快樂可言，我渴望擺脫所有這些對人類卑劣行為的挖掘，而能和孩子一起欣賞義大利的美麗風光。在這種心情下，我離開演講廳走到了一家咖啡店，在露天下隨便吃了點東西，因為我並沒有什麼胃口。但是有一位聽眾跟著我，要求我喝咖啡吃捲餅時讓他坐在旁邊。他開始對我大加奉承，告訴我他如何從我這裡學到了很多東西，現在如何用新眼光看待一切事物，我如何在精神官能症理論中沖洗了他那奧吉斯王牛欄似的錯誤和偏見。總而言之，我是一位了不起的偉人。我的心情不佳，與他的讚頌很不協調，我一直努力不使自己作嘔，並且避開了他提前回家。睡覺前翻閱了拉伯雷的書，並讀了康拉德．費迪南德．邁耶的一篇短篇故事：《一個男孩的悲哀》。[128]

這就是夢所由產生的材料。邁耶的故事還引發了我的一段童年回憶（參見圖恩伯爵的夢中的最後一個插曲）。白天的厭惡和反感情緒延續到夢中，從而為夢的顯意提供了全部的材料。但是在夜晚，產生了一種強烈的甚至是誇張的自我肯定心情，而且取代了前者。夢的內容必須找到一種形式，而能在同一材料中同時表達自卑和自大的妄想，兩者之間的妥協遂使夢內容變得曖昧不明。但由於這些相反衝動的彼此抑制，結果也產生了一種淡漠的情緒。

124 牛津版註：海克力斯的十項任務中，第五項任務就是清除奧吉斯國王的牛棚中累積多年的糞便，這位國王擁有數百頭牛。海克力斯將兩條河流導入牛棚，完成了任務。

125 牛津版註：參見斯威夫特《格列佛遊記》第五章。

126 牛津版註：參見頁二七九註釋。

127 牛津版註：參見頁二七九註釋。

128 牛津版註：《一個男孩的悲哀》（*Die Leiden eines Knaben*, 1883）為康拉德．費迪南德．邁耶（一八二五～一八九八）所著之短篇故事，描寫一名在路易十四宮廷中的男孩，如何受到耶穌會嚴苛的教育體系折磨。

依照欲求滿足的理論，如果對立的自大聯想（它確實被壓抑著，但具有一種愉快的情緒）未曾與厭惡的情感結合在一起，這個夢肯定不會發生。因為令人苦惱的事物並不會被表現在夢境之中，夢念中令人苦惱的事物，只有同時為欲求滿足提供偽裝，才能進入夢境。

夢的工作除了讓情感通過或把它們化為烏有以外，還有一種處理方式，那就是把某些情感**轉變為它們的對立面**。我們已經熟悉了釋夢的規則，按照這個規則，夢中的每個元素在解釋時，可代表其本身的反面。我們事先並不能預知它們代表哪一面，完全得視它們的脈絡而定。很顯然地，一般人多少都已察覺這種現象的存在：「夢書」在釋夢時往往採取相反性原則。在我們的思想中，有關一件事物的意念總是與其對立物有著密切的連繫，因而使得這種轉變——把某一事物轉變為它的對立面——有可能發生。和其他置換作用一樣，它也能為稽查作用服務，但它也經常是欲求滿足的產物，因為欲求滿足不外是一種置換作用：用愉快的事物代替不愉快的事物。正如意念可以在夢中轉變為它們的對立面一樣，依附於夢念的情感也能做同樣的轉變，而且這種情感的倒反似乎通常是由稽查作用所造成的。我們可以在社會生活中看到與夢的稽查作用最為相似的類比，為了達到**掩飾**的目的，我們經常利用**情感的壓抑和倒反**。例如，當我不得不恭維某人，同時內心卻想罵他幾句時，這時最重要的是掩飾我對他的情感的流露，其次才是潤飾表達思想的言詞。如果我沒有說出失禮的話，但在表情和姿態上卻流露出仇恨和輕蔑，則其所產生的效果並不會與對他的公開鄙視有多大的差別。因此，稽查作用特別命令我要壓抑情感，如果我是個偽裝的能手，我就會裝出相反的情感——發怒時假裝微笑，想破壞時假裝溫柔。

我們已經提到了一個最好的夢例，夢中表現出來的情感倒反代表了夢的稽查作用。在「黃鬍子叔叔」那個夢中，我對我的朋友R懷著深厚的感情，同時夢念中卻喊著：他是一個大傻瓜。正是從這個情感倒反的夢例中，我們第一次覺察到夢的稽查作用的存在。同時在這個夢例中，也無須假設夢的工作憑空創造了這種對立的情感，一般這種對立的情感久已潛伏在夢念材料中，躍躍欲出。只要出於防衛動機而利用精神力量強化它們，它們就可以優先為夢的形成服務。在我剛剛提到的「黃鬍子叔叔」那個夢中，那種對立的、懷有柔情的情感可能來源於幼兒期（夢的後半部已有暗示），因為我童年早期經驗的特殊性質（參見上文頁四〇七～四〇八的分析），我的叔姪關係已成為我全部的友誼和仇恨的來源。

夢念中的情感經過刪除、減縮以及倒反等複雜過程，終於變成了夢中的情感，在已被詳盡分析的夢的適當合成過程中，我們可以清楚地辨識出這些複雜過程。我將再援引幾個例子，用以證明我已列舉的某些可能性。

（五）

如果我們回到老布呂克指派我執行那個奇怪任務——解剖自己骨盆——的夢，大家當可記得，**我在夢境本身中注意到我缺乏一種本應產生的恐懼感**（Grauen），而現在我們可以明白這種現象是一種多重意義上的欲求滿足。解剖意味著那種我藉由出版這本關於夢的論著所完成的自我分析——這是一個在現實生活中讓我感到如此痛苦的過程，因而將此書的付印拖延了不只一年。後來產生了一個欲求，希望我能夠克服這種不舒服的感覺，因此我在夢中沒有恐懼的感覺。但是我也應該為不再變成灰色而高興（德文 Grauen 一詞的另一意義為「變灰」），我的頭髮已經變得夠灰了，而我頭髮漸灰的事實也提醒我不能再拖延了。所以我們看到，夢的結尾表現了這種思想：我應該讓孩子自己去達到這段艱苦旅程的目的地。

我們再來考慮其滿足心情一直從夢中持續到清醒後的兩個夢。第一個夢的滿足，表面上是因為我預期這次應該可以發現「我以前夢見過這地方」這句話的意義，實際上這種滿足是指我的第一個孩子的出生。第二個夢的滿足，表面上是因為我確信某些「預兆」終於變成了事實，其真正的意義則與上一個夢相似，即第二個孩子的出生使我感到滿足。此處支配夢念的情感在夢境中依然持續不已，但是可以肯定地說，絕不會有如此簡單的夢。我們如果對這兩個夢進行更深入的分析，就會發現這個並不受稽查作用影響的滿足曾得到另一來源的強化。這另一來源本有理由害怕稽查作用，而且它的情感如果沒有被一種有被許可的來源的相似且正當的滿足情感所掩飾，並在它的羽翼下悄悄溜入夢中，肯定會遭受到反對。遺憾的是，我不能在這些真實夢例中闡明這一點，但是我可以從生活的另一個領域來舉例闡明我的意思。假定我非常憎恨一個朋友，因此當他遭遇不幸時，我會有幸災樂禍的心情，但是我的道德觀念又不允許我有這種心情。我不敢表露出我對他的詛咒，如果他無辜地遭逢厄運，我將壓抑滿足的心情，強迫自己感到難過，並表達我對他的同情。每個人多少都曾體驗過這樣的情境。但是假定這個我所憎恨的人現在做了一件不名譽的事，咎由自取地陷入痛苦之中，這時我會毫無掩飾地表達出我因為他得到了應得的處罰所感到的滿足，而且在這一點與其他公正無私的人有著相同的意見。然而我可以觀察到我所感受到的滿足似乎比其他人更為強烈，這種滿足受到我的憎恨的強化，這種憎恨的情感一直在內心抑而未發，但是情況一有改變，便如脫韁野馬而自由奔騰了。社會生活中也不乏此種情況，有些引人反感的人，以及不受歡迎的少數族群犯錯時便是如此。他們所受的懲罰往往與罪行不成正比，這是因為還得加上對他們以前沒有機會發洩的敵意。執行懲罰的人無疑是不公正的，但是他們由於長期內心壓抑的解除而感到滿足，使他們無法覺察到這種不公平。在這種情況下，情感的質是正當的，但是量就未必如此了。自我批判駐守在某一點上，就很容易在另一點上疏於防範；大門一經打開，蜂擁而入的人次，往往多於預定放行的人次。

如果容許任何的心理學解釋，精神官能症的某個顯著特徵——由某種原因所引起的情感釋放，在質上雖屬正當，在量上卻超出了限度——也可據此做出同樣的解釋。這種過度的情感源於保留於無意識中而一直受到壓抑的情感來源，這些來源與真實的釋放原因建立連繫，並藉由其他正當而合理的情感來源，為它們的情感開啟渴望的釋放路徑。因此我們在考慮壓抑性與被壓抑的動元時，不能認為互相抑制是它們唯一的關係，也應當注意到，有時兩種動元會彼此合作而得到加強，從而產生一種病態的結果。現在讓我們把有關精神機制的提示，應用於對夢中情感表達的理解。表現於夢中而且能很快地在夢念中找到適當地位的滿足，往往不能單用這種關係做出充分的說明。一般說來，還必須在夢念中尋找它的另一個來源。這個來源總是處於稽查作用的壓力之下，由於這種壓力的緣故，在正常情況下產生的往往不是滿足，而是它的反面情感。然而由於第一個情感來源的存在，第二個來源就能把本身的滿足情感從潛抑中解放出來，從而成為第一來源所產生的滿足的強化物。由此看來，夢中的情感是由好幾個來源匯合而成的，它們與夢念材料的關係有著多重性的決定。**在夢的工作中，能夠產生這同一情感的來源共同一致地產生了它。**

從分析那個以「**已經死了**」這句話為核心的絕妙夢例中（見上文頁四〇三～四〇八），我們可以對這些複雜關係獲得進一步的領悟。在這個夢中，不同性質的情感集中於夢境中的兩個點上。其一，當我用兩個字殲滅了我的對手兼朋友時，敵對和痛苦的感情——夢本身則用了「心中充滿著某些莫名其妙的情緒」這句話——交疊在一起。其二，在夢的結尾時，我非常高興，而且我繼續支持這種我在清醒時也知其荒謬的可能性，即存在著僅僅用欲求就能加以殲滅的**遊魂**。

我沒有提到這個夢的起因，它非常重要而且可以讓我們對此夢有更深入的理解。我從柏林朋友（弗利斯）處得知他即將接受手術，他告訴我可以從他幾位柏林親戚那裡打聽到他的病情進展。手術後我所接到的第一個訊息很不確切，使我感到焦慮。我本應當親自去探望他，但那時我剛好苦於病痛，動彈不得，此刻夢念讓我了解我正為我的朋友的生命安全擔憂。據我所知，他唯一的一個妹妹——我並不認識她——年輕時在一場急病中死去（在夢中，**弗利斯談到她在三刻鐘內就死了**），我必定想像著他的體質抵抗力並不比他妹妹強多少，又想像在接到很多有關他的壞消息之後，我非得專程去看他不可——然而到達得太晚了，為此我會永遠感到自責。[129]這種對於自己到得太晚的自責成為這個夢的核心，但用了另一個場景來表現：學生時代那位受尊敬的老布呂克，以那雙藍色眼睛可怕地注視著我表達他的譴責之意。很快我們就可明白，什麼原因造成了場景的轉換。場景本身不能以我親身體驗的形式在夢中表現出來，夢中允許另外一個人保留這雙藍眼睛，但卻由我來扮演殲滅者的角色——這顯然是欲求滿足所造成的倒反。我對朋友的康復情形的擔憂，我對沒有去探望他的自責，我對此事的羞愧——**他悄悄地**到維也納（來看我）——我覺得不應該用病來原諒自己。凡此種種在我睡夢中交織成清晰可見的情緒風暴，同時也在夢念領域中激盪不已。

但是夢的起因中還有另一件事，對我產生了相反的影響。當我在手術後的頭幾天接到壞消息時，有人告誡我不要和任何人談論這個問題。我對這一點非常地生氣，因為這無異是不信任我的謹慎，實在沒有必要多這一層擔心。我很清楚這話不是出自我的朋友口中，而是出於傳遞訊息者的笨拙和多慮，然而這句話隱含的責備使我很不愉快，因為它也不是毫無道理的。我們知道，只有實質性的責備才有傷害性，才使我們感到難堪。我所想到的事與我的朋友毫無關係，而是發生在我還很年輕的時候，那次我在兩個朋友之間（他們都以友誼表達對我的尊重）惹出了一些麻煩。我在一次談話中，不必要地告訴其中一人另一個人所講的有關他的閒話，那時我受到了責備，一直耿耿於懷。這裡提到的兩位朋友，一個是**費歇**教授，另一位名字叫**約瑟夫**——正好也是我夢中的對手兼朋友P的名字。[130]

對我不能保守祕密的斥責可由夢境中**悄悄地**這個元素以及弗利斯的問題——**我告訴了P多少關於他的事**——得到證實。然而正是這段記憶的介入，才把對「到得太晚」的斥責從現在轉

129 佛註：正是這個來自無意識夢念的想像堅持要以「已經死了」(Non vivit)代替「未曾活過」(Non vixit)，意即：「你到得太晚了，他已經死了。」我已經在頁四〇五就此進行了解釋，認為「已經死了」也是夢中顯意情境所需要的。

130 牛津版註：「友人P」即約瑟夫．帕內，見頁四〇五註釋。

換到我在布呂克實驗室工作的時期，同時藉著把夢境殲滅場景中的第二個人變成約瑟夫。我不僅用這場夢景表現了對我的「到得太晚」的責備，而且表現了被強烈壓抑著的對我不能保守祕密的斥責。此處夢中的凝縮作用和置換作用的發生過程及其產生的動機都可以一目瞭然。

對於要我不可洩漏祕密的告誡，我當天所感到的憤怒本很微弱，由於從我的內心深處獲得了強化，才膨脹起來，變成了一股仇恨的洪流，指向我在現實中所喜愛的人們。這種強化源於我的童年，我已經表明我對年齡相近的人的友誼和敵意，可以追溯到童年時期我與大我一歲的姪兒的關係：他凌駕於我之上，我很早就學會抵抗他以保衛自己。我們是不可分離的朋友，而根據長輩的說法，我們有時又互相毆打，彼此告狀。在某種意義上，我的所有朋友都是這個最早期人物的化身，他「長期地在我朦朧的眼前浮現」，[131] 他們都是遊魂。我的姪兒本人又出現於我的少年時代，那時我們在一起扮演凱撒和布魯特斯。我的感情生活總是需要一位親密的朋友和一個憎恨的敵人，我總能不斷地為自己創造這兩類的人，而且我往往能夠再現童年的原型，把朋友與敵人集中在同一個人身上——雖然不能像我童年早期那樣同時發生或反覆變換。

就情感的發生來說，引發感情的近期事件如何能回復到童年情境，並為該情境所取代，我不想在此處討論這個問題。這個問題是無意識思維心理學的一部分，在精神官能症的心理學解釋上可以找到它的適當位置。為了釋夢的目的，我們可以假設，一段真實的或想像虛構的童年回憶，可以有著如下的內容：兩個小孩搶一件東西，每個人都說自己比對方先搶到手，因此有權占有它，兩人大打出手，而強權即是公理。從夢所顯示的跡象來看，我可能已經意識到自己是犯錯的一方（我自己注意到了錯誤），但這一次我是強者並且占領著戰場，失敗者連忙跑到他的祖父（我的父親）那裡告狀，我用從父親那裡聽來的話爭辯說：「我打他是因為他打我。」這個很可能只是想像出來的記憶，在我分析這個夢的時候浮現於我的腦海之中，因為沒有更多證據，我說不出個所以然來，但其構成了夢念中的中介元素，它聚集了夢念中活動著的情感，就像一口井匯集了注入的水流一樣。由此看來，夢念是沿著下面這樣的路徑進行的：「如果你必須讓步，那是理所當然的。你為什麼要我讓開呢？我不需要你，我很輕易就可以找到別的玩伴。」等等，這些思想現在都進入了引領它們在夢中表現的路徑。有段時期，我也曾為了這種「叫人讓開」[132]的態度而責怪過我的朋友約瑟夫。他接替了我在布呂克實驗室中的助教職務，但是這裡的晉升緩慢而令人厭煩，布呂克的兩位助手都沒有異動的跡象，年輕人自然就沉不住氣了。我的這位朋友自知壽命不長，與他的上級又沒有親密關係，有時不免公開表達他的不耐煩。又因為這位上級病得很重，所以P希望他離職很可能不僅是希望他晉升，而且還有其他更為醜陋的意思在裡面。幾年以前，很自然地我自己也曾有過補缺的強烈欲求，只要存在著等級的區分和晉升的機會，就會有這種得加以壓抑的欲求。莎士比亞筆下的哈爾王子，即使身在父親的病榻旁，也忍不住要試戴皇冠。[133]但是不出所料，對於這個冷漠無情的欲求，夢懲罰了我的朋友，

131 牛津版註：摘自《浮士德》第一部序詩，描寫歌德懷想他一生專注於這份作品上。
132 牛津版註：原文為Ôte-toi que je m'y mette.
133 牛津版註：見《亨利四世》第四幕第五景二行。

卻沒有懲罰我。[134]

「因為他野心勃勃，我便殺死了他。」[135]因為他迫不及待地要別人讓開，夢境便除掉了他。我在出席另一個人——不是他——的大學紀念碑揭幕典禮之後，腦海中立刻浮現這些思想，因此我在夢中感到的滿足可以這樣解釋：「這是個公正的懲罰，你活該如此。」

在我的朋友的葬禮上，一位年輕人講了一句似乎不合時宜的話，大意是：葬禮主持人彷彿在說少了這個人世界就會面臨末日。他的話表達了一個人的真實情感，他的悲痛情緒被誇大的言詞沖淡了。但是他的話卻成為以下夢念的出發點：「確實沒有什麼人是不可替代的，我已送了多少人步入墳墓，但是我仍然活著，我比他們都活得久，我獨占了這個領域。」當我正害怕這種可能性——當我去探望我的朋友時，發現他已不在人世——的時候，這思想又出現在我腦海裡，而其意義只能被認為是：很高興，因為我活得比某人久，因為死的是**他**而不是**我**，因為我又像在童年時代幻想中的場景那樣，獨占了這個領域。這種源於幼兒時期的獨霸一方的滿足心情，構成了夢境的主要情感。我為活著而高興，我所表現出來的天真的利己主義的喜悅心情，就像那個趣聞一樣，一對夫婦中的一個對另一個說：「如果我們當中哪一個死了，我就搬到巴黎去住。」因此很明顯地，死的那個一定不是我。

不可否認，要解釋和報告自己的夢時，必須要有高度的自制力，因為在一群與他一同生活的高尚的人之間，他必定會成為唯一的壞蛋。所以在我看來，一個人可以要遊魂活多久就活多久，而且憑著自己的欲求就可以把它們消滅，似乎是一件非常自然的事。我們已經看到我的朋友約瑟夫為什麼受罰，但那些**遊魂**是我童年那位朋友的一系列化身，而我經常能夠隨心所欲地為那位朋友找到替身，也成了我的滿足感的另一個來源，我覺得我也能為將要失去的朋友找到替身：沒有人是不可替代的。

但是夢的稽查作用發生了什麼事呢？它對這些麻木不仁的利己思想為什麼不全力加以反對呢？又為什麼不把與思緒相伴而生的滿足轉變為極度的不愉快呢？我認為這是因為在同一個人身上，其他無法反對的思緒也同時獲得了滿足，而且以其情感掩飾了來自受壓抑的童年來源的情感。在紀念碑的揭幕典禮上，我又是另一番想法：「我喪失了多少珍貴的朋友啊！有些人死了，有些人友誼破裂了！幸而我已經找到了一個他們的替代品，一個對我來說比其他人更具意義的人，而且在我這個已不大容易建立新友誼的年紀，我將永遠不會失去他的友誼！」我為失去的朋友找到了一個替代品所帶來的滿足心情，能夠進入夢境之中而不受到干涉。但與此同時，來自童年的敵意衝動的滿足也悄悄地進入夢中，童年的溫情必然可以加強現今的合理溫情，但童年的仇恨本身也成功地得到了表現。

但除此而外，夢還明顯地暗指另一系列可以合理引起滿足感的思想。不久前，我的朋友終於盼到了一個女娃的誕生，我知道我的朋友一直為他早死的妹妹感到傷感，我於是寫信告訴他，我相信他能把對亡妹的愛轉移到小孩身上，而且相信這個小女孩能夠使他永遠忘卻那永難彌補

134 佛註：應當注意的是，**約瑟夫**這個名字在我的夢中占有很重要的地位（參見關於我的叔叔的夢），在夢中，我發現自身輕易地就能藏身於這個名字之後，因為**約瑟夫**是《聖經》中最著名的**釋夢者**。

135 牛津版註：出自《凱撒大帝》第三幕第二景二七行，羅馬政治家兼軍人布魯特斯刺殺凱撒後，演講辯解他的行為。

的損失。

因此這一組思想又再次與夢念中的中介思想連繫起來，而聯想的路徑則從這個中介意念往相反的方向發散開來：「沒有人是不可替代的！」「都不過是些遊魂，我們喪失的一切都回來了！」此刻夢念中那些矛盾成分之間的連結，又因為一個偶然事件而變得更為接近：我的朋友的小女兒與我童年時的一個女玩伴同名，後者與我同年，是我最早的朋友兼對手的姊姊。當我聽到這個小女孩的名字叫「寶琳」時，我獲得了極大的滿足，因為這暗示著一個巧合。我在夢中用另一個約瑟夫代替約瑟夫，而且發現無法壓抑「費歇」和「弗利斯」開頭字母之間的相似性。我的思想由此轉到了我自己孩子的名字，我一直堅持為他們命名時不要追求時尚，而是要用來紀念我所喜愛的人。他們的名字使孩子與那些遊魂合為一體。總而言之，生兒育女難道不正是通向不朽的唯一途徑嗎？

對於夢的情感這一主題，我只剩一些從另一個觀點來看的論點要陳述。所謂「心境」或某種情感的傾向，可能構成一個在睡眠者心靈中居於支配地位的元素，而且這個元素可以對他的夢產生決定性影響。這種心境可能來源於他前一天的體驗或思想，也可能來源於軀體，這兩種情況都可以伴有與之相應的思想系列。從夢的建構的觀點來看，不管是以夢念中的意念內容為基礎而決定了心境，或是具有軀體基礎的心境喚醒了夢念中的意念內容，兩者並沒有什麼區別。夢的建構在任何情況下都是欲求的滿足，而且夢只有從欲求那裡才能獲得本身的精神動機力量。一種正在活動的心境，與在睡眠中出現而且正在活動的感覺，夢對它們的處理方式並沒有什麼不同（見上文頁二九五～二九七），它可以被忽視，也可以從欲求滿足的角度給予一種新的解釋。睡眠中的痛苦心境可以變成夢的原動力，因為它們可以喚醒強烈的欲求，而要求在夢中得到滿足。心境所依附的材料會不斷受到處理，直到能被用來表達欲求的滿足為止。夢念中的痛苦心境越是強烈和居於支配地位，則被壓抑的最強烈欲求衝動就越會利用機會以尋求表現，因為，既然不愉快感情已經存在而無須再行製造，那麼使自身潛入夢境這一困難任務便已經完成了。在此我們再一次碰到了焦慮夢這個問題，我們在後文中當可發現，它們在夢與夢的功能中是屬於邊緣性的情形。

八、潤飾作用[136]

現在我們終於能夠談論夢的建構的第四個因素了。

如果我們用與開始時相同的方式——將夢內容中顯然的事件與它們在夢念中的來源相比較——繼續研究夢的內容，我們就會遇到一些要用嶄新的假說來進行解釋的元素。我記得在一些夢例中，夢者會對夢內容本身的片斷感到驚奇、苦惱或厭惡，我在許多夢例中業已表明：事實上，夢中這種評論性的感覺大部分並不針對夢的內容，而是夢念的一部分，被調用來達到特定的目的。但是，有許多這一類材料並不能做此解釋，它們與夢念中的材料毫不相干。例如，在夢中常聽到的「這不過是個夢」這句評論性的話意義何在呢？這句話是對夢的真正評論，在

136 牛津版註：第一版中，此處誤植為第七點，是本書校對倉促的小例子。

清醒生活中也可以有這樣的評論。事實上，它常常是醒來的前奏，而更經常的情況是在它之前總有某種痛苦的感覺，而在發現這不過是一種做夢狀態後，這種感覺就平息下來了。當「這不過是個夢」這一想法在夢中出現時，與這句話由特洛伊的海倫在奧芬巴哈的同名喜劇的舞台上說出時有著相同的目的。[137]它的目的在於減輕剛剛體驗到的事物的重要性，以便可以忍受即將發生的事情。它可以使某個特殊因素平息下來，這個特定因素當時有充分的理由騷動，而且會使夢境——或歌劇的一幕——不能繼續下去。繼續睡眠並忍受這個夢境會比較舒服些，因為，「畢竟它只是一個夢」。要壓抑夢境已經為時太晚了，因此稽查作用就利用這句話去應付由夢所引起的焦慮或痛苦的感覺。這句話是精神稽查作用放馬後炮的一個例子。

然而這個例子為我們提供了有力的證據，證明夢中所包含的一切並非全部來自於夢念，而一種與清醒思想沒有區別的精神功能也可以對夢內容做出貢獻。現在的問題是，這種現象是否只在特殊情況下發生，或是這種精神動元除了行使稽查作用，也在夢的建構上起著經常性的作用。

我們毫不猶豫地贊成後一種說法。迄今為止我們只提到稽查機制對夢的內容進行限制和刪節，這是毋庸置疑的，但它對夢內容的插入和增添也負有責任。插入的內容並不難以辨識，報告它們時往往猶豫不決，而且要加上一個「好像」的字眼。它們本身並不特別生動，常常作為中介環節而介於夢內容的兩個部分之間，或是用來填補夢的兩個部分之間的空隙。它們比來源於夢念的真正材料更不容易留存在記憶之中。如果夢被遺忘，它們往往是最先消失的部分。一般人抱怨，夢見的東西不少，但大部分都忘掉了，只留下一些片斷——我非常懷疑正是這些連接思想的迅速消失所致。在全面的分析中，我們發現這些插入的內容有時與夢念中的材料毫無連繫，但經過仔細考察，我認為這是一種較不常見的現象，連接的思想一般仍然可以追溯到夢念中的材料，但是這些材料單憑本身力量或借助於多重決定都還不能進入夢中。似乎只有在一些極端的情況下，精神功能才在我們正在考慮的夢的建構中進行新的創造。只要有可能，它總是利用在夢念中發現的適當材料。

正是這一部分夢的工作的目的，使它有別於其他部分的夢的工作，並同時將其揭露出來。這種功能運作的方式，就像詩人對哲學家的惡意諷刺一樣：[138]它笨拙地修補著夢的結構的漏洞。由於它的努力，夢便在表面上失去了荒謬性和不連貫性，而近似一種可理解的經驗模式，但是它的努力並不是每次都成功。表面看來，夢似乎是合乎邏輯和合理的，它們從一個可能的情況開始，經過一系列有連貫性的變化，然後導致一個大致合理的結論（雖然不太常見）。這一類夢不斷接受這種近似清醒思想的精神功能的廣泛修正，它們好像具有意義，但是這種意義卻與夢的真正意義相距甚遠。如果我們對它們進行分析，便不難發現這些夢的材料受到了隨心所欲的潤飾，以致材料之間只保留著極少的關係。這些夢可以說是在清醒後接受解釋之前，已經在夢中被解釋了一次。在另一些夢中，這種有目的性的潤飾只獲得部分的成功，連貫性似乎保持

137 牛津版註：《美麗的海倫》（*La Belle Hélène*），德國法裔喜歌劇作曲家約克·奧芬巴哈（一八一九～一八八〇）所作之輕歌劇，一八六四年首度公演。此句出自第二幕，海倫與帕里斯的愛情二重唱。

138 牛津版註：參見海涅《歌之卷》（*Book of Songs*, 1827）中〈歸鄉〉（Homecoming）五八節。

了一段時間，然後夢就變得混亂而無意義了，也許後來的夢境又會再一次表現出合理性。還有另外一些夢，潤飾可說是全盤失敗，我們發現自己面對著一大堆毫無意義的支離破碎的材料。

我不想否認夢的建構的這第四種力量——我們不久後就會認為它像一個老朋友一樣，因為它是四個因素中，我們唯一熟悉的一個因素，它有能力為夢境創造嶄新的事物。然而，它肯定也和其他因素一樣，其所造成的影響主要是優先從夢念中已經形成的精神材料進行選擇。有這樣一類夢，它似乎可以在建構夢的門面的過程中省去很多工作，也就是說，在這種夢中，夢的門面已經存在於夢念材料之中，而等著我們加以運用。我習慣於把夢念中的這種元素稱為**想像構成物**。[139]如果我提到清醒生活中的**白日夢**[140]與它相似，或許可以避免讀者的誤解。精神醫學學者對於這些結構在我們精神生活中所起的作用尚未有充分的認識和討論，但在我看來，M·本尼狄克特似乎已經做出了一個充滿希望的開端。白日夢的重要性也沒有逃過想像力豐富的作家的敏銳觀察，例如在阿爾方·都德的《富豪》中，就有一段對一個小人物的白日夢的絕妙描述。[141]精神神經症的研究使人驚訝地發現，這些「想像物」或「白日夢」是歇斯底里症症狀的直接前驅物，或者至少也是其中的一大部分。歇斯底里症症狀並不依附於真實的記憶，而只依附於在記憶基礎上建立起來的想像物。白天有意識的想像物經常出現，使我們能識別這些結構。但是與這類有意識的想像物同時存在的，還有大量無意識的想像物，後者由於本身的內容以及來源——來源於受潛抑的材料——遂不得不停留在無意識之中。對這些白天想像物的特徵的進一步考察表明，這些構成物應當被賦予與夜間想像產物——**夢**——相同的名稱，它們具有很多與夜夢相同的特性，對它們的研究事實上可以作為了解夜夢的最精確和最佳的途徑。

與夢一樣，它們是欲求的滿足；與夢一樣，它們大部分奠基於幼年經驗的印象；與夢一樣，它們從稽查作用的鬆弛中獲得一定的助益。如果我們仔細考察它們的結構，當可發現在其形成過程中，發生作用的欲求動機與其所由建構的材料被混合在一起，重新排列，從而形成了一個新的整體。它們與童年記憶之間的關係，就好像十七世紀羅馬的巴洛克宮殿與其古代廢墟之間的關係，廢墟的鋪石和圓柱為近代結構提供了材料。

在夢內容的第四個形成因素——「潤飾作用」中，我們發現了相同的活動，正如它在白日夢的創造過程中，不受任何其他影響的抑制而能自由地發生作用一樣。簡要地說，這第四個因素奮力地將獲得的材料塑造成**像白日夢一樣的東西**。但是，如果這類白日夢已經在夢念網絡內形成了，夢的工作的這第四個因素就會率先掌握這個現成的白日夢，並設法將它納入夢內容之中。有些夢的內容僅僅是無意識中的白天想像物的重現，例如那位小男孩在夢中與特洛伊戰爭的英雄並肩在沙場上奔馳。在我那 **Autodidasker** 的夢中，第二部分乃是一段與N教授有關的天真想像的忠實再現。鑑於夢的存在必須滿足一些複雜的條件，因此現成的想像物經常只構成夢的一部分，或者只有一部分想像物能夠進入夢境之中。自此以後，想像物受到與夢念其他部分相同的處理，雖然它們經常還是可以在夢中被辨識出是一個實體。在我的夢中，經常有一些部

139 譯註：Phantasie這個德文字最先只指「幻想」、「想像」，此處所指的應是：Phantisiebildung，「想像構成物」或「想像物」。
140 佛註：「Rêve」，「petit roman」——白日夢，故事。（牛津版註：此註原文為英文。）
141 牛津版註：見頁三四七註釋。

分比其他部分更為突出，產生一種不同的印象，相較於同一個夢的其他部分，我感到它們更為流利，更為連貫，同時也更為短暫。我明明知道這是夢境中的一些無意識想像物，但是我一直無法把它們留存在記憶之中。此外，這些想像物與夢念的其他成分一樣，也受到壓縮和凝縮，並互相重疊等等。當然，還有一些過渡的例子，介於兩個極端之間，一端的情況是：它們一成不變地構成了夢的內容（或者至少構成夢的門面），另一端則相反：它們在夢境中的表現，僅限於其中的一個元素，或是一種遙遠的隱喻。存在於夢念中的這些想像物的未來命運，顯然要看它們在多大程度上滿足了稽查作用的需要和運用凝縮作用的迫切要求而定。

在選擇夢的例子時，我儘量避免選擇無意識想像物在其中占有重要地位的那些夢，因為介紹這種特殊的精神元素，需要對無意識思維心理學進行詳盡的討論。但在本書中我又不能完全不考慮想像物，因為它們經常完整地進入夢境之中，而且更為常見的是，可以透過夢景而窺見它們的存在。所以我要再舉一個夢例，這個夢似乎是由兩個對立但在某些點上又彼此呼應的想像物所組成，前者浮現於表面，後者似乎是對前者的解釋。

這個夢是我唯一沒有仔細記錄下來的夢，其大致內容如下：夢者——一個年輕的未婚男子——E坐在常去吃喝的餐館內。夢中的餐館非常逼真，出現了幾個人，要把他帶走。其中一個人要逮捕他，他對同桌人說：「我等一會兒付賬，我就會回來的！」但是同桌人嘲笑道：「我們全都知道，大家都這麼說！」有一個顧客在他身後喊道：「又走了一個！」然後他被帶到一個狹小房間內，他發現房內有一個女人抱著一個小孩。陪伴著他的一個人說：「這是米勒先生。」一位警官或類似的官員正在翻閱一大堆卡片或紙張，邊翻邊說：「米勒！米勒！米勒！」最後他問了夢者一個問題，夢者回答說：「我願意。」接著他轉身注視著那個女人，發現她長了一大把鬍子。

此處可輕易區分出兩個組成部分：表面的部分是一個**被捕想像物**，看起來好像是夢的工作的新產品。但是可以看到有另一個部分隱藏在它的背後，只是由夢的工作稍微做了些改變：一個**結婚想像物**。這兩個想像物共有的特徵表現得特別清楚，很像高爾頓的合成照片。這位年輕人（直到當時仍是個單身漢）答應要回來與同桌人共餐，那些酒友們的懷疑（他們已經有經驗了），「又走了一個（去結婚）」的喊聲——所有這一切都可以適用於另一種解釋，他用「我願意」回答官員提出的問題也是如此。至於翻閱一堆紙張並不斷重複相同的名字，則符合於結婚典禮上另一個較不重要但可辨認出來的特點：宣讀一堆賀電，它們都會寫上同樣的名字。新娘出現於夢中的現象，表明了結婚想像物勝過了其表面上的被捕想像物。從對夢者的詢問中，我也能發現（此夢尚未分析）為什麼在夢的結尾處新娘長了鬍子。前一天，夢者和一位朋友一起在街上散步，兩個人都不想結婚，他要他的朋友注意迎面而來的一位黑髮美麗女郎，他的朋友說：「是的，但願這樣的女人幾年以後不要像她父親一樣長出鬍子。」

自然，這個夢也不乏一些被夢的偽裝掩飾得更為隱蔽的元素，例如「我等一會兒付賬」指的是他擔心岳父對嫁妝的態度。事實上，各種疑慮都明顯地讓夢者無法對結婚想像物感到愉快，其中一個疑慮——擔心將會失去自己的自由——變相地表現為被捕的夢景。

如果我們暫時回到這個觀點，即夢的工作喜歡利用現成的想像物，而不是利用夢念中的材料另行拼湊，我們也許就有可能解決夢最有趣的一個難解之謎了。在頁一〇七，我講了莫瑞一件眾人皆知的軼事，他在睡眠中被一小塊木板擊中後頸而從一個長夢中驚醒過來，這個夢就像一個法國大革命時代的長篇故事。[48]因為這個夢如他所報告的具有連貫性，整個內容的鋪陳，是為了要提供有關驚醒他的刺激的解釋，加上他不能預見刺激的發生，因而只剩下一種可能的假設，即整個精製的夢必然只能在木板擊中莫瑞的頸椎到他隨即醒來這段短暫的時間內形成和顯現。我們絕不敢認為清醒生活中的思想活動會如此地迅速，於是不能不得出結論：夢的工作具有加速我們的思想過程以達到驚人速度的特殊功能。

針對這一迅速風行的推論，一些現代作家（勒洛林[45]、埃柯爾[20]及其他人等）提出了強烈的反對。一方面他們懷疑莫瑞敘述的夢的正確性，另一方面他們企圖證明，如果將誇張的成分去掉，我們清醒時的思想進程並不會比這個夢的思想過程來得緩慢。我並不認為爭論所引起的一些原則問題馬上可以得到解決，但是我必須承認（譬如埃柯爾）所提出的反對論證，特別是針對莫瑞的斷頭台的夢的論證，並無法讓我感到信服。我自己對這個夢將提出以下的解釋：莫瑞的夢很可能表現了已在他記憶中儲存多年的現成想像物，而這個想像物又在莫瑞意識到刺激弄醒他的時刻被喚起——或者我寧可說被暗示。果真如此，則一個編排得如此詳盡的長夢，為什麼可以在極短的時間內聽憑夢者支配這一難題就迎刃而解了——因為這故事已經全部編排好了。如果這塊小木頭在莫瑞清醒時擊中他的後頸，他未嘗不可以這樣想：「這就像砍頭一樣！」但是因為他是在睡眠中被木板擊中的，於是夢的工作就利用這擊中的刺激，迅速產生了一個欲求的滿足。它好像想（純綷是一種比喻）：「這正是實現我當年在閱讀時形成的那個想像的大好機會。」我認為，年輕人在激動人心的強烈印象的影響下，無疑能編織出這樣一個故事。在那傳奇般的「恐怖時代」，對於那些貴族男女與民族菁英在面臨死亡之際，仍能談笑自若，保持著高度機智和文雅風度而視死如歸，誰又能不為之心嚮神往呢？更何況是一個法國人，一個文化史的學者呢？對於一個沉浸在想像中的年輕人，想像著自己正在向一位貴婦人告別——吻著她的手，毫無畏懼地走向絞刑架，這又是多麼誘人啊！或者，如果野心是構成想像物的主要動機，他想像自己是那些非凡人物中的一員，單憑著他們的聰明才智和雄辯口才便能統治當時人心狂亂的城市。他們的信仰讓成千上萬的男女失去生命，他們為歐洲改革鋪平了道路，然而他們自己的腦袋也不得安穩，總有一天會落在斷頭台的鍘刀之下——把自己想像為一個吉倫特黨人[142]，或是以英雄丹東[143]自居，這又該是多麼誘人呀！在莫瑞對這個夢的回憶中有個特點，就是他「被領上群眾環簇的斷頭台」，這似乎暗示莫瑞所有的正是這一類的野心想像物。

這個已經準備好很久的想像物也不須在睡眠中全盤再現，只須稍有觸及便足夠了。我的意思是說，如果有人指出演奏了幾小節的音樂是莫札特的《費加洛婚禮》（如在《唐喬凡尼》[144]中發生的那樣），我的許多回憶立刻會被同時喚起，但是在那一剎那間並沒有任何回憶能夠單獨地在我的意識中出現。關鍵的詞句就像一個入口，透過它可以讓整個網絡同時進入興奮狀態中。

142 牛津版註：吉倫特黨是法國大革命時的急進派政黨，因其領袖有三位皆為吉倫特縣選出的議員，故名之。一七九三年十月，黨員被送上斷頭台。
143 牛津版註：喬治・丹東（一七五九～一七九四），革命領袖。
144 牛津版註：《唐喬凡尼》（*Don Giovanni*）是莫札特的歌劇，一七八七年在布拉格首演，此處佛洛伊德引用其最後一幕的宴會場景。

在無意識思維中可能也有著相同的情形，喚醒的刺激使精神入口興奮起來，而得以接近整個斷頭台想像物。但是這個想像物並沒有在睡眠中一一浮現，而是在夢者醒後的回憶中才完全顯現出來。在他醒後，他回想起這個在夢中被整體地激發的想像物的全部細節，在這種情況下，一個人並無法確定自己所回想的就是真正夢到的事情。同樣的解釋——即借助喚醒的刺激而使現成的想像物整體地興奮起來——也適用於其他一些被外來刺激喚醒的夢，如拿破崙一世被地雷的爆炸聲驚醒前所做的夢。然而我也不能斷言所有喚醒的夢都符合這種解釋，或是能以這種方式完全排除夢中意念加速流動的問題。

在這一點上，我們不能不考慮這種對夢內容的潤飾作用與夢的工作的其他幾個因素之間的關係。我們難道可以假設夢的那些構成因素——諸如凝縮作用的傾向，逃避稽查作用的必要性，以及夢所能運用的精神工具在表現力上所做的考慮——先以所提供的材料聚合出臨時的夢內容，然後再盡可能地重新鑄造這些內容，以滿足第二動元的要求嗎？這大概是不可能的，我們的假設必定是這樣的：這個因素的要求一開始就構成一種條件，而且是夢所必須滿足的條件之一，而這個條件與凝縮作用、阻抗作用施加的稽查以及表現力等因素所設定的條件一樣，同時對夢念中的大量材料產生誘導和選擇的作用。然而無論如何，在夢的形成的這四種條件中，我們最後知道的這個因素，其要求對夢的影響最小。透過下述的討論，使我們認為實現夢內容的潤飾作用的精神功能，與清醒時的思想活動可能是同一種功能。我們的清醒（前意識）思維處理任何知覺材料的方式，與我們現在所考慮的功能其處理夢內容的方式完全相同。清醒思想的性質，在於建立知覺材料的順序，組織知覺材料之間的關係，使其符合於我們對一個可理解的整體的期待。事實上，我們對這個方面有著過度的期待，一個變戲法的能手就能利用我們的理智習慣欺騙我們，當我們把各種感覺印象綜合而為一個可理解的模式時，我們往往會犯最奇怪的錯誤，甚至不惜歪曲眼前材料的真相。這類現象極為普遍，無須再做進一步論證，我們閱讀時，常常忽略錯字，總以為自己的閱讀材料正確無誤。據說一位法國大眾刊物的編輯曾打賭說，如果印刷工人把「之前」和「之後」兩個字插入一篇長文的每個句子中，將不會有任何一個讀者察覺出來，結果他賭贏了。許多年前，我在報紙上看到一個錯誤聯想的滑稽例子，有一次法國議會正在開會，一個無政府主義分子扔進一枚炸彈，在會議廳爆炸了，杜普伊鼓起勇氣說：「繼續開會。」從而平息了爆炸所引起的驚慌。[145]旁聽席的來賓被問及對於這次暴行的印象，他們當中有兩個來自外地的人，一個人說在某人發言後確曾聽到爆炸聲，不過他猜想在每個人發言後鳴炮是議會的慣例。第二個人大概已聽過好幾個人發言，他也發表了相同的看法，不同的是他認為鳴炮也許是對特別成功的發言所表示的敬意。

因此我們無疑是以我們的正常思考過程作為探索夢內容的精神動元，而要求夢內容必須是可理解的，並使其接受第一次的解釋，然而也由此產生了完全的誤解。為了我們的解釋目的，

145 牛津版註：查爾斯－亞歷山大．杜普伊（一八五一～一九二三），法國政治家，一八九三年十二月五日代理議會的民選總統。他執政第一週內，無政府主義者奧古斯特．維隆到他的辦公室朝他丟了一枚炸彈，杜普伊冷靜說道：「這位紳士，會議尚在進行。」正是在他擔任法國總理期間（一八九四年五月～一八九五年一月），陸軍軍官德雷弗斯被流放到惡魔島。

有一個不變的主要原則：不必考慮來源可疑的夢的表面連貫性，不管夢本身是清晰或是混亂，都遵循著同一路線追溯夢念中的材料。

順便提及，我們現在已能看出前文中（頁三八二）所討論的夢的混亂和清晰度差異發生的原因了：潤飾作用得以在其中發生作用的那些部分是清晰的，無法發生作用的那些部分則是混亂的。由於夢的混亂部分同時也是較不生動的部分，因此我們可以得出結論說：夢的潤飾工作對於夢的不同元素的造形強度也有一定的影響。

如果我們想找出一種事物，與經過正常思維後的夢的最終形式相比較，最好的就是《飛頁》中長久以來吸引著讀者的謎一般的銘言了。這些句子旨在使讀者相信某個句子——為了對比起見，往往是一句粗鄙的方言——是一句拉丁銘言，為了這個目的，把單字中的字母分離開來，使其無法組成音節，並加以重新排列。有些出現的是真正的拉丁字，有些則像是拉丁字的縮寫，還有些像是部分銘文受到磨損或是留下窟窿，致使我們受騙而忽視了某些孤立的字母其實毫無意義的事實。如果我們不想鬧笑話，只有先放棄尋找銘言的企圖，盡力注意那些字母，而不去注意它們的表面排列，然後再把它們組合成我們母語中的詞語。

以下我將總結有關夢的工作的這一長篇討論。我們遇到了一個問題：在建構夢境時，我們的心靈究竟是毫無保留地運用了我們全部的精神功能，還是只動用了一部分的功能，而且還在功能上受到了限制？我們的研究使我們完全否定了這種提問方式，因為它不切合真實的情形。但是，如果我們非得答覆以這種方式提出的問題，那我們只能回答兩者都是對的，雖然從表面看來它們兩者互不相容。在形成夢時，我們可以分辨出兩種不同功能的精神活動，即夢念的產生與夢念向夢內容的轉變。夢念是完全合理的，是我們竭盡全部精神能量製造出來的，它們隸屬於還沒有變成意識的思想領域——這些思想領域經過某些變化，也成為我們意識思想的來源。不管夢念可以包含多少有趣的使人困惑不解的問題，這類問題與夢沒有任何特殊關係，而且不需要放在夢的問題中處理。另一方面，在夢的建構中，精神活動的第二種功能即無意識思想轉變成夢的顯意，乃是夢生活獨具的特徵。這種夢的工作本身與我們清醒思想的分歧，遠比我們所想像的要大，即使對夢的形成時的精神功能做最低的評價，情況仍是如此。相較於清醒思想，夢的工作不僅僅更不仔細、更不合理、更易遺忘或更不完全，兩者在性質上也完全不同，因此不能直接拿來比較。夢的工作完全不從事思考、計算或判斷，它限定自己只給予事物新的形式。我們已經充分地列舉了它進行工作時所必須滿足的種種條件，而那個工作的產物——夢——千方百計要逃避**稽查作用**，正是為了這個目的。夢的工作利用了各種精神強度的置換，甚至**把一切精神價值都重新評價**。思想必須完全或主要以視覺或聽覺的記憶材料表現出來，因此又使夢的工作在進行新的置換時，必須**考慮到表現力的問題**。在夜晚可能需要比夢念擁有更大的精神強度，於是就由夢念的各個成分之間的廣泛**凝縮作用**來達到這個目的。各思想之間的邏輯關係很少受到注意，這些關係最終以隱含的方式表現於夢的特定**形式**特性之中。相較於意念內容，依附於夢念的情感較少發生變化。這類情感通常受到壓抑，當它們被保留時會脫離原來所屬的意念，而與類似性質的情感結合起來。只有一部分夢的工作，即半醒著的清醒思想在不同程度上的潤飾作用，才與其他作者所持的觀點——他們試圖利用這些觀點解釋夢的建構的所有活動——有某種程度的吻合。

第7章

夢過程的心理學

The Psychology of the Dream-Processes

在許多由別人向我陳述的夢中，有一個夢在夢的過程方面特別引起我的注意。這個夢是一位女病人告訴我的，她在一場有關夢的演講中聽人講述了這個夢，我至今仍不清楚它的確切來源。然而這個夢的內容讓這位女士留下了深刻的印象，她接著「也做了這個夢」，也就是說，她在自己夢中再現了這個夢的某些元素。透過這種接收的方式，她可能表達了她對其中某個特定要點的贊同。

這個典型的夢的原來內容是這樣的：一位父親日夜守護在他的孩子的病榻旁，孩子死了，他到隔壁一間房內躺下休息，但讓中間的門開著，他可以從自己的床上看到鄰室中被一些點燃著的高蠟燭環繞著的孩子遺體。一位雇來的老人守護著他，在他身旁低聲禱告著。父親睡了幾個小時以後，夢見他的孩子站在他的床邊，拉住他的一隻手臂，低聲抱怨說：「爸爸，難道你沒看見我正燒著嗎？」父親驚醒過來，看見鄰室閃著火光，他衝入室內，發現那位年邁的看守人已沉沉入睡，一根點燃的蠟燭倒了下來，把心愛孩子的裹屍包被和一隻手臂燒著了。

我的病人告訴我，這個感人的夢的解釋非常簡單，而演講者也做了正確的解釋。那明亮的火光穿過敞開的門照射在睡眠者的眼瞼上，使他做出清醒時也同樣會做出的結論。也就是說，一根蠟燭倒了下來，把屍體旁的某件東西燒著了。甚至他睡覺時可能還擔心著那位年邁的看守人是否能夠盡責。

我對這種解釋完全贊同，不過要補充幾句：夢的內容必定是多重決定的，夢中孩子說的話必定也曾在生前說過，並與某件父親認為重要的事情有關。例如，也許孩子那句抱怨的話：「我正燒著」與孩子臨死前發高燒有關，而「爸爸，難道你沒看到嗎？」也許與某個我們不知道的動人情境有關。

我們現在已經了解這個夢是有意義的過程，而且符合夢者精神體驗的脈絡，但是我們仍不免感到驚訝，為什麼在亟需醒來的情況下，夢者會做了這個夢呢？於是我們便可發現這個夢也包含著一種欲求的滿足。夢中已過世的小孩的舉動與他活著時一模一樣：他親自警告他的父親，他來到父親的床邊，抓住他的手臂，就像記憶中孩子發燒時曾有的舉動一樣，孩子話的上半段就由此而來。正是為了要滿足這個欲求，父親才將睡眠延長了一會兒。父親選擇了夢而未選擇清醒思考，是因為夢能表明小孩還活著。如果父親先醒過來，得出結論並衝進停放孩子遺體的房間，就好似他在這個時刻縮短了孩子的生命。

我們可以確定這個短夢的哪一個特性引起了我們的興趣。到目前為止，我們主要關心的主題是：夢所包含的隱意是什麼？它們是如何被發現的？夢的工作又如何把意義隱藏起來？換句話說，我們迄今最大的興趣是夢的解釋問題。我們現在遇到這個夢，它既不難解釋，意義也很明顯，但是我們注意到這個夢仍保有某些有別於清醒思想的基本特徵，使我們必須加以解釋。只有在處理完所有有關夢的解釋的問題之後，我們才會了解夢的心理學是多麼地不完整。

但是在我們把注意力轉向這條新的研究途徑之前，最好暫時停下來，回顧一下我們走過的道路，看看是否忽略了任何重要的東西。因為我們知道，我們走過的道路只是我們旅途中最為平順的路程。如果我沒弄錯的話，一直到現在為止，我們走過的路程全都引導我們走向光明——得到清楚的解釋和更充分的理解。但是只要我們更深入到夢的精神過程之中，一切道路都會變得黑暗起來。把夢解釋為一種精神過程是不可能的，因為解釋就是意味著要追溯到已知的事物，而在目前還沒有確定的心理學知識——包括我們從對夢的心理學考察中所得的知識——可以作為釋夢的基礎。相反地，我們將不得不建立許多新的假說，以暫時處理精神機構的結構及其中發生作用的力量等問題。然而我們必須小心，不可以讓這些假說超出它們基本的邏輯連結太遠，否則假說的價值便會流失於不確定性之中。即使我們的推論正確無誤，一切邏輯可能性都已考慮周全，但由於我們的前提可能不夠周密，我們仍有得出完全錯誤結論的危險。即使我們對夢或任何其他單一精神活動進行最仔細的研究，我們仍無法由此得出任何有關精神機構的結構和功能的結論，或予以任何證實。要做到這一點，我們必須對一系列這類精神功能進行比較性研究，再仔細地對照所有已經證明屬實的論點。因此我們不得不暫時擱置這些根據夢的過程的分析而得的心理學假設，直到我們從另一個角度去探討同一問題所得的結果與它們有所連繫時為止。

一、夢的遺忘

因此我建議我們先將注意力轉移到一個一直存在著困難卻又被我們忽視的主題上，而這個主題卻有削弱我們釋夢基礎的危險。許多人從不同角度提出如下的反對意見：事實上我們並不清楚我們所要解釋的夢，更確切地說，我們並無法保證我們所知道的夢就是夢的真相（見上文頁二二四）。首先，我們記得並加以解釋的夢境，本身就因記憶的不可信賴而已有所損毀。我們的記憶似乎特別無法保存夢的內容，而所遺漏的部分很可能正是夢境最重要的部分。的確，當我們試圖注意自己的夢境時，經常發現自己會有如下的抱怨：雖然我們夢見的更多，但只能記住某個片斷，甚至連這個片斷本身也有著奇特的不確定性。其次，我們很有理由懷疑我們對夢境的記憶不僅支離破碎，而且很不正確，常有錯誤的情形發生。一方面我們可以懷疑夢中的一切是否確如我們回憶的那樣支離破碎，另一方面我們也可以懷疑一個夢是否真的像我們所敘述的那樣前後連貫。我們在回憶夢境時，是否曾任意地用一些新的或挑選過的材料去填補那些空隙——這些空隙也許本來就存在，也許是由遺忘所造成。我們是否曾增添細節以使夢境完美無缺，以致我們根本無法斷定哪些部分是原來的內容。有一位作者（斯皮塔【64】）曾經推測夢的一切有條理和有連貫性的性質，都是我們在嘗試回憶時增添進去的。因此，某種事物——我們試圖確定其價值——似乎有完全脫離我們掌握的危險。

在我們迄今為止的釋夢中，我們一直不顧這些警告，相反地，我們認為解釋夢內容中一些最瑣碎、最不重要和最不確定的成分，與解釋夢中明確的內容同樣重要。在伊爾瑪打針的夢中，就有這樣的句子：「我立刻把M醫生叫過來。」我們的假設是：即使是這樣的細節，如果沒有特殊來源，也無法成為夢境的一部分。我們由此想到一件有關一位不幸病人的往事：我「立刻」把一位比我資深的醫生叫到她的病床旁邊。在認為五十一和五十六之間沒有什麼不同而不加以區分的那個明顯荒謬的夢中，反覆提到五十一這個數字。我們並未把這一點看成理所當然或無足輕重的瑣事，而是由此探索到隱藏在五十一這一數字背後的第二條思路，順著這條思路我們才發現我害怕五十一這一數字是人的大限，而與夢中不惜誇耀長壽這條主要思路形成鮮明對比。在「**未曾活過**」那個夢中，我起先忽略了一個中途插入而未受重視的句子：「**當P無法理解他的話時，弗利斯轉身問我……**」當解釋陷於停頓時，我回到這幾句話，並由此追溯到兒童時期的想像物。而這是夢念中的一個中介連接點，這是從下面這幾句詩中領悟出來的：

以往，你很少了解我，
我也很少了解你；
只有當我們一同深陷泥沼時，
我們才會很快地彼此了解。[1]

每一次分析都找到一些例子證明：一些最細微的元素正是釋夢不可或缺的部分，如果我們延遲加以探索，將會耽擱夢的圓滿解釋。在夢的解釋中，對於其中所發現的每一個文字表達上的細微差別，我們都必須給予同等重視。有時夢的敘述內容無意義或不充分——似乎無法將其適當地表達出來。甚至對於這樣的缺陷，我們也給予重視。總之，其他作者認為是任意編造出

1 牛津版註：海涅〈歸鄉〉七八節（見頁四六九註釋）。

來的，將其一筆帶過以免造成混亂的部分，我們都奉之如經典。我們有必要解釋這種不同之處。

對於這個問題的解釋支持我們的方法，雖然並未完全否定其他作者的看法。根據我們對夢的來源的新理解，我們可以完全化解這種對立。當我們重述夢境時，確實偽裝了它們，在這種偽裝中，我們再一次發現由正常思維動元所執行的所謂的潤飾作用，而且往往相當地笨拙。但是這種偽裝本身不過是夢念因為稽查作用的影響，而經常發生的潤飾作用的一部分。[2]在這一點上，其他作者已注意到夢的偽裝的這一明顯部分，或已有所懷疑。但我們對此並沒有很大的興趣，因為我們知道已有一種不那麼明顯但意義更為深遠的偽裝過程在潛隱的夢念中製造夢境。上述作者的錯誤僅在於他們相信在回憶和描述夢境的過程中所發生的潤飾是任意的，無助於夢的進一步解釋，因而把我們對夢的認識引入了歧途。他們低估了精神事件被決定的程度。夢絕不是任意發生的，在所有夢例中都可以發現：如果夢的某個元素不能為某一思路決定，則立刻可以發現其受另一思路的決定。例如，我希望任意地想出一個數字，但這是不可能的，出現的數字必定而且清楚地受到我的思想的決定，即便與我目前的意向相去甚遠。當我們在清醒狀態下編排夢境時，夢境所發生的潤飾絕對不是任意的改變。這些潤飾與其所取代的夢材料是有連繫的，並為我們指出通往這個材料的途徑，而這個材料本身可能又是另一內容的替代物。

在分析病人的夢時，我經常以下述方法來驗證這個主張，而且屢試不爽：如果我一開始無法理解夢者所報告的夢，我會要求他再敘述一遍。他在重述夢境時很少使用相同的語句，而有所改變的語句正好能使我看出夢的偽裝的弱點：它們就像哈根眼中齊格飛的衣服上的繡記一樣，[3]可以作為分析的起點。我的要求不啻向述夢者發出警告，告訴他們我要更努力地分析這個夢。在阻抗的壓力下，為了保護夢中的偽裝弱點，他會立刻用一種更為無關緊要的表達方式來取代可能會洩漏祕密的語句。以這種方式，他便將我的注意力引向他所捨棄的語句。他努力防止夢被解析，而我正好由此推斷出他所要防衛的衣服繡記所在。

上述作者主張我們在判斷夢的敘述時要特別強調懷疑的重要性，這樣的主張並不十分合理，因為這種懷疑並沒有理智的基礎。我們的記憶通常無法證實其正確性，但我們仍不可抗拒地信任記憶的材料，遠超出客觀證明所能容許的範圍。對於夢或夢境細節的報告是否正確的懷疑，不過是夢中稽查作用的一種變形，不過是防止夢念進入意識的一種阻抗。這種阻抗本身並不因實現了置換和替代作用而消耗殆盡，它仍然以懷疑的形式施加於被允許出現的材料之上。我們很容易誤解這種懷疑，因為它小心翼翼地不去懷疑那些較為強烈的元素，而只懷疑那些微弱且不清楚的元素。然而我們已經知道，在夢念和夢境之間，一切精神價值發生了完全的倒反，而且只有藉著精神價值的降低，夢的偽裝才有可能完成。偽裝慣於用這種方式表現自己，偶爾也滿足於這樣的狀態而不再多加要求。因此，如果一個已不清楚的元素又受到懷疑，我們就可根據這一現象，斷定這個元素是違禁夢念的直接衍生物。這有點類似古代某個共和國在一場偉

2 牛津版註：這個翻譯並不到位。實際上，佛洛伊德在此處並未使用「regelmäßig」（經常）這個字，而是使用「gesetzmäßig」（理當）；也就是在他的夢書中一直研究的「一定會怎樣」。不過為了避免我的這個版本有過度翻譯之虞，目前這個翻譯簡單解決了這個困擾。

3 牛津版註：日耳曼史詩《尼伯龍根之歌》（*Nibelungenlied*, written c. 1200）之中，齊格飛衣服上的繡記顯示他唯一的致命點，讓哈根得以將其殺害。

大革命之後，或文藝復興之後的情況：曾經享有權勢的貴族家庭受到放逐，所有高位都被革命者占領。在這些被征服的貴族家庭中，只有那些最貧困和最無權勢的成員或一些遠親被允許留在城內。即便如此，這些人仍不能享有充分的公民權利，也不受信任，這種不信任就相當於我們所考慮的情況中的懷疑。這就是為什麼我在分析夢境時，堅持要拋棄一切有關確定性的標準，並主張即使這一或那一元素僅有最小的可能性曾進入夢境之中，我們仍應認可它們的完全確定性。我們發現在追溯夢境的任何元素時，都必須遵循這種態度，否則分析就會受到阻滯。如果對某個元素的精神價值抱持懷疑態度，將會產生如下的心理效應：隱藏在這個元素背後的不自主意念將不會浮現在夢者的腦海中。這種心理效應並不是理所當然的，如果夢者說：「我不能確定夢中是否包含這個或那個意念，但此處我想到了與它有關的事物。」這話並不荒謬，但事實上卻沒有人說過這樣的話。相反地，懷疑是使分析中斷的原因，並由此使自身成為精神阻抗的一種工具和衍生物。精神分析的猜疑是合理的，它的一條通則是：**只要分析過程受到干擾，必定就有阻抗的存在。**

除非考慮到精神稽查作用的力量，否則我們便難以理解夢的遺忘。一個人覺得一夜夢見很多事物，但只記得少許夢境，這樣的感覺在某些情況中可能有著不同的意義。也許夢的工作以可被覺察的方式持續工作了一整夜，但只留下了一個短夢。而在其他情況中，我們必定也會在清醒時逐漸地淡忘夢境，儘管努力地回想，我們仍經常遺忘夢的內容。但是我認為我們通常高估了這種遺忘的程度，而且也高估了夢中缺隙對我們的理解所造成的限制。由於遺忘而失卻的內容，往往可以透過分析而完全恢復，至少在許多例子中，我們雖然不能從留下的單一片斷中重建出夢的本身——這是無關緊要的——卻能重建出所有的夢念。這樣的重建過程要求我們在分析時保持很大的注意力和自制力，如此而已。但這也表明了在夢的遺忘中，並不乏敵對的意圖在發生作用。

根據在分析中對遺忘的初期階段的觀察，有確實的證據證明，夢的遺忘帶有傾向性，即遺忘是為阻抗服務的。[4]人們常常發現在釋夢進行到一半時，一個遺漏了的片斷忽然湧上心頭，並被描述為：先前被遺忘了，一直到現在才想起來。從遺忘中掙扎出來的這一部分，總是夢中最重要的部分，它位於通往夢的解答的最近路途上，因此也就面臨著最大的阻抗。在本書散見的許多夢例中，有一個夢就有一部分的夢內容像這樣作為一種事後思考而被增添進來。這是一個旅行的夢，其中我報復了兩位令人不快的旅行者，[5]我幾乎未曾解釋過這個夢，因為它令我感到憎惡。那段被省略的部分是這樣的：「我提到席勒的一本著作說：『這是從……』但是當我發現錯誤後，就自己更正說：『這是由……』於是這男子對他的妹妹說：『是的，他說得對。』」

夢中的自我更正——對於許多專家而言，這顯得如此奇特——我們無須在此多加考慮。而我將指出某段回憶，這段回憶是我在這個夢中的口誤的原型。我在十七歲時[6]初次來到英國，

4 佛註：關於遺忘的一般目的，見我的論文〈遺忘的精神機制〉(*S.E.*, 3, p.289)。

5 牛津版註：第一版中，佛洛伊德單獨保留了他對這位女士的敵意。在之後的版本裡，佛洛伊德稱呼她與她的丈夫是「兩位令人不快的旅行者」。

6 牛津版註：之後的版本改為十九歲。佛洛伊德在一八七五年造訪英國，與親戚一同待在曼徹斯特。

我在愛爾蘭海岸逗留了一整天。很自然地，我撿拾著退潮後留在沙灘上那些海生動物以自娛，而當我正在仔細觀察一隻海星時——Hollthurn—holothurians（海參）這兩個字出現在這個夢的開頭處——一位美麗的小女孩走到我身邊問道：「這是一隻海星嗎？牠（it）活著嗎？」我答道：「是的，他（he）活著。」但是我立即因自己的口誤而感到慚愧，於是正確地複述了這個句子。夢中用一個德國人常犯的錯誤代替了我當時的口誤：「Das Buch ist von Schille.」（這本書是由席勒寫的。）這個句子，若譯成英文不應譯成「the book is from」，而要譯成「the book is by」。當我們已經聽過了有關夢的工作的意圖及其不擇手段以求達到目的的論證之後，對於這樣的現象——因為英文from這個詞與德文fromm（虔誠的）這個形容詞同音，所以可能可以產生絕妙的凝縮作用，從而使夢的工作完成了這個替換——我們就不會再感到驚訝了。但是這段與海灘有關的無害回憶，跟我的夢有什麼關係呢？這段回憶是一個最無惡意的例子，表示我在一個錯誤的地方使用了代表性別的字眼，我在沒有性別區分的地方引入了性別（「他」這個字眼）；這是解釋這個夢的關鍵之一。凡是聽過馬克士威的《物質與運動》（*Matter and Motion*）這本書的書名來源的人，都不難完成這個夢的解釋：Molière（里哀）的「*Le Malede Imaginaire*」（無病呻吟）—「La matière est-elle laudable？」（「事情順利嗎？」：「排泄順利嗎？」的古老醫學用語）[7]—「motion of the bowels」（腸子的運動）。

此外，我還能用親眼所見的事實來證明夢的遺忘在很大程度上可以歸因於阻抗作用。一個病人告訴我，他做了一個夢，但是全都忘了，好像什麼也沒有發生似的；我們接著開始進行分析，在分析過程中，我遇到了阻抗，於是我就向病人解釋這種現象，並藉著鼓勵和壓力幫助他與痛苦思想取得妥協；我幾乎一無所得，除了他高喊道：「我現在能記得夢見什麼了。」就是那天干擾著我們的分析工作的同一阻抗作用，使他忘記了這個夢，在克服這個阻抗之後，這個夢就回到他的記憶之中了。

同樣地，當病人的分析工作進展到某個特定點時，他也可以記起四、五天甚至更早以前所做的夢，而在這之前這些夢一直都是被遺忘的。

在準備撰寫本書時，我觀察到一個現象，表明夢並不比其他精神活動更容易被遺忘，而且記憶保存夢的能力並不亞於保存其他精神功能的能力。我記錄了很多自己的夢，由於某種原因，我未能加以解釋，或是在做夢的當時，解釋得很不完全。為了取得一些材料來證明我的主張，我企圖把一、兩年前所做的夢再解釋一遍，結果都成功了。事實上我甚至可以說，隔了這段時間，這些夢反而比近期的夢更易於解釋。我認為這個現象可能是由於我已經克服了許多先前干擾著我的內心阻抗。而在這種回溯性的解釋中，我比較了過去發現的夢念與現在的結果——現在的夢念總是比過去的更為豐富——而發現舊的夢念總是包含在新的夢念之中。不過我很快就不再感到驚奇，因為我想到病人有時會告訴我他們早年所做的夢，而我自己一直都會要病人解釋這些夢，就好像這些夢是昨晚做的一樣——同樣的方法，取得同樣的成功。在下文討論焦慮夢的一節中，我將再舉兩個這種延後釋夢的例子。我第一次這樣做時是受到一個合理預期的指引：夢在這方面的表現應當類似於精神官能症症狀。因為當我用精神分析治療精神神經症患者——例如歇斯底里症患者——時，我不但要解釋那些迫使她前來就醫的現有症狀，還不得不

7 牛津版註：出自莫里哀的劇作《無病呻吟》（*Le Malede Imaginaire*, 1673）。

解釋那些早已消失了的早期症狀，而且我發現早期的問題比當前更緊迫的問題更易於解決。早在一八九五年出版的《歇斯底里症研究》一書中，我就曾解釋過一位年過四十的婦女在十五歲時的第一次歇斯底里症發作了。[8]

此處我要針對釋夢闡述一些較不連貫的論點，如果有些讀者想藉由分析自己的夢來驗證我的論點，也許能對他們有所幫助。

不要以為分析自己的夢是一件輕而易舉的事情，要一個人觀察自己的內心活動和其他一些平時未加注意的感覺，即便沒有任何精神活動的干擾，也需要不斷地練習。要把握「不自主意念」是非常困難的，一人在進行分析工作時，必須執行本書中提出的各種要求，而且在遵守這些既定的規則時，必須努力克制自己，不做任何批判，不抱任何成見，也不帶任何感情或理智上的偏見。他必須記住克勞德．伯納對生理實驗室的實驗工作者提出的格言——他必須像野獸般地堅忍，而且不在意工作的成果。[9]他如果接受這個意見，就不會覺得這是一件困難的工作了。然而夢的解釋往往不是一蹴而成的，當我們進行一連串聯想之後，往往會覺得我們的解釋能力已經消耗殆盡，無法再從當日的工作中獲取新的解釋。此時最好的辦法就是暫時放棄，等到另一個日子再繼續進行解釋，那時也許夢的另一部分內容吸引了你的注意，從而使你進入夢念中的一個新境界。人們也可以把這種分析稱之為夢的「層次」解釋。

最困難的事莫過於使釋夢工作的初學者認識下述這一事實：即使他已完整地解釋了一個單純而連貫的夢，而且理解了夢內容的每一個元素，但是他的工作並未就此結束。因為同一個夢很可能還有另一種解釋——一種多重解釋——逃過了他的注意。要了解無意識聯想的豐富性確實不是一件容易的事，這些聯想都力求得到表現而在心靈中活躍。要認識夢的工作的技巧也並不容易，它們總是使用能夠同時包含多種意義的表現形式——就像童話中那個一舉打死了七隻蒼蠅的小裁縫一樣。[10]讀者可能會責備我在釋夢過程中插入了一些不必要的新主意，但是只要是有過釋夢親身體驗的人，對此一定有更深的體會。

如果問是否每一個夢都能得到解釋，則答案是否定的。我們不應忘記，在進行釋夢工作時，總會遇到構成夢的偽裝的精神力量的對抗。我們能否透過自己理智的興趣、自制的能力、心理學的知識，以及釋夢的經驗而克服內心的阻抗，那要看反對力量的相對強度而定。一般說來，我們都能取得某些進展，足以使我們確信夢是有意義的結構，而且通常能由此窺見夢的某些意義。緊接而至的第二個夢往往能讓我們證實前一個夢的暫行解釋，並使解釋更加地深入。連續幾個星期乃至幾個月所做的一系列的夢往往有一個共同的基礎，所以應當視為相關的夢來加以解釋。在連續的兩個夢中，我們經常發現第一個夢的核心內容在第二個夢中只處於邊緣地位，反之亦然，所以它們的解釋也應當是互相補充的。在釋夢的工作中，同一晚所做的不同的夢應

8 牛津版註：佛洛伊德是指「卡西莉・M夫人」，她的故事記載在《歇斯底里症研究》的第五個案例中，以及第二個案例的註釋裡。她的原名為安娜・馮・泰德斯可女爵，生於一八四七年，一八七二年嫁給猶太裔銀行家利奧波特，也就是馮・利本公爵；其母出身於富有的龔佩茲家族。五年來她一直是佛洛伊德的病人（一八八八或一八八七年至一八九三年秋），但由於其顯赫的身世及相關因素，使佛洛伊德對病歷的描述顯得有些保留。她在一九〇〇年過世。

9 牛津版註：克勞德・伯納（一八一三～一八七八），法國生理學家。

10 牛津版註：《格林童話》（一八一五）裡，〈勇敢的小裁縫〉的主角為了展現他的勇敢，一巴掌打死了七隻蒼蠅。

當被視為一個整體來處理，我在這一方面已經舉過很多例子了。

即使在解釋的最完全的夢中，往往仍有某個段落無法得到清楚的解釋。這是因為我們在解釋的過程中，發現此處是一團難以解開的夢念，而且也不能增加我們對夢內容的了解，這就是夢的核心，它從這一點延伸向未知的深處。我們在釋夢過程中發現的夢念，在本質上並無止境，而是向各個方向延伸進入我們思想世界錯綜複雜的網絡中。夢的欲求正是從這個網狀結構交錯得特別密集的部分中生長出來的，就像蕈類從它的菌絲體中生長出來一樣。

現在我們必須回到夢的遺忘，因為直到現在為止，我們還沒有從這些現象中得出某個重要的結論。我們已經了解到，清醒生活有一種確定無疑的傾向，要將夜晚所做的夢忘掉，也許清醒後立刻忘得一乾二淨，也許在白天逐漸地忘卻。但是當我們發現對夢的精神阻抗——在夜晚，它已經竭盡全力阻止夢的發生——是遺忘過程中的主要因素時，就不免產生下述的問題：面對這種阻抗，夢又是如何形成的呢？讓我們設想一種最為極端的情況：清醒生活完全地排除了夢境，好像根本沒有做過夢似的。就精神力量之間的交互作用來考量，我們可以推論：如果阻抗在夜晚有著與白天相同的力量，則夢將不會發生。所以我們的結論是：阻抗在夜晚一定失去了一部分力量，雖然它的力量並未完全喪失，因為我們曾經證明它在夢的形成中還有餘力進行偽裝工作。但是我們不得不認為阻抗的力量在夜晚可能有所減弱，而使夢有可能形成，從而我們也就更易於理解，為什麼當清醒後阻抗恢復其全部力量時，立刻就把它在虛弱時不得不容許其出現的事物一筆勾銷了。描述心理學告訴我們，心靈處於睡眠狀態是夢的形成的主要決定條件。我們現在還可以增加如下的解釋：**睡眠條件減弱了內心的稽查作用，遂使夢有可能形成。**

若我們認為這個解釋是從夢的遺忘現象中，唯一可能得到的推論，並由此進一步得出有關睡眠時和清醒時的能量狀態的結論，無疑是一件誘人的事，但是此時我們將停留在這一點。當我們再稍加深入地了解夢的心理學，就會發現我們能從另一個角度來探索這些使夢有可能形成的因素。那企圖阻止夢念進入意識的阻抗，可能在本身力量未曾減弱的情況下也會發生逃脫的情況，而這似乎是個合理的想法，即認為睡眠狀態同時提供了使這兩個有利於夢的形成的因素——阻抗的減弱和逃脫——有可能發生的條件。我現在將再暫停一下，稍後再繼續討論這個論點。

我們現在必須處理反對我們釋夢程序的另一組意見。我們的程序是：拋棄平時支配我們思考的一切目的性意念，集中注意力於夢中的某個單一元素，接著記下任何與這個元素有關而浮現在腦海中的不自主思想，然後我們再處理夢內容中的第二部分，如法炮製。不管思想伸向何方，我們只是讓自己跟隨著思想，以這種方式從一件事物漂移到另一件事物。但是我們應滿懷信心，深信無須干預，我們最終自會達到夢所伊始的夢念。我們的批評者所持的反對意見是：夢的某個單一元素將我們引領到某處，這是不足為奇的，每個意念都可以與某件事物發生連繫。值得奇怪的反倒是：這種任意的漫無目的的思想系列竟能引領我們到達夢念，這大概是在欺騙自己吧！我們追隨著某一元素的一系列聯想前進，直到因某種原因而似乎中斷為止，然後再拾起第二個元素，結果聯想原來的無拘無束的性質自然就變得越來越狹窄了，因為第一串聯想仍留在腦海中，所以在分析第二個意念時，我們最容易想到的總是一些與第一串聯想有關的聯想，於是我們就自以為在兩個元素之間找到了一個可以代表連結點的思想。既然我們容許自己任意地進行聯想，既然我們唯一排除的聯想方式正是那種在正常思維中運作著的方式，當然最後並不難於從一系列「中介思想」中編造出我們稱之為夢念的東西來——雖然這些夢念是毫無保證的，因為我們都不知道夢念是什麼東西——而聲稱它們是夢的精神替代物。然而這一切都是人為虛構的，我們只是巧妙地利用了隨機組合，任何人只要不怕麻煩，他都可以為任何夢編造出他所期望的解釋。

如果真有人向我們提出這樣的反對意見，我們未嘗不可根據下列理由進行辯護：我們對夢的解釋讓人留下深刻的印象，我們在追隨夢的某個單一意念的過程中，突然出現與其他元素的驚人連繫。如果我們追隨的精神連繫不是事先存在的，我們對夢的解釋就不可能達到如此詳盡無遺的程度。我們在辯護中還可以提出，釋夢的過程與解除歇斯底里症症狀的過程是相同的，而這種方法的正確性可從症狀出現和消失的一致性得到證實——也就是說，本書中提出的解釋是用旁證加以檢證的。但是我們也沒有理由迴避這個問題：我們追隨一系列任意的漫無目標的思想，任其漂移，又如何能達到一個事先存在的目標呢？雖然我們無法回答這個問題——卻可以徹底解決這個問題。

說我們在釋夢時讓自己隨著思想漫無目的地漂移，又說我們放棄思考，讓那些不自主意念自行浮現，這種說法其實是不正確的。我已經表明我們能夠排除的只是那些我們已知的目的性意念，當我們排除了它們，那些未知的——或無意識的，雖然這種說法並不正確——目的性意念立刻就控制了局勢，從而決定著不自主意念的進程。任何我們施加於自己心理過程的影響，都無法讓我們進行不具目的性意念的思維，也沒有任何精神錯亂狀態會產生如此的情形。精神醫學學者在這一點上過早地放棄了對於精神過程的連繫性的信念。就我所知，在歇斯底里症和妄想症中——與在夢的形成和解釋中一樣——並不存在著漫無目的的思考。也許這種情況在內源性精神疾病中根本不存在。依照勞伊萊特的假設，甚至處於精神錯亂中的譫妄狀態也不是沒有意義的，我們之所以不了解，乃是因為其中遺漏了一些環節。我曾有機會觀察過這些病人，當時我也曾持有同樣的想法。譫妄之所以產生，乃是因為稽查作用不再掩飾自身的工作，它不再只是支持那些無害的思想，而是魯莽地刪除它所反對的一切，結果使得剩餘的思想支離破碎。這種稽查作用就像俄國邊界的檢查官一樣，他們把外國報刊的某些段落開了天窗，然後才允許送到其自以為要保護的讀者手中。

在一些嚴重的器質性腦部疾病中，也許可以發現意念的自由運作，因而產生了偶發性的聯想系列。然而在精神神經症中，所有被認為是偶發性的聯想系列，都可以解釋為稽查作用對於一系列思想——其被潛隱的目的性意念推至前台——施加影響的結果。曾有人認為，如果出現的意念（或是意象）是以所謂的表面聯想——這些表面聯想包括諧音、雙關語及沒有意義連繫的時間巧合，或是在開玩笑和文字遊戲中出現的所有聯想——連結起來，則可以認為這是未受目的性意念干擾的自由聯想確定無誤的表徵。這種特性表現於引導我們從夢的各個元素通向中介思想的思想系列之中，也存在於從這些中介思想通往夢念本身的思想系列之中。我們在許多夢的分析中不無驚訝地發現了這類聯想的例子，這些聯想並不過分鬆散，妙語戲而不謔，充當了從一個思想到另一個思想的橋樑。但是我們很快便了解這種任意連結的真正解釋：只要一個精神元素以一種令人反感且表面的聯想與另一個元素連繫起來，則在兩者之間必定存在著一種

適當且更為深刻但又遭受稽查作用的阻抗的聯想。

表面聯想占據優勢的真正原因，不在於捨棄目的性意念，而是由於稽查作用的壓力。只要稽查作用封閉了正常的連結路徑，表面聯想就會出來取代深層的聯想。這就像一個山區，因為洪水氾濫而交通中斷，主要的道路無法通行，然而依靠著平時只有獵人利用的崎嶇小道，仍能維繫此處與外界的交通。

我們在此可區別出兩種情況，它們實質上是同一種情況。第一種情況是：稽查作用只針對兩個思想之間的連結，這兩個思想如果是分開的，便不會遭到反對，因此它們將先後進入意識。兩者之間的真正連結隱而不現，而代之以一種我們未曾想到的表面連結，這個連結通常不依附於那些受壓抑的主要連結，而是依附於另一部分的複雜意念。第二種情況是：兩個思想的內容同受稽查的抵制，於是兩者都隱藏了本來面目，而以改變過的替代形式出現。不過被選來替代的思想之間存在著某種表面連結，而能重現兩個原本思想之間的主要連結。**在稽查作用的壓力下，這兩種情況都產生了一種置換作用，以荒謬的表面的聯想置換了正常的嚴肅的聯想。**

既然我們知道有這一類置換作用發生，我們就毫不猶豫地在釋夢過程中根據表面聯想來進行解釋。[11]

在對精神官能症的精神分析中，下述兩個原則被應用得最多：其一：由於意識的目的性意念已被捨棄，無意識的目的性意念就起而控制了意念的流動。其二：表面聯想不過是被置換作用用來替代那些被壓抑得更深的聯想。精神分析確實把這兩個原則當成了分析技術的基石。當我要求一位病人捨棄任何形式的思考，把一切浮現在腦海中的意念向我報告時，我深信他不可能捨棄那些與他的治療有關的目的性意念。而且我可以合理地推斷，即使是最為天真無邪和任意的內容，事實上都與他的疾病有著某種關聯。此處實際上有另一個病人本身並不懷疑的目的性意念在發生作用——一個與我本人有關的意念。對於這兩個原則的重要性的充分理解和詳細論證，乃是屬於精神分析技術的領域。因此，在此我們到達了一個接觸點，而必須——依照我們的計畫——脫離釋夢這一主題。

在這些反對意見中，只有一個結論是正確的，即我們不須認為在釋夢過程中所發生的每一個聯想都源於夜晚的夢的工作。我們在清醒時的解釋，走的是一條從夢元素返回夢念的道路，而夢的工作走的是相反的方向。但是這些路徑極不可能在兩個方向上都是可通行的，相反地，我們在白天時似乎追隨著一個新的思想系列，就像採掘礦井一樣，時而在這裡，時而在那裡發現中介思想和夢念。我們可以看到，白天的新材料如何以這種方式插入解釋聯想系列之中，而阻抗——它在夜晚就已發生作用——的增強也可能使我們的解釋必須沿著更為迂迴的新路徑前進。我們在白天思索出來的旁系的數目和性質並不具有心理上的重要性，只要它們能把我們引向我們所尋求的夢念就行了。

11 佛註：這些考量自然也可以適用於那些在內容中公開呈現表面聯想的夢。上文頁一三六～一三七提到的兩個莫瑞報告的夢可以為例：Pélerinage—Pelletier—pelle；kilometre—kilogramme—Gilolo—Lobelia—Lopez—Lotto（朝聖—佩爾蒂埃—鐵鍬；公里—公斤—吉洛洛—洛貝利亞—羅培茲—樂透）。我治療精神官能症病患已有多年，深知他們在何種記憶中喜歡利用這種表現方法。有時病人去翻閱百科全書或辭典（像大多數青春期充滿好奇心的人那樣），以滿足他們想要解開性之謎的渴望。

二、回歸作用

在駁斥了針對我們提出的各種反對意見，至少顯示了我們的防禦武器之後，我們一定不能再拖延對心理學的探討了，我們已經為它準備了很長的一段時間。先讓我們把已獲得的研究成果小結如下：夢是與其他任何精神活動同等重要的精神活動，每一個夢的動機力量都是一個尋求滿足的欲求。夢之所以無法被辨識出是欲求，以及夢的奇特性與荒謬性，都是因為在夢的形成過程中受到精神稽查作用的影響所致。除了必須逃脫這種稽查作用之外，下列因素在夢的形成中也起著一定作用：精神材料凝縮作用的必要性、對表現為感覺意象的可能性的考量，及對於夢的結構必須有一合理而可理解的外貌——雖不總是如此——的要求。上述每一前提都為我們開啟了通往嶄新的心理學假設和推測的道路。我們現在需要研究的是，作為夢的動力的欲求與形成夢的四個條件之間的相互關係，以及這四個條件本身之間的相互關係，我們還必須確定夢在錯綜複雜的精神生活中有著什麼樣的地位。

在本章開頭處我就敘述了一個夢，用來提醒我們一些懸而未決的問題。要解釋這個夢（孩子燒著了的夢）並不困難，雖然在我們看來，現有的解釋還不夠充分。我曾問過，夢者為什麼要做夢而不醒來，也認為他的一個動機就是希望看見他的孩子仍然活著。在進一步討論之後，我們將會發現還有另一個欲求在發生作用。因此，睡眠時的思想過程轉變成夢境，首先乃是為了欲求的滿足。

如果我們排除欲求的滿足，我們將會發現只剩下一個特徵可以區別精神事件的兩種形式。

夢念很可能這樣想：「我看見來自停放屍體房間的火光，也許有一根蠟燭倒下來了，我的孩子可能燒著了。」夢把這些思想表現為一個實際存在的情境，能夠像清醒經驗那樣透過感官而被知覺到。此處，我們發現了做夢過程中最普遍且最顯著的心理學特徵：一個思想——通常是有所欲的思想——在夢中被客體化了，而被表現為——或是如我們所想像的，被經驗為——一個場景。

然而，我們如何解釋夢的工作這一特徵呢？或者退一步問，我們如何在精神過程的複雜連結中為它找到一個位置呢？

如果我們對這個問題更深入地考察，將會發現這一形式具有兩個顯著的、幾乎彼此獨立的特徵。一個特徵是思想表現為一種直接情境，省略了「也許」這個字眼，另一個特徵則是思想轉變為視覺意象和言語。

在這個特殊的夢中，夢念中的欲求轉變為夢境中的現在式。這一改變似乎並不特別顯著，這是因為在這個夢中，欲求的滿足只扮演著不尋常的附屬角色。讓我們來考慮另一個夢，其中夢的欲求還沒有脫離被帶入睡眠中的清醒思想。譬如伊爾瑪打針的夢吧！在這個夢中，被表現出來的夢念使用的是祈使語氣：「但願奧托對伊爾瑪的疾病負責！」夢潛抑了這個祈使句而代之以直接的現在式：「是的，奧托對伊爾瑪的病負有責任。」這就是夢念所發生的第一個轉變，即使是未曾接受偽裝的夢，也會對夢念執行這一部分的工作。對於夢的這第一個特徵，我們不必多費筆墨，我們可以藉著討論意識的想像物——即白日夢——來處理這個問題，因為它以同樣的方式處理意念內容。當都德筆下失業的喬耶西先生徘徊在巴黎街頭時（他的女兒卻以為他有了工作正坐在辦公室中），他做著白日夢，夢見碰巧發生了某些對他有利的事，而讓他找到了工作——他正是以現在式來做夢的。[12]因此，夢和白日夢一樣，也以同樣的方式並享有同樣的權利來使用現在式。現在式是表現欲求滿足所用的時態。

但是，夢之不同於白日夢在於它的第二個特徵，即夢的意念內容從思想轉變為感覺意象，我們不但相信這個意象，而且好像正在親身體驗。但我馬上得補充說，並不是每一個夢都表現出從思想到感覺意象的轉變，有些夢只包含一些思想，但不能因此便否定其夢的本質。我的那個Autodidasker夢便屬於這一類的夢。如果我在白天時也想到它的內容，則夢境中的感覺元素並不會比白天的思考來得豐富。在每一個夢中，不論其長度如何，總有些元素並未和其他元素一樣被賦予感覺形式，而僅僅是被想到和被知道而已，與我們在清醒生活中所習於的想到和知道事物的方式並沒有什麼區別。我們在此還必須記住，這種從意念到感覺意象的轉變並非只出現在夢中，它也出現在幻覺和幻象中。這些幻覺和幻象可以作為一個獨立的實體，而在正常人身上或精神神經症症狀中出現。總之，我們現在談到的關係絕不是獨一無二的關係。然而，夢的這個特徵，只要其出現，仍然是最為顯著的特徵，所以如果不考慮它，我們就不可能想像夢的世界。但是要對它得到充分的理解，我們一定還要進行漫長的討論。

作為我們探討的出發點，我願意在有關夢的許多理論中特別提出一位作者的說法。偉大的費希納在《心理物理學綱要》【25】（第二冊，頁五二〇）有關夢這個主題的簡短討論中，提出一種說法，認為夢的活動場所不同於清醒觀念生活的活動場所。[13]這是唯一能夠說明夢生活的特徵的假說。

這句話向我們表示的是精神位置的概念。我將完全不理會下述事實，即現在討論的精神機構同時也以解剖學標本的形式為我們所知。我將盡力避免任何以解剖學方式決定精神位置的企圖。我將讓自己停留在心理學的領域中，並建議我們只需遵循如下的提示：我們應當將實現精神功能的工具，描述為類似複式顯微鏡、照相機之類的儀器。在此基礎上，精神位置將相當於儀器中初步影像得以呈現的那一點。我們知道，在顯微鏡和望遠鏡中，這些初步影像存在於那些觀念性的點上，而在儀器中並沒有任何可觸碰的部分與其相對應。我認為並沒有必要為這種或任何類似的比喻意象有欠完美而抱歉，這種比喻不過是藉由將精神機構分解為各個不同部分，並把特定精神功能歸因於機構的特定部分，來幫助我們理解精神功能錯綜複雜的現象。就我所知，到目前為止，還沒有人嘗試用這種分解方法來探索精神工具的組成方式，而我認為這種做法並沒有什麼壞處。在我看來，我們有理由讓我們的思想自由奔馳，只要我們能冷靜地進行判斷，不要讓理論大廈的支柱陷於錯誤。既然我們在開始探討某個未知的事物時，必須有某些暫時性概念作為輔助，所以我首先將提出一個最粗略且最具體的假設。

因此，讓我們先將精神機構想像為一個複雜的工具，將其組成部分稱為動元，或（為了更明確起見）稱為系統。其次，我們預期在這些系統之間可能存在著一種規則的空間關係，就像在一架望遠鏡中，不同的透鏡系統前後排列著一樣。嚴格說來，我們並不需要假設精神系統確實按照空間次序排列，如果在某一精神過程中，興奮以一種特定的時間順序經過這些系統而形

12 牛津版註：出自都德的小說《富豪》（見頁三四七註釋）。

13 牛津版註：古斯塔夫．提奧多．費希納（一八〇一～一八八七）在眾多作品中揭露了浪漫主義的自然哲學，其中亦包括《心理物理學綱要》（一八六〇）。

成一個固定的次序，這樣也就足夠了。在其他過程中，這一次序也許會發生改變，而我們將保留這個可能性。為簡便計，我們將把機構的這種組成部分稱為「ϕ系統」。

引起我們注意的第一件事，就是由ϕ系統複合而成的這一機構具有方向性。我們所有的精神活動始於（內部的或外部的）刺激，而止於神經分布。因此，我們將賦予這個結構一個感覺端和一個運動端，在感覺端有接受知覺的系統，在運動端則有一個可以產生運動活動的系統。精神過程一般從知覺端進行到運動端，因此，精神機構最概略的圖式如下（圖1）。

然而，這也不過是滿足了我們久已熟知的一種要求，即精神機構的結構必須與反射機構的結構相同，反射過程始終是每一種精神活動的原型。

其次，我們可以在感覺端引入第一個分化。當知覺接觸運動精神機構後，便留下一些知覺的痕跡，我們稱之為「**記憶痕跡**」，而把有關的功能叫作「記憶」。如果我們堅持主張精神過程依附於系統，則記憶痕跡必然使系統的各個元素產生永久性的變化。但是，正如在別處

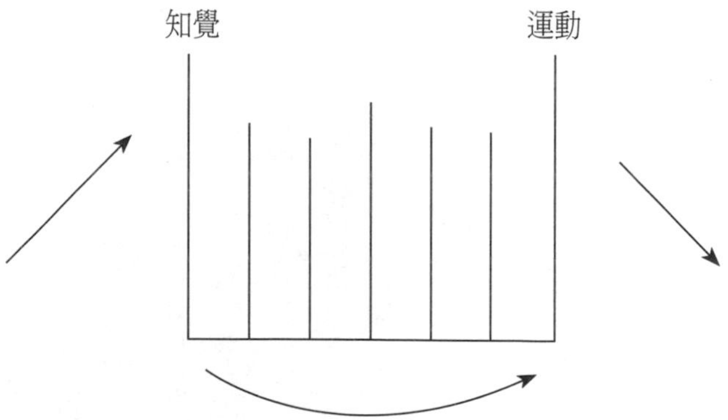

圖1

已經指出的那樣，[14]要假設同一個系統既能正確地保存本身各元素的變化，又能持續地接受新的變化，這顯然是非常困難的。因此，根據指引我們實驗的原則，我們將把這兩種功能分屬到兩個不同的系統中。我們可以假定，處於機構最頂端的系統接受知覺刺激但是不保存它的痕跡，因而無所謂記憶；而在第一個系統之後有第二個系統，可以知覺把第一個系統的短暫興奮轉變而為永久的痕跡。下面是我們精神機構的示意圖（圖2）。

我們永久保存下來的東西多於與知覺系統發生接觸的知覺內容，這是大家熟知的事實。我們的知覺在記憶中是彼此連繫著的——最先且最主要是按照發生的同時性，我們把這個現象叫作「**聯想**」。因此很清楚，如果知覺系統根本沒有記憶能力，它就無法保存任何有連結的痕跡。如果一個早先的連結的殘跡對新的知覺會產生影響，則各個分隔的知覺元素在執行功能時必將受到妨礙，所以我們必須假定聯想的基礎存在於記憶系統中。

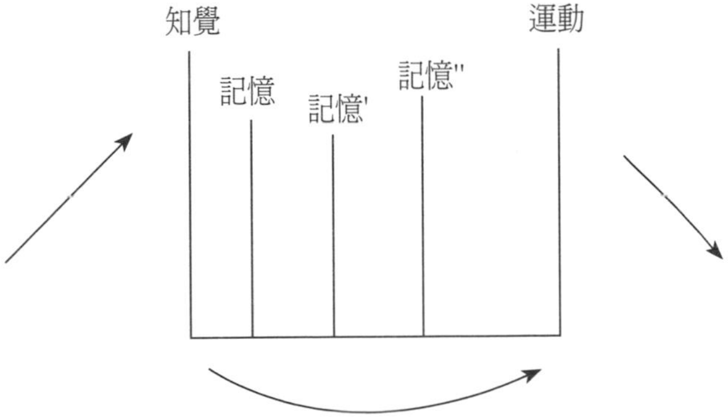

圖 2

14 牛津版註：指《歇斯底里症研究》之中約瑟夫·布洛伊爾所發表的論文第一節註釋。

因此聯想造成了下述的現象：由於阻抗的減弱和傳導路徑的開拓，興奮會較易於從某個給定的記憶元素傳導到某一記憶元素，而較不容易傳導到另一個元素。

仔細加以考慮，將會發現有必要假設從知覺元素開始傳遞的同一興奮，不是在一個而是在好幾個這樣的記憶元素中，以不同的方式留下了永久性痕跡，這些記憶系統的第一個系統自然會包含著有關同時性的聯想痕跡；而同一知覺材料在之後的各系統中，可以依其他種類的一致性而得到安排。譬如有一個系統可以記錄下相似性的關係，餘可類推。這類系統的精神重要性是不言而喻的，再以文字說明必然只會浪費時間。它的特性要視它與記憶原料的元素間的親近度而定，也就是說——如果我們要提出一個更為徹底的理論——依傳導興奮時，這個系統對元素的傳導阻抗程度而定。

在這一點上，我要插入幾句帶有概略性質，但也許具有重大含義的話。知覺系統——它並沒有保存變化的能力，因而也就沒有記憶——提供了我們意識所有的多元感覺性質。另一方面，我們的記憶——包括那些在我們心靈中銘刻的最深的記憶——其本身則是屬於無意識的，它們可以成為意識的，但是它們無疑在無意識的狀態下就能發揮所有的作用。我們所謂的「性格」乃是奠基於印象在我們的精神中所留下的記憶痕跡，而且對我們有最深刻影響的那些印象——我們早年的那些印象——正好是極少變為意識的。但是若記憶再度成為意識的，其並不會像知覺那樣表現出任何感覺性質，或只是表現得很少。**若我們能證實在 ϕ 系統中，記憶與意識所特有的精神性質是互相排斥的**，便能深刻地理解支配神經元興奮的條件。

在我們迄今所討論的有關精神機構感覺端結構的假說中，我們一直還未涉及夢或可從夢推論而得的心理學知識，然而夢所提供的證據可以幫助我們了解精神機構的另一部分。我們已經知道，我們要解釋夢的形成，只能大膽假設存在著兩種精神動元，其中一種動元對另一種動元的活動加以批判，包括將其排除於意識之外。

結論是，在與意識的關係上，批判性動元比被批判的動元密切：它像一個屏障，豎立在被批判的動元與意識之間。其次，我們還有理由把批判性動元看成這樣一種機構，它指導著我們的清醒生活，並決定我們自主的、意識的活動。根據我們的假設，如果用系統來取代這些動元，則我們最後的結論一定會把批判的系統定位於精神機構的運動端。我們把這兩個系統引入示意圖並為它們命名，用以表示它們與意識的關係（圖3）。

我們將把運動端最終的系統命名為**前意識**，表明前意識發生於其中的興奮過程可以不再遇到障礙而進入意識，只要具備某些其他條件：譬如它們達到了一定的強度，或是那種只能被描述為「注意力」的功能具有某種特定的分配等等。這個系統同時也是支配自主運動的關

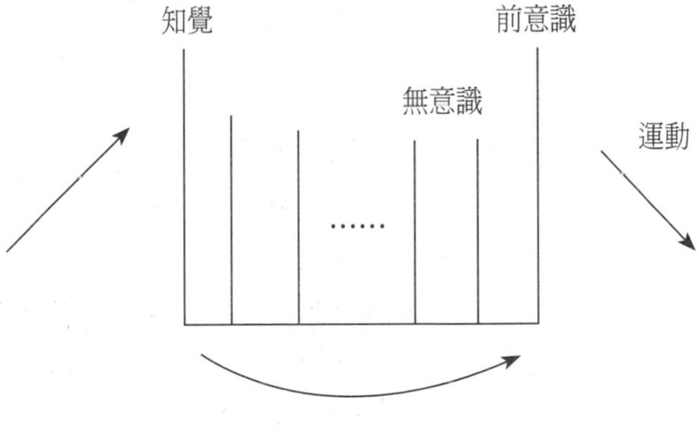

圖3

鍵。我們將把位於它後面的系統命名為無意識，因為它除了取道前意識之外，就無法達到意識，而且在經過前意識時它的興奮過程不得不有所改變。

那麼，我們將把形成夢的原動力放在哪一個系統呢？為了簡明，就放在無意識系統之中。事實上，在進一步的討論中，我們將會發現這並不完全正確，而且發現夢的形成過程不得不將其自身知覺依附於屬於前意識系統的夢念。但是當我們考慮到夢的欲求時，我們將會發現產生夢的動機力量是由無意識提供的，因此我們將把無意識系統當作夢的形成的出發點。與所有其他思想結構一樣，這個夢的刺激物將努力進入前意識，並由此進入意識。

經驗表明，這條經過前意識而導向意識的路徑，白天時由於阻抗所施加的稽查作用，而不對夢念開放。這些夢念到了夜間才能進入意識，但是問題在於它們如何才能做到這一點呢？而又要借助於什麼樣的變化呢？如果夜間由於守衛著無意識與前意識間疆界的阻抗有所減弱，而使夢念能夠進入意識，則當時我們所做的夢應該是意念性的，而不應該帶有目前我們所感興趣的幻覺性質。

因此無意識系統和前意識系統之間的稽查作用的減弱，只能解釋 Autodidasker 之類的夢的形成，而不能解釋作為我們研究起點的孩子燒著了那一類的夢。

我們描述幻覺性的夢的過程時，只能說：興奮以一種往後的方向運動。它不是傳向機構的運動端，而是向感覺端移動，最後到達知覺系統。如果我們把清醒生活中源自無意識的精神過程的方向描述為前進的，那麼我們就可以說夢具有一種回歸的特性。

這種回歸作用無疑是做夢過程的一種心理特徵，但是我們必須記住，它不只在夢中發生。

在有意的回想和我們正常思維的其他過程中，也包括著從複雜意念倒退到意念所由產生的記憶痕跡素材這一精神機構的回歸性運動。然而在清醒狀態，這種回歸活動從不超出記憶意象，它不再繼續產生知覺意象的幻覺性再現。但在夢中為什麼不是這樣呢？當我們考慮到夢的凝縮作用的工作時，勢必假設夢的工作可以把隸屬於某些意念的精神強度完全地從一個意念轉移到另一個意念。或許就是這種正常精神程序的改變，使知覺系統的精力傾注有可能以一種逆溯的方向發生，從思想開始，一直退回到感覺的高度鮮明性。

我們一定不能妄加誇大這些現象的重要性，我們不過是給予一個難解的現象一個名稱。在夢中，一個意念退回到它所由產生的感覺意象，我們稱之為「回歸作用」。然而即使這種做法也須加以檢證，如果這個名稱沒有什麼新意，那命名的目的何在呢？我認為，只要「回歸作用」能把某個我們所熟知的現象與精神機構示意圖連結起來，這個名詞就會對我們有所助益。在示意圖中，精神機構具有方向性，而正是在這一點上，我們設計出來的示意圖開始發揮其功用。無須多加思索，只要把這個圖考察一下，就可以看出夢的形成的另一個特徵。如果我們把做夢過程看成是發生在我們假設的精神機構中的一種「回歸作用」，我們立即就能對下述經驗性現象做出解釋：屬於夢念的一切邏輯關係，為什麼在夢的活動中會難以表達或消失不見。按照我們的示意圖，這些邏輯關係不包括在第一個記憶系統內，而是包括在其後的一些系統之中。而在回歸作用下，除了知覺意象外，它們必然會失去任何表達的手段。**在回歸作用中，夢念的結構分解為它本身的原始材料了。**

是什麼變化才使白天無法發生的回歸作用得以發生呢？有關這一點，我們必須滿足於某些推測。這無疑是一個各個不同系統的能量傾注變化的問題，發生的變化使得這些系統利於或不利於興奮過程的通過。但是在任何這類精神機構中，可能有許多不同方式可對興奮通路產生相同的影響。我們最先想到的，當然是睡眠狀態以及在精神機構感覺端所發生的精力傾注變化。在白天，一股興奮流從知覺系統不斷流向運動端，但到了夜晚，這股興奮流停了下來，不再成為向相反方向流動的興奮流的障礙。我們此時彷彿處於「與外部世界隔絕」的狀態——有些專家認為，這種狀態可以作為夢的心理特徵的解釋（見頁一二九～一三二）。然而在解釋夢的回歸作用時，我們必須記住，回歸作用也會在病態清醒狀態下發生。此處上述解釋並無法成立，因為在這些情況下，感覺流雖然毫無阻礙地流動，回歸現象卻依然產生。

我認為歇斯底里症和妄想症的幻覺，以及心智正常者的幻覺實際上也屬於回歸作用，即思想轉換為意象。但是能夠進行轉換的，只限於與受壓抑或保持無意識狀態的記憶有著密切連繫的那些思想。例如，一位我最年輕的歇斯底里症患者，一個十二歲的男孩，因為極度害怕「有著紅眼睛的青臉」而不能入睡。這個現象的來源是有關一個四年前常常見到的男孩的受壓抑、雖然有時也能意識到的記憶。這個男孩曾給他看過一幅警告小孩的圖畫，畫著兒童不良習慣的後果，其中包括了手淫，而我的這位小病人現在正為了過去的手淫而自責。他的母親當時曾指出，這個素行不良的孩子有著一張青色的臉孔和一雙紅色的眼睛（紅眼圈），這就是他心目中鬼怪的來源。而這個男孩正好——也是想起這個男孩的唯一目的——又使他想起了母親的另一個預言，說這一類小孩總會變成白痴，在學校裡什麼都學不會，而且活不久。我的小病人實現了這個預言的一部分，他在學校裡成績低下，而從他的不自主聯想表明，他對另一部分預言感到極端恐懼。我附帶說一句，經過短期的治療，他已能入睡，神經質的情形消失了，學年結束時還因成績優異而獲得了獎勵。

我還要解釋我另一個歇斯底里症患者（一個四十歲的婦女）所告訴我的一個在她生病之前發生的幻象。某天早晨，她睜開雙眼，看見她的弟弟站在房內，而她知道他事實上正關在瘋人院裡。她的小兒子正睡在她身邊，為了怕小孩子看見舅舅時受到驚嚇和發生抽搐，她用床單遮住了他的臉，然後那怪影就消失不見了。這個幻象是這個婦女一段童年記憶的變形，這個記憶雖然是有意識的，卻與她心中的無意識材料密切相關。她的保母曾經告訴她，她的母親（她死得很早，死時我的病人才十八個月大）患有癲癇症或歇斯底里性抽搐，而這個病可能是因她母親的弟弟（我的病人的舅舅）用一張床單罩著頭裝鬼嚇人，而讓她受到驚嚇所致。因此這個幻象中包含了與那段記憶相同的元素：弟弟的出現、床單、驚嚇及其結果等。但是這些元素以不同的方式重新排列，並且轉移到了別人身上。發生這個幻視或是想到這個被取代思想的明顯動機，是她對那個長得酷似舅舅的小兒子的關心，害怕她小兒子步他舅舅的後塵。

我所引證的這兩個例子與睡眠狀態不無關係，因此並不一定適合用來證明我所想要證明的看法。所以我要與讀者再談談我對一個患幻覺性妄想症的婦女所進行的分析，[15]以及我的精神神經症心理學研究尚未發表的結果，用以證明在這一類思想回歸性轉化的例子中，絕不容忽視來自被壓抑或仍保留在無意識狀態的記憶——大部分來自童年——的影響。與這些記憶有關聯

15 佛註：佛洛伊德，〈防禦性精神神經症的追加討論〉（*S.E.*, 3, p. 159）。

以及被稽查作用禁止的那些思想，似乎被記憶吸引而進入回歸過程中，而成為記憶本身得以隱藏其中的表現形式了。我還可以舉出《歇斯底里症研究》中所發現的一個事實，當有可能把幼兒期場景（不管是記憶還是想像物）引入意識中時，它們看起來就像幻覺，只有在把它報告出來時才失去這一特徵。還有一個類似的觀察表明，即使有些人的記憶不是正常的視覺型記憶，他們最早的童年記憶也終生保持著感覺的鮮明性。

如果我們現在考慮到，幼兒經驗及其所產生的想像物在夢念中所起的作用如何重大，它們在夢內容中反覆出現的次數如何頻繁，以及夢欲求本身又如何經常地由它們產生，我們就不得不承認，夢中思想之所以轉換成為視覺意象，一部分很可能就是那些以視覺形式潛伏並渴求再現的記憶，對被排斥於意識之外的思想施加吸引力，並力求表現自己的結果。由此看來，夢可以被描述為一種**幼年場景的替代物，藉著轉移到近期經驗而獲得改變**。幼年場景本身不能再現，只好轉變為夢境以求滿足。

由此看來，幼年場景（或其複製的想像物）在某種意義上是夢內容的原型，因此，施爾納及其信徒提出的內源性刺激假說便是多餘的了。施爾納認為，當夢表現得特別鮮明，或是視覺元素特別豐富時，可能出現了一種「視覺刺激」狀態，也就是在視覺器官中表現出內部刺激。我們並不需要反駁這個假設，但可以假定這種興奮狀態只適用於視覺器官的精神性知覺系統，而且還可以進一步指出，興奮狀態乃是由記憶喚起的，它是近期記憶的視覺刺激的再現。我在自己的經驗中找不出好例子說明幼年記憶所產生的這種結果，和別人的夢比起來，我自己的夢通常比較少感官的元素。但是在我最近幾年來最鮮明最美麗的夢中，我很輕易就能把幻覺般清晰的夢內容溯源於近期或較近期印象的感覺特性。在我所記下的一個夢中（頁四四八），那深藍色的海水、輪船煙囪噴出的褐色濃煙，還有那暗棕色和深紅色的建築物，都讓我留下深刻的印象。這個夢如果有來源的話，應該能追溯到某個視覺刺激，然而是什麼使我的視覺器官產生這種刺激狀態呢？那是一個近期印象，一個本身與許多早年印象緊密連繫著的印象。我在夢中看到的顏色，首先是在做夢前一天，孩子們用一箱玩具磚塊搭起來想博得我稱讚的那棟漂亮建築物的顏色：大磚是深紅色，小磚是藍色和棕色。與這些顏色有連繫的還有我最近在義大利旅遊時留下的印象：環礁湖和伊桑佐的美麗藍色，卡索平原的棕色。[16]夢中的絢麗色彩不過是我的記憶中某些看過的景象的重現而已。

讓我們就這一特徵——夢將自身的意念內容轉換為感覺意象——做一個整合性敘述。我們尚未解釋夢的工作的這個特性，我們也還沒有把這個特性追溯到任何已知的心理學法則。我們只是把它挑選出來，視其為某種具有未知含義的特性，而且用「回歸的」這個字眼來表明它的特徵。我們已經提出這種觀點，即只要出現這種回歸作用，很可能就是阻抗作用反對思想沿著正常路徑進入意識的結果，同時也是具有強烈感覺的記憶對思想產生吸引的結果。白天源源不斷從感覺器官流向運動端的經驗流在夢中陷於停頓，這或許更有利於回歸作用的產生。在其他回歸作用中，由於缺乏這種輔助因素，就必須由其他更強的回歸動機來彌補。我們必須記住，夢中和病態的回歸作用，其能量的轉移過程一定不同於正常心理生活中所發生的回歸作用，因

16 牛津版註：貝德克旅行指南將卡索平原描述為「荒涼且布滿石灰岩的平原」。

為前者的過程可以造成知覺系統一種完全幻覺性的精力傾注。而我們在分析夢的工作時所描述的「表現力」，則可能與夢念所觸及的視覺性回憶場景所產生的選擇性吸引有關。

也許我們並不滿意夢的心理學這第一部分的研究。但值得安慰的是，我們畢竟是在黑暗中摸索道路前進，如果我們沒有完全迷失方向，其他途徑必定也會把我們引到同一領域，那時我們就會感到比較輕鬆自如了。

三、欲求滿足

本章開始時那個孩子燒著了的夢，使我們有個很好的機會來考慮欲求滿足這一理論所面臨的困難。如果說夢不過是欲求的滿足，肯定會使我們都驚訝不已。這還不只是因為其與焦慮夢有所矛盾，當分析最初向我們顯示出夢的背後隱藏著一種意義和精神價值時，我們根本還沒有料到這種意義竟有如此單一的性質。按照亞里斯多德大膽而正確的定義，夢是思維在（只要我們睡著了）睡眠狀態中的持續。既然我們的思想能產生各種不同的精神活動——判斷、推論、否認、期待、意向等等——為什麼到了夜間，夢一定要把自身內容限制於欲求的滿足呢？相反地，難道不是有許多夢向我們表明其他各種精神活動——如焦慮——也會轉化為夢嗎？本章開頭所舉的那個夢（一個特別顯而易見的夢）不正是這樣一種夢嗎？當火光照射在睡著父親的眼瞼上時，他焦慮地推想一根蠟燭倒了下來，也許燒著了屍體。他把這種聯想轉化為夢，用一種感覺性情境並用現在時態予以表達。欲求滿足在其中又起著什麼作用呢？難道我們看不出從清醒生活持續下來的思想，或是被一種新的感覺印象激起的思想，對夢中有著最主要的影響嗎？

這一切都是對的，因此我們不得不更嚴密地考察欲求滿足在夢中所起的作用，以及持續在睡眠中運作的各種清醒思想的重要性。

我們早已根據欲求滿足把夢分成了兩類。我們已經發現有些夢公開地表現為欲求滿足，而在另一些夢中欲求滿足很難察覺，而且往往用任何可能手段加以偽裝。在後一種情況中，我們已經知道是受到夢的稽查作用的影響。我們發現那些未偽裝的表現欲求的夢主要發生在童年，雖說那些短的、公開表現欲求的夢似乎（我要強調這個字眼）也會在成人身上發生。

其次我們要問的是，夢中實現的欲求源於何處？但在提出「何處？」這個問題時，我們可曾想到什麼參考點、對比和分化呢？我想到的是，在有意識的白天生活與停留在無意識中只能在夜間察覺的精神活動之間存在著明顯的對比。就這個對比，我可以區分出欲求的三種來源。（一）它可以在白天被喚起，但由於外界環境而未獲得滿足，在這種情況下，一個得到承認但未獲得滿足的欲求就被留到夜晚了；（二）它可以在白天產生但又被排斥，在這種情況下，被留到夜晚的欲求並未得到滿足但也受到了壓抑；（三）它可能與白天生活無關，因而出現的欲求僅來自於我們心靈中受壓抑的部分，而且到夜間才變得活躍起來。如果我們回顧一下我們精神機構的示意圖，我們將會把第一類欲求定位於前意識系統；我們將假定第二類欲求是從前意識被趕入無意識，而繼續存在在那裡；而第三類欲求衝動則根本沒有超出無意識系統。於是出現了這樣的問題，即來源不同的欲求對夢是否具有同等重要性，是否具有同等激起夢景的能力？

如果我們考察一下自己所知的夢來回答這個問題，馬上就會知道，還得加上第四種夢的欲求起源，也就是當晚發生的欲求衝動（如口渴或性的需求）。其次，我們認為，夢的欲求來源，並不影響其促成夢的能力。我想起了那個小女孩因白天遊興未盡而做了一個延長遊湖時間的夢，以及我記錄中另一些兒童的夢，我把它們都解釋為源於前一天未被滿足但也未受壓抑的欲求。一個欲求在白天受到壓抑於是在夢中尋找出路，這樣的夢不勝枚舉。我還想加上最簡單的一個例子，夢者是一個喜歡取笑別人的女子，她一位比她年輕的朋友剛剛訂婚。許多朋友不斷地問她是否認識那個男子，以及對他的看法如何，她除了讚許以外，什麼都沒有講。其實她隱藏了自己的真正想法，雖然她很想說實話，即他是一個**平庸的人**[17]。她當晚夢見有人問她同一問題，她用這樣的話回答：**重複定貨的話，選出號碼就行了**。最後，我們從很多的分析中認識，一個夢只要接受了偽裝，必有來自無意識的欲求，而且無法在白天察覺這個欲求。因此乍看之下，夢中的所有欲求似乎具有同等重要性和同樣力量。

然而事實並非如此，雖然我還提不出任何證據，但我堅決認為夢的欲求是被嚴格決定了的。的確，兒童的夢可以證實，若某個欲求在白天沒有得到滿足，該欲求便可能成為夢的刺激物。但是我們不應忘記，這是兒童的欲求，是一種兒童所特有的欲求衝動力量。至於在成人身上，一個白天未能滿足的欲求，其強度是否足以產生夢，我認為是大可懷疑的。相反地，我認為由於我們的思想活動不斷地控制著自己的本能生活，我們就越來越傾向於認為那些兒童看來自然的強烈欲求是不宜形成或保存的了。這方面可能有個別差異，有的人更長久地保持著幼兒型的心理過程，就像童年時非常鮮明的視覺意象，其減弱也存在著個別差異。總之，我認為前一天遺留下來的未被滿足的欲求在成人身上是不足以產生夢的。我寧可承認，來自意識的欲求衝動將有助於夢的產生，但它的作用也僅止於此。如果前意識的欲求無法從別處得到源源不絕的助力，夢是不會形成的。

事實上，這一助力來自於無意識。**我的假設是，一個意識欲求只有當它能不斷喚醒類似的無意識欲求，並從它那裡取得援助，才可能促成夢的產生。**對精神官能症的精神分析使我認識到，這些無意識欲求非常活躍，隨時在尋找出路，一有機會就和來自意識的衝動結成聯盟，並把自己的強大力量傳遞給較弱的後者。[18]表面看來，好像意識欲求單獨構成了夢，只有從夢的構成中某些細微的特點才能使我們認出無意識的標誌。我們無意識中的這些欲求永遠在活動著，它們的不朽使我想起希臘神話中的泰坦人。自古以來，這些被勝利的諸神用宏偉山巒壓埋在地下的巨人，仍不時因四肢抽搐而震撼著大地。但是我們根據對精神官能症的心理研究，才知道這些被潛抑的欲求都源於幼兒期。所以我要以下面這個說法來代替剛才提出的夢的欲求來源是無足輕重的那一說法：**出現於夢中的欲求一定是一個幼兒期欲求**，它在成人身上源於無意識，而在兒童身上，因為在無意識與前意識之間還沒有區分或形成稽查作用，或這個區分才正

17 牛津版註：德文字面意義為「一打人」，指平庸的人，數以打計。

18 佛註：它們與所有其他真正無意識的，即專屬於無意識系統的精神活動一樣，也具有不可毀滅的性質。這些路徑已被永遠打開，絕不會廢棄不用。只要無意識興奮的精力重新傾注過來，它們總是隨時將興奮過程加以傳導和釋放。如果允許我打個比喻，它們就像《奧德賽》中的陰間鬼怪，即便被毀滅，只要喝了人血就可以復活過來。（牛津版註：關於《奧德賽》中的鬼魂，見頁三〇九註釋。）那些依賴前意識系統的過程在另一種意義上則是可以毀滅的。精神官能症的心理治療正是基於這種區別。

在逐漸形成，它是來自清醒生活中未被滿足且又未受潛抑的欲求。我也知道這種主張無法證明其普遍性，但常能——甚至在從未想到此可能性的例子中——證明屬實，所以我們未嘗不可將其視為一個普遍命題來看待。

因此在我看來，來自意識清醒生活的欲求衝動，在夢的形成中必須降居次要地位。我認為這些欲求除了增添夢的內容，在睡眠時提供當前活動著的感覺材料之外，並無其他作用。（參見上文頁二九〇～二九一）現在我要追隨這一思路轉而考慮從白天遺留下來而不同於欲求的精神刺激了。當我們決定去睡覺時，我們有可能成功地暫時終止對清醒思想的能量傾注，凡能做到這一點的人都是好的睡眠者，拿破崙可算這方面的典型人物。但是我們並非總能做到，也無法完全地做到這一點。沒有解決的問題、折磨人心的煩惱、深刻難忘的印象——所有這些都把思想活動帶入睡夢中，並在我們稱之為前意識的系統中繼續進行心理活動。如果我們想把在睡眠中持續的思想衝動加以分類，則可以把它們分為以下幾組：（一）那些在白天由於某種原因而沒有得出結論的思想；（二）那些由於我們的智力限制而未能處理妥切的思想，也就是未能解決的問題；（三）那些白天受到排擠和壓抑的思想。還得加上強有力的一組，即：那些被白天的前意識活動活化的無意識思想。最後我們還可以加上第五組：那些白天未被注意，因而也就未被處理的印象。

對於這些從白天遺留下來而進入睡眠中的精神強度的重要性，特別是未解決的問題這一類，我們無須加以低估，這些興奮肯定在夜間繼續試圖表現。我們也可以同樣肯定地認為，睡眠狀態使前意識中的興奮過程不可能以正常方式進行而最終變為意識，只要我們的思考過程在夜間以正常方式表現為意識，我們就是沒有入眠。我不敢說睡眠狀態會給前意識系統帶來什麼樣的變化，但可以肯定地說，睡眠的心理特徵基本上要到這個特殊系統的精力傾注變化中去尋找——這個系統也支配著睡眠時癱瘓了的運動能力。另一方面，夢的心理學也沒有任何理由認為除了繼發性變化外，睡眠還在無意識事物上產生其他任何變化。因此，夜間發生的前意識興奮，只能循著來自無意識的欲求興奮所行的路徑，而沒有其他路徑可供選擇。前意識必須從無意識中得到強化，也必須與無意識一道通過迂迴路徑。但是前一天的前意識殘餘與夢又是什麼樣的關係呢？無可置疑地，它們大量地尋求進入夢的路徑，並利用夢的內容，以便即使在夜間也能進入意識之中。的確，它們偶爾也支配了夢的內容，並迫使夢表現白天的活動。但也可以肯定，白天殘餘除了欲求之外，同時還有其他的性質。在這方面，觀察它們在什麼條件之下才能進入夢境是很有啟發性的，也許對於欲求滿足這一理論具有決定性的重大意義。

讓我們舉一個我已提過的夢為例——譬如我的朋友奧托看上去像是得了巴塞多氏症的那個夢（頁三二七～三二八）。前一天我曾為奧托面帶病容感到憂慮，正如任何一件與他有關的事情一樣，這憂慮對我產生了很大的影響。我敢說這擔心在睡眠中仍糾纏著我，我很可能擔心他身上有什麼毛病，這種憂慮在我描述過的夢境中得到了表達。夢的內容既無意義也與欲求滿足無關。我於是開始研究我白天時的憂慮會有這樣一個不適當表達的緣由，而在分析之後，我發現它與我把我的朋友認同成某一L男爵，而我自己則以教授自居這一事實有關。我之所以不得不選擇這個特殊替代物來替換我白天的思想，看來只有一種解釋，我必定是在我的無意識中已隨時準備好認同R教授，因為透過這種認同作用，我童年時的一個持久欲求——誇大妄想欲求——才能得到滿足。敵視我的朋友這種醜惡思想，在白天肯定是被排斥了，到了夜晚則抓住機會和欲求一道悄悄在夢中表現出來。但是我的白天憂慮也利用一種替代物在夢內容中獲得了某種表達。白天思想本身並不是一種欲求，相反地，卻是一種憂慮，於是它不得不設法尋求與當前處於無意識中而且受壓抑的一個幼年欲求取得連繫，藉此——經過喬裝打扮後——得以在意識中「出現」。憂慮越強烈，其所能建立的連繫越深遠。在欲求內容與憂慮之間並無任何必要的連繫，實際上在我們的夢例中就是如此。

我現在已能正確說明無意識欲求在夢中所起的作用。我不得不承認有一類的夢，其刺激主要或完全源於白天生活的殘餘。我再回到關於我的朋友奧托的夢，我認為如果我當晚未曾持續地為我朋友的健康狀況擔憂，即使我有期待自己有朝一日成為臨時教授的欲求，我也會整夜安然入睡。但是單有憂慮還不能構成夢，夢所需要的動機力量必須由欲求提供。我的憂慮必須抓住一個欲求，以成為夢的動機力量。我可以用一個比喻來說明我的主張，白天思想在夢中可以扮演一個企業家的角色，但是一般人認為，企業家雖有計畫並富有創造力，但若無資本則一事無成，他需要資本家提供資金。在夢中，這個提供精神資金的資本家，不管前一天存在著什麼樣的思想，必然是源於無意識的欲求。

有時這個資本家本人也是企業家，這種夢確實也常見：一個無意識欲求受到白天活動的激發，進而構成夢境。因此在我用以作為比喻的經濟活動中，其他可能發生的活動形式，在夢的過程中也都有與其相對應的情形。企業家可以自己買一部分股票，好幾個企業家可以共同仰賴同一個資本家，幾個資本家也可以共同支付企業家的必要資金。同樣地，我們在夢中也可以得到一個以上的夢欲求的支持，其他情況不難一一列舉。但我們對此已不再感興趣，只有在稍後的討論中，我們才能填補有關夢欲求的說明的缺陷。

上述比喻中的**第三個比較元素**[19]，即企業家所能動用的適當資金，對於闡述夢結構的細節仍能發揮更大的作用。我已經說過，在大多數夢中都可以發現一個感覺特別鮮明的中心點，這個中心點通常是欲求滿足的直接表現。因為如果我們除去了夢的工作所形成的置換作用，我們就會發現夢念中各元素的精神強度，已被夢的實際內容中各元素的感覺強度所取代。在欲求滿足鄰近區域的各元素，往往與欲求滿足沒有任何關係，而卻是與欲求相反的一些痛苦思想的衍生物，它們往往由於與中心元素建立了某種人為的連繫，獲得了足夠的強度，因而得以在夢中出現。於是實現欲求滿足的力量擴散到四周的一定範圍內，在此範圍內的所有元素——甚至包括那些本身沒有資源的元素——都因而獲得力量而得以表現了。在那些出現好幾個欲求的夢中，不難劃定那些不同欲求滿足區域的界限，而夢中的間隙往往可以理解為這些區域間的邊界地帶。

雖說上面的討論已經降低了白天餘念的重要性，但仍值得再多注意它們一些。在夢的形成中，它們必定是重要成分，因為經驗揭示了這一令人驚訝的事實：在每一個夢中，總會發現其內容與某個近期白天印象——往往是最無關緊要的印象——有所連繫。為什麼需要在夢的構成物上加上這一內容呢？迄今我們仍無法解釋（見頁二四一～二四二）。我們只得牢牢記住無意識欲求所起的作用，然後再到精神官能症心理學那裡搜尋資料，才能領會其中的道理。我們從精神官能症那裡了解到，單是一個無意識意念無法進入前意識，它必須與一個已經屬於前意識的意

19 牛津版註：原文為 tertium comparationis.

念建立連繫，把本身的強度轉移過去，並利用後者作為「掩飾」，才能發揮其本身的作用。我們在此發現了移情作用這個現象，它解釋了精神官能症患者精神生活中許多驚人的現象。前意識意念——由此過程獲得其本身不應有的強度——可不因移情作用發生改變，也可以因受到自無意識移情而來的意念內容的壓力而發生改變。我希望讀者原諒我喜歡用日常生活進行類比，但我仍不禁要說，一個受潛抑意念的處境就像一個在奧地利的美國牙科醫生，除非找一位合法醫生作為法律上的「掩飾」，否則他將無法獲准開業，然而那些業務繁忙的醫生都不願意和這位牙醫結盟。同樣地，那些在前意識中非常活躍從而吸引了大量注意力的前意識或意識意念，也較不容易被選來作為被潛抑意念的掩飾。無意識寧願與那些被忽略的前意識印象和意念——它們也許微不足道，因而不受任何注意，也許受到排擠因而暫時不被注意——形成連繫。有一條大家熟悉的聯想法則，而且已完全得到經驗的證實：一個意念如果在某方面形成了密切連繫，就會排擠所有其他新的連繫。我曾企圖在這個命題的基礎上，建立歇斯底里性癱瘓的理論。

我們分析精神官能症時，發現被潛抑意念需要移情作用，如果我們假定被潛抑意念在夢中也有同樣的需要，則可一舉解決夢的兩個難題：第一，每一個夢的分析都表明在夢的結構中交織著某種近期印象，其次，這種新近元素往往是最為瑣碎的印象。我還可以加上我們已在別處發現的一點：這些近期和微不足道的元素之所以能如此頻繁地進入夢境作為最古老夢念的替代物，乃是因為它們最不怕阻抗所施加的稽查。然而，如果說瑣碎元素受到優先選擇的現象可用其不怕稽查作用來解釋，則近期元素經常出現的現象就揭露出被潛抑意念對移情作用的需求了。這兩組印象都符合被潛抑意念對材料的要求，它要求它們未曾形成聯想——微不足道的元素是沒有機會形成各種聯想，而近期元素則還來不及形成聯想。

由此可見，白天殘餘，我們現在可以把瑣碎印象歸入這一類，當它們成功地參與了夢的形成時，不僅從無意識借來受被潛抑欲求支配的本能力量，而且也可以提供無意識某種必不可缺的東西，即作為移情作用必要的依據點。如果我們想在這一點上，更深入心靈的各個過程，我們應該再多了解一些前意識和無意識之間各個興奮的交互作用——這是我們研究精神神經症所要解決的一個課題，但是夢對此卻無助益。

對於白天殘餘我還有一句話要說：睡眠的真正干擾者，無疑正是這些白天殘餘而不是夢，夢反而是在保護睡眠。後文中我們將再提到這一點。

截至目前為止，我們一直在研究夢的欲求。我們已在無意識領域中追溯到它們的來源，同時分析了它們與白天殘餘的關係。這些白天殘餘可以本身就是欲求，可以是其他精神衝動，也可以只是某些近期印象。以這種方式，我們可以解釋各種清醒思想活動在夢的形成過程中所起的重要作用。它甚至還可能說明這樣一種極端情況，即夢可以緊隨著白天的活動，為清醒生活中不能解決的問題求得滿意的解決。我們需要的就是這樣的夢例，可以讓我們進行分析，並追溯到幼兒或被潛抑的欲求來源，而這些欲求則支持並成功地強化了前意識活動的努力。但是所有這一切都未能進一步解決這個問題：為什麼睡眠中無意識只能提供滿足欲求的動力而不能提供其他任何東西。這個問題的答案必須有待於對欲求的精神性質的說明，而我想利用上面已提到的精神機構示意圖來回答這個問題。

精神機構無疑經歷了漫長的發展才達到它現今的完善程度。我們且設想一下它最早期的功能。我們必須從其他方向才能證實這個假設，即精神機構最早期的努力在於盡最大可能保持自身不要受到刺激。所以它的最初結構遵循的是一種反射機構的設計，使任何影響它的感覺興奮，都能沿著一條運動路徑迅速釋放。但是生命的迫切需要干預著這種簡單功能，也正是基於這種動力，精神機構才得以向前發展。它最初所面臨的生命迫切需要大部分表現為軀體需求的形式。內部需求所產生的興奮在運動上尋求釋放，這種釋放可描述為「內部變化」或「情緒表現」。一個飢餓的嬰兒可以大聲啼哭或無助掙扎，但情況並不因此而改變，因為內部需求產生的興奮並不是源於某種只產生暫時性影響的力量，而是源於不斷發生作用的力量。只有在某種方式下（如嬰兒得到外來的幫助）獲得一種**滿足的體驗**，才能使內部刺激停止下來，從而使情況有所改變。這種滿足體驗的一個基本成分就是一種特定知覺（在我們例子中指的是食物），這種知覺的記憶意象，自此以後便與需求所產生的興奮的記憶痕跡保持著連繫。因為已經建立了這種連繫，下一次需求出現時，就會立即產生一種精神衝動，尋求對知覺的記憶意象進行再次精力傾注，從而再度喚起知覺本身，也就是說，再度建立起來原來的滿足情境。我們便把這樣的一種精神衝動稱之為欲求。知覺的再現就是欲求的滿足，而實現欲求滿足的最短路徑，就是由需求所產生的興奮直接導向對知覺的完全精力傾注。我們有理由可以假定，曾經存在過這樣一種精神機構的原始狀態，其中確實經歷了這條路徑，也就是欲求終止於幻覺作用。因此這最初精神活動的目標乃是產生一種**知覺同一性**——即與需求滿足連繫著的知覺的復現。

生命的痛苦經驗必定使這種原始思想活動變成了一種更為適當的續發性思想活動。沿著精神機構內部回歸作用的捷徑而建立起來的知覺同一性，與來自外部對同一知覺的精力傾注相比，並無法在心靈其他地方產生相同的結果。滿足沒有產生，需求就持續不已。一種內部精力傾注，如果繼續不已，也只能與幻覺性精神病和飢餓想像物所產生的外部精力傾注具有相同的價值，為了依附其欲求的對象，而耗盡它們全部的精神活動。為了更有效使用精神力量，必須在回歸作用完成前便加以制止，使其過程不超出記憶意象，並能找出其他一些路徑，最終通往由外部世界建立起來的、所期望的知覺同一性。這種對回歸作用的抑制，以及由此而產生的興奮轉向，就變成了第二系統的任務。這個第二系統控制自主運動——也就是說，它只有一次利用運動來達成事先想好的目的。但是所有複雜的思想活動——從記憶意象開始，一直到外部世界建立起知覺同一性時——不過是構成了一條通往欲求滿足的迂迴路徑，而經驗告訴我們，這樣一條迂迴的路徑是必要的，[20]思想根本上不過是幻覺性欲求的替代物，不言而喻，夢必定是欲求的滿足，因為只有欲求才能使我們的精神機構開始運行。那些沿著回歸捷徑而使其欲求得到滿足的夢，不過是在這方面為我們保存了精神機構原始工作方法的樣本，而這種方法已因缺乏效率而被摒棄了。當心靈仍然幼小而且能力不足時，這種方法曾一度統轄著清醒生活，現在卻被拋置到夜夢之中——就像已被成人摒棄的原始武器弓和箭，再次出現於幼稚園那樣。做夢是已被取代的幼年精神活動的一個片斷。精神機構的這些原始工作方法，在清醒時通常受到壓抑，但在精神病中又再一次出現，從而表明了它們沒有能力滿足我們與外部世界有關的需求。

20 佛註：勒洛林在〈夢〉公正地讚揚了夢的欲求滿足活動，他說：「不會帶來極度的疲倦，也不會勉強去進行漫長而無休止的掙扎，從而損耗了我們所追求的快樂。」

無意識欲求衝動顯然也想在白天發生作用，而移情作用和精神病都力求經由前意識系統進入意識之內，以獲得控制運動的力量。因此介於前意識和無意識之間的稽查作用——我們根據夢的現象，而不得不假定其存在——作為我們的守衛者，理應獲得我們的承認和尊重。但是我們是否一定要假定這個守衛者由於粗心大意而在夜間放鬆了活動，因而讓無意識中受壓抑的衝動得到表現，並使幻覺性回歸作用有可能再度發生呢？我可不這樣想，因為即使這個嚴厲的守衛者休息去了——我們有證據證明它的睡眠不深——它仍然關閉了運動能力的大門。不管那些平常受抑制的無意識衝動在舞台上如何神氣活現，我們都無須擔心。它們是無害的，因為它們不能啟動可用來改變外部世界的運動機構，睡眠狀態保證了必須嚴加防衛的城堡的安全。但如果這種精神力量置換作用的發生，並不是由於嚴厲稽查作用的力量在夜間鬆弛下來，而是由於這個力量的病態性減弱或無意識興奮的病態性加強，同時前意識仍然不斷獲得精力傾注，大開通往運動力量之門，則情況就不是那麼無害了。在發生這種情況時，守衛者便被征服了，無意識興奮壓倒了前意識，從而獲得了我們言語和行動的控制權。或者，它們強制地體現了幻覺性回歸作用，借助於知覺對精神能量分配所產生的吸引力，指引著（並不是為其運用而設計的）精神機構的進程。我們把這種精神狀態叫作精神病。

在建構夢的心理學的進程中，之前我們在引進無意識和前意識兩個系統的這個點上停留了一段時間，而現在可以開始進一步搭建心理學的骨架了。但是我們必須再稍微討論一下欲求是夢的建構唯一的精神動機力量這個主張。我們已經接受了夢為什麼總是欲求的滿足這個觀點，其理由就在於夢是無意識系統的產物，而無意識活動除了欲求滿足以外，不知道其他目標，除了欲求衝動以外，沒有其他可供支配的力量。如果我們堅持——甚至只是短暫地堅持——我們有權在釋夢基礎上建立起具有深遠意義的心理學推測，我們就有責任證明這些推測也能使我們得以把夢插入某種包含其他精神結構在內的關係中。如果有像無意識系統（或是——為了討論的目的——與它相類似的事物）這種事物存在著，夢就不能是其唯一的表現。每一個夢都可以是一種欲求的滿足，但是除了夢以外，一定還存在著其他變態的欲求滿足形式。事實上，解釋所有精神神經症症狀的理論最後得到一個主張，認為**這些症狀也可以被視為是無意識欲求的滿足**。我們的解釋不過使夢成為這一類欲求滿足的第一個成員，而其對精神醫學學者具有重大意義，而且對這一類欲求滿足的了解，也意味著對精神疾病問題的純心理學解決。然而，在這一類欲求滿足的其他成員中——例如歇斯底里症症狀——還具備著一個我在夢中未曾發現的主要特徵。我從本書常提到的研究中了解到，一個歇斯底里症症狀的形成，必定有兩股潮流在心靈中匯合。一個症狀並不僅是已實現的無意識欲求的表現，也必定會有一個來自前意識、也在相同症狀中得到滿足的欲求。因此這個症狀至少要有兩個決定因素，各自源於兩個互相衝突的系統。而且與夢中的情形一樣，也有可能出現更多的決定因素，即症狀的多重決定。就我目前所知，凡不是來自無意識的決定因素，都是反對無意識欲求的思想系列——例如自懲。因此我敢提出一個具普遍性的主張：**只有當各別來自兩個不同精神系統的兩個對立欲求的滿足，能以一種單一表現方式匯集在一起時，才有可能發展出一個歇斯底里症症狀**。此處無須舉例，因為只有對涉及的複雜情況進行詳盡無疑的闡述，才有最大的說服力。因此我姑且將我的主張擱置一旁，只舉一個例子，不是為了論證，而是為了使論點更加清晰。我有一位女病人，患有歇斯底里性嘔吐，一方面這是為了滿足她從青春期開始就懷有的一個無意識幻想，也就是說，她懷有這樣的欲求：她想要不斷地懷孕，希望能生出一大堆孩子。後來她又增加了一個欲求：她希望與盡可能多的男人發生關係來生下這些孩子。於是一個強有力、用以對抗這肆無忌憚的欲求的防衛性衝動就產生了：而由於她嘔吐的結果可能使她失去美好的身材和容貌，從而失去對任何人的吸引力，因此這個症狀也就能為懲罰性思想系列所接受了。由於它能為兩方面所接受，於是得以變成現實。這與帕提亞女王讓羅馬執政官克拉蘇[21]滿足欲求的方法相同，她相信他的遠征出於愛好黃金，所以在他死後，下命令將熔化了的黃金灌入他的喉嚨中，她說：「現在，你總算如願以償了。」但是就夢而言，依我們目前所知，其所表現的是來自無意識的欲求滿足，而占優勢的前意識系統似乎在迫使欲求進行若干次偽裝後，便默許了這種滿足。一般說來，在夢中也不可能找到對立的、反對夢欲求的思想系列，只有在夢的分析中，我們才能偶爾察覺一些反動創造物的跡象，譬如在關於我叔叔的夢中（頁二〇五～二一三），我對朋友R的溫情。但是我們也能從別的地方發現看不見的前意識成分，當來自無意識的欲求在夢中經過各種偽裝而得以表現出來時，這個占優勢的（前意識）系統便退縮到睡眠欲求中。在精神機構範圍內藉著變化精力傾注，使睡眠欲求得以實現，並使該欲求持續地貫穿於整個睡眠過程中。[22]

前意識這個被決定了的睡眠欲求，通常對夢的形成具有促進作用。讓我們回想本章開頭那個男人做的夢，來自鄰室的火光使他猜想他孩子的身體燒著了。這位父親在夢中做出這個推論而不是讓自己被火光驚醒，而我們認為造成這個結果的精神力量，乃是把夢中孩子的生命延長一會兒的欲求。而其他一些受潛抑的欲求可能就無從得知了，因為我們無法分析這個夢。但是我們可以假設，產生這個夢的另一個動機力量乃是父親的睡眠需求，他的睡眠和孩子的生命一樣，也因為夢而延長一會兒了。「讓夢繼續下去」——這就是他的動機——「不然我就一定要醒來了」。任何其他夢也和這個夢一樣，睡眠欲求支持了無意識欲求。在頁一九四～一九五我描述過幾個表面上看來是便利性的夢，但事實上這些夢都有資格要求同樣的解釋。繼續睡眠的欲求在喚醒的夢中最容易看得出來，它把外界感覺刺激巧妙地加以改變，竟使它們可以和繼續入睡並存不悖。它把這些刺激編入夢中，剝除了它們作為外界提醒物的一切可能性。然而這個欲求在所有其他夢中也可能發生相同的作用，雖然刺激有時僅僅來自內部，而正是這些夢有使夢者從夢中醒來的危險。在有些夢中，當事情變得不妙時，前意識就對意識說：「不要緊，繼續睡吧！它畢竟只是一個夢！」但這描述了占優勢的精神活動對夢所持的普遍態度，雖然有時並沒有公開地表達出來。因此我不得不做出以下的結論：**在我們整個睡眠狀態中，如同我們知道自己正在睡覺一樣，我們也肯定知道自己正在做夢**。反對意見認為，我們的意識從來不知道自己是在睡覺，而且只有在特殊情況下，即稽查作用覺得自己的警戒被入侵時，我們才知道自己在做夢。對於這種反對意見，我們根本不需加以反駁。

21 牛津版註：馬可士·利西尼·克拉蘇（卒於西元前五三年）是一位富有的羅馬政治家、將軍兼地主。此軼事由史家狄奧·卡西烏斯（一五〇～二三五）所述。
22 佛註：我從李厄保所提出的睡眠理論借用了這個觀念，催眠理論在現代的復甦應歸功於他。

四、夢中驚醒、夢的功能、焦慮夢

我們既已知道前意識整晚都專注於睡眠欲求，當然也就可以對做夢過程進行更進一步的了解。但先讓我們對迄今已知的事實做一小結。情況就是如此。要麼前一天清醒活動留下某些殘餘，而不可能從中撤回所有能量傾注，要麼白天的清醒活動激發了無意識中的一個欲求，也可能是這兩種情況偶然地湊合到一起（我們已經討論了這方面各種不同的可能性）。無意識欲求和白天殘餘結合起來，並對這些殘餘產生一種移情作用，這種狀況可以發生在白天，也可以在夜晚睡眠狀態中才建立起來。這時出現了一個欲求，已被轉移到近期材料上；或是，一個受壓抑的近期欲求，由於受到無意識的強化而獲得新生。這個欲求沿著思想過程必經的正常路徑奮力前進，透過前意識（實際上，它有一部分屬於前意識）衝向意識。但是它碰到了仍在發生作用的稽查作用，而且受到了它的影響。在這一關鍵時刻，它採取了偽裝，而對近期材料的移情作用已為此鋪平了道路。直到此時，它已走上了成為強迫性意念、妄想或諸如此類的精神現象的道路——也就是變成受移情作用強化的思想，而且因為稽查作用的影響而在自身表達上有所偽裝。然而它再想前進，就受到了前意識睡眠狀態的阻撓（很可能是前意識系統以減少自身興奮的方式來防止入侵）。因此，夢的過程便走上了回歸路徑，這條路徑由於睡眠狀態的特殊性質恰恰敞開了大門。在這條路徑上，記憶群所施加的吸引力引導著它前進。這些記憶的某些部分本身僅僅以視覺性精力傾注的形式存在著，並不轉變為那些續發系統的文字符號，而夢的過程便在其回歸路徑上獲得了表現力的屬性（我將在後面談到壓縮的問題）。現在，夢的過程已完成了其迂迴曲折道路的第二部分。第一部分是前進的部分，從無意識場景或想像物導向前意識，第二部分則是從稽查作用的疆界重新返回知覺。但是當夢過程的內容已經變成知覺後，就彷彿找到了一條道路，可以避開稽查作用和睡眠狀態在前意識中所設置的障礙。它成功地吸引了注意力，而受到了意識的注意。意識——我們將其視為感知精神性質的感官——在清醒生活中有兩個興奮來源：首先，它可以接受來自整個機構周邊的，即知覺系統。其次，它還可以接受快樂和痛苦的興奮，這種興奮可說是依附於機構內部能量轉移的唯一精神性質。在φ系統內的所有其他過程，包括前意識在內，都不具有任何精神性質，只要它們不引起對快樂或痛苦的知覺，就不能作為意識的對象。因此我們不得不斷定，**這些快樂和痛苦的釋放，自動地調節著精力傾注的進程**。但是，為了使調節工作能更細緻地進行，必須使意念進程較少受到痛苦的影響。為了達到這個目的，前意識系統需要具有某些自有的精神性質，以能吸引意識的注意。而要做到這一點，就一定要把前意識過程與言語符號的記憶系統連繫起來，因為這個系統也是具有精神性質的。由於這一系統的性質，使得一直只作為知覺感官的意識，就變成我們一部分思想過程的感官了。所以現在可說是有了兩個感覺面，一個指向知覺，另一個則指向前意識的思考過程。

我必須假定，睡眠狀態使得指向前意識的意識感覺面，遠比指向知覺系統的感覺面不容易接受興奮。此外，夜間對思想過程不感興趣還有一個目的：思維必須停止，因為前意識需要睡眠。不管怎樣，只要夢變成了知覺，它就可以利用新獲得的性質使意識興奮起來。這種感覺興奮接著行使其本質性的功能：它指引前意識內一部分可運用的傾注能量注意形成興奮的原因。因此必須承認，每個夢都具有一種**喚醒**作用，也就是使前意識一部分靜止的力量發為行動。由於這種力量的作用，夢接受了我們稱之為潤飾作用的影響，以保持其連貫性和可理解性。也就是說，這種力量以一樣的方式對待夢和其他任何知覺內容，在其材料允許的範圍內，夢也同樣受到預期性意念的影響。若說夢的過程這第三部分有任何的方向性，則其必然再次是個前進性的過程。

為了避免誤解，我得就這些夢過程的時間關係再補充幾句話。哥布洛特無疑受了莫瑞的斷頭台夢的啟發，提出了一個富有誘惑力的推測。【29】他力圖證明夢所占據的時間，不會多於睡眠和覺醒之間那一段過渡時間。覺醒的過程要占據一定的時間，夢就是在這一段時間內發生的。我們總想像夢的最後意象如此強烈，以致迫使我們醒來。事實上，這個意象之所以如此強烈，只是因為此時我們已經臨近覺醒的時刻，「夢是剛剛開始的覺醒」[23]。

杜加斯已經指出，哥布洛特必須要犧牲許多事實，才能宣稱他自己的主張具有普遍性。【18】夢是在我們尚未醒來時發生的——例如我們有時夢見自己正在做夢。根據我們對夢的工作的了解，我們實難同意夢只占據覺醒的那段時間。相反地，夢的工作的第一部分似乎很可能在白天就已經開始了，不過是在前意識的控制之下。至於夢的第二部分——稽查作用所做的改變、無意識場景的吸引力、以及奮力成為知覺——無疑都是在夜晚進行的。當我們說整夜都覺得在做夢，但又說不清楚是什麼夢時，我們往往都是對的。但是我認為，我們似乎不需要假設夢的過程在進入意識之前，確實維持著我所描述的那種時間順序：最初出現的是轉移的夢欲求，接著是稽查作用造成的偽裝，然後是方向上的回歸性變化等等。我在描述時不得不採用這種順序，但實際發生的情形無疑是同時探索著這條或那條途徑，興奮的方向搖擺不定，直到最後才在最適當的方向上聚積起來，變成一個永久性的特殊組合。我根據自己的某些經驗揣測，夢的工作要得到它的結果，往往需要不只一天一夜的時間。果真如此，則我們就不需要對夢的構造表現得如此巧奪天工感到迷惑不解了。在我看來，甚至對夢成為一個可理解知覺事件的要求，也在夢吸引了意識來注意自身之前就發生作用了。然而夢的步伐此後就加速前進，因為在這一點上，夢和任何其他感知到的事物一樣，受到相同的處理。就像放煙火那樣，準備起來很費時間，剎那間就消散無遺。

到目前為止，夢的過程要麼透過夢的工作獲得足夠的強度，得以吸引意識對自身的注意，從而不顧睡眠的時間和深度喚醒了前意識。要麼夢還沒有達到這樣的強度，於是必須保持著準備狀態，一直等到正要醒來以前注意力變得活躍時，再與其相會合。大多數夢似乎都具有較低的精神強度，因為它們多半要等到覺醒的時刻。但是這也可以解釋以下事實：如果我們從沉睡中突然醒來，我們通常會感知到我們夢見的事物。這種情況就與我們自動醒來時一樣，首先看見的是夢的工作建構出來的知覺內容，隨後看見的才是外部世界提供給我們的知覺內容。

人們對於那些有力量在睡眠中把我們驚醒的夢具有較大的理論興趣。如果我們記得在其他情況下慣有的權宜之計，我們不免會問，一個夢亦即一個無意識欲求為什麼可以獲得力量去干擾睡眠，也就是去干擾前意識欲求的滿足。其解釋無疑有賴於我們還沒有弄清楚的能量關係。假如我們有了這些知識，我們大概就會發現，讓夢自行其是，而只對其保持一點多少有點孤立的注意力，與在夜間還得像白天一樣對無意識嚴加控制比較起來，前者乃是一種能量的節約。

23 牛津版註：原文為 Un rêve c'est un réveil qui commence.

經驗證明，即使夜間睡眠被夢中斷了好幾次，做夢和睡眠仍然可以並行不悖，一個人醒來片刻後又立即入睡，這就像一個人在睡眠中趕走蒼蠅一樣，是一種特定的覺醒狀態。如果我們重新入睡，中斷就已被妥善處理。就像大家都已熟悉的奶媽的夢所表明的那樣，睡眠欲求的滿足與在某一特殊方向上保持一定的注意力，兩者是可以和平共存的。

但是此處也出現了一種基於對無意識過程有更多了解的反對意見。我大力主張無意識欲求是活躍的，但儘管如此，它們本身的強度在白天似乎還沒有達到足以為人察覺的地步。然而，如果睡眠狀態持續不已，無意識欲求已能證明自身有足夠的強度構成夢境並喚醒前意識，為什麼這種力量在夢被察覺之後又消失了呢？難道夢就不能反覆出現，就像那不怕麻煩的蒼蠅被趕走後又不斷飛回來嗎？我們有什麼理由認為夢免除了對睡眠的干擾呢？

無意識欲求經常保持著活動是毫無疑問的，它們代表那些永遠可通過的路徑，只要有一定程度的興奮利用它們就行了。「不可毀滅性」確實是無意識過程的一個顯著特徵。在無意識中，無所謂終點，也無所謂過去或遺忘。在研究精神官能症，特別是歇斯底里症時，這一點特別明顯。那導致疾病發作的無意識思想路徑，只要興奮累積到足夠的強度，立刻就又變得可通過了。三十年前經歷的一次恥辱，只要它能進入無意識的情緒源泉，在這三十年當中，它會和新近感受體驗有著同樣的表現。只要觸及有關它的回憶，它就會再度進入生命之中，表現出其本身的興奮傾注，尋求在發作中獲得釋放。這正是心理治療所要介入的地方，心理治療的任務最終就是要使無意識過程有可能得到處理並把它遺忘。由於記憶的日漸淡忘，印象也因日久而在情緒上有所減弱，我們總把這類事視為理所當然，殊不知這只能是辛勤工作所產生的潤飾作用。完成這工作的是前意識，心理治療只能把無意識置於前意識的支配之下，別無其他途徑可循。

因此任何特殊的無意識興奮過程可能有兩種結果，一是這種興奮過程不被觸動，在這種情況下，最後它在某一點上強行突破，使興奮釋放而發為行動。另一種則是在前意識的影響下，其興奮不是被釋放而是被前意識所束縛。**這第二種方式就是在做夢過程中所發生的情形。**來自前意識的精力傾注，當其受意識興奮的指引，而與變成知覺的夢在半途相會時，就把夢的無意識興奮加以約束，使它無力成為干擾的行動。如果夢者醒來一會兒，就真的能趕走那干擾他睡眠的蒼蠅。我們於是才發現這確實是一個方便而經濟的辦法，讓無意識欲求自行其是，藉著打開回歸路徑形成夢境，然後只花費小量前意識工作就可以把夢約束並加以安排，而不需要在整個睡眠時間不斷對無意識加以控制了。人們確實可以預期，夢雖然原來可以是一個沒有特殊功用的過程，卻在各種心理力量的交互作用中獲得了某種功能。我們現在可以看看這是一種什麼功能。夢的工作將那在無意識中一直無拘無束的興奮置於前意識的控制之下，它在這樣做時，承擔了釋放無意識興奮的作用，就像一個安全閥門，只花費很少的覺醒活動，而且同時保持著前意識的睡眠。因此，夢作為一系列精神結構中的一員，就像所有其他精神結構一樣，構成了一種妥協。它是在為兩個系統服務，因為它要滿足兩個欲求而使其能和平共處。如果我們回過頭來審視頁一五五～一五六羅伯特提出的「排除說」，我們將可立即看出，在本質上，我們必定會接受他對夢的功能的說明，雖然他的前提以及他對夢過程的觀點與我們有所不同。

「只要兩個欲求可以彼此和平共處」這一限定說法還暗示著夢的功能也有失敗的可能性。夢的過程被允許從一個無意識欲求的滿足開始，但如果這個所欲的無意識欲求的滿足強烈地刺激了前意識，以致睡眠不能繼續下去，夢就破壞了妥協關係，從而也破壞了夢的後半部工作的完成。在這種情況下，夢馬上會被打斷，而且代之以完全的清醒狀態。此處又一次表明，如果夢現在扮演的角色是一個干擾者，而不是在正常情況下的睡眠守衛者，這並不是夢本身的錯誤，我們不必因此產生偏見，否認其有益的目的。在生物體身上，由於條件的改變，原來的一些有用的手段變得無用，而且產生了干擾，這並不是唯一的例子。而且這種干擾至少還可以達到一個新的目的，即引起對變化的注意，以調整生物體的調節機制加以應付。我腦海中想的當然是焦慮夢，為了不讓人誤以為我想逃避任何與欲求滿足理論相牴觸的證據，我決定對這種夢做一些解釋。

在我們看來，產生焦慮的精神過程也能是欲求的滿足，兩者並不存在任何矛盾。我們知道這可以如此解釋：欲求屬於無意識系統，但又被前意識系統所排斥和壓抑，即使精神完全健康的人，前意識也無法完全壓制無意識。壓抑程度可以表明我們的精神正常度，精神官能症症狀表明這兩個系統彼此衝突，症狀是使衝突暫告結束的妥協產物。一方面，它們讓無意識有一條釋放興奮的出路，提供一個突破口，另一方面，它們又使前意識得以對無意識保有一定程度的控制。考察歇斯底里性畏懼症或懼曠症的意義是有啟發性的，假定有一個精神官能症患者不敢單獨穿越街道——我們很有理由將此情況視為一種「症狀」——如果我們強迫他做他自以為不能做到的動作，希望能藉此消除這個症狀，其結果將會是焦慮的發作，而在馬路上的焦慮發作往往是發生懼曠症的誘因。我們因此理解到，症狀的形成乃是為了避免焦慮的發作，畏懼症就像建立起來抵禦焦慮的前線碉堡。

不考察情感在這些過程中所起的作用，我們就無法進行進一步的討論，但是我們在這方面還做得很不完善。現在讓我們假定對無意識進行壓抑是絕對必要的，因為如果讓無意識意念活動自行其是，就會產生一種本為快樂、但在潛抑發生以後轉為痛苦的情感，壓抑的目的及其結果就是要防止這種痛苦的釋放；由於痛苦釋放可能從無意識意念內容開始，所以壓抑也伸延到了這些意念內容。這需要一個關於情感發生本質的特定假說作為依據，這個假說視情感為一種運動或分泌的功能，其神經分布的關鍵在於無意識中的意念。由於前意識建立起來的控制，這些意念彷彿受到了阻擋和抑制，因而無法發出可能產生情感的衝動。因此，如果來自前意識的精力傾注停止，就會產生一種危險，即無意識興奮可能釋放一種（由於已經存在著潛抑）只能被體驗為痛苦與焦慮的情感。

如果聽憑夢的過程自由發展，這個危險就有可能變成現實。而使其得以實現的決定性條件是：一是必須已經發生了潛抑，一是被壓抑的欲求衝動要能增強到足夠的強度。因此這些決定因素與夢形成的心理學架構根本沒有關係，要不是我們的主題與這個主題——睡眠時無意識自由活動可作為單一因素而引發焦慮——有關，我本可以刪掉任何有關焦慮夢的討論，也就可以避開一切與之有關的難解之謎了。

我已經一再宣稱，焦慮夢的理論構成了精神官能症心理學的一部分，我們只要指出其與夢過程這一主題的接觸點，就沒有什麼再需處理了。我只能再多做一件事，因為我說過精神官能性焦慮有其性的來源，因此我不得不分析一些焦慮夢，表明在焦慮夢的夢念中存在著性的材料。

我有充分理由在本討論中擱置精神官能症患者提供的眾多夢例，而只舉出一些年輕人所做的焦慮夢。

幾十年來，我未曾做過真正的焦慮夢，但是我記得我七、八歲時曾做過一個這種夢，三十年後才進行解析。這個夢非常生動，夢中我看見我摯愛的母親，沉睡的臉上帶著一種奇特的安詳表情。兩、三個長著鳥嘴的人把她抬進房間內，放到床上。我在哭喊中醒來，把父母都吵醒了。這種奇特披掛、身材異常高大且長著鳥嘴的形象來自**菲利普遜版**《聖經》上的插圖，我想像它們必定是古埃及墓雕上長著鷹頭的神祇。[24]此外，分析還讓我想起一個素行不良的男孩，他是一位看門人的小孩，名字叫**菲利普**，我們小時候總是一起在屋前草坪上遊戲。我記得我第一次聽人提到性交的俗稱，似乎是從他那兒聽來的。有教養的人都會使用拉丁文「交媾」這個字眼，而夢中選擇鷹頭便清楚地說明了一點。[25]我必定已從我那位年輕但通曉人情世故的老師臉上的表情，看出了那個字所帶有的性意味。夢中我母親臉上的神情，則來自我在祖父去世的前幾天所看到的，他在昏迷狀態中打鼾的神情。因此，潤飾作用做出的解釋必定是：我的母親**生命垂危**，**墓雕**也切合於這一點。我在焦慮中醒來，一直到把父母親吵醒前都無法平息，我記得當我看見母親面孔時突然地平靜下來，好像我需要獲得她並沒有死的保證。但是這種對夢的「續發性」解釋，是受到當時已經發展出來的焦慮的影響。我並不是因為夢見母親生命垂危而產生焦慮，但是因為我已經處於焦慮的影響之下，所以我在前意識中做出這種解釋。如果把潛抑考慮在內，焦慮顯然可以追溯到一種模糊的性渴望，它在夢的視覺內容中得到適當的表達。

一個二十七歲的男子——他曾有一年的時間病得很嚴重——報告說，他在十一至十三歲時經常夢見（伴有強烈的焦慮）一個手持斧頭的男子追趕他，他拚命地想逃走，但好像癱瘓似地在原地動彈不得。這是一個很常見的焦慮夢，看起來與性欲毫無關係。在分析過程中，夢者首先想到的是他叔叔告訴他的一件事（發生在做夢之後），與他某晚在街上被一個形跡可疑的人襲擊有關。夢者本人從這個聯想推測到，他在做夢時也許聽到了一些與此類似的事件。關於斧頭，他回想起大約在那時，他有一次用斧頭劈柴時砍傷了手。他由此馬上聯想到他和他弟弟的關係：他經常虐待他的弟弟，把他打倒在地上。他特別記得有一次用靴子把弟弟的頭踢得流血，他的母親說：「我擔心他總有一天會死掉。」當他似乎仍然在想著與暴力有關的事情時，突然記起九歲時發生的另一件事。他的父母回來得很晚，他們上床睡覺時，他假裝自己已經睡著了。不久後他聽見了喘息聲和其他一些似乎很奇怪的聲音，他還能看出他們在床上的姿勢。進一步的聯想表明他把父母之間的關係類比為他與他弟弟的關係，而把父母之間發生的事置於暴力和掙扎的概念之下，而且他為自己的想法找到了證據，因為他多次注意到母親的床上留有血跡。

成人的性交讓目睹的小孩感到驚訝與焦慮，可說是日常生活中常有的經驗。我已經解釋了這種焦慮，認為我們正在探索的現象是一種性興奮，兒童的理解能力還無法處理這種性興奮，而且他們無疑因為父母牽涉在內而將其棄之不顧，結果性興奮便轉化為焦慮。在年紀更小的階段，指向異性父母的性興奮還未受到潛抑，如我們已經觀察到的，它們被自由地表達（頁三一四～三一五）。

24 牛津版註：菲利普遜版《聖經》是希伯來文及德文的舊約聖經版本；這幅圖描述《申命記》第四章的內容。

25 牛津版註：佛洛伊德解釋夢義時，將其與鳥做了聯想，德語中「鳥」的動詞「vogeln」在俚語中即「性交」之意。

對於經常出現在兒童身上伴有幻覺的夜驚現象，我將毫不猶疑地做出相同的解釋，這同樣只能是一個尚未被了解而遭摒棄的性衝動的問題。研究結果也許可以表明夜驚的發作有一種週期性，因為性原欲的增強，不僅可由偶發的刺激性印象所造成，也可由自發的週期性發展過程而產生。

要證實這種解釋，我還缺乏足夠的觀察材料。另一方面，不論是從軀體方面或是從精神方面，兒科醫生似乎也缺乏一條可以了解所有這類現象的途徑。我禁不住要引證一個有趣的夢例，由於受了醫學神話的蒙蔽，稍一不慎，就會對這一類夢例產生誤解。我的夢例引自德巴克爾一八八一年一篇論夜驚的論文。【17】

一個十三歲身體虛弱的男孩，開始變得緊張和多夢。他的睡眠出現困擾，幾乎每星期都會有一次被伴有幻覺的嚴重焦慮發作所打斷。他對這些夢總是保有清晰的記憶，他說有惡魔對他大聲喊叫：「我們現在捉到你了，我們現在捉到你了！」接著就聞到一股瀝青和硫黃的氣味。他的皮膚被火焰燒炙著，他驚恐地從夢中醒來。起初他根本喊不出聲音，當他恢復了聲音，他清楚地說：「不，不，不是我，我什麼都沒有做！」或是：「請不要過來，我再也不這樣做了！」有時說：「奧伯特從來沒做過！」後來，他拒絕脫衣服睡覺：「因為只有不穿衣服的時候，火才燒得著他。」當他一直做這個惡夢，從而威脅到他的健康時，他被送到了農村。十八個月後，他恢復了健康。他在十五歲時坦白承認：「我不敢承認，但是我一直有針刺的感覺，而且我那部分[26]特別興奮，弄得我神經過分緊張，甚至時常想要從宿舍的窗戶跳出去。」[27]

這確實不難推測：（一）這男孩較小時犯過手淫，他大概否認過，他曾因這個壞習慣而被威脅要對他施以重罰（參見他的自白：「我再也不這樣做了！」他的否認：「奧伯特從來沒做過。」）；（二）隨著青春期的開始，由於生殖器發癢，手淫的誘惑又復活了。但是（三）他內心迸發了一種潛抑的努力，雖然壓抑了他的原欲，但又轉化為焦慮，這種焦慮又使他想起以前對他的威脅和懲罰。

現在讓我們看看原作者（頁六九）的推論：「由觀察中可以得到下述結論：

（一）這個身體虛弱的男孩受到青春期的影響，可能會有極度虛弱的情形，而且可能導致**嚴重的腦部貧血**。[28]

（二）腦部貧血引起性格變化、魔鬼幻覺和嚴重的夜間（甚或白天）焦慮狀態。

（三）男孩的魔鬼妄想和自我譴責可追溯到童年所受的宗教教育的影響。

（四）在一段時間的農村生活後，由於身體鍛鍊以及度過青春期後精力逐漸恢復，所有症狀都消失了。

（五）這孩子腦部疾病的前置因子，也許可歸因於遺傳和他父親的梅毒感染。」

26 佛註：我自己為這個字改變了字體，但它不可能引起誤解。

27 牛津版註：原文為Je n'osais pas l'avouer, mais j'éprouvais continuellement des picotements et des surexcitations aux **parties**, à la fin, cela m'énervait tant que plusieurs fois, j'ai pensé me jeter par la fenêtre du dortoir.

28 佛註：改變字體是我指示的。

其最後的結論是：「我們將這個病例歸入營養失調的無熱性譫妄一類，因為病症的原因是腦部缺血。」29

五、原發過程和續發過程、潛抑

為了更深入地了解夢過程的心理學，我為自己制定了一件困難的任務，其困難的程度可以說已超出了我的說明能力。對於這個複雜整體中各個實際上同時發生的元素，我只能逐個加以描述，而且在提出每一點時，還得避免讓人覺得我已預知其所根據的理由：這一類困難實在已超出了我的能力範圍。我在解說夢的心理學時，未能指出我的觀點的發展經過，所有這一切我現在必須付出代價。雖然我對夢的問題的研究途徑，是由我以前對精神官能症心理學的研究所決定的，但我並不想把後者作為當前工作的參考基礎。然而事實上我又不斷地被迫採取這種做法，而不是如我所希望的以相反方向來進行研究，並且利用夢作為研究精神官能症心理學的工具。我知道這樣做將會帶給我的讀者們不少的困擾，但我卻無法避免。

由於我不滿意這種情況，我想暫停下來先做別的考慮，這樣也許會使我的努力更有價值。我發現自己面臨著一個主題，就像在第一章所表明的那樣，各派作者對這個主題的看法大有分歧。我對夢的各個問題的處理，已為大多數這些互相矛盾的看法留有餘地。我發現我只需徹底地否定其中的兩種觀點——一種觀點是做夢是一種無意義的過程，另一個觀點則認為夢是屬於軀體的過程——除此之外，我都能在我的複雜論點中為所有互相矛盾的意見找到論證，並且表明它們都闡明了部分的真理。關於夢是我們清醒生活時工作和興趣的延續這一觀點，已因發現隱藏的夢念而得以完全證實。這些夢關注的似乎只是我們覺得重要且深感興趣的事物，它們從不涉及細微瑣事。但是我們發現也有理由接受相反的觀點，即夢只蒐集前一天遺留下來的無關緊要的瑣事，而且它們無法控制任何白天的重要興趣，除非這些興趣在一定程度上脫離了清醒活動。我們發現夢的內容也是如此，它把夢念加以偽裝以另一種形式表現出來。我們已經知道，由於與聯想機制有關的某些理由，夢的過程對於尚未被清醒思想活動所利用的那些近期且無關緊要的意念性材料較易控制，而且為了避免稽查作用，它往往把精神強度從那些重要但遭反對的內容轉移到一些無足輕重的事情上。夢具有記憶增強的性質，並與童年材料有關，這種現象已成為我們學說的基礎之一。我們的夢理論把源於幼兒期的欲求看成夢形成不可或缺的動機力量。睡眠時外界感覺刺激的重要意義已為實驗所證實，我們自然無須懷疑，但是我們已經證明，這類材料與夢欲求的關係，和白天活動的思想殘餘與夢欲求的關係是一樣的。關於夢對客觀感覺刺激的解釋與錯覺相同這個觀點，我們也找不出反對的理由，但是我們已經發現了做出這種解釋的動機，而其他作者並未特別說清楚這個道理。夢對感覺刺激的解釋使被感知的客體不致擾亂睡眠，而且可以被運用來達到欲求滿足的目的。至於睡眠時感官的主觀興奮狀態，特魯布

29 牛津版註：原文為Nous avons fait entrer cette observation dans le cadre des délires apyréiques d'inanition, car c'est à l'ischémie cérébrale que nous rattachons cet état particulier.

爾・拉德似乎證明了它們的存在，【40】我們確實未把這些狀況看成是夢的一種特殊來源，但是我們卻能利用在夢背後活動著的記憶的回歸性再現所造成的結果，來解釋這些主觀興奮狀態。內部的器質性感覺一般被認為是釋夢的要點，它們在我們的理論中占有一席之地，但不是重要的因素。諸如跌落、飄浮和被抑制等感覺，只要合乎需要，都可隨時為夢的工作提供材料，用來表達夢的隱意。

夢的過程是迅速的，轉瞬即逝的。如果把它看成是意識對預先構成的夢內容的知覺，我們會認為這是個正確的觀點，而夢過程的前置部分似乎也很可能進行得很緩慢而且起伏不定。對於把大量材料壓縮在最短暫瞬間這一難以理解的現象，我們已能做出解釋，我們認為這是一個把心靈中業已存在的現成結構加以利用的問題。我們承認夢受到記憶的扭曲與刪削，但對我們的觀點並不造成妨礙，因為它不過是從夢的形成過程開始時就一直進行著的偽裝活動，其最後和明顯的一部分。關於心靈在夜間是否入睡或是仍像白天那樣行使一切官能這一表面上不可調和的激烈爭議，我們發現這兩派主張都不算錯，但也都不是完全正確。我們可以證明，在具有高度複雜理智活動的夢念中，幾乎動用了精神機構的全部資源。然而無可爭辯的是，這些夢念源於白天，而且不得不假定心靈具有睡眠狀態，所以即使是部分睡眠說也有一定的價值。不過我們的發現證明，睡眠狀態的特徵並不是精神連結的解體，而是在白天占支配地位的精神系統集中其精力於睡眠欲求之上。在我們看來，從外部世界退回的因素仍然有其重要性，雖然它不是唯一的決定因素，但它使夢中表現方式的回歸性質有可能發生。失去自主引導意念流動的能力，這樣的看法也無可厚非，但這並不等於心理生活變得漫無目的，因為我們已經知道，在自主目的性意念被捨棄之後，不自主意念就起而代之了。我們不僅承認夢中存在著一些鬆散的連結，而且還出乎意料地進一步認識到，這些鬆散的連結乃是其他一些生動而有意義的意念必然的替代物。我們確實可以把夢視為荒謬的，但是許多夢例告訴我們，夢即使看上去非常荒謬，但卻能有重要的意義。我們並不反對賦予夢各種功能。有人說夢的作用像心靈的一個安全閥，羅伯特說一切有害的事物在夢中表現出來就變得無害了。這種說法不僅與我們認為夢可滿足雙重欲求的觀點吻合，而且我們對這句話的解釋比羅伯特本人還要深入一些。有人認為心靈可以在夢中自由發揮其功能，這也與我的學說中認為前意識活動可以讓夢自行其是相同。再如「心靈在夢中回復到胚胎時期的觀點」，或是像哈維洛克·艾利斯把夢說成是「一個充滿壯闊情緒和殘缺思想的古老世界」[23]這一類說法，也使我們感到高興，因為他們事先說出了我們的主張：那些白天受壓抑的**原始**活動形式與夢的建構有著密切關聯。德拉格認為「**被壓抑**」的內容變成了「夢的動機力量」[15]，我們對此完全表示贊同。

對於施爾納有關「夢想像」的陳述，以及他自己所做的解釋，我們完全認同其重要性，但我們似乎不得不把問題轉換一下角度：要點不在於夢創造出想像，而是無意識的想像活動構成了大部分的夢念。我們仍得感謝施爾納指出了夢念的來源，但他歸之於夢的一切事物，實際上幾乎都可歸之於白天的無意識活動。這種活動既可作為夢的刺激物，也可引起精神官能症症狀。我們必須把夢的工作看作另一回事，並大幅縮小其含義。最後，我絲毫不想否定夢和精神疾病之間的關係，只不過把它建立在一個更為牢固的新基礎之上。

由於我的夢理論具有新的特色，因而它的結構能夠含括早期作者那些互相矛盾的觀點，構成一個似乎更為高級的統一體。對於某些發現，我們賦予了新的意義，只有少數觀點被我們完全拒絕了。然而我們的理論仍然很不完善，除了我們在探索心理學的黑暗王國時遇到的眾多複雜問題之外，我們似乎對一個新矛盾感到很棘手。一方面我們假定夢念來自完全正常的心理活動，另一方面我們卻在夢念中發現了許多很不正常的思想過程。它們擴展到顯意之中，因而我們在釋夢的過程中又遇到了它們。因此，我們描述為「夢的工作」的一切事物似乎與我們認為正常的思想過程如此地不同，以致前面提到的作者所做出的最嚴厲判斷——認為夢只具有低水準的精神功能——又好像有了充分的根據了。

也許只有更進一步的研究才能幫助我們解決這一困難。首先我將對某個能導致夢的形成的連結形式進行更為仔細的考察。

我們已經發現，夢中可以出現許多日常生活中的想法，而且完全符合邏輯程序，所以我們不能懷疑這些想法源於我們的正常生活。我們的思想系列中一切被視為具有高度價值的屬性，以及使其成為高級複雜思想成就的特質，都可以在夢念中再度出現。但是我們並不需要假設，這種思想活動是在睡眠時完成的——這種可能性將會使我們迄今所描述的睡眠精神狀態的圖像發生嚴重的混淆。相反地，這些想法也許源於前一天，它們的過程也許從一開始就未被我們的意識所察覺，而且在剛剛入睡時就已完成了。由此我只能得出這樣的結論，即它證明了**最複雜的思想成就也可能無須借助於意識**——我們在對每一個歇斯底里症或有強迫性意念的患者進行精神分析時，都可以看到這個事實。這些夢念本身絕不是無法進入意識的，如果它們在白天沒有被意識到，那一定有許多其他的理由。「被意識到」與一種特殊的精神功能——注意力的專注——有所連繫。注意力這種功能似乎只在具有特定數量時才能發揮作用，而且可以由於其他目的，從當前的思想系列上轉移開來。還有一種方式可以使這種思想系列無法進入意識。我們的意識思考過程表明，當我們集中注意力時是跟隨著一條特殊的思考路徑，如果我們在這一條路徑上遇上一個無法承受批判的意念，我們就瓦解了：我們降低了注意力的精力傾注。那已被啟動而又被捨棄的思想系列似乎仍在進行，但不再被注意，除非在某一點上它達到了特大的強度而再次引起注意。因此，如果一個思想系列一開始就被斷定是錯誤的，或是對當前的理智目的無所助益，因而被（也許是有意識地）拒斥，也許這個思想系列仍可繼續進行下去，而且一直到睡眠開始時都不為意識所察覺。

讓我扼要重述一下：我們把這樣一個思想系列叫作**前意識**，我們認為它是完全合乎理性的，而且認為它不是被忽視，就是被壓抑或瓦解了。我們再把思想系列的發生情況做一明白的敘述：我們認為，從一個目的性意念開始，一定數量的興奮——我們稱之為「精力傾注的能量」——會沿著這個目的性意念所選擇的聯想路徑轉移下去。「被忽略了」的思想系列是一個沒有接受這種精力傾注的系列，而「被壓抑」或「被拋棄了」的思想系列是這種傾注被撤銷了的系列。在這兩種情況下，它們只得依靠本身的興奮了。在某些條件下，一個具有目的性精力傾注的思想系列，能夠把意識的注意力吸引到其自身上。而如果發生了這種情況，透過意識的作用，這個思想系列就會接受一種「**高度精力傾注**」。此處我們不得不說明我對意識的性質和功能的看法。

以這樣的方式在前意識中進行著的思想系列，最終不是自動停息下來，就是持續進行。我們認為第一種結果是這樣產生的：隸屬於這個思想系列的能量，沿著從其發散開來的聯想路徑傳遞，這種能量使整個思想網路處於一種興奮狀態。這種興奮延續一段時間，當尋求釋放的興奮轉化為靜止不動的精力傾注狀態時，就逐漸消散了。如果發生的是第一種結果，這個過程對於夢的形成就不再有任何意義。但在我們的前意識中，仍潛伏著其他目的性意念，它們來自我們的無意識以及那些永遠保持活動的欲求。這些目的性意念可以控制隸屬於這個思想系列——它們被捨棄，而任其自生自滅——的興奮，它們可以在這個思想系列與一個無意識欲求之間建立一種連繫，於是它們就可以把屬於無意識欲求的能量轉移到這個系列中。這樣一來，被忽略或被壓抑的思想系列就處於一種持續狀態，雖然所接受的強化力量還不足以使其進入意識。於是我們可以這樣說，迄今為止仍屬前意識的一系列思想已被拉入無意識之中。

還有其他連結形式能導致夢的形成。前意識思想系列可以一開始就和無意識欲求結合起來，但也因此而被那占優勢的目的性精力傾注所摒棄。或者，一個無意識欲求也可以由於其他原因（如身體上的原因）變得活躍起來，從而尋求對不受前意識精力傾注的精神殘餘的移情作用，而不需要它們在半途中前來會合。但是以上三種情況最後只能是同一種結果，即前意識中存在著一組思想系列，得不到前意識的精力傾注，但卻從無意識中獲得了精力傾注。

從此以後，思想系列就開始進行一系列轉化，我們不能再認為它們是正常的精神過程。它們還導致一種結果——一種精神病理結構——使我們大感迷惑。以下我將列舉這些轉化過程，並加以歸類。

（一）那些個別意念的強度可以全部被釋放出來，從一個傳到另一個，因此某些意念可能被賦予很大的強度。而且由於這種過程反覆發生好幾次，整個思想系列的強度最後集中於一個單獨的思想元素，於是出現了我們所熟悉的夢的工作的**壓縮作用或凝縮作用**。凝縮作用是我們對夢感到迷惑的原因，因為在我們正常和意識的心理生活中，我們看不到任何與之類似的現象。我們在正常心理生活中，也能發現一些意念，它們作為整個思想系列的終點和最終結果，具有高度的精神意義。但是它們的重要性卻不能以任何內部知覺的明顯感覺特性表現出來，它們的知覺表現也絕不因它們的精神意義而更為強烈。另一方面，在凝縮作用的過程中，每一次精神連繫都會轉化成意念內容的一種**強化**。這種情況就像我準備出版一種書，有些字對於全文的理解特別重要，就把它們改印成斜體字或粗體字，或是在演講時我把這些字說得又重又慢，並特別加以強調。這第一個比喻使我想起夢的工作提供的一個例子，就是「伊爾瑪打針」夢中的**三甲胺**那個字。藝術史學者使我們注意到這樣的事實，即最早描寫歷史的雕塑總是遵循同一個原則：他們用人物形象的大小，代表他們地位的高低，一個國王要比他的侍臣或被他擊敗的敵人大兩、三倍。羅馬時代的雕塑利用更精巧的方法來表現同一效果，皇帝的雕像位於中央，直立、而且雕塑得特別細緻。他的敵人則匍伏於他的腳下，但是他在那些侏儒當中並不會像個巨人。在我們今天的生活中，下級對上級鞠躬，未嘗不是古代這個表現原則的反映。

夢中凝縮作用的進行方向，一方面決定於夢念那些理性的前意識連繫，另一方面則決定於無意識中那些視覺記憶的吸引力。凝縮活動的結果就是獲得所需的強度，而足以開闢一條通路強行進入知覺系統。

（二）由於強度能夠自由轉移，在凝縮作用的支配下，形成了一些類似於妥協的「中介意念」

（參見我所舉的許多這類例子）。這也是在日常生活思想系列中未曾發生過的事，因為在正常思想中重點總是選擇和保留「適當」思想元素。另一方面，當我們努力用言語表達前意識思想時，複合和妥協出現的次數特別多，它們通常被視為一種「口誤」。

（三）這些強度互相轉移的意念，以最鬆散的方式連結在一起，而把它們連結在一起的那類聯想，是我們的正常思維不屑一顧的，只將其運用在笑話中。很特別的是，我們發現在夢的工作中，基於同音異義和發音相近的聯想具有與其餘聯想相同的價值。

（四）還有一些彼此矛盾，但並不互相排斥而只是並行不悖的思想，它們往往結合起來形成凝縮作用，好像它們之間沒有矛盾似的。或是它們會達成一種妥協，這種妥協為我們意識思想所不容，但往往體現在我們的行動之中。

以上就是夢念——在此之前以合乎理性的方式構成——在夢的工作過程中，所表現出來的一些最顯著的異常過程。我們將看到，這些過程的主要特徵，乃是把整個重點放在使傾注的能量變得靈活而能釋放出去，至於那些得到精力傾注的精神元素的內容和意義，則無關緊要。我們可以這樣假定，凝縮作用和妥協形成只是為了促成回歸作用，也就是說，是一個把思想轉化為意象的問題。但是對於某些未回歸至意象的夢的分析（與綜合，且綜合讓我們看得更為清楚）——如Autodidasker那個夢——卻表明，這些夢也和其他的夢一樣，都發生了相同的置換和凝縮過程。

由此我們必須得出這樣的結論，即夢的形成涉及兩種根本不同的精神過程，第一種過程產生的是完全合理的夢念，其有效性與正常思維無異，另一種過程則是以令人吃驚和不合理的方式處理思想。我們在第六章中已認為這第二種精神過程就是夢的工作本身，我們現在對於這一過程的來源有什麼看法呢？

如果我們沒有研究過精神官能症特別是歇斯底里症的心理學，我們就不可能回答這個問題。我們從這種研究中已經發現這些不合理的精神過程，以及其他我們還沒有詳細描述的過程，是產生歇斯底里症症狀的主要原因。我們在歇斯底里症中也發現一系列完全合理的思想，其有效性與我們的意識思想並無二致，但是我們起初並無法察覺它們的存在，只能隨後把它們重建起來。如果它們在任何一點上引起我們的注意，我們透過對業已形成的症狀的分析，將可發現這些正常思想已受到異常的處理：**它們利用凝縮作用和妥協形成，透過表面性聯想，不顧現有的矛盾，而且可能沿著回歸的路徑，從而轉化為症狀**。鑑於夢的工作與產生精神神經症症狀的精神活動，兩者的特徵完全相同，我們認為把研究歇斯底里症得出的結論用之於夢是有正當理由的。

因此我們從歇斯底里症的理論中借來了以下的論點：**一個正常思想系列只有在這種情況下，即只有當一個源於幼兒期並且處於潛抑狀態的無意識欲求轉移到這個思想系列之上時，它才接受異常的精神處理**。根據這個論點，我們建立的夢的理論乃是基於如下假設，即提供動機力量的夢欲求總是源於無意識——一個我自己準備接受的假設，不能證明這個假設普遍有效，但也無法予以否定。但是為了說明我們經常應用的「**潛抑**」這個名詞的含義，我們必須更深入地探討一下我們的心理學架構。

我們已經詳細地探討了有關原始精神機構的假設，我們假設它的活動受下述原則的調節：

即儘量避免興奮的累積，以及儘可能地保持自身處於無興奮的狀態中。因此它是依反射機構的藍圖被建立起來的。而運動能力，起初作為引起身體內部變化的手段，則受其支配而成為釋放的路徑。我們還繼續討論了「滿足體驗」的精神後果，在這方面我們已能提出第二個假說，大意是說，興奮的累積（有多種方式可以引起興奮的累積，我們並不需進一步探討）使我們感到痛苦，使精神機構為了重複這種滿足體驗而行動起來，以使興奮減弱並感到快樂。在精神機構中，從痛苦開始希望能夠獲得快樂這樣一種傾向，我們稱之為「欲求」。我們說過只有欲求才能啟動精神機構，而且其中的興奮過程是由快樂和痛苦的感覺自動調節的。第一種欲求作用似乎是對滿足記憶的一種幻覺性精力傾注，但是這些幻覺如果不能持續足夠長的時間，以使累積的能量消耗殆盡，就證明它們不能使需求停止，從而也不能實現因滿足而感到的快樂。

所以我們有必要提出第二種活動，即第二系統的活動。這種活動不允許記憶性精力傾注成為知覺而束縛了精神力量，相反地，它將來自需求的興奮引向一條迂迴的路線，利用自主運動，最後改變了外部世界，以致可能達到對滿足對象的真正知覺。我們已經畫出了目前所講的精神機構的示意圖，這兩個系統就是在充分發展的機構中我們描述為無意識和前意識這兩個系統的萌芽。

為了能利用運動的力量有效地改變外部世界，就必須在各個記憶系統內累積大量的經驗和多樣化的永久性聯想紀錄，而可由不同的目的性意念運用。現在我們能將我們的假設向前推進一步了。第二系統的活動不斷地探索著，交替地送出和撤回精力傾注。一方面，它需要能自由地支配全部的記憶材料，另一方面，它如果沿著不同的思想路徑讓大量精力無目的地分散傾注，則將造成不必要的能量浪費，結果降低了改變外部世界的能量。所以我只能如此設想：為了提高效率，第二系統成功地使大部分的能量傾注保持一種靜止狀態，只將一小部分用於轉移。我還不太了解這些過程的機制，凡是希望認真了解這些概念的人，就必須從中尋求一種物理學的類比，並能發現一種方式用以描繪伴隨神經元興奮的運動。我所堅持的觀點是，第一個φ系統的活動，目的在於**求得興奮量的自由釋放**，而第二個系統則是以其系統內精力傾注的方式，成功地**抑制**這種釋放，並使精力傾注轉變為一種靜止能量，同時也必然提高了能量的水準。所以我假定，在第二系統的支配下，控制興奮釋放的機械性條件一定與第一系統支配下的條件不同。第二系統一旦結束了本身的探索性思想活動，便會解除抑制，解除對興奮的束縛，使興奮本身以運動的方式釋放出來。

如果我們考慮到第二系統對釋放所施加的抑制與痛苦原則產生的調節作用兩者之間的關係，將會產生一些有趣的推想。我們先來考察一下滿足這種基本體驗的對立物——一種**外界恐懼的體驗**。讓我們假設一個知覺刺激，作為痛苦性興奮的來源，衝擊了原始精神機構，不協調的運動表現便會發生，一直要等到其中一種運動，使機構離開了知覺同時也就擺脫了痛苦為止。如果知覺再度出現，運動也會立即重新發生（也許是一個逃避的動作），直到知覺再一次消失為止。在這種情況下，將不會存在以幻覺或任何其他形式對作為痛苦來源的知覺再度精力傾注的傾向。相反地，在原始機構中會產生一種傾向，隨時排除再現的痛苦記憶意象，因為如果這個意象的興奮溢流入知覺，將會引發（確切地說是開始引發）痛苦。對記憶的逃避——其不過是先前逃避知覺的行動的重複——還會因如下事實而易於發生，即記憶與知覺不同，它不具有足以使意識興奮的性質，因而不能為自身獲得新的精力傾注。對於任何曾經使我們感到痛苦的記憶，精神過程這種輕易而規則性的迴避，為我們提供了**精神潛抑**的原型和最初範例。大家都知道，這種對痛苦的逃避——鴕鳥政策——在很多成人的正常精神生活中，仍然是常見的現象。

根據這種痛苦原則，第一ϕ系統完全不能使任何不愉快的事情進入其思想脈絡中，它除了欲求之外，不能有任何作為。如果情況保持不變，則第二系統的思想活動勢必受到阻礙，因為它需要能自由接觸所有得之於經驗的記憶。於是出現了兩種可能性，第二系統的活動可能完全不受痛苦原則的影響，根本不顧及記憶的痛苦。另一種可能則是尋找一種對痛苦記憶精力傾注的方法，而能避免痛苦的釋放。我們將排除第一種可能性，因為痛苦原則在第二系統和在第一系統中一樣，清楚地調節著興奮過程。我們於是只剩下了一種可能性，即第二系統對各個記憶施行某種精力傾注，抑制了記憶的釋放，當然也就抑制（相對於運動性神經分布的釋放）了會引發痛苦的釋放了。所以我們是從兩個方向出發，即從痛苦原則和（上一段所提到的）神經分布的最小消耗原則出發，而得到了一個假設，即第二系統的精力傾注同時意味著對興奮釋放的抑制。讓我們牢牢記住這一點，因為這是了解整個潛抑理論的關鍵，即**只有當第二系統可以抑制某一意念可能造成的任何痛苦發展時，它才能對這個意念施加精力傾注**。任何能夠逃脫這種抑制的意念，第二系統以及第一系統都無法接近。因為根據痛苦原則，它將立刻被拋棄掉。然而對於痛苦的抑制並不需要完全徹底：必定要有一個開端，以此通知第二系統相關記憶的性質，及其對於當前思想過程的目的可能的不適當性。

我要把只被第一系統容許的精神過程稱之為**原發過程**，而把由第二系統進行抑制而產生的過程稱之為**續發過程**。我還能指出另一個理由，說明第二系統為什麼不得不對原發過程進行修正。原發過程力求實現興奮的釋放，以便借助由此累積起來的興奮總量，建立知覺同一性。然而續發過程已放棄了這個意圖，而以另一種同一性取而代之——建立思想同一性。一切思維都不過是一種循環的路徑，從一個滿足的記憶（被採用為目的性意念的記憶），透過運動經驗的中介階段，到達其被期望能再次獲得的，對同一記憶相同的精力傾注。思維必須考慮各意念之間的連結路徑，而不要被那些意念自身的強度引入歧途。但很明顯地，意念的凝縮作用，以及中介和妥協的結構，必定也阻止其達到其所指向的同一性，因為它們以一個意念代替另一個意念，從而使思維偏離了從第一個意念出發而形成的正路。所以這一類過程在續發性思維中都是要慎重避免的。我們也不難看出，痛苦原則在其他一些方面雖然為思想過程提供了一些最重要的標誌，卻在建立「思想同一性」的道路上設置了障礙。因此，思維必須要把自身從痛苦原則的排除性規定中逐步解放出來，並把思想活動中情感的發展降到作為一種信號所需的最低程度。在功能上所欲達到的這種高度精巧的成就，只有藉由意識所引發的高度精力傾注才能完成。但如我們所知，即使在正常人的精神生活中，這個目標也很難完成得盡善盡美，我們的思維總是傾向於因痛苦原則的干預而產生錯誤。

然而，並不是精神機構功效上的缺陷，使本身作為續發性思想活動產物的思維，變得有可能受制於原發精神過程——這是我們現在描述導致夢和歇斯底里症症狀的精神活動的公式。這種無效率源於我們演化史中兩個因素的匯合，其中一個因素完全由精神機構控制，對兩個系統之間的關係具有決定性的影響，另一個因素則可以在不同程度上讓其自身被感覺到，並把器質性根源的本能力量引入精神生活之中。這兩個因素都起源於童年，是我們精神和軀體的有機體自嬰兒期以來不斷變化的沉澱物。

當我把發生在精神機構內的一個精神過程稱之為**原發過程**時，我所考慮的不只是相對重要性和效率，我還想用這個名稱表明其所發生的時間先後。就我們所知，確實不存在一個僅具有原發過程的精神機構，這樣的精神機構在一定程度上是一種理論的虛構。但更可能的事實則是，原發過程最先出現於精神機構中，而只有在生命的發展過程中，續發過程才逐步展現出來，而能抑制和掩蓋原發過程，甚至只有到了盛年時期，它才能完全居於支配地位。由於這些續發過程出現得較晚，我們由無意識欲求衝動所組成的生命核心，才能保持不為前意識所了解和抑制。而前意識所發生的作用，始終只能侷限於引導來自無意識的欲求衝動沿著最便利的路徑前進。這些無意識欲求可以對前意識所有的精神傾向施加一種逼迫的力量，使得這些精神傾向對於這種壓力不能不表示屈從，或許也可能奮力將壓力轉移開來，並將其引向較高級的目標。續發過程較晚出現的另一個結果是，前意識的精力傾注無法接近很大一部分的記憶材料。

在源於幼兒期既不能被摧毀也不能被抑制的那些欲求衝動中，有些欲求的滿足與一些續發性思維的目的性意念發生衝突，於是這些欲求的滿足產生的不再是快樂的情感，而是痛苦的情感了。**正是這種情感的轉化，構成了我們所說的「潛抑」的本質**。潛抑的問題在於這種轉化是怎樣發生的，以及出於什麼動機力量才產生這種轉化。但是對於這個問題我們只需在此稍稍觸及，我們只需了解這樣一種情感轉化確實出現於發展過程之中——我們只需回想兒童期本不存在的厭惡開始出現的方式——以及這種轉化與續發系統活動有關便足夠了。前意識系統無法接近某些記憶——它們是無意識欲求引發情感釋放的基礎，也因此無法抑制隸屬於這些記憶的情感的釋放。而正是這種情感的生成，使得這些意念，即使藉由已接受其欲求力量轉移的前意識思想，現今也無從接近了。相反地，痛苦原則控制了全局，使前意識轉而離開了這些移情思想。這些思想被捨棄了，任其自行其是——被「潛抑」了，因此一開始就被阻止進入前意識而儲存起來的幼兒記憶，就變成了潛抑必不可少的條件。

在最理想的情況下，只要前意識中移情思想的精力傾注一經撤回，痛苦的產生便隨之停止，這個結果表明痛苦原則的介入有其有益的目的。但是當被潛抑的無意識欲求接受一種器質性強化，然後又將其轉移給它的移情思想，那就又是另外一回事了。在這種情況下，即使這些移情思想失去了來自前意識的精力傾注，這種強化也能使它們獲得力量，而可以試著憑藉自身的興奮衝出重圍。於是繼之而起的是一種防衛性鬥爭——因為前意識又強化了本身對潛抑思想的對抗（即產生了一種「反精力傾注」）。自此以後，那些移情思想，作為傳達無意識欲求的工具，便透過藉由產生症狀所得到的某種妥協形式衝出重圍。但是從被潛抑思想自無意識欲求接受了大量的精力傾注，同時又被前意識精力傾注捨棄之時起，那些被潛抑思想就變成受制於原發精神過程。它們的一個目的就是尋求運動釋放，或者如果道路暢通無阻，便尋求所渴求的知覺同一性的幻覺性再現。我們已經從經驗中發現，我們所描述的那些非理性過程只能發生於被潛抑的思想，現在我們又能對全局有更深一層的理解了。在精神機構內發生的那些非理性過程就是**原發**過程，只要意念被前意識精力傾注所捨棄，任其自行其是，並且能從奮力尋求出路的無意識取得不受抑制的能量，就會出現非理性過程。其他一些觀察也支持這樣的觀點，即這些被描述為非理性的過程，實際上並不是錯誤的正常過程——理智的錯誤，而是從抑制中解放出來的某些精神機構的活動方式。因此我們發現從前意識興奮到運動的轉移，也由相同的過程支配。而前意識意念與詞語之間的連結，也容易出現相同的置換與混淆，而我們將其歸因於不小心。最後，當這些原發的功能模式受到抑制，則其活動必然會增加，而可從下述事實看出來：如果我們允許這些思維方式強行進入意識，我們就會產生一種滑稽的效果，也就是一定要在笑聲中釋放出多餘的能量。

精神神經症的理論認為下述主張是無可爭議且不變的真理，即只有來自幼兒期的性欲求衝動——雖然在兒童發展時期已經遭到潛抑（即它們的情感的轉化）——能夠在發展的後期得到復甦（不論是個體的性體質——源於最初的雙性性欲——所造成的結果，還是對性生活過程的不良影響所致），從而為每一種精神神經症症狀的形成提供了動機力量。只有引證這些性的力量，我們才能彌補潛抑理論中仍然明顯存在的缺陷。至於這些性和幼兒的因素在夢的理論中是否具有同等重要性，我將不答覆這個問題。我將讓夢的理論在這一點上維持不圓滿的狀態，因為我假定夢的欲求都是來自無意識，已經超出了可能驗證的範圍。[30]我也不想深究在夢的形成與歇斯底里症症狀的形成之間精神力量作用的不同，我們對於比較的一方還欠缺充分的正確了解。然而我認為還有另外一點也很重要：我必須承認，正是因為這一點，才使我在此處開始了有關兩個精神系統、它們的活動方式以及潛抑的全部討論。現在的問題並不在於我對於大家關心的心理因素是否已經形成了大體正確的意見，或是我對於這個複雜問題的心理因素的描繪是否有所歪曲或偏頗。儘管我們對於精神稽查作用以及夢內容所接受的理性和異常潤飾的解釋經歷過許多變化，但這些過程在夢的形成中發生了作用，以及它們與可觀察到的歇斯底里症症狀的形成過程在本質上非常類似，始終都是不可否認的事實。不管怎樣，夢總不是病態現象，它事先既不干擾精神平衡，事後也不影響精神機構的效率。有人認為從我的和我的病人的夢，無法得到任何有關正常人的夢的結論，但我認為這個反對意見肯定不能成立。如果我們的爭辯可以從現象追溯到動機力量，我們一定可以發現，精神官能症所使用的精神機制，並不是病理性困擾對心靈產生影響而創造出來的，而是已經存在於精神機構的正常結構中了。舉凡兩個精神系統、對於一個系統進入另一個系統的稽查作用、一種活動對另一種活動的抑制和掩蓋、兩者

30 佛註：我在此處和別處處理我的論題時故意留下一些漏洞，其原因是：一方面填補這些漏洞要花費很多精力，另一方面我得引證許多與夢的題材無關的材料。譬如，我就不曾說明我是否在不同的意義上使用「壓抑」和「潛抑」這兩個詞，然而很明顯地，後者比前者更為強調隸屬於無意識的現象。我也沒有談到一個明顯的問題，（牛津版註：第一版有「nahe liegende」（明顯）的字眼；SA用的是「naheliegende」（明顯）；史崔奇用的是「顯而易見」。我翻譯了第一版中有意義地出現的字樣。之後的文本，如已建立，可能是重新思考或更正印刷錯誤的證據。）即當夢念甚至已經放棄了走向意識的前進路徑，而選取了回歸路徑時，它們為什麼仍然受制於稽查作用而進行偽裝呢？此外還有許多省略之處。我的當務之急是為進一步分析夢的工作而必然引發的問題提供初步的印象，以及為進一步分析必然會碰上的其他主題提供線索。要決定在何處中斷我正追尋的這條探索路線，對我而言並非都是件容易的事。有一些我的讀者可能料想不到的特殊理由，可以說明我為什麼不詳盡無遺地討論性意念在夢中所起的作用，以及我為什麼要避免分析具有明顯性內容的夢。從我自己的觀點或從我在精神病理學中所持的理論來看，我們不應該再視性生活為可恥的事，不應該認為醫生和科學研究者不需要關心與性生活有關的主題。此外，阿特米多魯斯《夢之解析》一書的翻譯者，出於道德義憤，竟瞞著讀者刪除了其中論性夢的一章，我認為簡直是太可笑了。支配我的決定的因素，只不過是因為我了解到，性夢的解釋將使我更深入地牽涉到仍未解決的性變態和雙性戀等問題，因此，我決計將材料留待將來再討論。

與意識之間的關係——或對所觀察到的事實任何更正確的解釋——所有這一切都構成了我們精神機構正常結構的一部分，夢則向我們指出一條了解它的結構的道路。如果我們限制自己只應用已經確立的新知識，我們仍然可以說，夢已經證明了**那些被潛抑了的材料，在正常和不正常的人的心靈中都同樣存在著，而且能夠保持其精神功能**。夢本身就是這種被潛抑材料的各種表現之一，從理論上說，每一個夢都應如此，而在經驗上說，至少在大多數夢中都可以觀察得到，而在具有顯著特徵的夢生活中表現得格外清楚。在清醒生活中，心靈中被壓抑的材料，由於必須**消除其中出現的矛盾**[31]——排除一方，而讓另一方較具優勢——因而無從得到表達，也無法得到內部知覺。但是到了夜晚，由於受到尋求形成妥協的動力的影響，被壓抑的材料於是就找到了強行進入意識的手段和方法。

即使不能震撼上蒼，我也要攪動地獄。[32]

夢的解析是通向理解心靈無意識活動的皇家大道。透過夢的分析，可以讓我們進一步地理解這個最為神奇奧妙的機構的構造。無疑地，這僅僅是向前走了一小步，但卻是一個開端。而這個開端，根據另一些可稱之為病態的結構，又有可能使我們對夢做出更進一步的分析。至於疾病——至少是那些被適當地稱之為「功能性」的疾病——並不需要假定其為機構的解體，或是機構內部新的分裂的產物。它們可以在**動力學**的基礎上得到解釋——藉由力的相互作用，有些成分增強，有些成分減弱，因而在功能維持正常的情況下，許多力量隱而不見。我希望能在別處表明，與僅有一種動元比較起來，這個由兩種動元複合而成的精神機構也使正常心靈具有更為精細的作用。[33]

六、無意識與意識、現實

仔細地思考一下，我們將會發現上面幾節有關心理學的討論可讓我們假定的，並不是存在著兩個靠近精神機構運動端的系統，而是存在著兩種興奮過程或兩種釋放方式。這對我們並不產生什麼影響，因為我們得隨時準備拋棄以前的理論框架，只要我們覺得可以用更接近未知現實的理論來取代。因此，讓我們試著來改正一些可能被別人誤解的概念。先前我們輕率地從字面上將這兩個系統視為精神機構的兩個位置，如「潛抑」和「強行進入」兩個概念，就帶有上述錯誤的痕跡。因此，我們可能說一個無意識思想力求進入前意識，然後才能強行進入意識之中。但是我們的意思並不是說在一個新的位置上形成第二個思想，就像一個複本可以與原本並

31 牛津版註：見頁七七註8。

32 牛津版註：語出羅馬詩人維吉爾《埃涅阿斯紀》第七節三一二行。佛洛伊德並非直接引用維吉爾原文，而是費迪南·拉薩爾（一八二五～一八六四）在一八五九年薩奧戰爭中所寫的一段政治性文章。

33 佛註：夢並不是可以讓我們在心理學中發現精神病理學的唯一現象。在我還未完成的一系列短篇論文中（〈遺忘的精神機制〉〔*S.E.*, 3, p. 289〕和〈屏蔽記憶〉〔*S.E.*, 3, p. 301〕），我已經企圖對許多日常生活現象進行解釋，以作為同一觀點的有力證據。

存那樣。而強行進入意識這個概念，也一定不能帶有任何位置變化的意義。其次，我們可能說一個前意識思想受到潛抑或被逐出，而為無意識所接管。這些意象由於源於互相爭奪地盤這一類觀念，容易使我們設想某個位置上的一個精神構成物真的被消滅了，而為另一個位置的一個新的精神構成物所取代。現在讓我們用似乎更為符合事物真實情況的說法，來代替這種隱喻。我們可以這麼說，某個特殊的精神構成物有一種能量的精力傾注，時而增加，時而減少，以致所說的結構可以受一種特定動元的控制，也可以不受它的支配。我們在此處所做的，就是再一次用動力學的表達方式，代替了地形學的表達方式。我們認為的可動性，不是指精神結構本身，而是指它的神經分布。

然而，我認為繼續利用對這兩個系統的形象化比喻，仍不失方便和合理。我們可以儘量避免濫用這種表現方法，絕對不要認為意念、思想和精神結構位於神經系統的某些器質性元素中，而可以說成是**在它們之間**。在那裡阻抗和促進作用提供了相應的相關因子，我們內部知覺的任何對象都是**虛象**，就像光線穿過望遠鏡所產生的影像一樣。但是我們認為假設系統的存在（這些系統本身不是任何精神實體，而且絕不會為我們的精神知覺所察覺），假設它們就像望遠鏡投射影像的透鏡也是合理的。如果我們繼續進行這種類比，我們可以把兩個系統之間的稽查作用，類比為一道光線進入一種新的介質時產生的折射作用。

到此為止，我們講的只是自己的心理學，現在已經到了考察某些支配現代心理學的理論觀點的時候了，而且還要討論它們與我們假說的關係。按照立普斯[34]具影響力的說法，在心理學中，無意識問題不只是心理學要回答的一個問題，而是**心理學要回答的整個問題**。只要心理學在討論這個問題時，在文字解釋上把「精神」視為「意識」，而且認為「無意識的精神過程」明顯不具任何意義，那麼醫生對於異常精神狀態的觀察就一定不可能具有任何心理學的價值。只有當醫生和哲學家都認識到「無意識精神過程」這個詞語是「對一個確定存在的事實適當而合理的表達」時，他們才能走到同一條路上來。如果要醫生相信「意識是精神生活不可缺少的特徵」，那他只能聳聳肩膀。也許他對哲學家的話保持一定程度的敬意，那他也只能認為，他們討論的不是同一件事，或者研究的不是同一門科學。因為即使只是對精神官能症患者心理生活具理解力的觀察，或是對夢的分析，都會讓他確信，那些極其複雜而合理的思想過程——無疑可以稱之為精神過程——可以在未引發意識的情況下發生。醫生確實只有在無意識對意識能夠進行交流或觀察——產生某種影響之後，才能認識到這些無意識過程。但是這種意識效果可以表現出一種與無意識過程大不相同的精神性質，以致內部知覺分辨不出它就是無意識過程的替代物。醫生必須能自由地從意識效果來推論無意識精神過程，他可由此認識到意識效果不過是無意識過程一種遙遠的精神產物，而後者本身不僅沒有進入意識，甚至它在發生作用時，都不讓意識察覺到它的存在。

我們不可高估意識的特性，才有可能對精神本源形成任何正確的看法。用立普斯的話說，我們必須假設無意識是精神生活的普遍基礎，無意識是一個大的範圍，其中包含著較小的意識範圍。任何有意識的事物都有一個無意識初期階段，無意識事物可以停留在那個階段，但必須

34 佛註：立普斯，〈心理學中的無意識概念〉，為一八九七年於慕尼黑召開之第三次國際心理學會議所做演講。

認為其具有精神過程的全部價值。無意識是真正的精神現實，它的核心性質與外部世界的現實一樣，並不為我們所理解。透過意識素材來表現無意識，與我們透過感官來表現外部世界一樣，都是不完全的。

現在，由於無意識精神生活的確立，意識生活和夢生活之間那種古老的對立已趨消失。許多早期作者深切關注的夢的問題，也就失去了它們的重要意義。因此某些活動，它們在夢中的成功表現使人感到驚訝，已不再被認為是夢的產物，而被認為是源於白天同樣活動著的無意識。假若像施爾納所說，夢似乎是在創造對身體的象徵性表現，我們現在就該知道這些表現乃是某些無意識想像的產物（或許由性衝動而來），它們不僅表現於夢中，而且表現於歇斯底里性畏懼症及其他症狀中。如果夢繼續開展白天活動並使之完成，甚至產生一些新的有價值的意念，那麼我們需要做的就是剝去夢的偽裝。這種偽裝是夢的工作的產物，也是某些來自心靈深處的隱祕力量在進行協助的標記（參見塔替尼的奏鳴曲夢中的魔鬼[35]），其理智成就則來自白天產生所有類似成就的同一精神力量。對於理智和藝術的產物，我們可能傾向於高估了它們的意識性質。根據最富有創造力的人，如哥德和赫姆霍茲[36]的敘述，他們的作品中重要和創新的部分，大多未經過事前的沉思，而是以近乎現成的形式出現於腦海之中。在其他一些情況下，如果需要聚精會神地發揮理智的功能，則意識參與活動當然也是毫不足怪的。但是，如果意識只參加一部分活動，而把其他活動掩蓋起來，不使我們看見，那它就是濫用其本身的特權了！

我們如果把夢的歷史性意義當作一個獨立的主題加以討論，可說是得不償失。一個夢也許促成某個領袖進行冒險，結果改變了歷史進程，但是，只有當夢被視為一種神祕力量，而且與心靈其他熟知的力量大不相同時，才產生這個新問題。只要我們把夢看成是各種衝動的一種表達方式——這些衝動在白天受到阻抗的壓力，而在夜間為心靈深處潛伏的興奮所強化——就不會有這類問題了。不過古代對夢的極大尊崇乃是基於正確的心理洞察力，是出於對人類心靈中無法控制和不可摧毀的力量的尊崇，是對於產生夢的欲求，以及我們發現在我們的無意識中起作用的**屬靈的力量**[37]的崇拜。

但是，我之談到「**我們的無意識**」並不是沒有用意的，因為我所描述的無意識不同於哲學家的無意識，甚至與立普斯說的無意識也有區別。他們只是用這個詞表示意識的對立面，他們

35 牛津版註：作曲家朱塞佩．塔替尼（一六九二～一七七〇）寫過一首有名的奏鳴曲《魔鬼的顫音》（*Trillo del Diavolo*, 1714），據說他夢到自己將靈魂出賣給魔鬼，魔鬼則演奏這首奏鳴曲給他聽；醒來後，他憑記憶將其寫下。

36 牛津版註：赫曼．馮．赫姆霍茲（一八二一～一八九四），學養深厚的德國科學家，一八八二年被封為貴族。他對物理學和生理學都有重大貢獻，透過測量神經刺激，建立了物質的、量化的生理學。年輕的佛洛伊德在老師布呂克的引導下接觸到赫姆霍茲學派。

37 牛津版註：這一根深柢固的德式觀念在歌德自傳《詩與真實》第二十卷之中有詳細的論述：「他（年輕的歌德）相信在自然裡，不管是有生命的還是沒有生命的，是有靈魂的還是沒有靈魂的，他已發現有種只在矛盾中顯現，因此不能以概念、更不能以言辭表達的東西。這東西不屬於神，因為它像是沒有理性；也不屬於人，因為它沒有悟性；也不具有魔性，因為它是善意的；又不具有天使的性質，因為它往往使人覺得它在幸災樂禍。它與偶然相似，因為它顯現不出規則；又與天意相似，因為它暗示因果關係。這個東西似乎可以洞察那些加諸在我們身上的限制；它像是可隨意決定我們生存所需的要素，它壓縮時間也拓展空間；它像是只喜歡不可能的事物而蔑視可能的事物。這東西像是可介入一切其他的事物中，既可分離又可結合這些事物。我援引古人及有著相似感覺的人所用的詞彙，稱它為『魔力』。」

爭得面紅耳赤的論點不過是說，除了意識之外，還存在著一些無意識精神過程。立普斯的主張前進了一步，認為精神的全部內容都無意識地存在著，而其中一部分也意識地存在著。但是我們蒐集有關夢和歇斯底里症症狀形成的種種現象，並不是為了證實這個論點。只需對於正常清醒生活本身加以觀察便足以證明這個論點，而不會再有所懷疑。透過對精神病理結構，以及該類的首要現象——夢——的分析，我們發現一個新的事實：無意識（即精神現象）原來是兩個獨立系統的功能，而且在正常生活中和病態生活都是一樣的。因此存在著**兩種無意識**，心理學家們還沒有把它們區別開來。從心理學的觀點來看，兩者都同為無意識，然而從我們的觀點來看，我們把其中之一稱為無意識，**不能進入意識**，而另一種我們稱之為前意識，因為它的興奮——確實遵循某些規定，也許還要不顧及無意識而能透過新的稽查作用之後——是能進入意識的。興奮為了要進入意識，必須要透過一系列固定的動元（我們可由稽查作用在這些動元中所造成的改變中看出此一事實），這個事實能使我們做出一種空間的類比。我們說前意識系統像介於無意識系統和意識之間的一面屏障，而藉此描述了兩個系統之間的關係，以及它們與意識的關係。前意識系統不僅阻隔著無意識系統和意識的通路，而且控制著自主運動的力量，並有權支配能量精力傾注的分布，其中一部分就是我們熟悉的注意力。

我們還必須避免**超意識**和**下意識**之間的區別，這兩個詞在近來的精神神經症文獻中屢見不鮮，因為這種區別似乎是被用來強調精神和意識的等同性。

那麼，曾經統轄一切而又掩蓋其他一切的意識在我們的圖解中還剩下什麼作用呢？那只是一種**感知精神性質的感官**罷了。按照我們示意圖的基本概念來看，我們只能把意識知覺視為一種特殊系統的固有功能。從它的機械性質看來，我們認為這個系統與知覺系統相似，因為它易於感受各種性質引起的興奮，但是不能保留各種變化的痕跡——也就是說，沒有記憶。精神機構以其知覺系統的感官指向外部世界，而對意識系統的感官而言，精神機構本身就是外部世界，它在目的論上的正當性就寓於這種情況。我們在此又一次得遵從動元階層原則，這個原則似乎統治了精神機構的結構。興奮的材料從兩個方向流入意識系統的感官：一是來自知覺系統，它那由各種性質所決定的興奮，在變為意識感覺之前，可能還要接受新的潤飾。第二則來自精神機構本身內部，它們在經過某些改變之後也可進入意識，而它們過程的量化特質，則是以一系列快樂和痛苦的精神性質被感覺到。

有些哲學家認識到，一些合乎理性和高度複雜的思想過程，即使沒有意識的作用也可發生，他們於是覺得陷入了困境，難於確定意識的任何功能。在他們看來，意識似乎不過是已完成的精神過程的一幅多餘的反映畫面。相反地，我們卻以意識系統和知覺系統的類比擺脫了這種尷尬局面。我們知道，由我們感官引起的知覺，會將注意力的精力傾注引導到正在傳導感覺興奮的傳入路徑上：知覺系統的質性興奮，作為一種調節器，會調節精神機構內可動能量的釋放。我們也可以認為意識系統的感官也具有相同的功能，當意識系統的感官感知到新的精神性質時，它可以產生一種新的作用，引導精力傾注的可動能量，並以一種適當的方式加以分配。它利用對快樂和痛苦的知覺，影響著機構內部精力傾注的進程，否則無意識系統就會利用能量的轉移而發生作用。最初可能是痛苦原則自動調節著精力傾注的轉移，但是對這些精神性質的意識，很可能引入第二種且更具分辨力的調節。這種調節甚至可以和第一種調節相反，為了使精神機構的功能趨於完善，第二次調節可以違背其原有計畫，而對那些能釋放痛苦的聯想傾注能量並予以處理。我們從精神官能症的心理學認識到，由這些感官的質性興奮所完成的種種調節過程，在精神機構的功能活動中起了重大作用。原初痛苦原則自動的支配作用，及其後來對功能活動的效率所造成的限制，都被感官調節的過程所打斷，而接著這些調節過程本身也自動發生作用。我們發現潛抑（在剛開始雖然有用，但最後對抑制和精神控制有所損害）對於記憶比對知覺更容易產生影響，因為記憶不能從精神感官的興奮中獲得額外的精力傾注。的確，一方面某個必須加以防範的思想由於受到潛抑而不能進入意識，但在另一方面，有時這種思想的潛抑，只是因為其他原因而使其退出了意識知覺之外。而我們在進行醫療時，正可利用此處所提到的幾點提示，以解除已經存在的潛抑。

由意識感官的調節性影響在可動能量中所形成的高度精力傾注狀態，其目的論的價值可由下述事實最清楚地表現出來：這種高度精力傾注創造了一系列新的精神價值，創造出一種新的調節過程，從而構成了人類凌駕於其他動物之上的優越性。思想過程本身並不具任何性質，只不過伴有快樂和痛苦的興奮，而且從可能干擾思維的角度來看，這些興奮還必須接受限制。為了使思想過程獲得精神性質，在人類身上，思想過程就與言語記憶連繫起來，而言語記憶剩餘的精神性質，便足以吸引意識對它們的注意，而賦予思想過程一種來自意識嶄新而可動的精力傾注。

只有借助於對歇斯底里症的思想過程的分析，我們才能了解整個意識問題的多重性。我們由此得到的印象是：從一個前意識精力傾注到一個意識精力傾注之間的轉移，也存在著一種類似無意識系統和前意識系統之間存在的稽查作用。這種稽查作用也只在超出了一定強度的限制時才發生作用，所以在低強度的思想結構中不會產生。在精神神經症現象的範圍內，我們可以找到各種不同可能性的例子，表明思想如何被撤離意識，或是在某種限制下，思想又如何能強行進入意識。下面用兩個這樣的例子來結束這些心理學方面的思考。

幾年前我被邀請去會診一個女孩，她看上去聰明而神情自然，但她的穿著卻令人驚異。一般說來，女人對衣著的每一個細節都考慮得很周到，而她的一雙長襪子卻有一隻垂下，罩衫上的鈕扣也有兩個沒有扣上。她抱怨著腿痛，我並沒有說要看，她就露出了小腿。但是她主訴的主要病痛，用她自己的話說，卻是**她彷彿感覺到有什麼東西刺進全身，而且時出時入，不停地搖動著，有時使得她的全身陷於「僵直」**。我一位參加會診的同事會意地看著我，他不難理會到她主訴的意義。但是使我們兩人感到異常驚異的是，她的母親竟然對此意義一無所知——雖說她必然經常處於她女兒向她描述的情境中。這女孩對自己訴說的意義一定毫無所知，因為她如果知道，她就肯定不會說出來了。在這個例子中，稽查作用可能受到了蒙蔽，遂使在正常情況下應被保持在前意識中的想像物，在天真無邪的主訴的偽裝下，出現在意識之中。

再說一個例子。一個十四歲的男孩因患抽搐、歇斯底里性嘔吐、頭痛等症狀，請我為他進行精神分析治療。我在開始治療時告訴他，他如果閉上雙眼，就會看見一些圖像，或是想到一些意念，然後把這些東西告訴我。他回答他看見一些圖像，他在來找我之前的最後印象，在他記憶中以視覺的方式再現了出來。他那時正和他的叔叔在玩跳棋，棋盤宛如擺在眼前，他想著幾種不同的跳法，有利的和不利的，以及幾種被禁止的走法。然後他看見棋盤上放著一把匕首——原本歸他父親所有，但他想像它被放在棋盤上。然後棋盤上又出現了一把鐮刀，然後又是一把長柄大鐮刀。接著出現的圖像是，一位老農夫在他家的前面用大鐮刀割草。幾天以後，我發現這一系列圖像的意義了。這男孩正為不幸的家庭處境所困擾，他的父親非常嚴厲，容易發脾氣，他和男孩的母親的婚姻並不幸福，他的教育方法以威脅為主。他的父親終於與他那溫柔而深情的母親離婚，之後又結了婚，有一天帶回了一位年輕的女人，她就是這男孩的後母。就在這事情發生幾天之後，這個十四歲的男孩就發病了。他對他父親被壓抑的憤恨，構成了這一系列可被理解的暗喻圖像。這些圖像的材料來自對一個神話的回憶，鐮刀是宙斯用以閹割他父親的工具，大鐮刀和老農夫的形象代表克羅諾斯，這個兇猛的老人吞食了他的孩子，宙斯便對他進行了如此不孝的報復。他父親的結婚給了他一個機會，去報復許久以前因為玩弄自己的生殖器而從父親那裡聽到的譴責和威脅（參見玩跳棋、被禁止的走法，可用來殺人的匕首）。在這個例子中，長期被潛抑的記憶，及其一直被保存在無意識中的衍生物，都表現為顯然沒有意義的圖像，用一種迂迴的道路悄悄地進入意識之中。

因此，我們可以認為，夢的研究的理論價值，在於它對心理學知識有所貢獻，而且增加了對精神神經症問題的了解。由於即使在我們現有的知識下，對精神神經症的治療仍有一定的療效，那麼透過對精神機構的結構和功能的徹底了解，其結果又有誰能預估將有多麼重大的意義呢？但是，我已聽到有人提出疑問，作為一種了解心靈以及揭示一個人的隱藏特性的方法，夢的研究又有什麼實踐價值呢？夢中顯露的無意識衝動不能具有精神生活真實力量的重要性嗎？被壓抑欲求中的道德意義是否可以置之不顧？這些欲求今天引起了夢，會不會將來有一天引起別的後果？

我覺得自己還沒有把握回答這些問題，我對於夢這方面的問題還沒有做進一步的考慮。不過我總認為，羅馬皇帝因為他的一個屬下夢見刺殺皇帝就把他處死是錯誤的。他首先應該設法弄清楚夢的意義，很可能它的意義與所表現的大不相同，而且甚至一個具有其他內容的夢，其意義都有可能是弒君。難道我們不應該記住柏拉圖的這句格言：善人滿足於夢見惡人的真實所為嗎？所以我認為夢中的罪惡應獲赦免。至於我們是否應將無意識欲求認定為現實，我就不敢說了。當然，我們不應該將一切過渡的和中介的思想認定為現實，而如果我們看到的是無意識最基本最真實的形態，我們將會毫不懷疑地斷定，精神的現實是存在的一種特殊形式，不能與物質的現實混為一談。[38]因此，人們不願意為自己夢中的不道德行為承擔責任似乎是不合理的。當精神機構的功能模式以及意識和無意識之間的關係被正確理解之後，我們會發現夢和想像生活中大部分不為道德接受的內容就消失了。用漢斯·薩克斯的話來說：如果我們再回到意識中，去尋找夢所告訴我們的有關當前（真實）情境的某件事物，我們發現在分析的放大鏡下所看到的怪獸不過是一條小小的纖毛蟲，對此現象我們是不應感到驚訝的。根據一個人的行動和他在

38 牛津版註：佛洛伊德在之後的版本中對這句結論做過很大的修正和改變。第一版：「……我們應該知道，精神的現實遠大過存在的形式。」一九一四及一九一九年的版本中修正為：「……我們應該這麼說：心靈的現實就是一種存在形式，而無法與物質感官方面混為一談。」英文標準版譯為：「……我們應該下一結論，而不是一再懷疑：心靈的現實是一種獨特的存在形式，我們不能將其與物質享受混淆。」

有意識的情況下表達的思想，已足夠達成判斷他的性格的實際目的。其中行動應該被視為最重要的指標，因為強行進入意識的衝動，它們甚至在產生行動之前，已被心理生活中的真實力量抵銷掉。事實上這些衝動在前進時往往遇不到精神阻礙，因為無意識可以確定它們將在另一個階段中受阻。不管怎樣，我們如果對於我們那片被踐踏的土壤——我們的美德從其中驕傲地生長出來——有所了解，總會有所獲益。因為人類性格確實複雜，在各種動力驅動下變化莫測，已很難適用古代道德哲學要我們相信的那種二者擇一的簡單方式了。

那麼夢的價值是否在於為我們提供了預知未來的知識呢？當然，這是不成問題的。如果說這些夢為我們提供了過去的知識，反而比較真實些，因為不管從哪方面來說，夢總是源於過去。然而古代人總是相信夢可預示未來也不是毫無道理的，那些表現欲求滿足的夢，總是把我們引向未來，但是這種未來——夢者把它描繪成現在——已受到其不可摧毀的欲求的塑造，而與過去完全一樣了。

名詞對照表

一劃

一致性　congruence

二劃

人格分裂　splitting of personality

三劃

下意識　subconsciousness
口渴的夢　thirst dreams
口誤　slips of the tongue

四劃

不自主意念　involuntary ideas
互換　exchange
內部感覺刺激　internal sensory excitation
內部軀體刺激　internal organic stimuli
反射機構　reflex apparatus
反猶主義　anti-Semitism
反覆出現的夢　recurrent dreams
幻覺　hallucinations
心理治療　psychotherapy
心理特徵　psychological features
心境　mood
比喻性再解釋　allegorizing reinterpretation
牙痛的夢　toothache dreams

五劃

主夢　main dreams
功能　function
古柯鹼　cocaine
外部世界　external world
外部感覺刺激　external sensory stimuli
外貌特徵　visual features
失誤動作　Parapraxia
生動　vividness
生殖器　genitals
白天殘餘　remnants of day
白日夢　day-dreams
矛盾　contradiction

六劃

共同因素　common factors
共同屬性　common features
印象　impressions
同化作用　appropriation
同時性　simultaneity
回歸　regression

因果關係　causality
多重決定　over-determination
多重解釋　over-interpretation
妄想　delusion
妄想症　paranoia
安全閥　safety valve
考試的夢　examination dreams
自大狂　megalomania
自我　ego
自我中心　self-centredness
自我更正　self-correction
自我意識　self-consciousness
自我觀察　self-observation
自律　autonomy
自動作用　automatism
自動漫遊症　automatisme embulatoire

七劃

妥協　compromises
序夢　introductory dreams
形象化表現　pictorial representation
快樂　pleasure
抑制　inhibition

八劃

典型的夢　typical dreams
刺激　stimuli
受折磨的夢　torture dreams
定言令式　categorical imperative
性別　gender
性的因素　sexual element
性格特徵　character
性欲求　sexuality
性欲求衝動　sexual impulses
性器官刺激引發的夢　sexual dreams
性興奮　sexual arousal
抽象思想　abstract thought
注意力　attention
知覺同一性　perceptual identity
知覺系統　perception systems
表現　representation
表現力　representability
近似性　convergence
阻抗　resistance
附屬材料　collaterals

九劃

前意識　preconscious
屏蔽記憶　screen memory
思想　thoughts
思想意念　imaginary ideas
思想過程　thought-processes
相反地　vice cersa
相似性　similarity
省略　exclusion

十劃

倒反的夢　reversal dreams
原型　ideal
原欲　libido
原發過程　primary process
恐懼症　phobias
悖德的夢　immoral dreams
能量　energy
荒謬性　absurdity
記憶力過度發達的夢　hypermnestic dream
記憶痕跡　memory-trace
偽裝　distortion

十一劃

動元　Agency
強度　intensity

強迫症 obsession
情結 complex
情感 affect
情操生活 emotional life
掉牙的夢 teeth falling out dreams
欲求 wishes
欲求滿足 wish-fulfilment
殺嬰 infanticide
清醒 waking
清醒生活 waking life
清醒思想 waling thought
現實 reality
移情作用 transference

十二劃

單純的夢 innocuous dreams
替換 substitutions
焦慮 anxiety
焦慮夢 anxiety-dreams
痛苦 unpleasure
痛苦的夢 distressing dreams
虛象 virtual
視覺刺激 visual stimuli
視覺意象 visual images
象徵性釋夢 symbolic dream interpretation
超意識 supraconsciousness
超實體化 transubstantiation
集合形象 composite figures

十三劃

想像構成物 fantasies
意志的衝突 conflict of will
意象 images
意識 consciousness
感覺刺激 sensory stimuli
概念 concepts
歇斯底里性模仿 hysterical imitation
歇斯底里性癱瘓 hysterical paralysis
歇斯底里症 hysteria
歇斯底里症狀 hysterical symptoms
源於神經刺激的夢 nervous-stimulus dreams
源於視覺刺激的夢 visual-stimulus dreams
源於軀體刺激的夢 physical-stimulus dreams
置換 displacement
解碼法 decoding method
運動活動 motor activity
道德 ethics
道德感 morality
隔絕 isolation

十四劃

夢念 dream-thought
夢的工作 dream-work
夢的偽裝 dream-distortion
夢的掩飾 pretence in dreams
對立 opposites
滿足 satisfaction
瑣事 triviality
精神 psyche
精神分析 psychoanalysis
精神官能症 neurosis
精神活動 psychical activity
精神病 psychosis
精神神經症 psychoneurosis
精神感染 psychical infection
精神過程 psychical process
精神價值 psychical value
精神機構 psychical apparatus
精神錯亂 amentia
認同 identification

十五劃

嘲笑　mockery
墜落的夢　falling dreams
暴露夢　exhibition-dreams
模稜兩可　ambiguity
潛抑　repression
潤飾作用　secondary revision
稽查作用　censorship
複合作用　composite formations

十六劃

凝縮　condensation
興奮　arousal
遺忘　forgetting
錯覺　illusions
頭痛的夢　headache dreams
壓抑　suppression
壓縮作用　compression
戲劇化　dramatization
聯想　association
聯想性的夢　association-dream
隱喻　allusion
隱意　latent content
軀體刺激　physical stimuli
軀體刺激　somatic stimuli

十八劃

雙性性欲　bisexuality

十九劃

懷孕的夢　pregnancy dreams

二十劃

譫妄　delirium

二十一劃

續發過程　secondary process

二十二劃

聽覺刺激　auditory stimuli
聽覺意象　auditory images

二十三劃

邏輯關係　logical relations
顯意　manifest content

人名對照表

二劃

丁尼生，艾菲德　Tennyson, Alfred

三劃

大衛，雅各．朱理亞斯　David, Jakob Julius

四劃

丹多洛　Dandolo, G.
丹東，喬治　Danton, George
丹恩，菲利克斯　Dahn, Felix
切拉諾的湯瑪士　Thomas of Celano
巴本海姆，貝莎　Pappenheim, Bertha
巴塞多，約翰．伯恩哈德　Basedow, Johann Bernhard
巴爾加，哈米爾卡　Barca, Hamilcar
巴德尼，卡茲米耶　Badeni, Kazimierz
巴德尼伯爵　Count Badeni
比朗　de Biran, Maine

五劃

加尼爾　Garnier
加里波底，朱賽貝　Garibaldi, Giuseppe
加特納　Gärtner
加斯特，彼得　Gast, Peter
卡巴尼斯　Cabanis
卡西烏斯，狄奧　Cassius, Dio
卡洛，雅各　Callot, Jacques
卡爾金斯，瑪麗．惠頓　Calkins, Mary Whiton
古斯萊恩　Guislain
史尼茲勒　Schnitzler, Arthur
史瓦德隆，亞伯拉罕　Schwadron, Abraham
史崔奇，詹姆士　Strachey, James
尼采，菲德里希　Nietzsche, Friedrich
左拉，埃米爾　Zola, Émile
布克森舒茲　Büchsenschütz, B.
布呂克，恩斯特　von Brücke, Ernst.
布里爾　Brill, A. A.
布洛伊爾，貝莎　Breuer, Bertha
布洛伊爾，約瑟夫　Breuer, Josef
布倫丹　Brendan
布倫塔諾，克萊門斯　Brentano, Clemens
布朗狄斯，喬治　Brandes, Georg
布朗恩，海因里希　Braun, Heinrich
布朗恩－佛格爾史坦因，茱莉　Braun-Vogelstein, Julie
布萊德雷　Bradley, A. C.
布萊德雷　Bradley, F. H.

布達赫　Burdach, K. F.
布爾熱，保羅　Bourget, Paul
布藍德　Brander, R.
弗利斯，懷赫姆　Fliess, Wilhelm
弗斯特－尼采，伊莉莎白　Förster-Nietzsche, Elisabeth
弗爾達，路德維希　Fulda, Ludwig
本尼狄克特　Benedikt, M.
瓦特林　Watling, E. F.
瓦爾德爾　Waldeyer, H. W. G.
皮爾澤　Pilcz, A.
立普斯　Lipps, T.

六劃

伊凡斯，瑪麗・安　Evans, Mary Ann
伊爾瑪　Irma
吉斯克拉，卡爾　Giskra, Karl
吉斯勒　Giessler, M.
多・布薩連鳩，吉龍　de Buzareingues, Giron
安徒生，漢斯・克利斯提安　Andersen, Hans Christian
安德烈亞斯－莎樂美，露　Andreas-Salomé, Lou
托馬耶爾　Thomayer, S.
考夫曼，魯迪　Kaufmann, Rudi
艾克斯坦，艾瑪　Eckstein, Emma
艾利斯，哈維洛克　Ellis, Havelock
艾略特，喬治　Eliot, George
艾瑞克森，萊夫　Erikson, Leif
西貝克　Siebeck, H.
西格爾，漢娜　Segal, Hanna
西塞羅　Marcus Tullius Cicero
西蒙　Simon, M.

七劃

亨寧斯　Hennings
伯克林，阿諾德　Böcklin, Arnold
伯恩伯格公爵　Duchy of Bernburg
伯恩海姆，希波里特　Bernheim, Hippolyte
伯格爾，約翰・尼波姆克　Berger, Johann Nepomuk
伯納，克勞德　Bernard, Claude
佛洛伊德，伊曼努爾　Freud, Emanuel
佛洛伊德，西格蒙德　Freud, Sigmund
佛洛伊德，約瑟夫　Freud, Josef
佛洛伊德，菲利普　Freud, Philipp
佛洛伊德，雅各　Freud, Jacob
佛洛伊德，奧立佛　Freud, Oliver
佛洛伊德，瑪莎　Freud, Martha
佛洛伊德，瑪蒂達　Freud, Mathilde
克里克，喬伊斯　Crick, Joyce
克拉維埃　Clavière
克拉蘇，馬可士・利西尼　Crassus, Marcus Licinius
克倫威爾，奧立佛　Cromwell, Oliver
克勞斯　Krauss, A.
克勞斯，卡爾　Claus, Carl
克魯斯　Crews, Frederick
別赫切烈夫　Bechterew
利奧波特　Leopold
呂格，卡爾　Lueger, Karl
希爾布朗特　Hildebrandt, F. W.
希羅多德　Herodotus
李厄保　Liébeault, A.
李希特，漢斯　Richter, Hans
杜加斯　Dugas, L.
杜普伊，查爾斯－亞歷山大　Dupuy, Charles-Alexandre
杜賈登　Dujardin, Edouard
沃爾夫，雨果　Wolf, Hugo
沃爾克特　Volkelt, J.
沃爾德，毛爾里　Vold, Mourly

八劃

九劃

十劃

格魯布利奇－西米提斯，伊莉莎　Grubrich-Simitis, Ilse
海姆舒拉格，山繆　Hammerschlag, Samuel
海姆舒拉格，安娜　Hammerschlag, Anna
海姆舒拉格，保羅　Hammerschlag, Paul
海格德，亨利・萊德　Haggard, Henry Rider
海涅，海因里希　Heine, Heinrich
烏蘭德，路德維希　Uhland, Ludwig
特伯勒　Tobler, G. C.
班里尼　Benini, V.
班菲，戴索　Bánffy, Dezs
納坦松，阿美莉亞　Nathansohn, Amalia
納爾遜　Nelson, J.
索福克勒斯　Sophocles
索緒爾　Saussure, Ferdinand
馬卡里奧　Macario
馬克士威，詹姆斯・克拉克　Maxwell, James Clerk
馬克思，卡爾　Marx, Karl
馬拉，尚－保羅　Marat, Jean-Paul
馬拉塞　Menasse (Manasseh)
馬賽納，安德烈　Masséna, André
高爾頓，法蘭西斯　Galton, Francis

十一劃

勒洛林　Le Lorrain, J.
勒韋，卡爾　Loewe, Carl
崔凌，李奧納　Trilling, Lionel
康德，伊曼努爾　Kant, Immanuel
曼，湯瑪斯　Mann, Thomas
梅克葛瑞斯，威廉　McGrath, William J.
梅耶　Mayer, C.
梅勒特，提奧多　Meynert, Theodor
荷馬　Homer
莎士比亞，哈姆涅特　Shakespeare, Hamnet
莎士比亞，威廉　Shakespeare, William
莎士比亞，約翰　Shakespeare, John
莫里哀　Molière
莫泊桑，基　de Maupassant, Guy
莫斯里　Maudsley, H.
莫瑞　Maury, A.
都德，阿爾方　Daudet, Alphonse
麥克尼施　Macnish

十二劃

凱勒，歌特弗里德　Keller, Gottfried
勞伊萊特，富朗梭瓦　Leuret, Fran ξ ois
博馬榭，皮耶・奧古斯丁　de Beaumarchais, Pierre-Augustin Caron,
喬德耳　Jodl, F.
富奇－丁維勒，安敦－克溫提恩　Fouquier-Tinville, Antoine-Quentin
提耶爾，阿道夫　Thiers, Adolphe
斯卡利傑，朱理亞斯・凱撒　Scaliger, Julius Caesar
斯卡利傑，約瑟夫・喬斯圖　Scaliger, Joseph Justus
斯皮塔　Spitta, H.
斯威夫特，強納森　Swift, Jonathan
斯特克爾　Stekel, Wilhelm
斯特里克爾　Stricker, S.
斯特頓海姆，朱理亞斯　Stettenheim, Julius
斯特魯佩爾　Strümpell, L.
斯密，亞當　Smith, Adam
斯頓夫　Stumpf, E. J. G.
普法夫　Pfaff, E. R.
普金耶　Purkinje, J. E.
普雷沃斯特，馬塞爾　Prévost, Marcel
策勒　Zeller, A.
腓特烈大帝　Frederick the Great
舒伯特，瓦特西夫・海因里希　von Schubert, Gotthilf Heinrich

十三劃

十四劃

十五劃

德・桑克蒂斯，桑特　de Sanctis, Sante
德巴克爾　Debacker, F.
德拉格，伊夫　Delage, Yves
德雷弗斯，艾菲德　Dreyfus, Alfred
德爾貝夫　Delboeuf, J.
德蕾莎，瑪麗亞　Theresa, Maria
摩洛　Moreau, J.
潘尼查，奧斯卡　Panizza, Oskar
燕卜蓀　Empson, William

十六劃

盧克萊修　Titus Lucretius Carus
盧森堡，路德維希　Rosenberg, Ludwig
穆齊爾　Musil, Robert
諾瓦利斯　Novalis
霍夫包伊爾　Hoffbauer
霍恩包姆　Hohnbaum

十七劃

彌爾，約翰　Mill, John Stuart
繆勒，雨果　Müller, Hugo
繆勒，約翰　Müller, Johann
薛西斯　Xerxes
謝林，菲德里希　Schelling, Friedrich Wilhelm Joseph
賽爾，卡爾曼　Széll, Kálmán
邁耶　Meier
邁耶，卡爾　Meyer, Karl
邁耶，康拉德・費迪南德　Meyer, Conrad Ferdinand

十八劃

薩克斯，漢斯　Sachs, Hans

十九劃

瓊斯，歐內斯特　Jones, Ernest
羅伯特　Robert, W.
羅伯斯比爾，麥克斯米連　de Robespierre, Maximilien
羅伯森，瑞奇　Robertson, Ritchie
羅培茲　Lopez
蘇洛威　Sulloway, Frank

二十一劃

蘭克　Rank, Otto
蘭克，奧托　Rank, Otto
鐵欽納　Titchener, E. B.
露西小姐　Miss Lucy R.

佛洛伊德作品

〈論七鰓鰻幼魚脊椎後神經梢之起源〉
(1877) 'Über den Ursprung der hinteren Nervenwurzeln im Rückenmarke von Ammocoetes (Petromyzon Planeri)', *S. B. Akad. Wiss. Wien* (Math.-Naturwiss. Kl.), III Abt., 75, 15. (422-23)
〈論七鰓鰻幼魚之脊椎神經節與脊髓〉
(1878) 'Über Spinalganglien und Rückenmark des Petromyzon', *S. B. Akad. Wiss. Wien* (Math.-Naturwiss. Kl.), III Abt., 78, 81. (422-23)
〈橄欖體間束之認識〉
(1885) 'Zur Kenntnis der Olivenzwischenschicht', *Neurol. Zbl.*, 4, Nr. 12, 268. (489)
佛洛伊德、馮達克史維茲，〈論繩狀體與後索及其核心間之關係，暨延髓兩區之觀察〉
(1886) With Darkschewitsch, L., 'Über die Beziehung des Strickkörpers zum Hinterstrang und Hinterstrangskern nebst Bemerkungen über zwei Felder der Oblongata', *Neurol. Zbl.*, 5, Nr. 6, 121. (489)
〈論聽覺神經之起源〉
(1886) 'Über den Ursprung des Nervus acusticus', *Mschr. Ohrenheilk.*, Neue Folge 20, Nr. 8, 245, and 9, 277. (489)
〈用催眠術進行成功治療的一個案例〉
(1892-3) 'Ein Fall von hypnotischer Heilung nebst Bemerkungen über die Entstehung hysterischer Symptome durch den "Gegenwillen"', ['A Case of Successful Treatment by Hypnotism']
佛洛伊德、布洛伊爾，〈論歇斯底里現象之精神機制：緒言〉
(1893) With Breuer, J., 'Über den psychischen Mechanismus hysterischer Phänomene: Vorläufige Mitteilung', ['On the Psychical Mechanism of Hysterical Phenomena: Preliminary Communication']
〈夏爾科〉
(1893) 'Charcot', ['Charcot']
〈防禦型精神官能症〉
(1894) 'Die Abwehr-Neuropsychosen', ['Neuro-Psychoses of Defence']

〈將神經衰弱的某些症狀獨立為「焦慮型精神官能症」之根據〉

(1895 [1894]) 'Über die Berechtigung, von der Neurasthenie einen bestimmten Symptomenkomplex als "Angstneurose" abzutrennen' , ['On the Grounds of Detaching a Particular Syndrome from Neurasthenia under the Description "Anxiety Neurosis"']

〈強迫症與恐懼症〉

(1895 [1894]) 'Obsessions et phobies' [in French], ['Obsessions and Phobias']

佛洛伊德、布洛伊爾，《歇斯底里症研究》

(1895) With Breuer, J., *Studien über Hysterie,* Vienna. (omitting Breuer' s contributions). (174, 318, 334, 339, 340, 346-47, 354, 362-63, 366, 492, 536, 558) [*Studies on Hysteria,* London, 1956; Including Breuer' s contributions.]

〈回應對「焦慮型精神官能症」之批評〉

(1895) 'Zur Kritik der "Angstneurose"' , ['A Reply to Criticisms of my Paper on Anxiety Neurosis' ,]

〈續論防禦型精神官能症〉

(1896) 'Weitere Bemerkungen über die Abwehr- Neuropsychosen' , ['Further Remarks on the Neuro-Psychoses of Defence']

〈歇斯底里症病因學〉

(1896) 'Zur Atiologie der Hysterie' , ['The Aetiology of Hysteria']

《準教授西格蒙德・佛洛伊德之科學文章摘要》

(1897) *Inhalstangaben der wissenschaftlichen Arbeiten des Privatdozenten Dr. Sigm. Freud (1877-1897),* Vienna, [*Abstracts of the Scientific Writings of Dr. Sigm. Freud (1877-1897)*]

〈性欲在精神官能症病因學中的地位〉

(1898) 'Die Sexualität in der Atiologie der Neurosen' , ['Sexuality in the Aetiology of the Neuroses']

〈屏蔽記憶〉

(1899) 'Über Deckerinnerungen' , ['Screen Memories']

《夢的解析》

(1900) *Die Traumdeutung,* Vienna. [*The Interpretation of Dreams,* London and New York, 1955]

《論夢》

(1901) *Über den Traum,* Wiesbaden. [*On Dreams,* London and New York, 1951.]

《日常生活精神病理學》

(1901) *Zur Psychopathologie des Alltagslebens,* Berlin. 1904. [*The Psychopathology of Everyday Life*]

〈佛氏精神分析法〉

(1904) 'Die Freud' sche psychoanalytische Methode' , ['Freud' s Psycho-Analytic Procedure']

〈論心理治療〉

(1905) 'Über Psychotherapie' , ['On Psychotherapy']

《詼諧及其與無意識的關係》

(1905) *Der Witz und seine Beziehung zum Unbewussten,* Vienna. [*Jokes and their Relation to the*

Unconscious, London, 1960.]
《性學三論》
(1905) *Drei Abhandlungen zur Sexualtheorie*, Vienna. [*Three Essays on the Theory of Sexuality*, London, 1962.]
〈一歇斯底里症個案分析之片斷〉
(1905 [1901]) 'Bruchstück einer Hysterie- Analyse', ['Fragment of an Analysis of a Case of Hysteria']
〈我對性欲在精神官能症病因中的作用的看法〉
(1906) 'Meine Ansichten über die Rolle der Sexualität in der Atiologie der Neurosen', ['My Views on the Part played by Sexuality in the Aetiology of the Neuroses']
〈強迫性動作與宗教儀式〉
(1907) 'Zwangshandlungen und Religionsübung' ['Obsessive Actions and Religious Practices']
〈歇斯底里症的幻想及其與雙性性欲的關係〉
(1908) 'Hysterische Phantasien und ihre Beziehung zur Bisexualität' ['Hysterical Phantasies and their Relation to Bisexuality']
〈性格與肛門期性欲〉
(1908) 'Charakter und Analerotik' ['Character and Anal Erotism']
〈論兒童的性理論〉
(1908) 'Über infantile Sexualtheorien' ['On the Sexual Theories of Children']
〈「文明的」性道德與現代精神官能症〉
(1908) 'Die "kulturelle" Sexualmoral und die moderne Nervosität' ['"Civilized" Sexual Morality and Modern Nervous Illness']
〈創造性作家與白日夢〉
(1908 [1907]) 'Der Dichter und das Phantasieren' ['Creative Writers and Day-Dreaming']
〈歇斯底里症發病概論〉
(1909) 'Allgemeines über den hysterischen Anfall' ['Some General Remarks on Hysterical Attacks']
〈一名五歲男童恐懼症之分析〉
(1909) 'Analyse der Phobie eines fün_ährigen Knaben' ['Analysis of a Phobia in a Five-Year-Old Boy']
〈對一例強迫性精神官能症的說明〉
(1909) 'Bemerkungen über einen Fall von Zwangsneurose' ['Notes upon a Case of Obsessional Neurosis']
《精神分析五講》
(1910 [1909]) *Über Psychoanalyse*, Vienna. ['Five Lectures on Psycho-Analysis', *Amer. F. Psychol.*, 21 (1910), 181.]
〈精神分析治療的未來展望〉
(1910) 'Die zukünftigen Chancen der psychoanalytischen _erapie' ['Future Prospects of Psycho-Analytic Therapy']

〈「原始辭彙中之對偶意義」〉

(1910) '"Über den Gegensinn der Urworte"' ['"The Antithetical Meaning of Primal Words"']

〈男性選擇對象之一特殊類型〉

(1910) 'Über einen besoderen Typus der Objektwahl beim Manne' ['A Special Type of Choice of Object made by Men']

〈心因性視覺障礙的精神分析觀點〉

(1910) 'Die psychogene Sehstörung in psychoanalytischer Auffassung' ['The Psycho-Analytic View of Psychogenic Disturbance of Vision']

〈論「狂野的」精神分析〉

(1910) 'Über "wilde" Psychoanalyse' ['"Wild" Psycho-Analysis']

〈對心理活動的兩個原則的系統論述〉

(1911) 'Formulierungen über die zwei Prinzipien des psychischen Geschehens' ['Formulations on the Two Principles of Mental Functioning']

〈一被害妄想症個案之自傳式病歷之精神分析評註〉

(1911) 'Psychoanalytische Bemerkungen über einen autobiographisch beschriebenen Fall von Paranoia (Dementia Paranoides)' ['Psycho-Analytic Notes on an Autobiographical Account of a Case of Paranoia (Dementia Paranoides)']

〈精神分析對釋夢的處理〉

(1911) 'Die Handhabung der Traumdeutung in der Psychoanalyse' ['Handling of Dream-Interpretation in Psycho- Analysis']

〈移情作用的動力學〉

(1912) 'Zur Dynamik der Übertragung' ['Dynamics of Transference']

〈精神官能症發病類型〉

(1912) 'Über neurotische Erkrankungstypen' ['Types of Onset of Neurosis']

〈寫給關於手淫的討論〉

(1912) 'Zur Onanie-Diskussion' ['Contributions to a Discussion on Masturbation']

《圖騰與禁忌》

(1912-13) *Totem und Tabu*, Vienna. 1913. [*Totem and Taboo*, London, 1950; New York, 1952.]

〈一個作為證據的夢〉

(1913) 'Ein Traum als Beweismittel' ['An Evidential Dream']

〈論治療的開始（精神分析技術之進階建議，一）〉

(1913) 'Weitere Ratschläge zur Technik der Psychoanalyse: I. Zur Einleitung der Behandlung' ['On Beginning the Treatment (Further Recommendations on the Technique of Psycho-Analysis, I.)']

〈精神分析對科學興趣的要求〉

(1913) 'Das Interesse an der Psychoanalyse' ['Claims of Psycho-Analysis to Scientic Interest']

〈論自戀〉

(1914) 'Zur Einführung des Narzissmus' ['On Narcissism: an Introduction']
〈精神分析運動史〉
(1914) 'Zur Geschichte der psychoanalytischen Bewegung' ['On the History of the Psycho-Analytic Movement']
〈回憶、重複和修通(精神分析技術之進階建議,二)〉
(1914) 'Weitere Ratschläge zur Technik der Psychoanalyse: II. Erinnern, Wiederholen und Durcharbeiten' ['Remembering, Repeating and Working-through (Further Recommendations on the Technique of Psycho-Analysis, II)']
〈對移情－愛的觀察(精神分析技術之進階建議,三)〉
(1915) 'Weitere Ratschläge zur Technik der Psychoanalyse: III. Bemerkungen über die Übertragungsliebe' ['Observations on Transference-Love (Further Recommendations on the Technique of Psycho-Analysis, III)']
〈本能及其演變〉
(1915) 'Triebe und Triebschicksale' ['Instincts and their Vicissitudes']
〈潛抑〉
(1915) 'Die Verdrängung' ['Repression']
〈論無意識〉
(1915) 'Das Unbewusste' , ['unconscious']
〈與精神分析疾病理論相違背的一例妄想症〉
(1915) 'Mitteilung eines der psychoanalytischen Theorie widersprechenden Falles von Paranoia' ['A Case of Paranoia Running Counter to the Psycho-Analytic Theory of the Disease']
〈象徵和症狀之間的關聯〉
(1916) 'Eine Beziehung zwischen einem Symbol und einem Symptom' ['A Connection between a Symbol and a Symptom']
《精神分析引論》
(1916-17) *Vorlesungen zur Einführung in die Psychoanalyse.* [*Introductory Lectures on Psycho-Analysis.*]
〈精神分析發展過程中的一個困難〉
(1917) 'Eine Schwierigkeit der Psychoanalyse' ['A Diculty in the Path of Psycho-Analysis']
〈論本能轉化:以肛門期性欲為例〉
(1917) 'Über Triebumsetzungen insbesondere der Analerotik' ['On Transformations of Instinct as Exempli_ed in Anal Erotism']
〈後設心理學對夢理論的一個補充〉
(1917 [1915]) 'Metapsychologische Ergänzung zur Traumlehre' ['A Metapsychological Supplement to the theory of Dreams']
〈悲慟與憂鬱症〉
(1917 [1915]) 'Trauer und Melancholie' ['Mourning and Melancholia']

〈處女的禁忌〉

(1918) 'Das Tabu der Virginität' ['Taboo of Virginity']

〈有關一例幼兒精神官能症發展史的思考〉

(1918 [1914]) 'Aus der Geschichte einer infantilen Neurose' ['From the History of an Infantile Neurosis']

〈精神分析治療之路〉

(1919 [1918]) 'Wege der psychoanalytischen _erapie' ['Lines of Advance in Psycho-Analytic erapy']

《精神分析與戰爭性精神官能症》導言

(1919). Einleitung zu *Zur Psychoanalyse der Kriegsneurosen*, Vienna. [Introduction to *Psycho- Analysis and the War Neuroses*, London and New York, 1921.]

〈不可思議的人〉

(1919) 'Das "Unheimliche"' ['"Uncanny"']

《超越快樂原則》

(1920) *Jenseits des Lustprinzips*, Vienna. [*Beyond the Pleasure Principle*, London, 1961.]

《群體心理學與自我分析》

(1921) *Massenpsychologie und Ich-Analyse*, Vienna. [*Group Psychology and the Analysis of the Ego*, London and New York.]

〈夢與心電感應〉

(1922) 'Traum und Telepathie' ['Dreams and Telepathy']

〈嫉妒、被害妄想、同性戀之若干精神官能症機制〉

(1922) 'Über einige neurotische Mechanismen bei Eifersucht, Paranoia und Homosexualität' ['Some Neurotic Mechanisms in Jealousy, Paranoia and Homosexuality']

《自我與本我》

(1923) *Das Ich und das Es*, Vienna. [*The Ego and the Id*, London and New York, 1962.]

〈論釋夢的理論與實踐〉

(1923) 'Bemerkungen zur Theorie und Praxis der Traumdeutung' ['Remarks on the Theory and Practice of Dream- Interpretation']

〈幼兒性器組織〉

(1923) 'Die infantile Genitalorganisation' ['Infantile Genital Organization']

〈受虐狂之經濟問題〉

(1924) 'Das ökonomische Problem des Masochismus' ['Economic Problem of Masochism']

〈伊底帕斯情結的消解〉

(1924) 'Der Untergang des Ödipuskomplexes' ['The Dissolution of the Oedipus Complex']

《自傳研究》

(1925 [1924]) *Selbstdarstellung*, Vienna, 1934. [*An Autobiographical Study*, London, 1935 (*Autobiography*, New York, 1935).]

〈從整體上對釋夢的某些補充說明〉

(1925) 'Einige Nachträge zum Ganzen der Traumdeutung' ['Some Additional Notes upon Dream-Interpretation as a Whole']

〈兩性解剖學差異所帶來的心理後果〉

(1925) 'Einige psychische Folgen des anatomischen Geschlechtsunterschieds' ['Some Psychological Consequences of the Anatomical Distinction between the Sexes']

《抑制、症狀與焦慮》

(1926) *Hemmung, Symptom und Angst*. [*Inhibitions, Symptoms and Anxiety*.]

《非專業分析者的問題》

(1926) *Die Frage der Laienanalyse*, Vienna. [*The Question of Lay Analysis*, London, 1947.]

《一個幻覺的未來》

(1927) *Die Zukunft einer Illusion*, Vienna. [*The Future of an Illusion*, London, 1962; New York, 1928.]

〈幽默〉

(1927) 'Der Humor' ['Humour']

〈戀物癖〉

(1927) 'Fetischismus' ['Fetishism']

《文明及其不滿》

(1930) *Das Unbehagen in der Kultur*, Vienna. [*Civilization and its Discontents*, London, 1930; New York, 1961.]

〈女性性欲〉

(1931) 'Über die weibliche Sexualität' ['Female Sexuality']

〈專家對赫爾斯曼案例的意見〉

(1931) 'Das Fakultätsgutachten im Prozess Halsmann' ['The Expert Opinion in the Halsmann Case']

《精神分析引論新編》

(1933) *Neue Folge der Vorlesungen zur Einführung in die Psychoanalyse*, Vienna. [*New Introductory Lectures on Psycho-Analysis*, London and New York, 1933.]

〈可結束與不可結束的分析〉

(1937) 'Die endliche und die unendliche Analyse' ['Analysis Terminable and Interminable']

〈分析中的結構〉

(1937) 'Konstrunktionen in der Analyse' ['Constructions in Analysis']

《摩西與一神教》

(1939 [1937-39]) *Der Mann Moses und die monotheistische Religion* [*Moses and Monotheism*, London and New York, 1939.]

《精神分析綱要》

(1940 [1938]) *Abriss der Psychoanalyse* [*An Outline of Psycho-Analysis*, London and New York, 1949.]

〈精神分析的一些基本課程〉

(1940 [1938]) 'Some Elementary Lessons in Psycho-Analysis' [title in English: German text] ['Some

Elementary Lessons in Psycho-Analysis']

〈梅杜莎的頭顱〉

(1940 [1922]) 'Das Medusenhaupt' ['Medusa' s Head']

《精神分析之起源》

(1950 [1887-1902]) *Aus den Anfängen der Psychoanalyse*, London. Includes 'Entwurf einer Psychologie' [*The Origins of Psycho-Analysis*, London and New York, 1954. (Partly, including 'A Project for a Scientific Psychology', in *S. E.*, 1.)]

〈戰爭精神官能症電療備忘錄〉

(1955 [1920]) 'Memorandum on the Electrical Treatment of War Neuroses' [*German Text* (unpublished): Gutachten über die elektrische Behandlung der Kriegsneurotiker.]

《1873-1939書信集》

(1960) *Briefe 1873-1939* (ed. E. L. Freud), Berlin. (5) [*Letters 1873-1939* (ed. E. L. Freud) (trans. T. and J. Stern), New York, 1960; London, 1961.]

翻譯伯恩海姆《暗示及其在治療中的應用》一書，兼作序及註釋

(1888- 9) Translation with Introduction and Notes of H. Bernheim' s *De la suggestion et de ses applications à la thérapeutique*, Paris, 1886, under the title *Die suggestion und ihre Heilwirkung*, Vienna. [Introduction to Bernheim' s *Die suggestion und ihre Heilwirkung*.]

評弗洛爾《催眠》一書

(1889) Review of Forel' s *Der Hypnotismus, Wien. med. Wschr.*, 39, Nr. 28, 1097, and Nr. 47, 1892.

翻譯伯恩海姆《催眠術、暗示與心理治療》一書

(1892) Translation of H. Bernheim' s *Hypnotisme, suggestion et psychothérapie: études nouvelles*, Paris, 1891, under the title *Neue Studien über Hypnotismus, Suggestion und Psychotherapie*, Vienna.

致信克勞斯博士論《人類性生活》

(1910) Letter to Dr. Friedrich S. Krauss on *Anthropophyteia*.

夢的索引
Index of Dreams

夢的索引

Index of Dreams

參考文獻
Freud's Bibliography

1 亞里斯多德，《夢及夢的解析》。Aristotle. *Über Träume und Traumdeutungen.* [*On Dreams and Dream Interpretation.* (trans. by Bender)]

2 阿特米多魯斯，《夢的象徵》。Artemidorus. (1881). *Symbolik der Träume* (trans. by Friedrich S. Krauss), Vienna.

3 班里尼，〈夢的記憶與持續時間〉。Benini, V. (1898) 'La memoria la durata dei sogni', *Rivista italiana di filosofia,* XIIa.

4 賓茲，《論夢》。Binz, C. (1878) *Über den Traum,* Bonn.

5 波納，《夢魘的成因與預防》。Börner, J. (1855) *Das Alpdrücken, seine Begründung und Verhütung,* Würzburg.

6 布萊德雷，〈論夢中之運動失敗〉。Bradley, F. H. (1894) 'On the failure of movement in dream', *Mind,* III.

7 布藍德，《睡眠與夢境》。Brander, R. (1884) *Der Schlaf und das Traumleben,* Leipzig.

8 布達赫，《實用生理學》。Burdach, K. F. (1826-32) *Die Physiologie als Erfahrungswissenschaft,* vol. III, 3rd edn.

9 布克森舒茲，《遠古釋夢法》。Büchsenschütz, B. (1868) *Traum und Traumdeutung im Alterthum,* Berlin.

10 夏斯藍，〈夢在瘋狂進程中扮演之角色〉。Chaslin, P. (1887) 'Du rôle du rêve dans l' évolution du délire', Thesis, Paris.

11 查巴尼克斯，《大腦生理學：藝術家、科學家、作家的無意識》。Chabaneix, P. (1897) *Physiologie cérébrale : Le subconscient chez les artistes, les savants et les écrivains,* Paris.

12 卡爾金斯，〈夢的統計數據〉。Calkins, Mary Whiton. (1893) 'Statistics of dreams', *Amer. J. of Psychology,* V.

13 克拉維埃，〈夢中思考的速度〉。Clavière. (1897) 'La rapidité de la pensée dans le rêve'. *Revue philosophique,* XLIII.

14 丹多洛，《夢中的意識》。Dandolo, G. (1889) *La coscienza nel sonno,* Padua.
15 德拉格，〈夢理論〉。Delage, Yves (1891) 'Une théorie du rêve'. *Revue industrielle,* II.
16 德爾貝夫，《睡眠與夢》。Delboeuf, J. (1885) *Le sommeil et les rêves,* Paris.
17 德巴克爾，〈論夢的幻覺和驚恐〉。Debacker, F. (1881) 'Des hallucinations et terreurs nocturnes des enfants', Thesis, Paris.
18 杜加斯，〈夢的記憶〉。Dugas, L. (1897) 'Le souvenir du rêve', *Revue philosophique,* XLIV.
19 杜加斯，〈睡眠期間的無意識思考〉。Dugas, L. (1897). 'Le sommeil et la cérébration inconsciente durant le sommeil', *Revue philosophique,* XLIII.
20 埃柯爾，〈夢的持續時間〉。Egger, V. (1895) 'La durée apparente des rêves', *Revue philosophique,* XL.
21 埃柯爾，〈夢中記憶〉。Egger, V. '(1898) 'Le souvenir dans le rêve'. *Revue philosophique,* XLVI.
22 艾利斯，〈論夢見死者〉。Ellis, Havelock (1895) 'On dreaming of the dead', *The Psychological Review,* II, 5.
23 艾利斯，〈夢的成分〉。Ellis, Havelock (1899) 'The stuff that dreams are made of', *Appleton's Popular Science Monthly,* LIV.
24 艾利斯，〈入睡前記憶錯誤之說明〉。Ellis, Havelock (1897). 'A note on hypnagogic paramnesia', *Mind,* VI.
25 費希納，《心理物理學綱要》。Fechner, G. T. (1889) *Elemente der Psychophysik* (2nd edn. 2 vols.), Leipzig.
26 費希特，《心理學：人類意識面精神講義》。Fichte, I. H. (1864) *Psychologie. Die Lehre vom bewussten Geiste des Menschen* (2 vols), Part I, Leipzig.
27 吉斯勒，《夢境深處》。Giessler, M. (1890) *Aus den Tiefen des Traumlebens,* Halle.
28 吉斯勒，《夢程序的生理關係》。Giessler, M. (1896) *Die physiologischen Beziehungen der Traumvorgange,* Halle.
29 哥布洛特，〈論夢的記憶〉。Goblot, E. (1896) 'Sur le souvenir des rêves', *Revue philosophique,* XLII.
30 葛拉馮德，《夢與夢的解析》。Graffunder, P. C. (1894) *Traum und Traumdeutung.*
31 葛利辛格，《心理疾病的病理與治療》。Griesinger, W. (1871) *Pathologie und Therapie der psychischen Krankheiten* (3rd edn.), Stuttgart.
32 哈夫納，〈睡眠與做夢〉。Haffner, P. (1884) 'Schlafen und Träumen', *Frankfurter zeitgemässe Broschüren,* 5(10).
33 赫拉姆、韋德，〈夢中意識之研究〉。Hallam, F. and Weed, S. (1896) 'A study of the dream consciousness', *Amer. J. of Psychology,* VII.
34 赫維・代・聖丹尼斯，《夢與引夢之法》。d' Hervey de Saint-Denys, Marquis. (1867) *Les rêves et les moyens de les diriger,* Paris. (anonym.)
35 希爾布朗特，《夢境及其在生活中的功用》。Hildebrandt, F. W. (1875) *Der Traum und seine Verwertung für's Leben,* Leipzig.
36 杰森，《論心理學》。Jessen, P. (1855) *Versuch einer wissenschaftlichen Begründung der Psychologie,* Berlin.

37 喬德耳，《心理學講義》。Jodl, F. (1896) *Lehrbuch der Psychologie,* Stuttgart.

38 康德，《實用人類學》。Kant, I. (1880) *Anthropologie in pragmatischer Hinsicht* (Kirchmann edn.), Leipzig.

39 克勞斯，〈瘋狂中的心智〉。Krauss, A. (1858-9) 'Der Sinn im Wahnsinn', *Allgemeine Zeitschrift für Psychiatrie,* XV and XVI.

40 拉德，〈論夢中視覺的心理學〉。Ladd, G. T. (1892) 'Contribution to the psychology of visual dreams', *Mind,* I.

41 雷德斯多夫，《夢境》。Leidesdorf, M. (1880) *Das Traumleben,* Vienna.

42 萊蒙尼，《以生理學和心理學談睡眠》。Lemoine, A. (1855) *Du sommeil au point de vue physiologique et psychologique,* Paris.

43 李厄保，《睡眠的原因與類似狀態》。Liébeault, A. (1889) *Le sommeil provoque et les etats analogues,* Paris.

44 立普斯，《精神生活的實際理由》。Lipps, T. (1883) *Grundthatsachen des Seelenlebens,* Bonn.

45 勒洛林，〈夢〉。Le Lorrain, J. (1895) 'Le rêve'. *Revue philosophique,* XL.

46 莫斯里，《生理學與心理病理學》。Maudsley, H. (1868) *Physiology and the Pathology of Mind* (2nd edn.), London.

47 莫瑞，〈夢與心靈失調之現象類比新觀察〉。Maury, A. (1855) 'Nouvelles observations sur les analogies des phénomènes du rêve et de l' aliénation mentale'. *Annales méd. psych.*

48 莫瑞，《睡眠與夢》。Maury, A. (1878) *Le sommeil et les rêves,* Paris.

49 摩洛，〈夢境與瘋狂的心理狀態〉。Moreau, J. (1855) 'De l' identité de l' état de rêve et de folie', *Annales méd. psych.,* I.

50 納爾遜，〈夢的研究〉。Nelson, J. (1888) 'A study of dreams'. *Amer. J. of Psychology,* I.

51 皮爾澤，〈論夢的規律〉。Pilcz, A. (1899) 'Über eine gewisse Gesetzmäßigkeit in den Träumen'. Author' s abstract in *Monatsschrift für Psychologie und Neurologie,* V.

52 普法夫，《夢中生活暨阿拉伯、波斯、希臘、印度、埃及釋夢法》。Pfaff, E. R. (1868) *Das Traumleben und seine Deutung nach den Prinzipien der Araber, Perser, Griechen, Indier und Ägypter,* Leipzig.

53 普金耶，〈清醒、睡眠、作夢之間的關係〉。Purkinje, J. E. (1846) 'Wachen, Schlaf, Traum und verwandte Zustande', in Wagner' s *Handwörterbuch der Physiologie* (vol. 3), Braunschweig.

54 拉德斯托克，《睡眠與夢》。Radestock, P. (1879) *Schlaf und Traum,* Leipzig.

55 羅伯特，《將夢解釋為自然必需品》。Robert, W. (1886) *Der Traum als Naturnothwendigkeit erklärt,* Hamburg.

56 桑克蒂斯，〈心理疾病與夢〉。de. Sanctis, Sante (1897) 'Les maladies mentales et les rêves'. Extrait des *Annales de la Société de médecine de Gand,* LXXVI.

57 桑克蒂斯，〈認同的關係〉。de. Sanctis, Sante (1897) 'Sui rapporti d' identità, di somiglianza di analogia e di equivalenza fra sogno e pazzia', *Rivista quindicinale di Psicologia, Psichiatria, Neuropatologia,* 15 Nov.

58 施爾納，《活在夢中》。Scherner, K. A. (1861) *Das Leben des Traumes,* Berlin.
59 肖爾茲，《睡眠與夢》。Scholz, F. (1887) *Schlaf und Traum,* Leipzig.
60 叔本華，〈論靈魂追尋與相關事項〉。Schopenhauer, A. (1862) 'Versuch über das Geistersehen und was damit zusammenhängt', *Parerga und Paralipomena* (2nd edn.), vol. I, Berlin.
61 施萊馬赫，《心理學文集》Schleiermacher, F. (1862) *Psychologie, Gesammelte Werke,* ed. L. George, vol. VI, pt. 3, Berlin.
62 西貝克，《心靈的夢中生活》。Siebeck, H. (1877) *Das Traumleben der Seele,* Berlin.
63 西蒙，《夢的世界》。Simon, M. (1888) *Le monde des rêves,* Paris.
64 斯皮塔，《人類心靈在睡眠中與在夢中的狀態》。Spitta, H. (1892) *Die Schlaf- und Traumzustände der menschlichen Seele* (2nd edn.), Tübingen.
65 斯頓夫，《解夢》。Stumpf, E. J. G. (1899) *Der Traum und seine Deutung,* Leipzig.
66 斯特魯佩爾，《夢的本質與起源》。Strümpell, L. (1877) *Die Natur und Entstehung der Träume,* Leipzig.
67 塔內西，〈論夢中記憶〉。Tannery, M. P. (1898) 'Sur la mémoire dans le rêve', *Revue philosophique,* XLV.
68 蒂西，《夢的生理學與病理學》。Tissié, P. (1898) *Les rêves, physiologie et pathologie,* Paris.
69 鐵欽納，〈味覺夢〉。Titchener, E. B. (1895) 'Taste dreams', *Amer. J. of Psychology,* VI.
70 托馬耶爾，〈某些夢的重要性〉。Thomayer, S. (1897) 'Sur la signification de quelques rêves', *Revue neurologique,* 5.
71 維紐里，《夢、錯覺、幻覺》。Vignoli, T. *Von den Träumen, Illusionen und Halluzinationen,* Internationale wissenschaftliche Bibliothek, 47.
72 沃爾克特，《夢與幻想》。Volkelt, J. (1875) *Die Traum-phantasie,* Stuttgart.
73 沃爾德，《夢的實驗，特論源於肢體感覺與視覺的夢》。Vold, J. Mourly. (1896) *Expériences sur les rêves et en particulier sur ceux d'origine musculaire et optique,* Christiania. Report in *Revue philosophique* , XLII.
74 沃爾德，《夢中面部圖像之實驗》。Vold, J. Mourly. (1897) *Einige Experimente über Gesichtsbilder im Traum.* Report on Third international Congress for Psychology in Munich, *Zeitschrift für Psychol. Sinnesorgane,* XIII.
75 韋安特，《夢的起源》。Weygandt, W. (1893) *Entstehung der Träume,* Leipzig.
76 馮特，《生理心理學之原則》。Wundt, W. (1880) *Grundzüge der physiologischen* Psychologie (2nd edn., 2 vols.), Leipzig.
77 斯特里克爾，《意識研究》。Stricker, S. (1879) *Studien über das Bewusstsein,* Vienna.
78 斯特里克爾，《概念連結研究》。Stricker, S. (1883) *Studien über die Assoziation der Vorstellungen,* Vienna.

左岸｜心靈 288

夢的解析
The Interpretation of Dreams

作　　者　西格蒙德・佛洛伊德（Sigmund Freud）
譯　　者　孫名之
審　　訂　巫毓荃

總 編 輯　黃秀如
責任編輯　孫德齡
企畫行銷　蔡竣宇
封面設計　莊謹銘
電腦排版　宸遠彩藝

出　　版　左岸文化／遠足文化事業股份有限公司
發　　行　遠足文化事業股份有限公司（讀書共和國出版集團）
　　　　　23141新北市新店區民權路108-2號9樓
電　　話　02-2218-1417
傳　　真　02-2218-8057
客服專線　0800-221-029
E-Mail　rivegauche2002@gmail.com
左岸臉書　https://www.facebook.com/RiveGauchePublishingHouse/
團購專線　讀書共和國業務部　02-22181417分機1124

法律顧問　華洋法律事務所　蘇文生律師
印　　刷　成陽印刷股份有限公司
初　　版　2006年07月
三版一刷　2019年04月
三版七刷　2024年03月
定　　價　520元
ISBN　978-986-5727-88-8

國家圖書館出版品預行編目資料

夢的解析
西格蒙德・佛洛伊德（Sigmund Freud）著；孫名之譯
--三版-- 新北市：左岸文化出版：遠足文化發行, 2019.04
面；14.8 x 21公分. -- (左岸心靈；288)
譯自：The interpretation of dreams
ISBN 978-986-5727-88-8(平裝)

1.精神分析學 2.解夢

175.7 108004166